Gemeinsamer
Europäischer
Referenzrahmen

Mittelpunkt
neu B2

Arbeitsbuch

欧标德语教程

B2 练习册

编　著：［德］伊尔塞·桑达
　　　　阿尔伯特·丹尼尔斯
　　　　蕾娜特·科尔 – 库恩
　　　　克劳斯·F. 毛池
　　　　海德卢恩·特兰普·所阿勒斯

编　译：田春雨

上海译文出版社

图字：09–2022–0228

本书专有出版权归本社独家所有，
非经本社同意不得连载、摘编或复制
仅限中国大陆地区销售。

图书在版编目（CIP）数据

欧标德语教程. B2. 练习册 /（德）伊尔塞·桑达等
编著；田春雨编译. —— 上海：上海译文出版社，
2024.5
ISBN 978–7–5327–9592–5

Ⅰ.①欧⋯ Ⅱ.①伊⋯ ②田⋯ Ⅲ.①德语—习题集
Ⅳ.①H33

中国国家版本馆CIP数据核字（2024）第072424号

欧标德语教程B2（练习册）
[德]伊尔塞·桑达　等　编著
田春雨　编译

———————

上海译文出版社有限公司出版、发行
网址：www.yiwen.com.cn
201101　上海市闵行区号景路159弄B座
上海华顿书刊印刷有限公司印制

———————

开本890×1240　1/16　印张12　字数377,000
2024年5月第1版　2024年5月第1次印刷
印数：0,001–3,500册

ISBN 978–7–5327–9592–5/H·1606
定价：56.00元

———————

如有质量问题，请与承印厂质量科联系. T: 021–36162648

ISBN 978-7-88841-492-1

《欧标德语教程 B2（练习册）》
使用说明

《欧标德语教程B2（练习册）》完全基于欧洲语言共同参考框架设计，涵盖了所有学习目标和内容。

本书旨在帮助学习者巩固、强化和拓展从学生用书中学到的知识。其结构与学生用书保持一致，共有12课，每课又分为A—F 6个学习板块。主题保持不变，但各板块的篇幅根据学生用书所要求的练习数量而有所不同。

🗝 本练习册是课程的必要组成部分，它将每课的词汇、固定句型和语法有机结合，提供更为具体和有针对性的练习。语法部分采用循序渐进的方式呈现。此外，书中还对学生用书中的题目进行策略上的指导和目标导向的训练，这类任务前会用钥匙符号标注。每课的最后还设有发音训练，包含与交际相关的发音练习，这些发音练习和所有听力音频都收录在本练习册的MP3中。

随书附有答案，以方便自学者根据自己的学习节奏和需求安排大部分练习。

▶ G 3.5 针对每个语法练习，您可以在学生用书后的参考语法中找到对应的章节参阅标识，例如这里表示参见第3.5节。

◉ 3 听力和发音练习会标出对应的音频编号，例如这里表示参见音频3。

LB ◉ 23 如果某个练习需要再听一遍学生用书中的某个音频，则会在该练习前标明音频的位置，例如这里表示参见学生用书音频23。

在使用本书的过程中，您将了解并熟悉歌德学院B2 考试、telc B2 考试、德福考试以及DSH 考试的题型和格式，这4类考试分别用以下符号来标注：

Ⓟ GI   歌德学院 B2 考试（Goethe-Zertifikat B2）

Ⓟ telc   telc B2 考试（telc Deutsch B2）

Ⓟ TD   德福考试（TestDaF）

Ⓟ DSH   DSH 考试

同时，您还可以在本书配套资源里获取新版歌德B2证书考试的模拟题目，以检验自己的学习成果。

在此，我们衷心感谢和期待您的反馈和意见，这将为日后的修订提供莫大帮助，以更好地满足大家的需求。出版社和编著团队祝您在使用本书时乐趣多多，收获满满！

目录 Inhaltsverzeichnis

A Reisen

❶ Reisewörter

Was fällt Ihnen zum Thema Reisen ein?
Ergänzen Sie das Wortnetz.

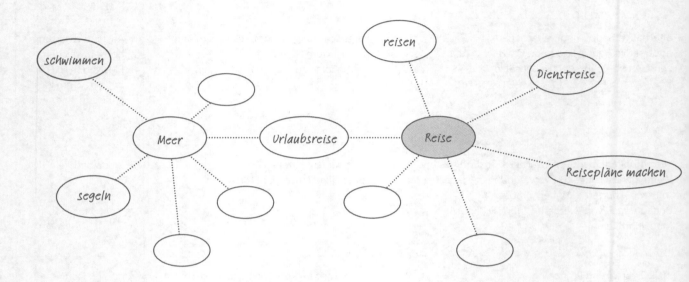

❷ Wie lerne ich neue Wörter am besten?

a   Man kann Wörter nach bestimmten Kriterien ordnen, um sie besser zu lernen und zu behalten. Nach welchen Kriterien
    sind die Wörter hier geordnet?

Nomen	Verben	Adjektive	feste Verbindungen	Wortfamilien
die Landschaft	s. entspannen	pittoresk	Sport treiben	planen
das Panorama	s. ausruhen	malerisch	Ski fahren	der Plan
die Aussicht	faulenzen	idyllisch	Fallschirm springen	planvoll / planlos

b   Welche anderen Kriterien können Sie benutzen, um Wörter und ihre Bedeutungen zu ordnen und sie besser zu lernen?
    Überlegen Sie in Gruppen und stellen Sie Ihre Kriterien im Kurs vor.

c   Welche Techniken benutzen oder kennen Sie noch, um Wörter zu lernen und zu behalten? Tauschen Sie sich im Kurs aus.
    Sammeln Sie die Tipps und erstellen Sie ein Lernplakat.

❸ Sprüche übers Reisen

Lesen Sie die Sprüche im Lehrbuch 1A, 2a, noch einmal.

1. Welcher Spruch hat Ihnen besonders gut (oder gar nicht) gefallen? Schreiben Sie (anonym) einen kurzen Kommentar
    dazu auf ein Blatt Papier.
2. Geben Sie alle Papiere im Kurs so lange weiter, bis der Kursleiter / die Kursleiterin „Stopp" ruft.
3. Lesen Sie den Kommentar auf dem Papier, das Sie in diesem Moment bekommen haben.
4. Wenn Sie in diesem Kommentar Fehler finden, korrigieren Sie sie. Wenn Sie noch bessere Formulierungen finden,
    notieren Sie sie ebenfalls.
5. Hängen Sie alle Kommentare im Unterrichtsraum auf. Gehen Sie herum, lesen Sie die Papiere und besprechen Sie im
    Kurs die sprachlichen Fragen.

④ Rund ums Reisen: ein Fragebogen

Bearbeiten Sie den Fragebogen und tauschen Sie sich dann mit einem Partner / einer Partnerin aus.

1. Mit meinem Urlaubsziel beschäftige ich mich schon Monate vor Beginn der Reise.
   ☐ stimmt genau ☐ stimmt teilweise ☐ stimmt eher nicht ☐ stimmt gar nicht

2. Meine letzte Reise war (bis zu drei Möglichkeiten)
   ☐ eine Pauschalreise   ☐ eine Campingtour
   ☐ eine Last-Minute-Reise   ☐ ein Aktivurlaub
   ☐ eine Spontanreise   ☐ eine Sprachreise
   ☐ eine Reise mit Interrail   ☐ eine Kulturreise
   ☐ eine Dienstreise   ☐ eine Städtetour
   ☐ mit einem Ferienjob verbunden ☐ Sonstiges: ....

3. Meine letzte Sommerreise habe ich vorwiegend finanziert durch
   ☐ Ersparnisse ☐ meine Eltern ☐ Jobben ☐ Sonstiges: ....

4. Das Reiseziel war
   ☐ in Deutschland ☐ in einem anderen europäischen Land ☐ in Nordamerika
   ☐ in Südamerika ☐ in Asien ☐ in Afrika ☐ in Australien

5. Ich habe dabei folgende(s) Verkehrsmittel benutzt:
   ☐ Fahrrad ☐ Auto ☐ Bus ☐ Zug ☐ Flugzeug ☐ Schiff

6. Ich bin im vergangenen Sommer verreist mit
   ☐ meinem / r (Ehe-)Partner / in ☐ meinen Eltern ☐ Freunden ☐ allein
   ☐ dem Sportverein ☐ Sonstiges: ....

7. Ich hätte große Lust, einmal in ein Land auf einem anderen Kontinent zu reisen.
   ☐ stimmt genau ☐ stimmt teilweise ☐ stimmt eher nicht ☐ stimmt gar nicht

8. Wenn ich verreise, dann kommt es mir vor allem darauf an (bis zu zwei Möglichkeiten):
   ☐ neue Menschen kennenzulernen   ☐ mit Freunden zusammen zu sein
   ☐ möglichst weit weg zu reisen   ☐ andere Länder kennenzulernen
   ☐ Sonne und Strand zu genießen   ☐ zu sehen, ob ich allein in der Fremde zurechtkomme
   ☐ mich zu erholen   ☐ meine Sprachkenntnisse auszuprobieren
   ☐ kulturelle Erfahrungen zu machen ☐ in der Natur zu sein
   ☐ Theater, Museen u. Ä. zu besuchen ☐ Sonstiges: ....

9. Ich bin neidisch, wenn jemand diese Art von Reise macht. Beschreiben Sie bitte.
   ....

10. Ich finde, dass das Reisen mit dem Flugzeug eingeschränkt werden müsste, um die Umweltbelastung zu verringern.
    ☐ stimmt genau ☐ stimmt teilweise ☐ stimmt eher nicht ☐ stimmt gar nicht

11. Ich finde es gut, dass heute fast jeder reisen kann, weil es auch preiswerte Angebote gibt.
    ☐ stimmt genau ☐ stimmt teilweise ☐ stimmt eher nicht ☐ stimmt gar nicht

12. Was für eine Art von Reise möchten Sie auf gar keinen Fall machen? Begründen Sie bitte.
    ....

⑤ Helfen Sie zwei Reisenden mit wenig Geld bei der Entscheidung.

Schreiben Sie zuerst Ihre Vorschläge auf und tauschen Sie sich dann mit einem Partner / einer Partnerin aus. Verwenden Sie dazu die Redemittel im Lehrbuch 1A, 4b.

1. Wegfahren oder zu Hause bleiben? *Ich meine, sie sollten wegfahren, denn da erholt man sich besser.*

2. Pension oder Ferienwohnung? *Vielleicht könnten sie ...*

3. Campen oder Jugendherberge? ....

4. Hotel oder Privatunterkunft? ....

5. Jetzt Unterkunft suchen oder erst während der Fahrt? ....

6. Im Motel oder im Auto übernachten? ....

7. Zwei Einzelzimmer oder ein Doppelzimmer? ....

8. Über Internet oder im Reisebüro buchen? ....

9. Weiter überlegen oder Suche aufgeben? ....

B Urlaubsreisen

① Was ich im Urlaub tun möchte

Wie heißen die passenden Verben und Ausdrücke? Schreiben Sie Sätze.

1. Ruhe: *sich ausruhen → Im Urlaub möchte ich mich ausruhen.*

2. Bewegung: ....

3. Sport: ....

4. Erholung: ....

5. Aktivität: ....

6. Entspannung: ....

7. viele Erlebnisse: ....

8. Abenteuer: ....

9. Bekanntschaft mit neuen Leuten: ....

② Wortschatz-Urlaub

Welches Wort passt nicht? Kreuzen Sie an.

		a	b	c	d
1.	ein Zimmer:	bestellen	ausziehen	buchen	reservieren
2.	eine Urlaubsreise:	planen	buchen	erholen	stornieren
3.	den Aufenthalt:	verlängern	verkürzen	ausdehnen	aufhören
4.	einen Ort:	kennenlernen	beeindrucken	erkunden	besichtigen
5.	die Lage eines Ortes ist:	verkehrsgünstig	malerisch	gemütlich	faszinierend
6.	in einer Pension:	verbringen	übernachten	sich aufhalten	unterkommen

③ Die wahren Abenteuer sind im Kopf

Was verbinden Sie mit den Wörtern rechts? Wählen Sie ein Wort aus und bereiten Sie mithilfe von Stichworten einen ca. zweiminütigen Redebeitrag vor. Stellen Sie Ihre Redebeiträge im Kurs vor.

Fernweh | Karawane | Expedition | Abenteuer | Traumreise | Weltumsegelung | Seidenstraße | Himalayabesteigung | Fantasiereise | Zeitreise

ⓟ telc ④ Nachfrage per E-Mail

Schreiben Sie eine E-Mail an das Schlosshotel in der Steiermark (Anzeige G).

Sie möchten einige Tage im Schlosshotel verbringen. Im Internet haben Sie ein günstiges Angebot gefunden, aber einige Dinge gehen aus der Internetseite nicht hervor. Verwenden Sie auch die Redemittel unten.

- Einzelzimmer frei vom 09.09. bis 15.09.?
- Freizeitangebote?
- Anreise mit öffentlichen Verkehrsmitteln?
- Möglichkeiten zur Verlängerung des Aufenthalts?
- Überlegen Sie sich noch einen weiteren Punkt, zu dem Sie Informationen wünschen.

> **Tipp zum E-Mail-Schreiben**
> Eine E-Mail wird häufig in einem etwas informelleren Stil geschrieben. Hier handelt es sich aber um eine offizielle Anfrage, sodass Sie Anrede und Grußformel wie in einem Geschäftsbrief verwenden sollten.

Vielen Dank im Voraus | ~~Sehr geehrte Damen und Herren~~ | Mit freundlichen Grüßen | Sehr geehrter Herr … / Sehr geehrte Frau …

Sehr geehrte Damen und Herren,

C Reiseplanung

① Reiseplanung in der Wohngemeinschaft – Gespräch 2

Lesen Sie das Gespräch (vgl. Lehrbuch 1C, Aufgabe 1c). Markieren Sie die Ausdrücke, die das Gespräch freundlich machen und helfen, Probleme zu vermeiden. Notieren Sie dann die Ausdrücke.

Susanne:	Habt ihr was dagegen, wenn ich anfange? Ich muss leider gleich noch weg – mein Ferienjob im Biergarten. Also, wir überlegen ja schon ziemlich lange und sollten versuchen, dass wir heute zu einer Einigung kommen. O. k.?
Alle:	Klar! O. k.! Dann los!
Susanne:	Wie wär's, wenn wir nach Rom fahren würden? Diese Stadt hat mich schon immer fasziniert. Es gibt so viel zu sehen. Außerdem …
Carla:	Entschuldige, wenn ich dich unterbreche. Ist es dort jetzt nicht ziemlich heiß? Ich vertrage Hitze nicht so gut.
Susanne:	Hm, das kann ich gut verstehen. Andererseits wäre Rom günstig, weil ich dort Freunde habe, die etwas außerhalb wohnen und bei denen wir unterkommen könnten.
Carla:	Sei nicht böse, wenn ich dich noch mal unterbreche. Es wäre natürlich super, wenn wir umsonst wohnen könnten, aber verlieren wir nicht sehr viel Zeit, um in die Stadt zu kommen?
Susanne:	Dein Einwand ist sicher berechtigt, aber …
Peter:	Entschuldigung. Susanne, wärest du einverstanden, wenn die anderen jetzt erst einmal ihre Vorschläge vortragen würden?
Susanne:	Klar, das Wichtigste habe ich ja schon gesagt. Wohin möchtest du denn?
Peter:	Also, ich würde eigentlich gern nach Frankreich – vielleicht in die Bretagne, aber Rom wäre auch keine schlechte Idee. Was meinst du, Jens?
Jens:	Naja, ich würde am liebsten wandern – so raus in die Natur und Bewegung. Wir sitzen doch sowieso viel zu viel während des Semesters. Also wär' Wandern schon deshalb optimal! Außerdem …
Susanne:	Entschuldige, wenn ich dir widerspreche. Aber Wandern ist nicht gerade mein Hobby. Als Kind musste ich mit meinen Eltern immer stundenlang durch den Wald latschen – stinklangweilig! In Rom …
Peter:	Sorry, Susanne. Jens ist dran.

Susanne:	'tschuldigung!
Jens:	Wir könnten zum Beispiel in einer Gegend wandern gehen, wo wir auch zu schönen Städten kommen, die wir dann besichtigen können. Ich denke da zum Beispiel an die Provence. Was meint ihr?
Carla:	Das würde mir schon sehr viel besser gefallen. Wäre es nicht möglich, dass wir irgendwohin fahren, wo das Meer in der Nähe ist? Ich möchte so gern mal richtig relaxen: Sonne, Strand, Wasser.
Susanne:	Wenn ich dich richtig verstehe, möchtest du nichts Anstrengendes machen, wie Stadtbesichtigung oder Wandern?
Carla:	Genau. Aber …
Peter:	Entschuldige, Carla, eigentlich ist die Idee von Jens doch sehr gut. Wir könnten eine Unterkunft mit einem schönen Pool suchen. Von dort aus könnten wir unsere Ausflüge machen. Dann kämen alle auf ihre Kosten. Außerdem müssten wir ja nicht immer alles zusammen unternehmen.
Susanne:	Ich glaube auch, die Provence ist keine schlechte Idee! Allerdings: Ein kleines Problem hab' ich noch. Seid mir bitte nicht böse, wenn ich mich nicht an den Vorbereitungen beteiligen kann – mein Ferienjob ist mega-anstrengend. Manchmal geht es bis 3.00 Uhr morgens, und vormittags muss ich ja noch meine Hausarbeit fertig kriegen. Aber ich kann dann mehr im Urlaub übernehmen …
Alle:	O.k.! Kein Problem!

Habt ihr was dagegen, wenn …; ....

② Höflich diskutieren

Schreiben Sie die Dialogteile 1 und 2 so um, dass sie höflicher werden. Benutzen Sie dazu die Ausdrücke aus 1 und aus dem Lehrbuch 1C, 2. Denken Sie auch daran, Ihre Argumente zu begründen.

direkte Formulierung	höfliche Formulierung
Dialogteil 1	
1. ■ Wir fahren mit dem Bus. Das ist …	*Ich finde, wir sollten mit dem Bus fahren. Das wäre preiswerter.*
2. □ Auf keinen Fall mit dem Bus!	*Entschuldige, wenn ich dich unterbreche. Das geht leider nicht, denn im Bus wird mir immer schlecht.*
3. ■ Das Beste ist, wir fliegen.	....
4. □ Das ist doch viel zu teuer!	....
5. ■ Das stimmt doch gar nicht. Wir buchen einen Billigflug.	....
6. □ Den musst du aber suchen. Ich habe keine Zeit.	....
7. ■ Ich auch nicht.	....
Dialogteil 2	
1. ■ Diesmal will ich aber in die Berge. Letztes Mal …	....
2. □ Stimmt. Aber ich will an die See.	....
3. ■ Gegen deine Erkältungen hilft das sowieso nicht, da ist Bergluft viel besser.	....
4. □ Das stimmt nicht. Der Arzt hat gesagt, Seeluft ist am besten.	....
5. ■ Frag doch mal einen anderen Arzt. Mal sehen, was der meint.	....

3 Eigentlich denke ich etwas anderes

a Bereiten Sie sich auf ein kontroverses Gespräch vor, in dem Sie Ihre Meinung verteidigen. Formulieren Sie Sätze wie im Beispiel.

> Ich verstehe, was du sagst, aber … | Dein Vorschlag ist nicht schlecht, aber … | Ich verstehe, dass …, aber … | Das stimmt schon, aber… | Das ist ja einerseits nicht schlecht, andererseits … | Ich würde gern …, weil … | Ich möchte darauf bestehen, denn … | Du hast zwar recht, aber ich meine trotzdem, dass … |

Ihr Partner / Ihre Partnerin möchte

1. höchstens zwei Wochen in Urlaub fahren. – Sie wollen länger bleiben.
2. in die Berge. – Sie wollen an die See.
3. zelten, weil es billig ist. – Sie wollen im Hotel übernachten.
4. Wanderungen machen. – Sie wollen faulenzen.
5. mit dem Auto fahren, weil man flexibler ist. –
   Sie wollen mit dem Zug fahren.

1. Ich verstehe, dass du nicht länger als zwei Wochen in Urlaub fahren

willst, aber das reicht mir einfach nicht. Ich brauche wirklich

länger, um mich zu erholen.

b Führen Sie mit einem Partner / einer Partnerin das Gespräch. Versuchen Sie, Ihre Meinung zu verteidigen. Verwenden Sie dazu auch die Redemittel in 3 a.

○ G 2.1 4 Typisch Deutsch: Die Satzklammer

a Bilden Sie Sätze mit folgenden Elementen und schreiben Sie sie in die Tabelle.

1. Susanne – schon immer – Rom – wollen – kennenlernen
2. Carla – Urlaub in südlichen Ländern – schrecklich – finden
3. Peter – in Frankreich – möchte – seinen Urlaub verbringen – gern
4. Jens – Natur – lieben – und – Bewegung – besonders
5. Die vier – sich einigen auf – am Ende – in die Provence – eine Reise (Perfekt)
6. Ihr Gespräch – freundlich – höflich – und – die ganze Zeit – verlaufen (Perfekt)

Position 1	Position 2	Mittelfeld	Satzende
1. *Susanne*	*wollte*	*Rom …*	
2.			
3.			
4.			
5.			
6.			

b Formulieren Sie die Sätze in 4 a um. Stellen Sie die Satzteile auf Position 1, die Sie hervorheben möchten oder die gut an den vorigen Satz anschließen.

Rom wollte Susanne …

⚪G3.3 ❺ Nebensatz mal hinten, mal vorne

a Beantworten Sie die Fragen mit Nebensätzen. Verwenden Sie die Elemente in Klammern und die Nebensatzkonnektoren „weil", „wenn", „dass".

1. Warum kann Susanne nicht lange bleiben? (Ferienjob) *Weil sie einen Ferienjob hat.*
2. Was findet Susanne günstig? (Freunde in Rom haben)
3. Was gefällt Carla gut? (dort können umsonst wohnen)
4. Wann hat Jens zu wenig Bewegung? (an der Uni sein)
5. Wann erholt sich Carla am besten? (Urlaub am Meer machen)
6. Warum ist Susanne im Stress? (Hausarbeit schreiben müssen)

b Ergänzen Sie in den Antworten in 5a die Hauptsätze.

1. Weil sie einen Ferienjob hat, kann Susanne nicht lange bleiben.

D Mobilität im globalen Dorf

❶ Nomaden der Neuzeit

a Suchen Sie im Zeitungskommentar im Lehrbuch 1D, 1b, alle Wörter, die Bewegung oder Ortsveränderung ausdrücken, und tragen Sie sie in eine Tabelle wie in 1b ein.

b Ergänzen Sie, wo möglich, die Tabelle. Sie können dazu auch mit dem Wörterbuch arbeiten.

Nomen	Verben	Adjektive	Synonyme	Antonyme	feste Verbindungen
die Mobilität die Mobilen	mobil sein	mobil	die Beweglichkeit beweglich	immobil/ unbeweglich	in Bewegung sein auf Achse sein
...					

Ⓟ DSH c Welches Wort / Welcher Ausdruck aus dem Kommentar im Lehrbuch 1D, 1b, ist gemeint?

1. unterwegs sein:
2. etwas Neues beginnen:
3. eine unnötige Last:
4. selbstständig sein:
5. Vorbedingung:
6. sich an (etwas Neues) anpassen:
7. jd., der regelmäßig zwischen Arbeitsstätte und Wohnung hin und her fährt:
8. eine Beziehung beenden:
9. Selbstständigkeit:

❷ Vor- und Nachteile

Ordnen Sie die Redemittel in eine Tabelle wie unten ein.

Ein Vorteil ist ... | Dagegen spricht, dass ... | Ein Aspekt, den ich als sehr / besonders positiv empfinde, ist ... | In ... liegt die Chance, dass... | Es besteht (aber) die Gefahr, dass ... | Ein (wirklich) negativer Aspekt ist ... | Ein Riesennachteil ist ... | Von Vorteil ist (aber) ... | Dafür spricht, dass ...

Vorteile benennen	Nachteile benennen
Ein Vorteil ist ...,	

❸ Einladungen

a Sandra ist wegen ihres Jobs von Süddeutschland nach Hamburg gezogen und möchte gern ihre Freunde wiedersehen. Schreiben Sie eine Einladungsmail mithilfe folgender Stichworte. Achten Sie auch auf eine gute Verknüpfung der Sätze.

1. hoffen – ich – euch – gut – gehen
2. ihr – lange – hören – nichts – von mir – leider – wegen Umzug
3. Hamburg – gut – inzwischen – einleben – ich – viele – schon – haben – Kontakte – und
4. auch – mit Kollegen – ich – gut – sich verstehen – und – einiges – wir – unternehmen – schon
5. sich fühlen – ich – nicht – so – einsam – ihr – fehlen – trotzdem – mir – sehr
6. ich – euch – einladen – deswegen – nach Hamburg – mögen – für nächstes Wochenende
7. antworten – schnell – bitte
8. sich freuen – ich – schon

```
✉ ▣ ⬚ ◻ →                    _ ◻ ✕

Liebe Nadja, lieber Peter, lieber Thorsten,
```

b Sie haben eine Arbeitsstelle in einer anderen Stadt. Schreiben Sie eine Mail an Ihre Freunde zu Hause, in der Sie über Erlebnisse und Gefühle in der neuen Umgebung berichten und Ihre Freunde zu sich einladen.

E Wenn einer eine Reise tut ...

❶ Feste Verbindungen

Welche Verben gehören zu den Nomen? Ergänzen Sie.

| aufschrecken | bekommen | führen | geraten | machen | machen | ~~sein~~ | sein |

1. auf Dienstreise _sein_
2. eine Dienstreise ....
3. ein Interview ....
4. in Gedanken ....
5. sich Gedanken ....
6. aus seinen Gedanken ....
7. Panik ....
8. in Panik ....

G 3.4 ❷ Seine Meinung mit Argumenten stützen – Gründe im Haupt- und im Nebensatz

a Analysieren Sie folgende Sätze: Welche sind Haupt-, welche Nebensätze? Notieren Sie jeweils „H" oder „N" und markieren Sie das Wort, das jeweils die Begründung einleitet oder sich auf diese bezieht.

1. Eva hat eine Dienstreise gemacht __H__, weil sie Interviews führen sollte. __N__
2. Sie war noch nie in Südamerika ...., daher war sie über den Auftrag sehr froh. ....
3. Sie hat sich ein bisschen Sorgen gemacht ...., sie kann nämlich nur wenig Portugiesisch. ....
4. In Recife fühlte sie sich sehr wohl ...., denn die Kollegen waren alle sehr nett. ....
5. Sie konnte sogar den Strand genießen ...., da sie am Wochenende nicht arbeitete. ....

b In welchem Teil der Sätze in 2a steht jeweils der Grund? Könnte man die Reihenfolge auch ändern? Notieren Sie, wo dies möglich ist und wo nicht.

Satz	Teil 1	Teil 2	Reihenfolge ändern möglich?
1.		X	ja: „Weil Eva Interviews führen sollte, hat sie eine Dienstreise gemacht."
2.			
3.			
4.			
5.			

P DSH **c** Formulieren Sie die Sätze in 2a um. Verwenden Sie dabei die Wörter in Klammern.

1. (deswegen) *Eva sollte Interviews führen, deswegen hat sie eine Dienstreise gemacht.*

2. (da) ....

3. (denn) ....

4. (nämlich) ....

5. (deshalb) ....

d Stellung von „daher"/„deswegen"/„deshalb"/„darum" im Satz. Bilden Sie aus den Elementen jeweils zwei Hauptsätze im Präteritum, verändern Sie beim 2. Satz die Stellung des Verbindungsadverbs.

1. Eva – sein – viel unterwegs – Pia – deswegen – von ihr – nichts gehört - lange

   a. *Eva war viel unterwegs, deswegen hat Pia lange nichts von ihr gehört.*

   b. *Eva war viel unterwegs, Pia hat ...*

2. Bus – haben – technischen Defekt – die Fahrt – ausfallen – daher – einfach

   a. ....

   b. ....

3. nächste Bus - kommen – viel später – erst – Eva – ihn – können – darum – nicht nehmen

   a. ....

   b. ....

4. Kollegin – sich auskennen – in Caruaru – gut – deshalb – mit Privatflugzeug – Eva – von einem jungen Deutschen – früh genug – noch – zurückfliegen – können

   a. ....

   b. ....

P DSH **e** Formulieren Sie die Sätze mit „nämlich".

1. Weil der junge Mann sich beide Beine verbrannt hatte, trug er einen Rock.
2. Da die Leute den Namen „Heiner" noch nie gehört hatten, nannten sie ihn „Hans".
3. Er wollte nach Recife fliegen, da man ihn in Caruaru nicht so gut behandeln konnte.
4. Eva hatte große Angst in dem kleinen Flugzeug, weil es sehr stürmisch war.
5. Da sie Brasilien unbedingt besser kennenlernen möchte, lernt Eva jetzt Portugiesisch.

1. Der junge Mann trug einen Rock, er hatte sich nämlich beide Beine verbrannt.

2. Die Leute nannten ihn „Hans", sie hatten nämlich den Namen „Heiner" noch nie gehört. / sie hatten den Namen „Heiner" nämlich noch nie gehört.

G 3.4 **3** **Gründe angeben – kausale Präpositionen**

a Lesen Sie zuerst den Tipp rechts und dann die Sätze. Welche Präposition passt? Kreuzen Sie an.

1. **a** Dank **b** Wegen eines Unfalls blieb der Zug stehen.
2. **a** Aufgrund **b** Vor Panik fing Eva an zu schwitzen.
3. **a** Dank **b** Aus der Hilfe der Stewardess erreichte Eva den Flug noch.
4. **a** Aufgrund **b** Vor der Schwierigkeiten war die Reise von Beginn an aufregend.
5. **a** Aus **b** Vor Interesse an Brasilien lernt Eva Portugiesisch.

> **Bedeutung von kausalen Präpositionen**
>
> **wegen + G / D, aufgrund + G** leiten eine „neutrale" Begründung ein: „Wegen / Aufgrund der Interviews musste Eva viel herumfahren."
>
> **dank + G / D** enthält eine positive Nebenbedeutung: „Dank der Hilfe ihrer Kollegin lernte Eva Hans kennen."
>
> **aus + D** wird meist mit Abstraktem gebraucht: „aus Interesse", „aus Angst", „aus Dummheit"
>
> **vor + D** wird häufig bei spontanen Gefühls- und Körperreaktionen verwendet: „vor Angst zittern", „vor Freude weinen", „vor Anstrengung stöhnen"

b Formulieren Sie die Nebensätze mit kausalen Präpositionen um. Verwenden Sie dabei die Wörter im Kasten und achten Sie auf den Kasus der Präpositionen.

> Anrufe | Besuche | ~~groß~~ | enorm | ~~Kälte~~ | häufig | Lärm | selten

1. weil es sehr kalt ist:

   wegen der *großen Kälte* ....

2. weil sie uns oft besucht:

   aufgrund ihrer ....

3. weil es so laut war:

   wegen des ....

4. weil sie uns fast nie angerufen haben:

   aufgrund ihrer ....

c Formulieren Sie die kausalen Nebensätze mithilfe der Präpositionen in Klammern um.

1. Weil Eva einen beruflichen Auftrag hatte, fuhr sie nach Recife. (wegen)

   Wegen eines beruflichen Auftrags fuhr Eva nach Brasilien.

2. Weil die Verspätung des Zuges sehr groß war, verpasste sie fast ihren Flug. (aufgrund)

   ....

3. Da sie viele Einladungen bekam, lernte sie die Stadt gut kennen. (dank)

   ....

4. Weil Eva Angst hatte, schaute sie nicht nach draußen. (aus)

   ....

5. Nach der sicheren Landung fing Eva an zu weinen, weil sie sich so freute. (vor)

   ....

🔑 4 Tipps: Was ist typisch für eine mündliche Erzählung?

Lesen Sie die Tipps. Notieren Sie sich dann Stichworte für die Erzählung, die Sie im Kurs vortragen wollen (vgl. Lehrbuch 1E, Aufgabe 3).

- Sie beginnen mit den vier wichtigsten W-Fragen: Wer? Was? Wann? Wo?
- Dann passiert etwas Unerwartetes, z. B. eine Komplikation, die sich am Ende der Erzählung auflöst und die Sie dann kommentieren.
- Während des Erzählens können Sie Kommentare einfügen oder Ihre Zuhörer direkt ansprechen.
- Beim Erzählen ist das Wichtigste nicht die Weitergabe von Informationen, sondern anschaulich und unterhaltend zu erzählen und die Zuhörer auch emotional zu erreichen.
- Sie können auch die direkte Rede benutzen und Ausrufe („Ach!", „Oh!" etc.) einfügen.
- Wenn Sie über Vergangenes sprechen, können Sie im Perfekt oder im Präsens (sogenanntes „historisches Präsens") erzählen.

F Arbeiten, wo andere Urlaub machen

🔑 1 Wortschatz im Kurs üben und wiederholen

Arbeiten Sie zu viert. Wählen Sie vier Wörter bzw. Ausdrücke aus dem Kasten unten und vier aus der Lektion. Schreiben Sie nun dazu jeweils eine Erklärung auf einen Zettel. Danach lesen Sie einer anderen Gruppe Ihre Erklärungen vor – die anderen raten.

> die Wende | windgeschützt | der Prospekt | anfangen | etw. fällt jdm. auf | ein Geschäft aufmachen | der Seeblick | die Düne | sich selbstständig machen

die Geschäftsidee, –n

eine Idee, wie man gut Geld verdienen kann

auf eine Idee kommen

eine Idee haben / jdm. ist etwas eingefallen

② Was waren eigentlich Ihre Gründe, Frau Jahnke?

Ein neugieriger Feriengast stellt Frau Jahnke viele Fragen. Ergänzen Sie
die folgenden Wörter bzw. Ausdrücke. Manchmal passen mehrere.

> aufgrund | aus diesem Grund | Besonderes machen | da |
> deshalb | deswegen | deswegen | interessiert | nämlich |
> selbstständig zu machen | vor | wegen | warum | weil |
> weil | weswegen | wieso

- ■ Haben Sie den Verleih aufgemacht, weil Sie schon früher mit Feriengästen
  zu tun hatten?

- ☐ Nein, wir haben es nicht [1] ....deswegen........... gemacht, sondern

  [2] .... wir Lust hatten, uns [3] ....

- ■ Warum haben Sie gerade rote Strandkörbe gewählt?

- ☐ Hm, [4] .... ? Ich hatte damals einen Prospekt von einer Spezialfirma. Wir wollten schon etwas

  [5] ...., [6] .... haben wir Rot gewählt. Die Farbe fällt [7] ....
  schon von Weitem auf, und besonders die Kinder finden sie schön.

- ■ Wieso haben die Körbe denn Aschenbecher? Rauchen ist doch sonst fast überall verboten.

- ☐ Ja, ja, das macht mich ja immer so wütend! Manchmal wird mir [8] .... lauter Verboten schon ganz

  schlecht! Nur [9] .... jemand hier raucht, werden die anderen ja wohl nicht gleich krank werden!

- ■ Und [10] .... haben Sie als Material Plastik gewählt?

- ☐ [11] .... Plastik im Meeresklima viel länger hält als z. B. Holz, war das für uns keine Frage.

- ■ [12] .... ist Ihr Mann eigentlich nicht hier und hilft Ihnen?

- ☐ Er muss leider [13] .... einer Grippe das Bett hüten, aber ich schaffe das auch allein.

  [14] .... dem Hin- und Herwuchten der Strandkörbe habe ich sogar richtig gute Armmuskeln
  bekommen. Schauen Sie mal hier! Aber jetzt stelle ICH Ihnen mal eine Frage: Wieso fragen Sie mich das alles?

- ■ Ich habe ein Interview mit Ihnen im Radio gehört. Das hat mich wirklich [15] .... und
  [16] .... wollte ich gern mehr wissen.

- ☐ Ach so, [17] ....!

Aussprache

① Eine Kundin von Frau Jahnke berichtet

a Lesen Sie die Sätze laut und überlegen Sie, auf welcher Silbe der unterstrichenen Wörter der Wortakzent liegt.

1. Im <u>Moment</u> machen wir hier <u>Urlaub</u>.

2. <u>Dieses</u> Jahr ist es ganz <u>wunderbar</u>! <u>Schauen</u> Sie!

3. Ganz <u>vorne</u> am <u>Wasser</u> steht unser <u>Strandkorb</u> Nr. 66.

4. Den haben wir schon <u>letztes</u> Jahr bei Frau <u>Jahnke</u> bestellt.

5. Es ist <u>herrlich</u>, hier zu <u>sitzen</u> und das Meer anzuschauen.

6. <u>Nächstes</u> Jahr kommen wir bestimmt <u>wieder</u> hierher.

◉1 b Hören Sie nun die Sätze in 1a. Welche Silben sind betont? Markieren Sie sie und sprechen Sie die Sätze nach.

Grammatik: Das Wichtigste auf einen Blick

G2.1 **1 Die Satzklammer**

Position 1	Position 2	Mittelfeld	Satzende
Die WG	hat	am Sonntag zwei Stunden lang über ihre Urlaubspläne	diskutiert.
Am Abend	konnte	sich die WG dann endlich über das Urlaubsziel	einigen.

- Das konjugierte Verb / Der konjugierte Verbteil steht auf Position 2. Das zweite Verb / Der zweite Verbteil steht am Satzende.
- Das Subjekt kann auf Position 1 stehen oder als Erstes im Mittelfeld direkt nach dem konjugierten Verb (ein Pronomen kann ggf. noch vor dem Subjekt stehen). Im Mittelfeld können fast alle anderen Satzglieder stehen.

G3.4 **2 Gründe im Haupt- und Nebensatz: kausale Konnektoren und Präpositonen**

Haupt- und Nebensätze mit den folgenden Konnektoren, Verbindungsadverbien und Präpositionen leiten einen Grund ein oder beziehen sich auf ihn. Sie antworten auf die Fragen „Warum?" / „Wieso?" / „Weshalb?" / „Weswegen?".

1. Hauptsatz	2. Hauptsatz = Grund
Ich war auf Dienstreise in Brasilien,	denn ich sollte Interviews mit Mitarbeitern führen.
Ich schreckte aus meinen Gedanken auf;	der Zug bremste nämlich plötzlich sehr stark.
1. Hauptsatz = Grund	**2. Hauptsatz**
In Recife klappte alles wunderbar.	Deshalb war ich sehr zufrieden.
Hauptsatz	**Nebensatz = Grund**
Um 14.30 wollte ich zurückfahren,	weil mein Flug um 18.15 ging.
Nebensatz = Grund	**Hauptsatz**
Da ich Deutscher bin,	nennen mich hier alle „Senhor Hans".
Satz mit Präposition	
Manchmal sah man wegen der dicken Wolken gar nichts.	

Wortstellung

- Der Hauptsatzkonnektor (= Konjunktion) **denn** steht im 2. Hauptsatz auf Position Null.
- Das Verbindungsadverb **nämlich** steht im 2. Hauptsatz. Es steht nie auf Position 1, sondern meist nach dem Verb; es kann aber auch weiter hinten im Mittelfeld stehen.
- Die Verbindungsadverbien **deshalb / deswegen / darum / daher** stehen im 2. Hauptsatz, nach dem Satz, in dem der Grund steht. Sie können auf Position 1, nach dem Verb oder weiter hinten im Mittelfeld stehen.
- Die Nebensatzkonnektoren (= Subjunktionen) **weil** und **da** stehen im Nebensatz am Satzanfang. Das Verb steht im Nebensatz am Satzende. Der Nebensatz kann vor oder nach einem Hauptsatz stehen. Nebensätze mit „da" stehen meist vor dem Hauptsatz.

Kausale Präpositionen

- **wegen + G / D, aufgrund + G** leiten eine „neutrale" Begründung ein.
  z. B. Wegen / Aufgrund eines Unfalls blieb der Zug stehen.
- **dank + G / D** enthält eine positive Nebenbedeutung.
  z. B. Dank der Hilfe ihrer Kollegin lernte Eva Hans kennen.
- **aus + D** wird meist mit Abstraktem gebraucht: „aus Interesse", „aus Angst", „aus Dummheit."
  z. B. Aus Interesse an Brasilien lernt Eva Portugiesisch.
- **vor + D** wird häufig bei spontanen Gefühls- und Körperreaktionen verwendet: „vor Angst zittern", „vor Freude weinen".
  z. B. Vor Panik fing Eva an zu schwitzen.

A Einfach schön

DSH **1** Zitate und was sie bedeuten

Lesen Sie die Zitate im Lehrbuch 2 A, 2 a, noch einmal. Welche Wörter und welcher Ausdruck aus den Zitaten sind durch die Umschreibungen unten erklärt?

1. physische oder psychische Schmerzen
   ertragen ....

2. genau ansehen ....

3. anders sein ....

4. jeder hat seinen eigenen
   Geschmack ....

5. etwas erreichen wollen ....

6. eine moralisch gute Eigenschaft ....

2 Bewertungen

Welches Wort passt nicht in die Reihe? Kreuzen Sie an.

1. a durchschnittlich   b mittelmäßig   c perfekt
2. a beeindruckend   b akzeptabel   c umwerfend
3. a normal   b fürchterlich   c schrecklich
4. a eigenartig   b großartig   c grandios
5. a fantastisch   b hervorragend   c hübsch
6. a wunderschön   b hässlich   c toll

3 Testen Sie sich selbst: Ist dir dein Aussehen wichtig?

a Welche Antwort trifft am ehesten auf Sie zu? Kreuzen Sie auf dem Fragebogen an.

★ Wie wichtig sind dir dein Aussehen und die Attraktivität deiner Mitmenschen?
★ Wolltest du schon immer wissen, wie du im Grunde deines Herzens auf andere Personen wirken willst?
★ Dann teste dich hier!

1. Wie kleidest du dich?
   a Sportlich.   b Modebewusst.   c Ganz normal, wie jede(r) andere auch.
2. Was siehst du, wenn du in den Spiegel schaust?
   a Eine selbstbewusste Person.   b Viele Problemzonen.   c Weiß ich nicht.
3. Welche Behauptung trifft auf dich am ehesten zu?
   a Ein paar Extra-Minuten im Bad oder vor dem Spiegel schaden nie.
   b Pflegeprodukte sind eine Investition in die Zukunft und steigern das Wohlbefinden.
   c Warum mehr als die absolut notwendige Zeit für Schönheitspflege verwenden?
4. Wodurch kann man deiner Meinung nach attraktiver wirken?
   a Durch Sport.   b Durch die richtige Kleidung.   c Das geht doch gar nicht.
5. Lässt du dich gerne fotografieren?
   a Na ja, ist schon in Ordnung.   b Ja, nichts lieber als das.   c Mag ich nicht besonders.
6. Worauf achtest du zuerst, wenn du gerade dabei bist, jemanden kennenzulernen?
   a Auf das Lächeln.   b Auf das Aussehen.   c Auf die Ausstrahlung.
7. Welche Eigenschaft ist dir bei anderen Menschen am wichtigsten?
   a Verfolgt ähnliche Interessen wie ich selbst.
   b Kann sich in der Öffentlichkeit präsentieren.
   c Ist ein interessanter Gesprächspartner.
8. Findest du selbst an der schönsten Frau oder dem schönsten Mann noch einen Makel?
   a Eigentlich nicht.   b Eher schon.   c Wie soll das gehen?
9. Wie viel Vorbereitungszeit brauchst du vor dem Ausgehen?
   a 5 – 15 Minuten.   b 15 – 60 Minuten.   c 0 – 5 Minuten.

b Wo haben Sie die meisten Kreuze gemacht: bei a, b oder c? Lesen Sie Ihr entsprechendes Ergebnis. Ersetzen Sie dann die unterstrichenen Wörter durch einen Ausdruck aus dem Kasten in der passenden grammatikalischen Form.

> eine Schwäche haben für etw. | schrecklich finden | ~~es sehr gerne haben~~ | jdm. sehr viel bedeuten | müssen |
> keinen Respekt haben vor + D | es für wichtig halten | nicht im Traum daran denken | nicht so wichtig sein |
> sich übertrieben schick machen | schneller sein als die meisten | sehr sorgfältig angezogen sein

Ⓐ Typ Sportler / in

Du [1] <u>liebst es</u> sportlich und einfach. [2] <u>Es würde dir nie in den Sinn kommen</u>, dir irgendwelchen Schnickschnack zu kaufen oder [3] <u>dich aufzutakeln</u>, nur um als stilvoll zu gelten. Du bist im Allgemeinen praktisch und entspannt. Gutes Aussehen [4] <u>erachtest du zwar für wichtig</u>, aber nicht um jeden Preis. Du weißt, was du vom Leben erwarten kannst, und kümmerst dich nicht darum, andere mit besonderen Outfits oder dem letzten Schrei in Sachen Mode zu beeindrucken. Du hast eine gesunde Portion Selbstvertrauen, und das sieht man auch. Und nichts ist natürlicher als das!

1. *hast es sehr gern*   2. ....   3. ....   4. ....

Ⓑ Typ Trendsetter / in

Neue Trends zu kreieren und der Masse immer [5] <u>einen Schritt voraus zu sein</u>, ist nicht leicht. Aber damit hast du keine Probleme. Du [6] <u>kannst nicht anders, als</u> das Beste zu kaufen und [7] <u>hast ein Faible für</u> teure Dinge. Du weißt genau, was dir gut steht, du genießt es und hoffst insgeheim auf ein lobendes Wort für dein normalerweise gelungenes Outfit. Das Gefühl, tip-top auszusehen, [8] <u>hat für dich höchsten Stellenwert</u>. Ist an deinem Äußeren etwas nicht perfekt, dann gehst du nicht aus dem Haus. Ganz egal, ob du gerade auf dem Weg zur Arbeit bist, zu einer Party oder nur eben mal schnell zum Supermarkt.

5. ....   6. ....   7. ....   8. ....

Ⓒ Typ Naturmensch

Das Streben nach Attraktivität und Schönheit [9] <u>findest du unmöglich</u>. Für dich zählt vielmehr alles Beständige. „Nur kein Stress" könnte dein Lebensmotto lauten. [10] <u>Für sogenannte „Trendsetter"</u> hast du nur Spott übrig. Wieso jedem Trend hinterherhetzen, wenn schon bald sowieso wieder etwas anderes „in" ist? Dir ist es egal, wenn deine Frisur so aussieht wie früh morgens, wenn du gerade aus dem Bett kommst, oder deine Kleidung ein wenig zerknittert ist: [11] <u>Alles halb so wild</u>, denkst du dir, es gibt Wichtigeres. Wer hat schließlich das Recht, von dir zu verlangen, dass du immer [12] <u>wie aus dem Ei gepellt aussiehst</u>.

9. ....   10. ....   11. ....   12. ....

B Schön leicht?

🔑 ① Texte verstehen – Nutzen Sie Ihr Vorwissen!

Lesen Sie zuerst den Tipp und dann die Aufgabe 1 im Lehrbuch 2 B. Wie wird dort Ihr Vorwissen aktiviert?

Sein Vorwissen nutzen

Sie haben einen unbekannten Text vor sich. Fangen Sie nicht sofort mit dem Lesen an. Lesen Sie zunächst nur die Überschrift und schauen Sie eventuell vorhandene Bilder an. Ein Text enthält nämlich meist nicht nur Neues und Fremdes. Wenn Sie Ihr eigenes Vor- und Weltwissen vor dem Lesen aktivieren, sind Sie auf den Text vorbereitet und können sich den Inhalt so schon teilweise vorstellen (antizipieren). Das ist die beste Voraussetzung für das Verstehen.

2 Texte verstehen – Lesestil „globales Lesen"

a Lesen Sie die folgende Erläuterung zum Lesestil „globales Lesen" und markieren Sie die wichtigsten Informationen.

> **Lesestil „globales Lesen"**
>
> Wenn Sie einen Text nur überfliegen, um schnell zu erfahren, worum es geht, dann lesen Sie ihn „global".
> Es geht hier nur um den ersten Eindruck; Einzelheiten oder unbekannte Wörter sind nicht wichtig. Deshalb
> sollten Sie beim globalen Lesen schnell lesen. Dabei helfen Ihnen zum Beispiel der Titel, der Vorspann,
> Zwischenüberschriften, die ersten und letzten Sätze, Zeichnungen oder Fotos, hervorgehobene Textstellen,
> die Textsorte (Ist es ein Zeitungsbericht, ein Kochrezept, eine Filmkritik, …?).

b Sie können auch Fragen stellen, die mit dem ersten Eindruck eines Textes zu tun haben. Welche der folgenden Fragen wären sinnvoll (s), welche nicht (n), um den Kommentar im Lehrbuch 2B, 2a, besser zu verstehen? Kreuzen Sie an.

1. Was bedeutet „Macht der Schönheit"? s n
2. Welche Bedeutung hat der Untertitel? s n
3. Welche Nationalität hat das Kind auf dem Foto? s n
4. Warum ist das Foto links zu diesem Artikel ausgewählt worden? s n
5. Was macht das Paar beruflich? s n

3 Verben und Präpositionen

a Ergänzen Sie die Präpositionen bzw. „als". Welcher Kasus folgt?
Notieren Sie. Sehen Sie ggf. im Kommentar im Lehrbuch 2B, 2a, nach.
Lesen Sie auch den Tipp.

1. jdn. / etw. verwechseln _mit_ + _D_
2. jdn. / etw. einschätzen _____ + A
3. hinweisen _____ + _____
4. beliebt sein _____ + _____
5. jdn. / etw. bewerten _____ + A
6. jd. / etw. gilt _____ + N
7. Chancen haben _____ + _____
8. führen _____ + _____

> **Tipp**
>
> Nach „als" kann eine Nomengruppe oder ein Adverb stehen. Der Kasus hängt vom Verb ab, z. B. Ich schätze <u>ihn</u> als <u>einen verlässlichen Menschen</u> ein. / Ich schätze ihn als verlässlich ein.

b Schreiben Sie pro Ausdruck in 3a einen Beispielsatz, der mit dem Thema Schönheit zu tun hat. Vergleichen Sie Ihre Sätze mit denen eines Partners / einer Partnerin und korrigieren Sie sich gegenseitig, falls nötig.

4 (Un)attraktive Adjektive

a Bilden Sie Adjektive. Einige Wortteile können Sie mehrfach verwenden.

> be | ~~fantasie~~ | voll | los | erfolg | durch | um | reich |
> werfend | wert | würdig | schnittlich | glaub | liebt | un

fantasievoll, fantasielos, fantasiereich, …

b Wie heißt jeweils das Gegenteil? Ordnen Sie zu.

1. kreativ   A. gesellig   1. ☐
2. faul   B. hässlich   2. ☐
3. interessant   C. einfallslos   3. ☐
4. ungesellig   D. klug   4. ☐
5. dumm   E. fleißig   5. ☐
6. hübsch   F. gemein   6. ☐
7. unattraktiv   G. langweilig   7. ☐
8. fair   H. gut aussehend   8. ☐

> **Wortschatz lernen**
>
> Lernen Sie Wörter zusammen mit ihrem Gegenteil.

c Arbeit mit einem einsprachigen Wörterbuch: Lesen Sie die beiden Wörterbuchartikel und beantworten Sie die Fragen.

at·trak·tiv *adj* ❶ *so, dass jmd. wegen seines guten Aussehens und seiner gepflegten Ausstrahlung für andere Menschen anziehend ist:* eine attraktive Frau ❷ *so, dass es interessant und positiv ist:* Die Ferienanlage bietet viele attraktive Freizeitangebote/Sportmöglichkeiten. ▶ Attraktivität

glaub·wür·dig *adj verlässlich, glaubhaft:* Du kannst ihm vertrauen - er hat mir glaubwürdig versichert, nichts damit zu tun zu haben.
Glaub·wür·dig·keit *die <-> /kein Plur. / die Eigenschaft oder der Zustand, dass man etwas oder jmdm. glauben kann*

© pons

1. Zu welcher Wortart gehört „attraktiv"? ....

2. In welcher der beiden Erklärungen finden Sie ein Synonym für „attraktiv" in der Bedeutung, wie dieses Wort in dem Artikel „Die Macht der Schönheit" gebraucht wird? Notieren Sie das Synonym. ....

3. Welchen Artikel hat das Nomen zu „glaubwürdig"? ....

4. Was bedeutet „kein Plur."? ....

5. Was bedeutet „jmdm."? Wie kann man das noch abkürzen? ....

C Schönheitskult

G 3.18 **1 Interview mit einer Expertin**

a Formulieren Sie zuerst Infinitivsätze mit den Satzteilen unten. Notieren Sie dann die Redemittel, die Infinitivsätze einleiten, in einer Liste und ergänzen Sie weitere, die Sie kennen.

Es ist schwierig, … zu …
Es ist empfehlenswert, … zu …

1. schwierig sein – Schönheit – definieren
2. nicht besonders empfehlenswert sein – nehmen – Fernsehstars und Models – als Vorbild
3. wichtig sein – vielen Leuten – schöner – perfekter – und – aussehen
4. problematisch sein – sich beschäftigen mit – ständig – sein Aussehen
5. ratsam sein – sich betrachten – selbst – freundlicher – die eigenen Vorzüge – hervorheben – und

1. Es ist schwierig, Schönheit zu definieren. ....

b Ratschläge der Expertin mit und ohne „zu". Ordnen Sie zu.

1. Ich empfehle Ihnen,	A. täglich an die frische Luft gehen.	1. *B, C, D*
2. Man sollte	B. sich gesund zu ernähren.	2. ....
3. Ich kann jedem nur raten,	C. Make-up nur sparsam zu verwenden.	3. ....
4. Jeder sollte darauf achten,	D. regelmäßig Sport zu treiben.	4. ....
5. Ich würde vorschlagen,	E. Ihre gute Laune behalten.	5. ....
6. Sie sollten	F. dass er nicht zu dick wird.	6. ....

c Formulieren Sie nun selbst Ratschläge wie in 1b.

ausreichend schlafen | ~~regelmäßig zum Friseur gehen~~ | mehr Selbstbewusstsein entwickeln | sich selbst so akzeptieren, wie man ist | öfter mal lachen | sich möglichst viel bewegen | dem Schönheitswahn widerstehen | viel Obst und Gemüse essen

Man sollte regelmäßig zum Friseur gehen. ....

ⓟ DSH d Formulieren Sie die „dass"-Sätze in Infinitivsätze um. Einen Satz kann man nicht umformulieren. Warum nicht?

1. Frau Bauer freut sich, dass sie das Radiointerview geben kann.

   ....

2. Sie sagt: „Es ist nicht richtig, dass man von ‚Schönheitswahn' spricht."

   ....

3. Sie rät ihren Klienten, dass sie sich mit dem übertriebenen Streben nach Schönheit auseinandersetzen.

   ....

4. Frau Bauer ist glücklich, dass ihre Klienten mit ihrer Beratung zufrieden sind.

   ....

e Lesen Sie die Sätze in 1d noch einmal. Was fällt auf? Kreuzen Sie in der Regel an und notieren Sie jeweils, welcher Satz passt.

1. Man kann Infinitivsätze bilden, wenn das Subjekt im Hauptsatz und das (implizite) Subjekt im Nebensatz
   a gleich **b** nicht   gleich sind. Satz: ....

2. Man kann Infinitivsätze bilden, wenn die Subjekte in Haupt- und Nebensatz verschieden sind, aber eine Dativ- oder Akkusativergänzung im Hauptsatz sich auf das Subjekt im Nebensatz **a** bezieht. **b** nicht bezieht.
   Satz: ....

3. Infinitivsätze kann man **a** auch bilden, **b** nicht bilden, wenn die Subjekte in Haupt- und Nebensatz verschieden sind und Regel 2 auch nicht zutrifft. Satz: ....

4. Nach Ausdrücken wie „Es ist schön / gut / interessant / schlecht …" können **a** nur „dass-Sätze" stehen.
   b Infinitivsätze oder „dass-Sätze" stehen. Satz: ....

f Infinitivsatz oder „dass"-Satz? Lesen Sie den Tipp und formulieren Sie Sätze mit „zu" oder „dass".

1. Frau Bauer – ihre Klienten – ermutigen – dazu – Schönheitsidealen – sich lösen von
   Frau Bauer ermutigt ihre Klienten dazu, sich von Schönheitsidealen zu lösen.

2. Sie – betonen – jeder Mensch – besitzen – eine bestimmte Form von Schönheit

   ....

3. Man – darauf achten – sollte – Kleidung – geschickt – einsetzen

   ....

4. Frau Bauer – jedem empfehlen – sich vergleichen mit – nicht zu stark – anderen

   ....

5. Sie – die Erfahrung – sprechen von – ständiges Vergleichen – machen – unglücklich

   ....

> **Tipp**
> Wenn möglich, verwendet man statt „dass"-Sätze Infinitivsätze, weil sie den Text kürzer machen und man sie leichter lesen kann.

◑ G 3.18 ② Es ist schön, gemocht zu werden

a Lesen Sie den Tipp auf der nächsten Seite und formulieren Sie Sätze. Benutzen Sie dabei das Passiv der Gegenwart.

1. Frau Bauer freut sich darauf, (interviewen) *Frau Bauer freut sich darauf, interviewt zu werden.*

2. Viele Menschen haben Angst davor, (für hässlich halten) ....

3. Es ist schrecklich, (wegen seines Aussehens schlechter beurteilen) ....

4. Es ist nützlich, (von einer Fachfrau beraten) ....

b Formulieren Sie jetzt die fehlenden Satzteile aus 2a in der Vergangenheit.

1. Frau Bauer freut sich darüber, *interviewt worden zu sein.*

2. Viele Menschen behaupten, früher ....

3. Carla beklagt sich darüber, in der Schule ....

4. Die Zuhörer fanden es nützlich, von einer Fachfrau ....

> **Infinitivsätze im Passiv**
> **Gegenwart:** Partizip Perfekt +
> zu + werden, z. B. Es ist schön,
> gemocht zu werden.
> **Vergangenheit:** Partizip Perfekt
> + worden + zu + sein, z. B.
> Sie hat das Gefühl, noch nie
> gemocht worden zu sein.

c Lesen Sie die Sätze und kreuzen Sie an: gleichzeitig (g) oder vorzeitig (v).

1. Frau Bauer findet es angenehm, dass sie so freundlich begrüßt wird. g v
2. Sie freut sich, dass sie zum Interview eingeladen worden ist. g v
3. Sie erinnert sich, dass sie das schon ganz anders erlebt hat. g v
4. Der Interviewer bittet sie darum, dass sie „Schönheit" definiert. g v
5. Sie glaubt nicht, dass sie eine wirklich gute Definition gelesen hat. g v
6. Viele ihrer Klienten bestätigen, dass sie vom Aussehen von Models beeinflusst werden. g v
7. Frau Bauer empfiehlt ihnen, dass sie versuchen, an sich selbst Gefallen zu finden. g v
8. Viele sind froh, dass sie diesen Rat bekommen haben. g v

DSH d Sagen Sie jetzt das Gleiche wie in 2c mithilfe von Infinitivsätzen.

1. *Frau Bauer findet es angenehm, so freundlich begrüßt zu werden.*

D Schöne Diskussionen

1 Vermutung oder Überzeugung ausdrücken – aber wie?

Welche Wörter oder Ausdrücke helfen? Notieren Sie „V" für Vermutung oder
„Ü" für Überzeugung.

1. sicherlich   V
2. es steht außer Frage   Ü
3. unter Umständen   ☐
4. ich nehme an   ☐
5. auf jeden Fall   ☐
6. es könnte sein   ☐
7. wahrscheinlich   ☐
8. zweifellos   ☐
9. hundertprozentig   ☐
10. eventuell   ☐
11. sicher   ☐
12. vermutlich   ☐

DSH 2 Vielleicht, möglicherweise, wahrscheinlich ...

Was passt anstelle der markierten Ausdrücke besser? Kreuzen Sie an und formulieren Sie die Sätze um.

1. Möglicherweise werden Sie oft mit anderen Leuten verwechselt.
   a höchstwahrscheinlich   ☒ es könnte sein, dass
2. Dann sehen Sie wahrscheinlich vollkommen durchschnittlich aus.
   a vermutlich   b ohne Zweifel
3. Es steht außer Frage, dass durchschnittliche Gesichter als attraktiv bewertet werden.
   a wahrscheinlich   b zweifellos
4. Gelten gut aussehende Menschen also vielleicht auch als intelligenter, kreativer und fleißiger?
   a auf jeden Fall   b unter Umständen
5. Genau so ist es. Wahrscheinlich ist deshalb das Thema „Schönheit" für viele so wichtig.
   a hundertprozentig   b sicherlich

1. *Es könnte sein, dass Sie oft mit anderen Leuten verwechselt werden.*

2

> **bestimmter – unbestimmter Artikel im Text**
> Wenn etwas zum ersten Mal genannt wird, steht häufig der unbestimmte Artikel. Bezieht sich der Autor später darauf, also auf etwas Bekanntes, wird in der Regel der bestimmte Artikel verwendet.

3 Schön zusammenhängend – Texte schreiben

a Lesen Sie zuerst den Tipp rechts, dann den Forumsbeitrag. Überlegen Sie, ob im Textzusammenhang der bestimmte, der unbestimmte oder der Nullartikel passt. Streichen Sie jeweils den nicht passenden Artikel.

Wie schön muss mein Partner / meine Partnerin sein?

Zu [1] einer / der Frage habe ich [2] eine / die ganz klare Meinung: Niemand muss schön sein. Und was ist überhaupt schön? Ich habe [3] eine / die Studie gelesen: Aus der ging hervor, dass es kein allgemein gültiges „Partner-Idealbild" gibt, denn jeder Mensch hat [4] eine / die andere Vorstellung von Schönheit. [5] Eine / Die Vorstellung hängt z. B. stark davon ab, wie jemand aufgewachsen ist. Dabei spielt [6] die / -- jeweilige Familie [7] eine / die wichtige Rolle. Wenn z. B. Mädchen schon als Kinder lernen, dass es sehr wichtig ist, sich zu schminken, sich nach der Mode zu kleiden und [8] ein / das eigene Aussehen als das Wichtigste zu empfinden, werden sie sich wahrscheinlich auch später an dieser Vorstellung orientieren. Übrigens stand in [9] der / -- Studie auch, dass die Mehrheit [10] der / -- Deutschen bei der Wahl ihres Partners Natürlichkeit wichtiger findet als Schönheit. [11] Ein / Das Ergebnis hat mich persönlich nicht überrascht, auch ich gehöre zu den Menschen, für die Schönheit nicht an erster Stelle steht.

---

b Sprechen Sie im Kurs über Ihre Lösungen und begründen Sie sie.

E Was ist schön?

1 Lesestil „globales Lesen"

Lesen Sie noch einmal den Tipp zum globalen Lesen im Arbeitsbuch 2 B, 2 a; bearbeiten Sie dann folgende Aufgaben.

1. Lesen Sie die Arbeitsanweisung, die Überschrift und den Vorspann des Textes im Lehrbuch 2 E, 1 a, und betrachten Sie das Foto. Um welche Textsorte handelt es sich? Wo ist der Text erschienen? Was vermuten Sie: Worum könnte es in dem Text gehen?

2. Überfliegen Sie nun den Text. Was sind die zwei wichtigsten Aussagen? Sprechen Sie im Kurs.

2 Wie ist das im Text formuliert?

Wie sind die markierten Umschreibungen im Text formuliert? Notieren Sie.

1. Was man als schön ansieht, ist nicht überall gleich.
   Was als schön betrachtet wird, ist nicht überall gleich. (im Vorspann)

2. Ähnliches gilt auch heute noch in manchen weniger reichen Ländern.
   ....

3. Man denkt, dass dicke Menschen keine Disziplin haben und man sie weniger belasten kann.
   Dicke Menschen gelten als ....

4. In manchen Regionen gilt eine helle Hautfarbe als etwas, was man gern haben möchte.
   ....

5. Das jeweilige Schönheitsbild hängt mit den gesellschaftlichen Verhältnissen zusammen.
   ....

6. Die weiße Oberschicht wollte sich vom Rest der Bevölkerung unterscheiden.
   ....

7. Sie folgen einem Trend, den man in vielen Kulturen sehen kann.
   ....

❸ Unterschiede und Parallelen formulieren

Ordnen Sie die Redemittel in eine Tabelle wie unten ein.

In meiner Heimat / In … ist es anders als in … | Bei uns ist es ähnlich / genauso wie in … |
Ich sehe hier einen (großen) Unterschied, und zwar: … | Das Beispiel von … gilt auch bei uns. |
Im Vergleich zu … ist es bei uns etwas anders: … | Den Trend, … zu …, gibt es auch bei uns. |
Dass Frauen / Männer sich …, kenne ich auch aus unserem Land.

Unterschiede	Parallelen
In meiner Heimat / In … ist es anders als in …,	

G 2.3, 2.6

❹ Angaben im Mittelfeld und am Satzanfang

te – ka – mo – lo
te = temporal (Zeit, Dauer)
ka = kausal (Grund)
mo = modal (Wie? Mit wem?)
lo = lokal (Ort, Richtung)

a Formulieren Sie aus den Elementen Sätze. Beginnen Sie mit dem Subjekt und verwenden Sie im Mittelfeld für die Angaben die Reihenfolge „te ka mo lo".

1. Carla – wegen ihrer Figur – schon immer – Probleme – hat – gehabt

....

2. Sie – diesen Monat – zu einer Ernährungsberaterin – aufgrund ihrer Gewichtsprobleme – voller Hoffnung – ist – gegangen

....

3. Die Beraterin – sie – wegen ihrer Schwierigkeiten – am Abend – in einem Café – freundlicherweise – hat – getroffen

....

4. Carla – dank der guten Ratschläge der Beraterin – sehr glücklich – heute – ist

....

b Lesen Sie den folgenden Tipp und variieren Sie die Wortstellung: Verschieben Sie zunächst das Element von Position 1 ins Mittelfeld. Probieren Sie dann verschiedene Positionen im Mittelfeld aus. Beginnen Sie deshalb immer mit dem Subjekt.

Im Mittelfeld können die Angaben in einer anderen Reihenfolge als „te ka mo lo" stehen, das Ihnen nur eine grobe Orientierung geben soll. Die Reihenfolge hängt davon ab, was man im Text hervorheben will, z. B.
- Carla geht besonders gern mit ihrer Freundin Anne shoppen. (= besonders gern mit der Freundin)
- Carla geht mit ihrer Freundin Anne besonders gern shoppen. (= besonders gern shoppen)

1. Bei „Alfredo" geht Carla sehr oft essen.

   Carla geht sehr oft bei „Alfredo" essen. / Carla geht bei „Alfredo" sehr oft essen.

2. Zufälligerweise hat sie gestern dort ihre beste Freundin Anne getroffen.

   ....

3. Sehr lange haben sich die beiden wegen der Wahlen über Politik unterhalten.

   ....

c Lesen Sie den Tipp rechts und formulieren Sie die Sätze aus 4a neu, sodass sich ein zusammenhängender Text ergibt. Vergleichen Sie Ihre Sätze im Kurs.

Carla hat sich wegen ihrer Figur schon immer Sorgen gemacht.

Aufgrund …

Tipp
Stilistisch ist es nicht gut, wenn man jeden Satz in einem Text mit dem Subjekt beginnt. Die Angaben im Mittelfeld können auch auf Position 1 stehen. Dies ist abhängig vom Textzusammenhang.

● G 2.3 **5** **Verschiedene Informationen im Satz betonen**

a Betonen Sie jeweils die genannte Angabe und schreiben Sie die Sätze entsprechend um.

1. Familie Funke war im Sommer zum ersten Mal in Italien.

   a. Temporalangabe: *Im Sommer war Familie Funke zum ersten Mal in Italien.*

   b. Lokalangabe: ....

2. Carla muss seit einem Monat aufgrund ihrer neuen Stelle pendeln.

   a. Temporalangabe: ....

   b. Kausalangabe: ....

3. Carlas Wohngemeinschaft trifft sich zum Reden meistens in der Küche.

   a. Lokalangabe: ....

   b. Modalangabe: ....

4. Herr und Frau Jahnke haben nach der Wende mit großem Erfolg einen Strandkorbverleih eröffnet.

   a. Temporalangabe: ....

   b. Modalangabe: ....

5. Frau Jahnke hat heute wegen des starken Windes besonders viele Strandkörbe vermietet.

   a. Temporalangabe: ....

   b. Kausalangabe: ....

b Lesen Sie Ihre Sätze in 5a noch einmal. Überlegen Sie dann, ob die folgenden Sätze jeweils besser nach Satz a oder nach Satz b stehen sollten.

1. Aber in Frankreich ist sie schon mindestens fünfmal gewesen.	Nach Satz: *b*
2. Vorher konnte sie zu Fuß zur Arbeit gehen.	Nach Satz: ....
3. Im Sommer ist der Balkon natürlich beliebter.	Nach Satz: ....
4. Nicht funktioniert hat aber die Idee, Eis am Strand zu verkaufen.	Nach Satz: ....
5. Gestern lief das Geschäft allerdings nicht so gut.	Nach Satz: ....

● G 2.4 **6** **Wo im Satz steht die Negation?**

a Lesen Sie den Tipp. Verneinen Sie Satzteile oder den ganzen Satz mit „nicht".

1. Über dieses Thema wird kritisch genug gesprochen.
2. Schönheit sollte man überbewerten.
3. Viele stimmen daher dem modernen Schönheitskult zu.
4. Viele Stars würden es ohne Schönheits-OP schaffen.
5. Das bezweifelt die Autorin.
6. Den Schreibern im Internet ist das Thema wichtig.

1. Über dieses Thema wird nicht kritisch genug gesprochen.

> **Verneinung mit „nicht"**
>
> 1. „nicht" steht in der Regel links von dem Element, das verneint wird.
> 2. Wenn der ganze Satz verneint wird, steht „nicht" am Satzende.
> 3. „nicht" steht meist vor dem 2. Verb(teil), vor der Vorsilbe von trennbaren Verben, vor einer Prädikatsergänzung.

b Überlegen Sie, welches Satzelement verneint werden kann. Markieren Sie dieses und formulieren Sie die Verneinung.

1. Schöne Menschen sollten bevorzugt behandelt werden.
2. Das Äußere eines Menschen sagt alles über seinen Charakter.
3. Ein hübscher Mensch wirkt anziehender als ein „Durchschnittsbürger".
4. Wenn man mit sich zufrieden ist, sollte man nach den Gründen suchen.
5. Wirklich selbstbewusste Menschen streben nach Attraktivität und Schönheit.

1. Schöne Menschen sollten nicht bevorzugt behandelt werden.

F (Un)Schöne Momente

1 Beschreibungen

a   Ordnen Sie die Adjektive in eine Tabelle wie unten ein.

> schrecklich | hervorragend | herrlich | miserabel | wunderschön | fürchterlich | bewegend | furchtbar | katastrophal | großartig | langweilig | überwältigend | gelungen

positiv	negativ
hervorragend,	*schrecklich,*

b   Wie kann man es beschreiben? Es gibt je zwei richtige Lösungen. Kreuzen Sie an.

1. Ein unglaublich schönes Geschenk kann sein:
   - **a** gelungen
   - **b** großartig
   - **c** fürchterlich

2. Ein außerordentlich gutes Konzert kann man so beschreiben:
   - **a** ein großartiges Ereignis
   - **b** ein langweiliges Ereignis
   - **c** ein überwältigendes Ereignis

3. Ein unerwünschtes politisches Ereignis kann sein:
   - **a** katastrophal
   - **b** furchtbar
   - **c** bewegend

4. Die eigene Hochzeitsfeier ist hoffentlich:
   - **a** schrecklich
   - **b** herrlich
   - **c** wunderschön

5. Das verlorene Fußballspiel war für die Fans:
   - **a** fürchterlich
   - **b** hervorragend
   - **c** miserabel

▶ G 6.3 2 Verstärkende Wörter

a   Welches Konzert war besser? Kreuzen Sie an.

1. **a** ein unglaublich gutes Konzert   **b** ein recht gutes Konzert
2. **a** ein relativ gutes Konzert   **b** ein total gutes Konzert
3. **a** ein äußerst gutes Konzert   **b** ein ziemlich gutes Konzert
4. **a** ein extrem gutes Konzert   **b** ein sehr gutes Konzert
5. **a** ein ganz gutes Konzert   **b** ein wirklich gutes Konzert
   ("ganz" nicht betont)

> **„ganz" (+ Adjektiv)**
> - kann eine positive oder negative Bedeutung verstärken. („ganz" wird beim Sprechen betont.)
> - kann eine positive Bedeutung einschränken. („ganz" wird beim Sprechen nicht betont.)

b   Welches Konzert war schlechter? Kreuzen Sie an.

1. **a** ein ziemlich schlechtes Konzert   **b** ein unglaublich schlechtes Konzert
2. **a** ein relativ schlechtes Konzert   **b** ein wirklich schlechtes Konzert
3. **a** ein schrecklich schlechtes Konzert   **b** ein ziemlich schlechtes Konzert
4. **a** ein ganz schlechtes Konzert   **b** ein relativ schlechtes Konzert
5. **a** ein katastrophal schlechtes Konzert   **b** ein recht schlechtes Konzert

c   Kritisieren Sie ein miserables Konzert. Fügen Sie ein: äußerst, extrem, furchtbar, ganz, katastrophal, schrecklich, unglaublich, wirklich, ziemlich. Es gibt immer mehrere Lösungen.

1. Ich war gestern bei einem Konzert, das ich _furchtbar_ schlecht und misslungen fand.

2. Die gesamte Show wirkte .... unprofessionell.

3. Ich fand den neuen Sänger .... enttäuschend.

4. Seine Texte hörten sich .... langweilig an.

5. Trotzdem waren die Konzertkarten .... teuer. Eine .... Frechheit!

❸ Ein besonderes (positives oder negatives) Erlebnis in Ihrem Leben

In Ihren Interviews im Kurs haben Sie über ein besonderes Erlebnis berichtet. Schreiben Sie nun einen Bericht darüber an einen Brieffreund in Deutschland.

- ein Urlaub, eine Reise
- ein Erfolgserlebnis im Beruf
- ein kulturelles Ereignis
- ein Wiedersehen
- ein Familienereignis
- …

> Einer meiner schönsten / schlimmsten Momente war, als ich … | Es war großartig / schrecklich / …, weil… |
> Das Besondere an diesem Ereignis / Erlebnis war, dass … | Es war äußerst / extrem / besonders … |
> Mein erster Eindruck war … | Ich war begeistert / entsetzt, denn…

Aussprache

❶ Umstellen und betonen

🔊 2 Hören Sie die Sätze und markieren Sie, welche Angabe besonders betont wird.

1. **a** Ich habe gestern wegen meiner schweren Prüfung nur sehr wenig geschlafen.

   b Wegen meiner schweren Prüfung habe ich gestern nur sehr wenig geschlafen.

2. **a** Ich bin vor der letzten Prüfung aus lauter Angst viel zu früh zur Uni gefahren.

   b Aus lauter Angst bin ich vor der letzten Prüfung viel zu früh zur Uni gefahren.

3. **a** Ich werde vor der morgigen Prüfung bestimmt viel früher ins Bett gehen.

   b Bestimmt werde ich vor der morgigen Prüfung viel früher ins Bett gehen.

❷ Welche Elemente sind betont?

🔊 3 **a** Hören Sie und markieren Sie die Satzakzente.

1. Die Leistung der Mannschaft beim letzten Turnier in Hamburg war großartig.
2. Die Mannschaft hatte zuerst Startschwierigkeiten, aber dann folgte ein Sieg auf den anderen.
3. Als der Sieg am Ende feststand, war die Stimmung überwältigend.
4. Nach dem Turnier gab es eine riesige Feier. Das war toll!

> **Tipp**
>
> In deutschen Sätzen oder Wortgruppen wird immer eine Silbe stärker betont als alle anderen. Diese am stärksten betonte Silbe ist der „Satzakzent".

🔊 4 **b** Hören Sie und markieren Sie die Satzakzente. Wie verändert sich die Betonung im Vergleich zu 2a?

1. In Hamburg beim letzten Turnier war die Leistung der Mannschaft großartig.
2. Zuerst hatte die Mannschaft Startschwierigkeiten, dann folgte ein Sieg auf den anderen.
3. Als am Ende der Sieg feststand, war die Stimmung überwältigend.
4. Es gab eine riesige Feier nach dem Turnier. Toll war das!

c Bilden Sie Sätze. Beginnen Sie jeweils mit dem markierten Wort bzw. Ausdruck.

1. Maria – mit ihrer Freundin – gestern – hat – gesprochen – ihre Heiratspläne – über – im Café
2. Maria – nur mit ihr – bis jetzt – gesprochen – darüber – hat
3. die Freundin – aus Neugier – noch eine Stunde lang – am Abend – telefoniert – mit ihr – hat

1. Maria hat gestern mit ihrer Freundin im Café über ihre Heiratspläne gesprochen.

d Welche Elemente sind in den Sätzen in 2c betont? Sprechen Sie die Sätze.

Grammatik: Das Wichtigste auf einen Blick

G 3.18 **1** Der Infinitivsatz

- Der Infinitivsatz steht in der Regel nach dem Hauptsatz. Wenn man den Infinitivsatz besonders betonen möchte, kann er auch vor dem Hauptsatz stehen. Im Infinitivsatz wird das Subjekt nicht genannt.

  z. B. Ich kann jedem nur raten, die Vorzüge des eigenen Körpers hervorzuheben.

    Sich zu stark mit anderen zu vergleichen, macht eher unglücklich.

- In Infinitivsätzen mit Modalverb steht „zu" zwischen Vollverb und Modalverb.

  z. B. Viele Menschen sind von der Idee besessen, schöner und perfekter aussehen zu müssen.

- Präpositionaladverbien (darauf, dazu, …) im Hauptsatz können auf einen Infinitivsatz verweisen.

  z. B. Ich möchte jeden dazu ermutigen, sich freundlicher zu betrachten.

Vor- und Gleichzeitigkeit von Infinitivsätzen

- Wenn die Geschehen im Infinitivsatz und im Hauptsatz gleichzeitig stattfinden, verwendet man den Infinitiv Präsens: „zu" + Infinitiv.

  z. B. Ich würde vorschlagen, sich freundlicher zu betrachten.

- Wenn das Geschehen im Infinitivsatz vor dem Geschehen im Hauptsatz stattfindet, verwendet man den Infinitiv Perfekt: Partizip II + „zu" + Infinitiv vom Hilfsverb „haben" oder „sein".

  z. B. Im ersten Moment waren sie zufrieden, eine Diät gemacht zu haben.

Passiv im Infinitivsatz

- Gegenwart: Partizip Perfekt + „zu" + „werden".

  z. B. Sie freut sich darauf, interviewt zu werden.

- Vergangenheit: Partizip Perfekt + „worden" + „zu" + „sein".

  z. B. Sie freut sich darüber, interviewt worden zu sein.

Bildung und Gebrauch von Infinitivsätzen

- Man kann Infinitivsätze bilden, wenn das Subjekt im Hauptsatz und das (implizite) Subjekt im Nebensatz gleich sind.

  z. B. Frau Bauer freut sich, dass sie das Radiointerview geben kann.

    → Frau Bauer freut sich, das Radiointerview geben zu können.

- Infinitivsätze sind auch möglich, wenn die Subjekte in Haupt- und Nebensatz verschieden sind, aber eine Dativ- oder Akkusativergänzung im Hauptsatz sich auf das Subjekt im Nebensatz bezieht.

  z. B. Sie rät jedem Klienten, dass er seinen eigenen Körper akzeptiert.

    → Sie rät jedem Klienten, seinen eigenen Körper zu akzeptieren.

- Wenn möglich, verwendet man statt „dass"-Sätze Infinitivsätze, weil sie den Text kürzer machen und man sie leichter lesen kann.

G 2.3 **2** Angaben im Mittelfeld und am Satzanfang

- Die häufigste Reihenfolge der Angaben im **Mittelfeld** kann man sich so merken: *te* ka mo lo.

- Die Zeitangabe (*te*) steht meistens vor der Ortsangabe (lo).

  z. B. Maria will sich *nächste Woche* in einer Spezialklinik beraten lassen.

- Die kausale Angabe (ka) und die modale (mo) Angabe stehen oft zwischen der Zeitangabe (*te*) und der Ortsangabe (lo).

  z. B. Maria will sich *nächste Woche* wegen einer Schönheitsoperation vielleicht in einer Spezialklinik beraten lassen.

- Die kausale Angabe (ka) steht oft vor der modalen Angabe (mo).

  z. B. Maria will sich wegen einer Schönheitsoperation vielleicht beraten lassen.

- Alle Angaben, besonders Zeit- und Ortsangaben, können auch auf **Position 1** stehen. Das hängt von der Absicht des Autors (z. B. besondere Betonung) und dem Textzusammenhang ab.

  z. B. Nächste Woche will sich Maria wegen einer Schönheitsoperation vielleicht in einer Spezialklinik beraten lassen.

A Freundschaft

1 Weniger gute und gute Eigenschaften

a Wie heißt das Gegenteil? Überprüfen Sie Ihre Lösungen mithilfe der Adjektive im Lehrbuch 3 A, 1b.

1. unzuverlässig ≠ *zuverlässig*
2. dumm ≠ ....
3. geschwätzig ≠ ....
4. pessimistisch ≠ ....
5. humorlos ≠ ....
6. kleinlich ≠ ....

7. unehrlich ≠ ....
8. lahm ≠ ....
9. faul ≠ ....
10. ungesellig ≠ ....
11. denkfaul ≠ ....
12. egoistisch ≠ ....

b Wie heißen die Nomen zu den Adjektiven in 1a? Notieren Sie sie mit dem Artikel. Zu einem Adjektiv kann man kein Nomen bilden.

1. *die Unzuverlässigkeit, die Zuverlässigkeit*

2. ....

2 Gute Freunde

Wie heißen die Ausdrücke in den Forumsbeiträgen im Lehrbuch 3 A, 2 a? Kreuzen Sie an.

1. Zwischen uns — **a** hat Vertrauen. **b** herrscht Vertrauen.
2. Man darf auch mal richtig scharfe Kritik — **a** anbringen. **b** mitbringen.
3. Eine Freundschaft zwischen Jung und Alt ist eine Freundschaft über Generationen — **a** weg. **b** hinweg.
4. An eine neue Umgebung muss man sich — **a** aufpassen. **b** anpassen.
5. Es ist gut, wenn man schnell neue Kontakte — **a** knüpft. **b** knöpft.
6. Wenn man sich gut versteht, ist man — **a** in einer Welle. **b** auf einer Wellenlänge.

3 Über Unterschiede und Gemeinsamkeiten sprechen

a Formulieren Sie Redemittel aus den Elementen in 3 b.

b Notieren Sie nun jeweils „G" für Gemeinsamkeiten und „U" für Unterschiede. Manchmal passt beides.

> **„eine Freundin" oder „deine Freundin"?**
> Im Deutschen bezeichnet man häufig den Lebenspartner oder einen Menschen, mit dem man eine Liebesbeziehung hat, als „mein Freund"/„meine Freundin". Mit „ein Freund"/ „eine Freundin" bezeichnet man z. B. eine/n Schulfreund/in. Aber auch in diesem Fall kann man – je nach Kontext – „mein (bester) Freund"/„meine (beste) Freundin" sagen.

1. denken – ähnlich wie / ganz anders als – bei uns – man

Man denkt ähnlich wie / ganz anders als bei uns.　　　　　　　　　　　　　　　G / U

2. sehen – anders als – in meiner Heimat – man – das – im Beitrag …

....

3. am ähnlichsten – Beitrag von … – unserer Vorstellung von Freundschaft – sein

....

4. in … (Land) – die Vorstellung von Freundschaft – vergleichbar mit der von … – sein

....

5. einige Aspekte – den Vorstellungen in meiner Heimat – in Beitrag … – (nicht) übereinstimmen mit

....

B Vereine

1 Wie lese ich einen Text?

a Lesen Sie den Tipp rechts. Was erfahren Sie über das „selektive Lesen"?

Lesestil „selektives Lesen"

Wenn Sie in einem Text ganz bestimmte Informationen suchen, lesen Sie selektiv. In diesem Fall müssen Sie den Text nicht weiterlesen, wenn Sie die gesuchten Informationen gefunden haben.

b Bis wohin müssen Sie den Bericht im Lehrbuch 3 B, 1b, lesen, wenn Sie herausfinden wollen, in welchen Ländern es mehr Vereine als in Deutschland gibt?

bis Zeile: ....

c Überfliegen Sie im Bericht den Teil über die Geschichte der Vereine. Welche Zeilen sind im historischen Präsens geschrieben?

Zeile .... bis Zeile: ....

Historisches Präsens

Man verwendet das Präsens auch, um Ereignisse in der Vergangenheit zu beschreiben; man nennt es dann „historisches Präsens". Es dient als Stilmittel, um einen Text lebendiger und abwechslungsreicher zu gestalten.

2 Vereinswortschatz und mehr

DSH a Welche Erklärung passt zu den Wörtern bzw. Ausdrücken im Bericht im Lehrbuch 3 B, 1b? Kreuzen Sie an.

1. sich in einem Verein engagieren (Z. 2 / 3)
   - a in einem Verein mitmachen
   - b einen Verein gründen

2. Das Vereinsleben geht auf das 18. Jh. zurück. (Z. 11)
   - a Das Vereinsleben stammt vom Ende des 17. Jh.
   - b Das Vereinsleben stammt aus dem 18. Jh.

3. Das Vereinsleben setzte sich durch. (Z. 19)
   - a Die Vereine hatten ein langes Leben.
   - b Es wurde üblich, einem Verein anzugehören.

4. ein Wohlfahrtsverband (Z. 20)
   - a eine Vereinigung, die sich um soziale Maßnahmen kümmert
   - b eine Vereinigung, die die materielle Situation ihrer Mitglieder verbessern will

5. ein Förderverein (Z. 42)
   - a ein Verein, der die Gründung von anderen Vereinen unterstützt
   - b ein Verein, der eine Organisation oder Personen finanziell unterstützt

DSH b Welches Wort / Welcher Ausdruck aus dem Bericht im Lehrbuch 3 B, 1b wird gesucht? Ergänzen Sie ggf. auch Artikel und Plural.

1. Jemand, der sich übertrieben stark in einem Verein engagiert: *der Vereinsmeier,–*

2. Eine Vorstellung, die auf einem Vorurteil beruht: ....

3. garantiertes Recht des Einzelnen gegenüber dem Staat: ....

4. die Art, wie jemand die Welt sieht und beurteilt: ....

5. in einen Verein eintreten: ....

6. Zusammenschluss von Bürgern, die ein bestimmtes Problem aktiv lösen wollen: ....

7. Gruppe von Personen, die gleiche Probleme haben und sich gegenseitig helfen wollen: ....

c Kombinieren Sie folgende Verben abwechselnd mit den Nomen „Verein", „Vereinigung", „Verband", „Gruppierung", „Initiative".

eintreten in + A | austreten aus + D | sich zusammenschließen in + D | gründen + A | sich engagieren in + D | zusammenkommen in + D | vertreten sein in + D | angehören + D | jdn. ausschließen aus + D | sich betätigen in + D | beitreten + D

● G 6.4 **3** **Was halten Sie davon? – Präpositionaladverbien**

Beantworten Sie die Fragen mit den Elementen in Klammern. In den Sätzen 1–3 können Sie mit „ja" oder „nein" antworten.

1. Möchten Sie einem Verein beitreten? (halten von – nichts / viel)

   Nein, davon halte ich nichts. / Ja, ich ...
   ....

2. Wussten Sie, dass es in Deutschland so viele Vereine gibt? (hören von – schon / noch nicht)
   ....

3. Ist Ihnen bekannt, dass es die meisten Vereine in Skandinavien gibt? (ja / nein – (nicht) informiert sein über)
   ....

4. Wozu trug das Vereinswesen bei? (beitragen zu – Adel – übernehmen – bürgerliche Werte – dass)
   ....

5. Wofür setzt sich der „BUND" ein? (sich einsetzen für – zu schützen – die Umwelt)
   ....

6. Wobei hilft die „Deutsche Krebshilfe"? (helfen bei – zu bekämpfen – diese Krankheit)
   ....

● G 6.4 **4** **Der gemeinnützige „Verein Deutsche Sprache e.V."**

a Ergänzen Sie in dem Informationstext die fehlenden Präpositionaladverbien.

| dabei | dabei | ~~dafür~~ | dafür | dagegen | daran | daran | darauf | davon | davor | davor | dazu |

Der Verein wurde 1997 gegründet. Er tut alles [1] *dafür*, dass Deutsch als eigenständige Kultur- und

Wissenschaftssprache erhalten bleibt und sich weiterentwickelt. Außerdem soll das Deutsche [2] .... bewahrt

werden, vom Englischen verdrängt zu werden. [3] .... warnt der Verein auch besonders im Hinblick auf

die Wissenschaftssprache. Der Verein ist eine Bürgerbewegung mit derzeit über 34.000 Mitgliedern aus den

unterschiedlichsten Ländern, Kulturen, Parteien, Altersgruppen und Berufen. Ein Drittel [4] .... sind Freunde

der deutschen Sprache aus Asien und Afrika. Der Verein will die Menschen in Deutschland [5] .... erinnern, wie

wertvoll und schön ihre Muttersprache ist. Die Fähigkeit, neue Wörter zu erfinden, um neue Dinge zu bezeichnen,

darf nicht verloren gehen. [6] .... verfolgt der Verein keine engstirnigen oder gar nationalistischen Ziele.

Fremdwörter wie „Interview", „Trainer" oder „Small Talk" und viele mehr gehören zur deutschen Sprache. [7] ....

kann es keinen Zweifel geben. In Deutschland herrscht aber zurzeit die Tendenz, vieles auf Englisch auszudrücken,

weil es anscheinend schicker und „hipper" ist. [8] .... protestiert der Verein immer wieder und weist

[9] .... hin, wie unsinnig dieser Trend ist. Warum muss an der Schaufensterscheibe „Sale" statt „Ausverkauf"

stehen oder warum bezeichnet die Werbung eine gewöhnliche Umhängetasche als „Bodybag", was auf Englisch

„Leichensack" bedeutet? Der Verein wirbt also für das Ansehen der deutschen Sprache. Er veröffentlicht Artikel,

unterstützt Buchprojekte und lädt Sprachfreunde [10] .... ein, sich z. B. in Arbeitsgruppen oder Kultur-

veranstaltungen mit Deutsch zu beschäftigen. Er gewinnt Autoren [11] ...., Lesungen oder Vorträge rund um

die deutsche Sprache zu halten. Außerdem hilft der Verein [12] ...., Fördermittel für Projekte zu gewinnen.

b Sehen Sie sich die Präpositionaladverbien in 4a an. Welche sind vorwärtsverweisend, welche rückverweisend?

vorwärtsverweisend: Nr. *1* .... rückverweisend: Nr. ....

c Lesen Sie den Text in 4a noch einmal und beantworten Sie die Fragen.

1. Was ist das Hauptziel des Vereins?
2. Wer sind seine Mitglieder?
3. Was kritisiert der Verein?
4. Wie fördert der Verein die deutsche Sprache?

G 6.4 **5 Wofür? – Für wen? – Dafür – Für sie / ihn / . . .**

a Lesen Sie die Sätze und ergänzen Sie die Regel unten.

1. a. Sportvereine engagieren sich u.a. für die Förderung von Jugendlichen. Manche anderen Organisationen reden nur darüber.
   b. Wofür engagieren sich Sportvereine u.a. und worüber reden manche Organisation nur?
2. a. Der Trainer hat sich nicht genug für die Jugend engagiert. Er hat auch nicht genug für den Verein getan. Man kann nichts Gutes über ihn sagen.
   b. Für wen hat sich der Trainer nicht genug engagiert, für wen hat er nicht genug getan und über wen kann man nichts Gutes sagen?

1. Frage nach Abstrakta, Sachen: *wofür?*, ... → Aussage: dafür, darüber etc.
2. Frage nach Personen, Institutionen: *für wen?*, ... → Aussage: für sie, über ihn etc.

b Fragen Sie nach den markierten Satzteilen.

1. Der BUND hält einen Vortrag über Solarenergie. *Worüber hält der BUND einen Vortrag?* ....
2. Die Bürgerinitiative kämpft gegen den Fluglärm. ....
3. Sie diskutiert mit dem Verkehrsminister. ....
4. Der Kunstverein stellt für die Stadt alte Fotos aus. ....
5. Freiwillige helfen beim Aufbau der Ausstellung. ....

c Äußern Sie sich mithilfe der Elemente in Klammern zu den Sätzen in 5b.

1. (wir – schon – viele Vorträge – hören) *Darüber haben wir schon viele Vorträge gehört.*
2. (unsere Bürgerinitiative – auch – kämpfen) ....
3. (unsere – nicht diskutieren) ....
4. (das Heimatmuseum – auch schon – Fotos – zeigen) ....
5. (ich – nicht helfen können) ....

C Nebenan und gegenüber

1 Nachbarn und ihre Eigenschaften

a Bilden Sie Adjektive und ordnen Sie sie den Beschreibungen zu.

ag | aufdring | bereit | egois | gierig | gleich | gressiv | gültig | haltend | hilfs | kommend | lich | neu | tisch | zurück | zuvor

1. angriffslustig: *aggressiv*
2. lästig, sich jemandem aufdrängen: ....
3. gern helfen: ....
4. nur an sich selbst denken: ....
5. jdm. ist alles egal: ....
6. wer alles wissen will: ....
7. nicht aufdringlich: ....
8. hilfsbereit und höflich: ....

G 10.1 **b** Schreiben Sie die Nomen zu den Adjektiven in 1a in eine Tabelle wie unten. Welche Endung ist nicht feminin? Ein Nomen bleibt übrig. Welches?

-ion	-tät	-schaft	-heit	-keit	-ismus	-ung
Aggression	Aggressivität					

② Nachbarschaftsverhältnisse in meiner Kultur

Ordnen Sie folgende Redemittel den fünf Fragen im Lehrbuch 3C, 2d, zu.

1 A. Bei uns spielt Nachbarschaft eine (nicht so) wichtige Rolle, weil …

☐ B. In den letzten Jahrzehnten kann man folgende Veränderungen feststellen: …

☐ C. Gute Nachbarschaft bedeutet für mich …

☐ D. In meiner Heimat ist das Verhältnis zu Nachbarn eher eng / nah / distanziert / neutral.

☐ E. Ich finde es schrecklich, wenn Nachbarn …

☐ F. Auf dem Land ist es anders als in der Stadt: …

☐ G. Um ein gutes Verhältnis zu seinen Nachbarn zu haben, muss man …

☐ H. Im Laufe der Zeit hat sich einiges geändert.

☐ I. Ein guter Nachbar sollte …

☐ J. Man kann das Verhältnis verbessern, wenn man …

③ Checkliste für gute Nachbarschaft

Lesen Sie die Regeln im Lehrbuch 3C, 3a, noch einmal und formulieren Sie sie kurz wie im Beispiel.

1. sich im Haus vorstellen
2. …

D Eltern und Kinder

① Lesen und Verstehen – Strategien

a Schauen Sie sich folgende Aufgaben im Lehrbuch 3D noch einmal an. Um welche Lesestrategie bzw. welchen Lesestil handelt es sich jeweils? Kreuzen Sie an.

1. Aufgabe 1b: **a** selektives Lesen **b** Vorwissen aktivieren
2. Aufgabe 1d: **a** selektives Lesen **b** globales Lesen

b Lesen Sie den Vorspann des Berichts im Lehrbuch 3D, 1c, noch einmal und formulieren Sie das Ergebnis der Studie mit „einerseits – andererseits".

Das Ergebnis der Studie war, dass Kinder einerseits …

② Lesestil „detailliertes Lesen"

a Lesen Sie rechts die Erläuterung zum „detaillierten Lesen" und markieren Sie die wichtigsten Informationen. Was erfahren Sie über diesen Lesestil?

Lesestil „detailliertes Lesen"

Der Lesestil „detailliertes Lesen" bietet sich an, wenn man einem Text oder Textabschnitt möglichst viele und ins Einzelne gehende Informationen entnehmen möchte. Man liest dafür einen Text sehr genau und gründlich. Detailliertes Lesen ermöglicht es außerdem, „zwischen den Zeilen zu lesen" und z.B. die Meinung des Verfassers zu dem dargestellten Sachverhalt zu ermitteln.

DSH **b** Lesen Sie den Auszug aus dem Bericht im Lehrbuch 3 D, 1 d, noch einmal und beantworten Sie die Fragen.

1. Wie drückt Johanna aus, dass sie früher Streitigkeiten mit ihren Eltern hatte?
2. Welche Folge hatte es, dass Johannas Eltern ihr vertraut haben?
3. Wie lange will sie zu Hause wohnen bleiben?
4. Wie drückt Christoph aus, dass seine Mutter die Tendenz hatte, sich zu viel um seine Angelegenheiten zu kümmern?
5. Wie beschreibt er seinen Vater?
6. Was drückt Christoph mit „leider" im Satz „Aber so richtig vertrauensvoll wird es wohl leider nie sein." (Z. 23 / 24) aus?
7. Wie lange hat Jana zu Hause gewohnt?
8. Worauf waren die Spannungen zwischen Jana und ihrer Mutter zurückzuführen?
9. Zu welchem Ergebnis führte eine heftige Auseinandersetzung mit ihren Eltern?
10. Worauf können sich Janas Eltern verlassen?

1. Es hat Auseinandersetzungen gegeben.

G 3.5 **3** ## Christoph: Sooft ich mich an meine Kindheit erinnere …

a Vergleichen Sie folgende Satzpaare. Welche Erklärung gehört zu welchem Satz? Ordnen Sie zu.

1.1 Als mein Vater nach Hause kam, war er schlecht gelaunt.
1.2 Wenn mein Vater nach Hause kam, war er schlecht gelaunt.
   a. Das passierte einmal. *1.1*   b. Das passierte immer. *1.2*

2.1 Sobald ich das Abitur gemacht hatte, zog ich aus.
2.2 Nachdem ich das Abitur gemacht hatte, zog ich aus.
   a. einige Zeit nach dem Abitur. ......   b. sofort nach dem Abitur. ......

3.1 Während ich mein altes Fotoalbum durchblättere, werde ich traurig.
3.2 Sooft ich mein altes Fotoalbum durchblättere, werde ich traurig.
   a. Das passiert einmal. ......   b. Das passiert jedes einzelne Mal. ......

4.1 Wenn ich mehr Geld verdiene, werde ich mir ein Haus kaufen.
4.2 Sobald ich mehr Geld verdiene, werde ich mir ein Haus kaufen.
   a. Das mache ich irgendwann in der Zukunft. ......   b. Das tue ich sofort nach der nächsten Gehaltserhöhung. ......

5.1 Bis ich mir das Haus kaufen kann, muss ich viel sparen.
5.2 Seitdem ich das Haus gekauft habe, muss ich viel sparen.
   a. zuerst Haus kaufen, dann sparen ......   b. zuerst sparen, dann Haus kaufen ......

b Lesen Sie noch einmal die Sätze und Erklärungen in 3 a. Was fällt auf? Kreuzen Sie an.

1. Temporale Nebensätze mit „als" verwendet man für Ereignisse, die
   a wiederholt   **b** einmal   in der Vergangenheit stattgefunden haben.
2. Temporale Nebensätze in der Vergangenheit mit „wenn" verwendet man für Ereignisse, die
   a wiederholt   **b** einmal   stattgefunden haben.
3. Temporale Nebensätze für Ereignisse in der Gegenwart und der Zukunft mit „wenn" verwendet man für Ereignisse, die
   a nur wiederholt   **b** wiederholt oder nur einmal   stattfinden.
4. „sobald" hat die Bedeutung:
   a lange danach   **b** sofort danach
5. „sooft" hat die Bedeutung:
   a immer wenn   **b** einmal wenn
6. Die Handlung in Sätzen mit „bis" findet
   a nach   **b** vor   der Handlung im Hauptsatz statt.

c Lesen Sie die Sätze. Überlegen Sie, was zuerst und was danach bzw. was gleichzeitig passiert, und ergänzen Sie dann die passende Zeitform.

1. Als ich noch bei meinen Eltern _wohnte_ (wohnen), gab es sehr oft Auseinandersetzungen.
2. Wenn mein Vater nach Hause .... (kommen), war er schlecht gelaunt.
3. Ich glaube, dass er sehr unglücklich war, nachdem er die Stelle .... (wechseln).
4. Sobald ich das Abitur .... (machen), suchte ich mir einen Job und zog aus.
5. Als ich ein preiswertes Zimmer bei einer Familie .... (finden), war ich überglücklich.
6. Während ich dort .... (leben), machte ich eine Ausbildung zum IT-Fachmann.
7. Als ich die Ausbildung .... (beenden), suchte ich mir eine eigene Wohnung.
8. Wenn ich heute meine Eltern .... (besuchen), verstehen wir uns ganz gut.
9. Aber sooft ich an meine Kindheit .... (denken), werde ich traurig.

> **„als": vorzeitig und gleichzeitig**
>
> • „als" kann eine vorzeitige Bedeutung haben, vergleichbar mit „nachdem", z. B. Als / Nachdem ich ausgezogen war, ging es mir besser / ist es mir besser gegangen.
>
> → „Als-Satz": Plusquamperfekt, Hauptsatz: Präteritum / Perfekt
>
> • „als" kann eine gleichzeitige Bedeutung haben, z. B. Als ich noch zu Hause wohnte / gewohnt habe, gab es oft Streit / hat es oft Streit gegeben.
>
> → „Als-Satz": Präteritum / Perfekt, Hauptsatz: Präteritum / Perfekt

d Bilden Sie Sätze mit den Nebensatzkonnektoren in Klammern.

1. Eltern – haben – heute – kleine Kinder – viele Erziehungsratgeber – lesen – sie (wenn)

....

2. die Eltern – Kinder – sein – selbst – Erziehungsmethoden – sein – noch sehr autoritär (als)

....

3. sie – machen – einen kleinen Fehler – bestraft werden – sie (sobald)

....

4. Christoph – seinem Vater – sprechen mit – lange – der Vater – seine Strenge – bereuen (nachdem)

....

5. dieses Gespräch – stattfinden – ihr Verhältnis – schlecht – sein (bis)

....

 G 3.5 **4** **Jana berichtet**

Lesen Sie die Mail von Jana und beantworten Sie die Fragen auf der nächsten Seite mit Nebensätzen mit „während", „bevor", „nachdem" „seitdem" und „bis".

Liebe Kathrin,

unglaublich! Seit meinem letzten Besuch bei dir ist schon wieder so viel Zeit vergangen! Hast du auch so viel zu tun? Bei uns ist es eher noch schlimmer geworden. David hat ein neues Projekt und seitdem arbeitet er noch länger. Er sieht die Kinder kaum noch und bis zum Ende des Projekts wird das wohl auch so bleiben. Bei mir ist es auch nicht besser: Eine Kollegin ist krank und solange sie nicht wiederkommt, mache ich nur noch Überstunden. Unser Glück ist der Ganztagskindergarten! Ein Problem dort war ja immer das Essen. Aber nach der Einstellung einer neuen Köchin ist das Essen sehr viel besser und die Kinder mögen es sogar! Leider sind die beiden jetzt im Winter öfter krank und müssen zu Hause bleiben. Während dieser Zeit passt Mama auf sie auf. Gut, dass wir sie haben! Aber sie ist immer noch (fast) dieselbe: Sofort nach der Begrüßung geht es auch schon mit ihren „guten Ratschlägen" los. Na ja, du kennst sie ja. Einmal war Papa dabei und hat richtig geschimpft. Seitdem hält sie sich wieder ein bisschen zurück. Aber im Allgemeinen verstehen wir uns prima. Gut, dass beide so fit sind. Und du? Wie geht's dir? Du fährst ja bald zwei Monate nach Kanada. Kommst du vorher noch mal zu Besuch? Das wäre toll! – Jana

1. Seit wann ist viel Zeit vergangen?
2. Seit wann arbeitet David länger?
3. Wie lange wird er länger arbeiten?
4. Wie lange muss Jana Überstunden machen?
5. Wann wurde das Essen besser?
6. Wann passt Janas Mutter auf die Kinder auf?
7. Wann geht es mit den Ratschlägen von Janas Mutter los?
8. Seit wann hält Janas Mutter sich zurück?
9. Wann soll Kathrin zu Besuch kommen?

1. Seitdem Jana Kathrin besucht hat.

> „nachdem"

- Etwas findet vor etwas anderem in der **Vergangenheit** statt: Nebensatz: nachdem + Plusquamperfekt, Hauptsatz: Präteritum oder Perfekt.
- Etwas findet vor etwas anderem in der **Gegenwart** statt: Nebensatz: nachdem + Perfekt, Hauptsatz: Präsens.

G 3.5 ⑤ Bis zum Ende des Studiums – Johanna erzählt

a Formulieren Sie Sätze mit temporalen Präpositionen.

1. während – fast nie – meine Kindheit – Konflikte mit Eltern – geben

   Während meiner Kindheit gab es fast nie Konflikte mit meinen Eltern.

2. seit – meiner Pubertät – ich – Auseinandersetzungen – haben – ein paar – mit ihnen – nur

   ....

3. nach – mein erster Versuch – abends alleine auszugehen – kommen zu – Streit mit Eltern

   ....

4. vor – einer Diskussion – sich überlegen – ich – meine Argumente – gut – immer

   ....

5. bei – meine Eltern – solche Gespräche – Verständnis – zeigen – viel – deshalb – sein – unser – Verhältnis – sehr gut

   ....

6. und so – bis zu – Studienende – zu Hause – wohnen bleiben – vielleicht – ich

   ....

b Formulieren Sie die Sätze mithilfe der Verbindungsadverbien in Klammern neu.

1. Sobald Johanna das Abitur gemacht hatte, hat sie einen Studienplatz gesucht. (gleich danach)
2. Bevor sie eine Zusage in München bekommen hat, hat sie ein Praktikum gemacht. (davor)
3. Seit sie in München studiert, muss sie lange Fahrzeiten in Kauf nehmen. (seitdem)
4. Solange sie aber auf ein Zimmer in einer WG wartet, bleibt sie zu Hause wohnen. (solange)
5. Während sie viele Stunden im Zug verbringt, kann sie gut lernen. (währenddessen)

1. Johanna hatte das Abitur gemacht. Gleich danach hat sie sich einen Studienplatz gesucht.

> „solange"

„solange" drückt die Dauer einer Handlung aus. Es ist Nebensatz-konnektor und Verbindungs-adverb. Das Gleiche gilt für „seitdem".

c Sehen Sie sich die Übungen 3 bis 5 noch einmal an und ergänzen Sie die Tabelle.

Nebensatzkonnektor	Verbindungsadverb	Präposition
während, solange, als	dabei, ...	während, bei
sooft, ...	dabei	(immer) bei
als, ...	...	nach
sobald	...	...
bevor	vorher, ...	...
bis	bis dahin	...
seit(dem)	...	...

6 Eine Geschichte erzählen – Zusammenhänge darstellen

a Lesen Sie die Geschichte. Markieren und notieren Sie die Ausdrücke, die für den Textzusammenhang sorgen.

Bei einem Dorffest erzählte unser Nachbar folgende Geschichte:

„Kurz nach dem Krieg war das Leben für meine Eltern, wie für fast alle hier, wirklich schwer. Sie
5 mussten sehr hart arbeiten, lebten auf engstem Raum und wussten oftmals nicht, wie sie ihre drei Kinder über die Runden bringen sollten. Ich war damals ein Baby von sechs Monaten, und meine Eltern hatten kaum Zeit, sich mit mir zu
10 beschäftigen. Deshalb schrie ich ziemlich viel. Das nervte die Nachbarn, die neben uns auf dem Hof wohnten, sodass sie sich schließlich beklagten. Nachdem meine Mutter alles Mögliche versucht

hatte, kam sie auf eine außergewöhnliche Idee. In einem separaten kleinen Stall stand unser 15 Bulle. Er mochte es wohl nicht, angebunden zu sein, und stieß vielleicht deshalb immer mit den Hörnern gegen die Stalltür, die dadurch hin und her schwang. Nun band meine Mutter meinen Kinderwagen mit einem Gummiband an die 20 Türklinke des Stalls. Auf diese Weise hin und her geschaukelt und von eigenartigen Geräuschen unterhalten, war ich wohl zufrieden, denn von nun an war kein Weinen mehr auf dem Hof zu hören. Die Nachbarn wunderten sich bestimmt ein wenig 25 darüber, aber letztendlich waren alle glücklich."

b Schreiben Sie eine Geschichte zu den Bildern. Denken Sie auch an die verbindenden Ausdrücke aus 6a.

Christoph lebt allein. Seine Nachbarin …

E Verliebt, verlobt, verheiratet – geschieden

1 Hörstil „globales Hören"

Lesen Sie den Tipp rechts. Schauen Sie sich dann die Aufgaben 2a–d im Lehrbuch 3E an. Welche Aufgabe erfordert „globales Hören"?

Aufgabe ....

> **Hörstil „globales Hören"**
> Wenn Sie sich nur für die Hauptinformationen eines Hörtextes interessieren oder sich nur ein Bild vom Inhalt machen wollen, konzentrieren Sie sich beim Hören auf wenige zentrale Aussagen, d.h., es genügt, den Text „global" zu hören.

2 Heiraten – Ja oder Nein? – Eine Talkshow

a Welches Verb aus der Talkshow passt wo? Ergänzen Sie in der richtigen Form.

> abraten | einlassen | einschlagen | eintreten | führen | halten | machen | schließen

1. eine Ehe *schließen* ....

2. in den Hafen der Ehe ....

3. Die Beziehung .... hoffentlich ewig.

4. sich auf eine Heirat ....

5. eine langjährige Ehe ....

6. von einer Hochzeit ....

7. Der Blitz hat ....

8. jdm. einen Heiratsantrag ....

b In der Talkshow: Setzen Sie die Redemittel aus den Elementen zusammen und schreiben Sie sie dann in die Tabelle unten.

1. Sie – genau – damit – meinen – was? *Was meinen Sie damit genau?* ....

2. ich – nicht – sagen – das – so – würde ....

3. Prozent – hundert – Meinung – Ihrer – ich – sein ....

4. wie – es – damit – wäre? ....

5. sich regen – hier – Widerspruch, – ich – annehmen ....

6. Sie – was – erwähnen, – durchaus – sein – richtig ....

7. Sie – zustimmen – dem – würden? ....

8. noch – zu – ich – etwas – dieser Punkt – sagen – mögen ....

9. völlig – sehen – ich – das – anders ....

Nachfrage	Überleitung	Zustimmung	Widerspruch
Was meinen Sie damit genau?, …			

F Außenseiter

1 Hörstil „selektives Hören"

a Lesen Sie den Tipp rechts und markieren Sie in den Aussagen in 1b die Wörter, auf die Sie sich konzentrieren müssen, um die richtige Lösung zu finden. Eventuell hören Sie nicht die gleichen Wörter, aber verwandte Begriffe.

Hörstil „selektives Hören"

Wenn Sie sich nur für bestimmte Informationen in einem Hörtext interessieren, konzentrieren Sie sich beim Hören auf Begriffe, die mit diesen Informationen zu tun haben, d. h., Sie hören „selektiv".

3 ● 23
telc/TD/DSH

b Hören Sie nun Teil 2 des Gesprächs aus Lehrbuch 3 F, 2 c, noch einmal und entscheiden Sie, ob die Aussagen richtig (r) oder falsch (f) sind.

1. Fred war schon als kleines Kind ein Außenseiter.   r f
2. In der Schule prügelte er sich oft mit anderen Kindern.   r f
3. Auf dem Schulhof stand er allein, und man ließ ihn in Ruhe.   r f
4. Fred konnte mit seiner Mutter über seine Probleme sprechen.   r f
5. Er war ein guter Schüler.   r f
6. Während seiner Ausbildung hatte Fred mehr Kontakte.   r f
7. In seinem neuen Job fand Fred zunächst keinen Kontakt zu seinen Kollegen.   r f
8. Freds neuer Chef ließ ihn verantwortungsvolle Aufgaben erledigen.   r f
9. Fred gewann Selbstvertrauen und es fiel ihm leicht, auf andere zuzugehen.   r f
10. Er hat sich Hilfe bei einer Psychologin geholt.   r f
11. Heute hat Fred Freunde und ist glücklich.   r f

B ● 24
P ● DSH

c Hören Sie Teil 3 des Gesprächs noch einmal. Welche positiven Aspekte nennen die Psychologin und der Reporter?

1. Psychologin: ....

2. Reporter: ....

ⓟ DSH ❷ **Casper, der Emo-Rapper**

Lesen Sie den Bericht über Casper aus dem Internet und beantworten Sie die Fragen.

Casper heißt eigentlich Casper Benjamin Griffey. Geboren ist er 1982 in Bösingfeld, einem kleinen Ort, ca. 50 km von Bielefeld. Seine Familie zieht jedoch in die USA, als er noch ein kleines Kind ist, da sein Vater bei der Army ist. Sie wohnen dort in einem Wohnwagenpark und leben in einer prekären sozialen Situation. Der Vater ist viel im Einsatz, und wenn er da ist, streiten sich die Eltern ständig. Nach einigen Jahren geht die Mutter mit dem 11-jährigen Casper zurück nach Deutschland. Dies sind schwere Zeiten für den Jungen und so klammert er sich an die Musik, um die Probleme ein wenig zu vergessen. Als er sich dem Hip-Hop zuwendet, stellen sich die ersten Erfolge ein. Im Jahr 2008 erscheint sein erstes Soloalbum „Hin zur Sonne", für das er einen Preis gewinnt. In seinen sehr persönlichen, emotionalen Texten thematisiert er Familien- und Beziehungsprobleme. Deshalb und wegen seines sensiblen Auftretens nennt man ihn auch „Emo-Rapper". Auch in den Texten seines zweiten Albums mit Raps „XOXO"(2011), auf dem sich u. a. der Titel „So perfekt" befindet, führt er die schonungslose Selbstreflexion fort. In der ersten Woche nach seiner Veröffentlichung steht das Album auf Platz 1 der Charts in Deutschland. Zurzeit lebt Casper in Berlin, wo es eine große Musik- und Clubszene gibt. Er ist bei seinen zahlreichen Fans sehr beliebt.

1. Warum war Musik für Casper schon als Kind wichtig?
2. Welche Erfolge hat er mit seinen beiden Alben?
3. Wie kam er zu dem Namen „Emo-Rapper"?
4. Wo lebt Casper heute?

Aussprache

❶ Der Wortakzent

◉ 5 **a** Im Deutschen betont man die Silben der Wörter nicht gleich. Eine Silbe ist stärker akzentuiert: die Akzentsilbe. Wie klingt sie? Hören Sie und kreuzen Sie an.

☐ leiser   ☐ lauter   ☐ deutlicher   ☐ undeutlicher

◉ 6 **b** Hören Sie die Wörter. Wo ist der Wortakzent? Ordnen Sie sie in die Tabelle ein.

Dorffest | erzählen | Nachbarn | Geschichte | wirklich | arbeiten | beschäftigen | deshalb | beklagen | nachdem | außergewöhnlich | Idee | separat | angebunden | Kinderwagen | unterhalten | Türklinke | Geräusche | Gummiband | zufrieden | überschreiten

Akzent auf der ersten Silbe	Akzent auf der zweiten Silbe	Akzent auf der dritten Silbe
Dorffest,		

c Hören Sie die Wörter in 1b noch einmal und sprechen Sie nach. Welche Regelmäßigkeiten erkennen Sie?

d Lesen Sie die Wörter laut. Wo ist der Wortakzent? Markieren Sie ihn.

• Rapper   • Musikszene   • Probleme   • Beziehung   • prekär   • Wohnwagenpark
• Familie   • Soloalbum   • vergessen   • zurück   • Album   • Selbstreflexion

Grammatik: Das Wichtigste auf einen Blick

G 6.4 **1** Präpositionaladverbien: „da(r)-auf / -zu / -bei ...“

Bildung und Stellung

- Präpositionaladverbien bildet man so: „da(r)" + Präposition, z.B. dabei, dafür, daran, darüber.
- Präpositionaladverbien stehen für einen präpositionalen Ausdruck und können sich auf:

  ein **Nomen** beziehen.
  z.B. Viele Vereine bieten Hilfsprogramme an. Dabei geht es oft um Hilfe zur Selbsthilfe.
  eine **ganze Aussage** beziehen.
  z.B. Viele Leute entscheiden sich dafür, einem Förderverein beizutreten.

- Präpositionaladverbien können „**vorwärtsverweisend**" verwendet werden.
  z.B. Fördervereine dienen dazu, bestimmte Ziele finanziell zu unterstützen.

- Präpositionaladverbien können „**rückverweisend**" verwendet werden.
  z.B. Die „Vereinsmeierei" scheint „typisch deutsch" zu sein. Darüber gibt es zahlreiche Witze.

Fragen

- Frage nach **Abstrakta, Sachen**: wofür, worüber, ...? → Aussage: dafür, darüber etc.
  z.B. Wofür engagieren sich Sportvereine und worüber reden manche Organisationen nur?
      → Sportvereine engagieren sich für die Förderung von Jugendlichen. Manche Organisationen reden nur darüber.

- Frage nach **Personen, Institutionen**: für wen, über wen, ...? → Aussage: für sie, über ihn etc.
  z.B. Für wen hat sich der Trainer nicht genug engagiert, für wen hat er nicht genug getan und über wen kann man nichts Gutes sagen?
      → Der Trainer hat sich nicht genug für die Jugend engagiert. Er hat auch nicht genug für den Verein getan. Man kann nichts Gutes über ihn sagen.

G 3.5 **2** Temporale Haupt- und Nebensätze

Gleichzeitigkeit, Vorzeitigkeit oder Nachzeitigkeit ausdrücken

- Gleichzeitigkeit: als, während, wenn   z.B. Während andere unterwegs waren, hatte ich Stubenarrest.

- Vorzeitigkeit: nachdem, sobald, als   z.B. Nachdem ich geheiratet hatte, wurde unser Verhältnis etwas distanzierter.

- Nachzeitigkeit: bevor   z.B. Bevor ich meine erste Stelle gefunden habe, habe ich zu Hause gewohnt.

Eine Zeitdauer benennen

- **bis**: drückt eine Dauer von einem Zeitpunkt bis zu einem späteren Zeitpunkt aus.
  z.B. Bis ich mir das Haus kaufen kann, muss ich viel sparen.

- **seit / seitdem**: drückt eine Dauer von einem vergangenen Zeitpunkt bis jetzt aus.
  z.B. Seit / Seitdem ich eine eigene Wohnung habe, ist unser Verhältnis besser geworden.

Einen Zeitpunkt oder eine Wiederholung benennen

- **als**: Das Ereignis im Nebensatz hat einmal in der Vergangenheit stattgefunden.
  z.B. Als mein Vater von der Dienstreise kam, war er schlecht gelaunt.

- **wenn / sooft**: Temporale Nebensätze in der Vergangenheit mit „wenn" und „sooft" verwendet man für Ereignisse, die wiederholt stattgefunden haben.
  z.B. Wenn / Sooft / Immer wenn / Jedes Mal wenn mein Vater von einer Dienstreise kam, war er schlecht gelaunt.

- **wenn**: Temporale Nebensätze für Ereignisse in der Gegenwart und der Zukunft mit „wenn" verwendet man für Ereignisse, die nur einmal oder die wiederholt (hier auch „sooft") stattfinden.
  z.B. Wenn ich mehr Geld verdiene, werde ich mir ein Haus kaufen.
  z.B. Wenn / Sooft / Immer wenn / Jedes Mal wenn ich meine Eltern sehe, freue ich mich.

A Dinge

1 René Magritte

Sortieren Sie die Angaben im Kasten und schreiben Sie dann die Biografie des belgischen Künstlers.

1922 Hochzeit mit Georgette Berger | Magrittes Malerei und seine Ideen zur Kunst beeinflussen die Pop-Art und die Konzeptkunst der 60er-Jahre | 1967 Magritte erstellt erstmals Entwürfe und Gussformen für Skulpturen zu seinen Bildern, die 1968 in Paris ausgestellt werden | Malen und Zeichnen seit dem zwölften Lebensjahr | *21. November 1898 in Lessines (Belgien) | 15. August 1967 plötzlicher Tod durch Krebs | 1927 erste Einzelausstellung | sie war auch sein Modell | bis 1926 Gelegenheitsjobs | Freundschaften mit André Breton, Paul Éluard, Joan Miró, Hans Arp und Salvador Dalí | Aufenthalt in Paris (1927–1930) | ab 1936 Magritte stellt international in großen Galerien und Museen aus | 1916–1918 Kunststudium an der Brüsseler Akademie der Schönen Künste | viele Kontakte mit französischen Surrealisten | 1929–1966 Tätigkeit als Redakteur

René Magritte wurde am 21. November 1898 in Lessines, Belgien, geboren. ...

2 Bildbeschreibung: Die persönlichen Werte (1952)

a Schauen Sie sich das Bild „Die persönlichen Werte" im Lehrbuch 4 A noch einmal genauer an und ergänzen Sie die Bildbeschreibung.

auf dem Bild | einen Kontrast | scheinen | der Betrachter | Absicht | aus der Perspektive | im Vordergrund | die Farbgebung | im Hintergrund | dahinter | vermuten | realistisch | der Blick | rechts davon

[1] *Auf dem Bild* sieht man ein Zimmer. Es ist mit einem Bett, einem Schrank und zwei Teppichen eingerichtet.

[2] .... sieht man verschiedene Alltagsgegenstände: ein Streichholz und ein Stück Seife, die auf dem Boden liegen, und ein Weinglas, das auf dem Holzboden steht. Auf einem Bett [3] .... lehnt ein Kamm an der Wand. [4] .... steht ein Schrank, auf dem ein Rasierpinsel liegt. Die Wand [5] ...., an der das Bett und der Schrank stehen, zeigt einen für viele von Magrittes Bildern typischen blauen Wolkenhimmel. Es entsteht der Eindruck, dass [6] .... durch ein großes Fenster direkt in den Himmel schaut.

Was [7] .... des Bildes angeht, so dominieren blau, weiß und braun. Dabei bilden die eher kühlen Farben weiß und blau [8] .... zu den warmen Brauntönen. Das Zimmer mit seiner Einrichtung und auch die Alltagsgegenstände sind sehr [9] .... dargestellt. Doch dieser Eindruck wird einerseits durch die Himmel-Wand gestört, andererseits durch die überraschende Größe der Alltagsgegenstände. Der Kamm, der Rasierpinsel, das Weinglas, die Seife und das Streichholz [10] .... die Größe von Möbeln zu haben.

Man könnte [11] ...., dass die außergewöhnliche Größe der normalerweise sehr kleinen Gegenstände ihre Bedeutung für den Besitzer hervorheben soll. Der Betrachter scheint diese [12] .... eines Zwerges anzuschauen. Nicht nur die Dinge erleben also eine Metamorphose, sondern auch [13] .... des Betrachters. So kommt es, dass auf Magrittes Bildern scheinbar reale Dinge in den Bereich des Nichtrealen, des Surrealen verlagert werden. Doch mit welcher [14] ....? Der Maler gibt darauf keine Antwort, er selbst jedoch sieht seine Kunst als Ausdruck eines Gedankens, dessen Sinn verborgen bleibt wie der Sinn der Welt.

b   Beschreiben Sie nun das folgende Bild des Künstlers. Benutzen Sie auch die Redemittel im Lehrbuch 4 A, 1b.
Was ist dargestellt? Was fällt auf? Vergleichen Sie Ihre Beschreibungen in Gruppen.

Der gesunde Menschverstand (1945)

B Die Welt der Dinge

1 Welches Produkt ist besser?

a   Lesen Sie die Informationen über das detaillierte Hören.
Bei welchen Textsorten könnte dieser Hörstil noch wichtig sein?

....

Hörstil „detailliertes Hören"

Wenn Sie ganz genau wissen wollen, was in einem Hörtext gesagt wird, sind alle Details wichtig, um die Gesamtaussage zu verstehen, d. h., Sie wählen den Hörstil „detailliertes Hören". Dies ist bei einigen Textsorten besonders wichtig, z. B. bei einer Kochsendung im Radio, bei der Sie ein Rezept mitschreiben wollen, oder bei einer Informationssendung für Verbraucher, die ihnen dabei helfen soll, die richtige Kaufentscheidung zu treffen.

b   Lesen Sie zuerst die Situationsbeschreibung und dann die Liste
mit den Punkten unten. Welcher wichtige Punkt fehlt?

Ihr Freund Rolf macht in seiner Freizeit das ganze Jahr über Alpinsport. Er braucht einen neuen Schlafsack und hat Sie gebeten, ihm bei der Recherche nach einem geeigneten Modell zu helfen. Der Preis ist wichtig, aber nicht das Entscheidende. Zufällig hören Sie im Radio eine Verbrauchersendung über Schlafsäcke und machen sich Notizen.

	Lamina 20	Mammut Denali 5-Seasons
1. Für welche Wetterbedingungen geeignet?		
2. Material?		
3. Wärmeleistung?		
4. wasserdicht?		
5. Schnitt und Extras?		
6. Gewicht?		
7. Wie packbar?		
8. …		

7–8   c   Hören Sie jetzt den Auszug aus der Radiosendung und machen Sie Notizen zu den Punkten in 1b. Welchen Schlafsack soll
P DSH   Rolf kaufen? Warum? Sprechen Sie im Kurs.

2 Produktbeschreibungen – Mittel der Beschreibung

Formulieren Sie Produktbeschreibungen mit den Mitteln in Klammern.

1. Schlafsack – bestehen aus (Präpositionalergänzung: widerstandsfähiges Nylon)
2. Er – isoliert – sein – gut (Ausdruck der Verstärkung: besonders)
3. Material – sein – sehr flauschig (Relativsatz: ausgezeichnet speichern die Körperwärme)
4. Der „Mammut Denali 5-Seasons" – Schlafkomfort – bieten (Adjektiv im Superlativ: hoch)
5. Kapuze – Schutz – bieten vor – Kälte und Nässe (Adjektive: groß, voll, extrem)

1. Der Schlafsack besteht aus widerstandsfähigem Nylon.

G 10.2 ## 3 Noch mehr Beschreibungen – Adjektive und ihre Endungen

a Schreiben Sie die Nomen bzw. Verben auf, von denen folgende Adjektive abgeleitet sind.

1. beweglich   *bewegen + lich*
2. farbig   *Farbe + ig*
3. empfindlich
4. optisch
5. seitlich
6. automatisch
7. verkäuflich
8. geräumig
9. technisch
10. ruhig
11. pflanzlich
12. nützlich
13. aromatisch
14. medizinisch

b Welche Endung passt? Ordnen Sie die Wortteile den passenden Endungen zu.

techn- | appetit- | bill- | stürm- | exot- | kind- | prakt- | regner- | gemüt- | lieb- | berg- | sommer- | fried- | romant- | abhäng- | klass- | salz- | hügel- | freund- | köst- | typ- | sonn- | harmon- | idyll- | vorsicht- | gewöhn- | elektron-

-isch	-lich	-ig
technisch,	*appetitlich,*	*billig,*

c Finden Sie je drei Adjektive aus 3b, mit denen man Folgendes näher beschreiben kann.

ein Gerät	ein Lebensmittel	eine Landschaft	das Wetter	einen Menschen
technisch,	*appetitlich,*	*bergig,*		

d Schauen Sie sich die Schilder an. Was glauben Sie, aus was für einem Geschäft stammen sie?

alle Produkte schadstofffrei

proteinhaltige Sojabohnen

cholesterinfreies Öl

frisches, vitaminreiches Gemüse

fettarmer Käse

kalorienarme Desserts

besonders proteinreiche Berglinsen

ballaststoffreiches Müsli

phosphatfreie Waschmittel

e   Ordnen Sie die Adjektive aus 3d folgenden Definitionen zu.

ohne (+ A)	mit wenig (+ D)	mit viel (+ D)	enthält (+ A)
schadstofffrei = ohne Schadstoffe,			

f   Machen Sie Werbung für die Produkte in 3d.

> reich an + D | arm an + D | frei von + D | Wir führen … | Wir haben eine große Auswahl an … |
> Bei uns finden Sie … | Wir bieten Ihnen … | Das Besondere bei uns ist, dass …

Alle unsere Produkte sind schadstofffrei! Unser Gemüse ist immer ganz frisch und besonders reich an Vitaminen!

Wir führen ausgezeichneten …

....

g   Werbung – brandneu. Wie heißen die Adjektive? Ordnen Sie zu. Manchmal gibt es mehrere Lösungen.
    Arbeiten Sie mit einem einsprachigen Wörterbuch.

1. brand-   8. riesen-   A. automatisch   H. schick
2. top-   9. himmel-   B. traurig   I. modern
3. super-   10. hoch-   C. blau   J. leise
4. tod-   11. voll-   D. brisant   K. klar
5. tief-   12. blitz-   E. groß   L. hart
6. nagel-   13. glas-   F. hübsch   M. schnell
7. bild-   14. stein-   G. neu   N. aktuell

1.	2.	3.	4.	5.	6.	7.	8.	9.	10.	11.	12.	13.	14.
G													

h   Ergänzen Sie die Adjektive aus 3g in der entsprechenden Form. Manchmal gibt es mehrere Lösungen.

1. Dieses Magazin ist immer *topaktuell* .... Dort findet man oft .... Artikel.

2. Die CD von „Erdmöbel" ist .... Der Sound ist wirklich ....

3. Die neue Wohnung ist .... und auch noch ....

4. Oh, dein neues Kleid ist ja .... Darin siehst du .... aus.

5. Paul fährt einen .... Ferrari. Dieses Auto bringt ihn .... ans Ziel.

6. Diese Kaffeemaschine mahlt den Kaffee .... und bereitet ihn .... zu.

7. Dieser Edelstein leuchtet .... Eine tolle Farbe! Und er ist dennoch ....

4   Wie Menschen sein können: hoffnungslos – hoffnungsvoll?

a   Drücken Sie das Gegenteil aus.

Mein neuer Chef ist leider rücksichtslos, taktlos, stillos und auch noch humorlos.

Warum ist er nicht rücksichtsvoll, ... , ...

und .... ?

> **Tipp**
> Adjektiv auf „-los"
> → Nomen auf „-igkeit",
> z. B. rücksichtslos →
> die Rücksichtslosigkeit

b Nicht immer ist „-voll" das Gegenteil von „-los". Es gibt andere Endungen, und manchmal kann man das Gegenteil auch nur umschreiben. Benutzen Sie ggf. ein Wörterbuch.

1. interesselos ≠ *interessiert* ....
2. respektlos ≠ ....
3. fehlerlos ≠ ....
4. arbeitslos ≠ ....

5. glücklos ≠ ....
6. kinderlos ≠ ....
7. schuldlos ≠ ....
8. lieblos ≠ ....

G 10.2 **5 Missgeschicke und Unglücksfälle**

Ergänzen Sie die Präfixe „miss-" und „un-".

Vera ist heute [1] *miss*gelaunt. Claudia hat sich ihr gegenüber sehr [2] ....höflich verhalten. Sie hatte ein Telefonat von Vera und ihrem Chef mitgehört und einiges [3] ....verstanden. Trotzdem hat sie den Inhalt weitererzählt und Vera damit vor allen Kollegen [4] ....möglich gemacht. Vera ist nun [5] ....glaublich wütend auf die [6] ....günstige Claudia. Und auch ihr Chef ist über die Sache sehr [7] ....glücklich. Bei den Kollegen ist Claudia nun sehr [8] ....beliebt. Bei einem Gespräch zu dritt soll diese [9] ....schöne Angelegenheit demnächst geklärt werden. Hoffentlich [10] ....lingt das nicht.

C Die Beschreibung der Dinge

G 5.1 **1 Der Teddybär – Legenden**

Ergänzen Sie die Adjektivendungen.

Der [1] amerikanisch *en* Legende nach erhielt der [2] beliebt........ Teddy seinen Namen nach dem [3] amerikanisch........ Präsidenten Theodore „Teddy" Roosevelt, dem 1902 auf einer Jagd in Mississippi nicht ein [4] gefährlich........ Bär, sondern nur ein [5] angebunden........ Bärenbaby von Mitgliedern der Jagdgesellschaft vor die Flinte gesetzt wurde. Roosevelt weigerte sich, dieses [6] klein........ Tier zu erschießen. Clifford K. Berryman, ein [7] bekannt........ Karikaturist der Washington Post, stellte diesen [8] merkwürdig........ Vorfall auf einem [9] lustig........ Bildchen dar. Berryman verwendete den [10] klein........ Bären auch später noch in seinen Karikaturen weiter, deshalb wurde das Bärchen schnell zu einer [11] bekannt........ Symbolfigur des Präsidenten. Außer dieser [12] amerikanisch........ Version gibt es eine [13] deutsch......... 1902 entwickelte Richard Steiff, ein Neffe der [14] bekannt........ deutsch........ Spielzeugherstellerin Margarete Steiff, den [15] erst........ Teddybären mit [16] beweglich........ Armen und Beinen. Er stellte ihn auf der Spielwarenmesse in Leipzig aus, wo ihn manche [17] neugierig........ Besucher bewunderten. Schließlich kaufte ihn ein [18] amerikanisch........ Gast, der in [19] letzt........ Minute ein [20] nett........ Verlegenheitsgeschenk zum Mitbringen suchte. Aber anscheinend gefiel das Geschenk dem Beschenkten nicht, sodass das [21] niedlich........ Tierchen schließlich im Schaufenster eines [22] klein........ Geschäfts in Amerika landete. Dort wurde es aus [23] rein........ Zufall vom Sekretär Teddy Roosevelts entdeckt und schmückte letztendlich den Geburtstagstisch der [24] klein........ Tochter Roosevelts. Das Kind freute sich so über das [25] flauschig........ Tierchen, dass sie es nach ihrem Vater „Teddy" nannte. Ab da wurde es zu einem immer [26] beliebter........ Geschenk, und so wurden 1903 auf der Leipziger Frühjahrsmesse von einem [27] amerikanisch........ Vertreter bei der Firma Steiff 3.000 Teddybären bestellt. Heute gibt es Teddys in allen Größen. Der [28] größt........ (5,40 m) kommt ebenso aus Deutschland wie der [29] kleinst........ (nur 5 mm), der trotz seiner [30] unglaublich........ Winzigkeit voll beweglich ist.

2 Sammlerbörse

Sie möchten in einer Online-Sammlerbörse einige Dinge verkaufen,
die Sie nicht mehr benötigen. Verfassen Sie Anzeigen aus den
Elementen wie im Beispiel. Erfinden Sie auch eigene.

1. Spielzeug – Eisenbahn – kaum gebraucht – zahlreiches Zubehör
2. antik – Kerzenleuchter – klassisches Design – sehr gut erhalten
3. Schmuck – trendig – gebraucht – bunte Glassteine

> Biete originelles Lederbild aus den 60er-
> Jahren von M. Neumann in wunderschönem
> Rahmen.   Neupreis 3.000€   VB 180€
> Kontakt: m.lied@xmp.de

3 Besser geht's nicht! – mit Vergleichen beschreiben

a Wiederholen Sie die Komparation und ergänzen Sie die Tabelle.

Adjektiv: Grundform	Komparativ	Superlativ
schön	schöner	am schönsten
leicht		
		am meisten
	besser	
beliebt		
		am liebsten
	teurer	
nah		
	hübscher	
		am höchsten
dunkel		
	heißer	
groß		

b Hans im Glück oder gibt's jemand Glücklicheren beim Klassentreffen? Ergänzen Sie die Adjektive in der passenden Form
(Komparativ oder Superlativ).

> elegant | gern | glücklich | groß | gut | hoch | hübsch | klein | niedrig | schnell | teuer | viel | viel

Alle sind da, reden durcheinander und zeigen Fotos. Michael hat ein Haus mit acht Zimmern und drei Bädern. Aber

das Haus von Andreas ist viel [1] _größer_____, es hat zehn Zimmer und eine Wellnesslandschaft. Anna und

ihr Mann haben drei Pferde. Matthias allerdings hat [2] _____ Pferde, nämlich sieben. Simone liebt die

Geschwindigkeit. Sie fährt daher einen Porsche. Christians Auto ist aber [3] _____, er fährt nämlich einen

Ferrari. An ihrer Kleidung erkennt man sofort, dass alle sehr gut verdienen. Aber die Designer-Kleidung von Heike ist

mit Abstand [4] _____. Dafür ist Monika [5] _____ angezogen. Christa hat fünf Jahre in Madrid

gelebt. Sie spricht daher [6] _____ Spanisch als ihr Klassenkamerad Pedro, der in Deutschland aufgewachsen

ist. Die berufliche Position von Ernst wiederum ist [7] _____ als die der anderen. Bernds Kinder sind

dafür [8] _____. Und Hans? – Sein Haus ist [9] _____ als das der anderen und sein Gehalt ist

[10] _____. Aber dafür hat er [11] _____ Zeit. Die verbringt er [12] _____ mit seiner

Familie. Deshalb ist er [13] _____ von allen. Ein richtiger Hans im Glück also.

D Die Macht der Dinge

❶ Ordnung in die Dinge bringen

Welches Wort passt nicht? Kreuzen Sie an.

	a		b		c		d
1.	aufräumen		entrümpeln		sortieren		verbrauchen
2.	Durcheinander		Albtraum		Chaos		Unordnung
3.	chaotisch		unordentlich		locker		schlampig
4.	herumliegen		horten		aufheben		behalten
5.	Müll		Dreck		Schrott		Abfall
6.	überflüssig		unbrauchbar		unnütz		wiederverwendbar
7.	verstauen		beseitigen		unterbringen		lagern

❷ Das Messie-Syndrom – Informationen

Ⓟ DSH **a** Vergleichen Sie die Stichpunkte mit den Informationen, die Sie im Lehrbuch 4 D, 1d, gesammelt haben. Welche wichtigen Informationen fehlen? Notieren Sie.

- 1,8 Mio Messis
- noch keine klinische Diagnose
- leiden oft an: Depressionen, Angstzuständen
- Auslöser: kritische Lebensereignisse, z. B. Verlust von Lebenspartner, Arbeitsplatz

b Wie könnten Sie den Brief oder die Mail für Ihre Freundin im Lehrbuch 4 D, 2, aufbauen? Bringen Sie folgende Inhaltspunkte in eine sinnvolle Reihenfolge.

☐ Grußformel ☐ Vorschlag, sich zu treffen ☐ Ratschläge für Ihre Freundin ☐ Informationen aus 2 a

[1] Anrede ☐ aktuelle Infos über Sie selbst ☐ Bezug auf Bitte Ihrer Freundin

Ⓟ DSH **c** Schreiben Sie nun an Ihre Freundin. Berücksichtigen Sie auch die Stichpunkte in 2 a.

▶ G 3.15 ❸ Meikes „Messie-Schicksal" – Beschreiben mit Relativsätzen

a Andrea hat Meike bei den „Anonymen Messies" kennengelernt. Finden Sie die passenden Ergänzungen, um den Messie-Haushalt von Meike und die Reaktion ihrer Nachbarn näher zu beschreiben.

1. Die Wohnung war in einem chaotischen Zustand.

aus der | deren | ~~die sie~~	~~seit 3 Jahren bewohnen~~ | man die Tür kaum öffnen können | ein merkwürdiger Geruch kommen

2. Das Schlafzimmer war völlig zugestellt.

das | dessen | in dem	man kaum das Bett erreichen können | mehr als 20 m² groß sein | sein Fenster man nicht öffnen können

3. Der Keller war vollkommen zugemüllt.

durch dessen | in dem | über den	es nach verdorbenen Lebensmitteln riechen | durch seine Gitterstäbe man Kartonberge sah | die Nachbarn sich beklagen

4. Die Nachbarn riefen die Polizei.

mit denen | deren | für die	ihre Geduld am Ende sein | die Situation unerträglich sein | Meike nicht mehr sprechen

1. Die Wohnung, die sie seit 3 Jahren bewohnte, war in einem chaotischen Zustand. Die Wohnung, deren Tür …

b Sehen Sie sich die Regeln 2, 3 und 4 im Lehrbuch 4 D, 4 a, noch einmal an. Welche grafische Darstellung entspricht welchen Regeln?

1. Der Kollege aus der IT-Abteilung, der mit Meike arbeitet, hat nichts von ihrer Krankheit bemerkt.

   Regel: ....

2. Die Kollegin aus der Bibliothek, mit der Meike früher befreundet war, hat sich über ihre Zurückhaltung gewundert.

   Regeln: ....

3. Ihre Ärztin hat ihr den Therapeuten empfohlen, dessen Behandlung sie für die beste hält.

   Regel: ....

c Lesen Sie zuerst den Tipp. Ergänzen Sie dann die Sätze unten. Welches Relativpronomen passt in welchen Satz: „deren" oder „derer"?

> **deren – derer: Feminin / Plural**
>
> **deren** = Relativpronomen mit possessiver Bedeutung (steht mit einem Nomen ohne Artikel), z. B.
> • Meike, <u>deren</u> Wohnung zugemüllt war; die Nachbarn, <u>deren</u> Geduld am Ende war
>
> **derer** = „reines" Relativpronomen, z. B.
> • Die Frist, innerhalb <u>derer</u> Meike ihre Wohnung verlassen muss, ist sehr kurz.
> Im gehobenen Sprachgebrauch verwendet man bestimmte Verben mit dem Genitiv und dem entsprechenden Relativpronomen, z. B.
> • Wir gedenken heute der Verstorbenen. – die Verstorbene / n, <u>derer</u> wir heute gedenken
> • Messies bedürfen der Hilfe. – die Hilfe, <u>derer</u> sie bedürfen
> Manchmal findet man bei diesem Gebrauch auch „deren".

1. die Nachbarin, ... Bekanntschaft Meike gemacht hat

2. die Unterstützung, ... Meike bedarf

3. die Periode, innerhalb .... Meikes Therapie beendet sein muss

4. Meike, ... Leben sich positiv verändert hat

d Markieren Sie zunächst im ersten Satz den Satzteil, auf den sich der markierte Teil im 2. Satz bezieht. Bilden Sie dann aus dem 2. Satz einen Relativsatz.

1. Eine Nachbarin war dagegen, dass man die Polizei rief. Sie arbeitete in einer Beratungsstelle.
2. Sie versuchte, mit Meike ins Gespräch zu kommen. Sie hatte Meikes Krankheit erkannt.
3. Meike war aber nicht ansprechbar. Ihr Leben war gerade sehr kompliziert.
4. Die Nachbarn wollten nicht mehr warten. Diese Gesprächsversuche dauerten ihnen zu lange.
5. Die Polizei riet ihnen, zuerst selbst mit Meike zu sprechen. Sie riefen bei der Polizei an.
6. Schließlich gelang es doch, mit Meike in Kontakt zu kommen. Sie hatte inzwischen eine Therapie angefangen und begann langsam, ihr Leben zu ordnen.
7. Es fällt ihr immer noch nicht leicht, mit den Nachbarn zu sprechen. Sie schämt sich vor ihnen.
8. Leider hat ihr Vermieter ihr gekündigt. Ihm ist die Angelegenheit zu Ohren gekommen.
9. Die „Anonymen Messies" helfen ihr sehr. Sie trifft sich einmal pro Woche mit ihnen.
10. Sie hat nun ein ganz neues Leben in einem anderen Stadtteil begonnen. Sie wollte schon immer in den Stadtteil ziehen.

1. Eine Nachbarin, die in einer Beratungsstelle arbeitete, war dagegen, dass man die Polizei rief.

....

E Die Ordnung der Dinge

1 Lesestil „kursorisches Lesen"

a Lesen Sie den Tipp zum „kursorischen Lesen" und markieren Sie die wichtigsten Informationen.

> **Lesestil „kursorisches Lesen"**
>
> Den Lesestil „kursorisches Lesen" wendet man an, wenn man sich einen gründlicheren Überblick über einen Text verschaffen will, als dies beim globalen Lesen möglich ist. Hierzu liest man einen Text aufmerksam, aber hält sich nicht an Einzelheiten auf. Dieser Lesestil dient dazu, zentrale Inhalte des Textes, seinen groben Aufbau und den roten Faden zu ermitteln. Auf der Basis des kursorischen Lesens kann man anschließend entscheiden, ob man einzelne Textpassagen oder den gesamten Text noch einmal genauer liest.

b Lesestile reflektieren: Welche der drei Aufgaben erfordert kursorisches Lesen: 1, 2 oder 3? Welche Lesestile erfordern die übrigen Aufgaben? Notieren Sie.

1. Überfliegen Sie den Essay „eBay – die Ordnung der Dinge". Wie ist die Einstellung des Autors zu eBay?

   a eher positiv   **b** eher negativ ....

2. Überfliegen Sie die einzelnen Abschnitte des Essays. Welche Aussage gibt die zentrale Information des jeweiligen Abschnitts wieder: a oder b? Kreuzen Sie an. (vgl. LB 4 E, 2 b) ....

3. Wie begründet der Autor, dass der finanzielle Gewinn für viele Teilnehmer an eBay-Auktionen nicht so wichtig ist?

   ....

2 Handel und Konsum

a Ordnen Sie die Begriffe in eine Tabelle wie unten ein und notieren Sie jeweils den Artikel und ggf. den Plural.

> ~~Absatz~~ | ~~Konsument~~ | Rechnung | Käufer | Versteigerung | Personal | Verlust | Verbraucher | Bestellung | Gewinn | Händler | Rabatt | Import | Kunde | Profit | Quittung | Vertreter | Werbung | Umsatz | Angebot

Personen	Geld	Aktivität
der Konsument, –en,	der Absatz,	

b Welche Definition passt? Kreuzen Sie an.

1. Eine Auktion ist
   a eine Veranstaltung, bei der ein Produkt an die Kunden verkauft wird, die am meisten bezahlen.
   b eine Verkaufsaktion, bei der man alte Dinge verkauft.

2. Ein Ertrag ist
   a ein Geschäft, das man ertragen muss.
   b der Gewinn, den man beim Verkauf erzielt.

3. Ein Warenhaus ist
   a ein Haus, in dem Waren verkauft werden.
   b ein Haus, das Waren sammelt.

4. Ein Schnäppchen ist
   a eine Sache, die man sehr billig gekauft hat.
   b ein Produkt, das man zu teuer gekauft hat.

5. Der Lohn ist
   a die Bezahlung für ein Objekt.
   b das Geld, das man für Arbeit oder eine Leistung erhält.

c Wortschatz im Kurs üben: Formulieren Sie Definitionen zu den Begriffen in 2a nach dem Modell in 2b. Arbeiten Sie ggf. mit einem einsprachigen Wörterbuch. Stellen Sie entsprechende Fragen in Ihrer Gruppe, die anderen antworten.

F Die Präsentation der Dinge

1 **Geschichte der Uhr – Notizen verstehen und bewerten**

a   Welche Bezeichnung passt zu welcher Uhr: Kirchturmuhr, Sand-, Sonnen-, Armbanduhr? Notieren Sie.

....

9 b   Hören Sie einen Radiobeitrag zur „Geschichte der Uhr" und vergleichen Sie dazu die beiden Notizzettel.

A

Geschichte der Uhr

- vorhistorische Zeit: Beobachtung der Himmelsgestirne, Sonne, Mond, Jahreszeiten
- 5000 v. Chr. Altägyptisches Reich: Kalender entwickelt
- genauere Zeiterfassung notwendig: Sonnenuhr vermutl. 3. Jt. v. Chr. Tag in Zeiteinheiten aufgeteilt: Verabredungen möglich
- 14 Jh. v. Chr. Wasseruhren verwendet, Vorteil: tageslichtunabhängig
- Kerzenuhr: unabhängig vom Tageslicht genutzt, einfach und verfügbar, ab ca. 900 n. Chr.
- mechanische Uhr im Mittelalter, ab wann genau? nicht bekannt
- mechanische Uhren: große Instrumente, Klöster und Kirchen, für die 7 Tagesgebete läuten
- Im 14. Jh. tauchten Sanduhren in Europa auf: Sand rieselt durch einen schmalen Hals von der oberen Gefäßhälfte in die untere, heute: in Computern Symbol für Rechenvorgang
- Massenproduktion von Uhren: Mitte 19. Jh., Fortschritte in Feinmechanik: Taschenuhr
- Anfang 20. Jh.: Armbanduhr, Automatikuhr (John Harwood)
- Atomuhr, 1949 zum ersten Mal eingesetzt, seit 1967: Braunschweig: synchronisiert Funkuhren in Mitteleuropa

B

Geschichte der Uhr

wann?	was?
5.000 v. Chr.	Altägyptisches Reich Kalender entwickelt
3. Jt. v. Chr.	Sonnenuhr
14 Jh. v. Chr.:	Wasseruhren – Vorteil: tageslichtunabhängig!
2. Jh. v. Chr.	rel. genaue Wasseruhr mit Zifferblatt und Zeiger
ab 900 n. Chr.	in Europa: Kerzenuhr
Mittelalter: wann genau?	mechanische Uhr = große Instrumente, zunächst Klöster, Kirchen
14. Jh.	in Europa: Sanduhren – unabhängig von Temperatur
Mitte 19. Jh.	Massenproduktion von Uhren – Fertigung von Taschenuhren
Anfang 20. Jh.	Armbanduhren
1949	Atomuhr – Funksignale für Funkuhren

c   Welche Notizen finden Sie verständlicher? Warum? Kreuzen Sie an.

Notizen A finde ich verständlicher,	Notizen B finde ich verständlicher,
☐ weil sie länger und ausführlicher sind.	☐ weil sie kürzer und übersichtlicher sind.
☐ weil sie wichtige Informationen mit Erklärungen bieten.	☐ weil sie nur die wichtigsten Informationen nennen.
☐ weil sie sich auf die Entwicklung der Uhr konzentrieren.	☐ weil sie chronologisch nach Jahreszahlen strukturiert sind.

② Notizen machen

Gestalten Sie einen kleinen Notizzettel zum Thema „Meine schönste Reise" (maximal 20 Wörter). Tauschen Sie Ihren Zettel mit einem Partner / einer Partnerin aus. Versuchen Sie nun, die Erlebnisse Ihres Partners anhand des Notizzettels wiederzugeben. Der Partner bestätigt oder korrigiert.

③ Die zehn goldenen Regeln

LB ◉
45–54
a Beantworten Sie die Fragen zunächst aus Ihrem Gedächtnis. Hören Sie dann die Regeln im Lehrbuch 4 F, 3 b, noch einmal und ergänzen Sie ggf. Ihre Antworten.

1. Warum sind Einstieg und Schluss wichtig bei einer Präsentation?
2. Wie kann man einen Spannungsbogen bei der Präsentation erzeugen?
3. Wie kann man es den Zuhörern erleichtern, der Präsentation zu folgen?
4. Welche Wirkung sollte die Körpersprache haben?
5. Warum ist Blickkontakt wichtig?
6. Wie kann man lebendig und wirkungsvoll sprechen?
7. Warum sollte man ab und zu Pausen machen?
8. Was bedeutet der Satz „Präsentieren Sie glaubwürdig und engagiert"?
9. Was muss man bei der Foliengestaltung beachten?
10. Wie sollte man seinen Vortrag vor der Präsentation üben?

1. Guter Einstieg motiviert Publikum, zuzuhören; durch guten Schluss wirkt Präsentation stimmig.

b Besprechen Sie Ihre Antworten mit einem Partner / einer Partnerin.

Aussprache

① Aussprache: e-Laute

◉ 10–13 **a** Hören Sie und sprechen Sie nach. Achten Sie dabei auf die unterschiedliche Aussprache des Vokals „e".

1. [eː]: See, Klee, Tee, zehn, Schnee, Café, ewig, Fehler, Mehl, leer, Lehre, ebenfalls, Regel, wer
2. [ə]: danke, Kindchen, Sache, ihnen, können, träumen, Dinge, Studie, nahen
3. [ɛ]: eng, streng, hell, schnell, Welt, Geld, entdecken, Zelle, fett, Äpfel, erfasst, Pässe, wenn
4. [ɛː]: Bär, Käse, Nähe, Väter, Zähne, nähen, wählen, Träne, Lähmung, fair, jäh, vermählen

> **Tipp**
> Die Endung „-er" spricht man fast wie ein „a" [ɐ], z.B. „Fehl**er**". Die Endung ist unbetont.

◉ 14 **b** Welchen e-Laut hören Sie? Achten Sie auf die unterschiedliche Aussprache von „e" am Anfang und am Ende der Wörter und ordnen Sie sie zu.

| jeder | ~~Dehnung~~ | ~~geben~~ | Fähre | Mehl | später | sehen | Krebs | Glätte | Städtchen | Leben | Seele | Wege | zärtlich | her | Ärger | Reste | letzte | Ende | jährlich | Rente | zählen | Käfig | Helden | mähen | sprechen | denken | nämlich | Wetter | helfen | Kälte | Länge | Mädchen | mehr | schräg | weniger | Gäste | bezahlen |

[eː]	[ə]	[ɛ]	[ɛː]
jeder, Dehnung, geben,	*geben,*		

Grammatik: Das Wichtigste auf einen Blick

◐ G 5.1 **1** **Die Adjektivdeklination**

- Wenn die **Signalendung (r, s, e, n, m)** beim **Artikelwort** steht, hat das Adjektiv die Endung „-e" oder „-en". Dies gilt auch nach: dieser, jener, jeder, mancher, welcher, alle.
- Wenn es kein Artikelwort gibt oder das Artikelwort keine Endung hat, hat das **Adjektiv** die **Signalendung**. Dies gilt auch nach: wenig, viel und mehr; **Ausnahmen:** Genitiv Singular Maskulinum und Neutrum: Endung „-en".

	M: der Inhalt	N: das Spielzeug	F: die Form	Pl: die Objekte
N	der praktische (k)ein praktischer praktischer	das bekannte (k)ein bekanntes bekanntes	die schöne (k)eine schöne schöne	die großen keine großen große
A	den praktischen (k)einen praktischen praktischen	das bekannte (k)ein bekanntes bekanntes	die schöne (k)eine schöne schöne	die bunten keine bunten bunte
D	dem praktischen (k)einem praktischen praktischem	dem bekannten (k)einem bekannten bekanntem	der schönen (k)einer schönen schöner	den bunten -n[2] keinen bunten -n[2] bunten -n[2]
G	des praktischen -(e)s[1] (k)eines praktischen -(e)s[1] praktischen -(e)s[1]	des bekannten -(e)s[1] (k)eines bekannten -(e)s[1] bekannten -(e)s[1]	der schönen (k)einer schönen schöner	der bunten keiner bunten bunter

[1]Das Nomen hat (auch) die Signalendung.   [2]Im Dativ Plural: Endung „-n", außer Nomen auf „-s" im Plural: immer -s.

◐ G 3.15 **2** **Relativsätze und Relativpronomen**

- Relativsätze sind **Nebensätze**, die ein **Nomen** im **Hauptsatz** erklären. Sie beginnen mit einem **Relativpronomen**: der, das, die

- Das **Genus** (Maskulinum, Neutrum, Femininum) und der **Numerus** (Singular, Plural) des Relativpronomens richten sich nach dem Nomen, auf das sich das Relativpronomen bezieht.
  z.B. Ein Messie ist ein Mensch, der alles sammelt und nichts wegwerfen kann.

- Der **Kasus** (Nominativ, Akkusativ, Dativ, Genitiv) des Relativpronomens richtet sich nach dem Verb im Relativsatz (z.B. sehen + A) oder nach der Präposition (z.B. sprechen mit + D).
  z.B. Der Nachbar, den Andrea täglich sah und mit dem sie oft sprach, wusste nichts von ihrer Krankheit.

- Die **Formen** von **Relativpronomen** und **bestimmtem Artikel** sind gleich. **Ausnahmen:**
  Dativ Plural: „denen"
  z.B. Die Menschen, mit denen Andrea befreundet war, bemerkten nichts von ihrer Krankheit.

  Genitiv Singular Femininum und Genitiv Plural: „deren"
  z.B. Die Frau(en), deren Wohnung völlig zugemüllt war, war(en) beruflich sehr organisiert.

  Genitiv Singular Maskulinum und Neutrum: „dessen"
  z.B. Der Mann, dessen Wohnung völlig zugemüllt war, war beruflich sehr organisiert.
  Das Messie-Syndrom, dessen Ursache noch nicht erforscht ist, ist eine Krankheit.

- Das **Nomen**, das auf die Relativpronomen „dessen" und „deren" folgt, hat keinen Artikel.

- Außer den Relativpronomen im Genitiv mit possessiver Bedeutung gibt es noch die **„reinen" Relativpronomen „dessen"** (Mask. und Neutr. Sing.) und **„derer"** (Fem. Sing. / Plural). Man verwendet sie, wenn das Verb, die Präposition oder ein Ausdruck im Relativsatz eine Genitivergänzung erfordern.
  z.B. Der Berater, dessen Andrea sich noch gut entsinnt, hat ihr sehr geholfen.
  Die Probleme, aufgrund derer Andrea ihre Wohnung verlassen muss, hat sie schon seit langem.

5

A Arbeit

1 Arbeiten mit einem einsprachigen Wörterbuch

a Lesen Sie die Wörterbucheinträge. Beantworten Sie die Fragen und ergänzen Sie die Sätze.

tä·tig *adj /nicht steig./* ❶ *so, dass man in einem bestimmten Beruf arbeitet:* als Architekt/Lehrerin/Maurer tätig sein ❷ *(≈ tatkräftig) so, dass man praktisch handelt:* tätige Hilfe/Nächstenliebe ❸ *(≈ aktiv ↔ untätig) so, dass man aktiv ist und handelt:* Wir sind den ganzen Tag tätig gewesen, jetzt wollen wir uns ausruhen.; Wann wird die Stadt endlich tätig in dieser Sache? ❹ *(≈ aktiv) so, dass es in Betrieb ist oder eine bestimmte Aktivität zeigt:* Der Vulkan ist seit einigen Wochen wieder tätig.; ein tätiger Vulkan; Das Herz hat aufgehört tätig zu sein.; Diese Seilbahn ist nicht mehr tätig.
tä·ti·gen *mit OBJ* ◼ **jmd. tätigt etwas** *(geh.) ausführen:* ein Geschäft tätigen
Tä·tig·keit *die <-, -en>* ❶ */kein Plur./ (≈ Aktivität) das Tätigsein:* jemanden in seiner Tätigkeit unterbrechen; emsige/fieberhafte Tätigkeit entfalten ❷ *(≈ Job) berufliche Beschäftigung:* eine neue Tätigkeit aufnehmen/suchen; eine Tätigkeit als Verkäuferin angeboten bekommen; Sie hat in der Vergangenheit schon verschiedene Tätigkeiten ausgeübt. ❸ */kein Plur./ das In-Betrieb-Sein:* Die Anlage ist schon sehr lange in/außer Tätigkeit.; Die Tätigkeit des Herzens überwachen.; die erneute Tätigkeit des Vulkans

© pons

1. Was bedeuten die Punkte in „tä·tig", „tä·ti·gen", „Tä·tig·keit"?
2. Warum ist das „ä" in diesen Wörtern <u>unterstrichen</u>?
3. Welche Wortart ist „tätig"?
4. Was bedeutet: nicht steig.?
5. Was bedeutet: ↔ ?
6. Was bedeutet: OBJ?
7. Was bedeutet: kein Plur.?
8. Ergänzen Sie die fehlenden Wörter bzw. Begriffe:

   a. Mein Bruder ist .... Ingenieur in Asien ....

   b. Diese Tätigkeit .... er erst seit kurzem ....

   c. Allerdings lebt er dort gefährlich, denn in der Nähe seines Wohnortes gibt es einen Vulkan, der noch .... ist.

   d. Die Häuser in seiner Stadt sind auch nicht erdbebensicher gebaut. Die Einwohner fragen sich, wann die Regierung in dieser Sache .... wird.

   e. Synonym von „in Tätigkeit sein"? ....

b Suchen Sie die Wörter aus 1a in einem anderen einsprachigen Wörterbuch. Notieren Sie die Unterschiede und tauschen Sie sich im Kurs aus.

2 Wichtige Eigenschaften (nicht nur) in der Arbeitswelt

a Lesen Sie die Definitionen und bilden Sie dann die passenden Wörter aus den Silben.

> aus | ~~be~~ | be | bel | cher | dau | ernd | fähig | fle | flei | gründ | in | krea | läs | li | pflicht | res | ~~selbst~~ | siert | sig | ßig | te | team | tiv | ver | ~~wusst~~ | wusst | xi | zu

1. Jemand hat in sich selbst Vertrauen. Er ist _selbstbewusst_ .
2. Sie kann sehr gut in einem Team arbeiten. Sie ist sehr ....
3. Das Gegenteil von faul ist ....
4. Sie ist geistig beweglich und kommt mit verschiedenen Lösungen zurecht. Sie ist ....
5. Er arbeitet genau und sorgfältig. Ja, er ist ein wirklich .... Arbeiter.
6. Sie schaut täglich ins Intranet, ob es etwas Neues in der Firma gibt. Sie ist sehr .... an ihrer Arbeit.
7. Er findet neue Lösungen, die andere nicht finden. Er ist ....
8. Sie erfüllt alle Pflichten gut und pünktlich. Sie ist sehr ....
9. Er hält immer, was er verspricht. Er ist immer ....
10. Sie kann stundenlang konzentriert arbeiten. Sie ist wirklich ....

b Wie heißen die Nomen zu den Adjektiven in 2a? Ergänzen Sie auch die Artikel.

1. *das Selbstbewusstsein* ....   6. ....

2. ....   7. ....

3. ....   8. ....

4. ....   9. ....

5. ....   10. ....

③ Tätigkeiten und Aktivitäten

Was tun diese Menschen? Kreuzen Sie die passenden Verben an. Es gibt immer zwei richtige Lösungen.

	a	b	c
1. eine Abteilung	durchführen	leiten	führen
2. als Reiseleiterin	jobben	arbeiten	tun
3. Möbel	anfertigen	tun	herstellen
4. bei der Stadtverwaltung	tätig sein	ausüben	beschäftigt sein
5. seinen Lebensunterhalt	verdienen	bestreiten	arbeiten
6. bei einer Arbeit	aushelfen	beschäftigen	einspringen
7. Interesse	haben	zeigen	sein
8. eine Tätigkeit	ausüben	führen	verrichten
9. eine Untersuchung	tun	durchführen	machen

B Welt der Arbeit

① Unbekannte Wörter mit strategischen Fragen erschließen

Lesen Sie die folgenden Fragen und erschließen Sie mit ihrer Hilfe die fehlenden Wörter im Text unten. Orientieren Sie sich dabei am Beispiel auf der nächsten Seite oben; Sie müssen nicht immer alle Fragen beantworten.

1. Um welche Wortart könnte es sich handeln?
2. Mit welchen Wörtern passt das Wort vom Sinn her zusammen?
   Handelt es sich z. B. um eine übliche Wortkombination oder eine Aufzählung?
3. Bezieht sich das unbekannte Wort auf benachbarte (vorangehende oder folgende) Textteile?
   Wenn ja, wie sieht diese Beziehung aus?
4. Versuchen Sie, sich jetzt noch einmal den ganzen Sinnzusammenhang vorzustellen.
   Welche Ideen kommen Ihnen zur möglichen Bedeutung des fehlenden Wortes?

Beim Wanderschneider

Alle zwei Wochen [1] *setzt* .... der Hongkonger Modemacher Raja Daswani eine auffällige

Anzeige in große deutsche Tageszeitungen, in der die nächste Deutschlandtour seiner beiden Neffen

angekündigt wird. Die Wanderschneider [2] .... im Tagesrhythmus in deutsche

Großstädte, wo sie potentielle [3] .... in Hotelsuiten empfangen. Die Daswanis präsen-

tieren den Interessenten ihre [4] Stoff- .... – von einfacher bis zu Luxus-Qualität,

besprechen mit ihnen eingehend ihre Wünsche, [5] .... anschließend Maß und verein-

baren den Preis. Es gibt Anzüge ab 250 Euro – eine unglaubliche Summe, denn in Deutschland liegen

die [6] .... für Maßanzüge sonst im vierstelligen Bereich. Kaum sind die Maße notiert,

beginnt schon die [7] .... im fernen Hongkong. Nach sechs Wochen [8] ....

der fertige Anzug per Post zum Kunden.

	1. Wortart	2. Wortkombination	3. Bezug zu Textteilen	4. Sinnzusammenhang	5. mögliche Lösung
1.	Verb, denn es steht auf Pos. 2	eine Anzeige finden, verfassen, lesen, aufgeben in, setzen in	der Modekönig R. Daswani aus Hongkong, in großen deutschen Tageszeitungen → also passen nicht „finden", und „lesen", weil er wahrscheinlich die Anzeige aufgegeben hat, um für sein Geschäft zu werben; „aufgeben in" passt nicht, weil es ein trennbares Verb + Dat. ist → „setzen in" + Akk. = „aufgeben"	Wenn jemand Werbung für sein Geschäft machen möchte, setzt er häufig eine Anzeige in die Zeitung. (Ihr Weltwissen bestätigt die Lösung, Sie konnten sie aber auch schon finden, ohne diese Frage zu beantworten.)	setzen in → er setzt ... in
2.	...				

2 Arbeit in der Welt

P TD **a** Lesen Sie den Kommentar im Lehrbuch 5B, 2c, noch einmal und entscheiden Sie bei jeder Aussage zwischen „stimmt mit Text überein" (j), „stimmt nicht mit Text überein" (n) und „Text gibt darüber keine Auskunft" (?).

1. Daswani trifft seine Kunden nur in New York.   j n ?
2. Daswani ist ein Großunternehmer.   j n ?
3. 10% der deutschen Großunternehmen wollen im Ausland investieren.   j n ?
4. In China investieren die Unternehmer am liebsten.   j n ?
5. Auslandsinvestitionen stärken in vielen Fällen den inländischen Betrieb.   j n ?
6. Wer im Ausland expandiert, investiert automatisch auch im Inland.   j n ?
7. Firmen, die in mehreren Ländern tätig sind, sind meist produktiver.   j n ?
8. Am Anfang muss ein großer Teil des Umsatzes investiert werden, bis der Betrieb richtig läuft.   j n ?
9. Wenn Experten in Deutschland fehlen, kann man sie aus der ausländischen Filiale holen.   j n ?

P DSH **b** Lesen Sie die Sätze, finden Sie Synonyme für die markierten Ausdrücke und formulieren Sie ggf. die Sätze neu. Zwei Wörter bleiben übrig.

> erhalten | Fachleute | ~~tätig sein~~ | Produktion | Geschäft | herstellen | Verkaufsorganisation | investieren

1. Viele Unternehmen agieren über Landesgrenzen hinweg. (Z. 20–22)

   Viele Unternehmen sind über Landesgrenzen hinweg tätig.
   ....

2. Sie wollen vor Ort einen eigenen Vertrieb aufbauen. (Z. 34–36)

   ....

3. Sie wollen sich über die Herstellung im Ausland Märkte erschließen. (Z. 36/37)

   ....

4. Der Mittelstand fertigt in aller Welt Vorprodukte. (Z. 42–44)

   ....

5. Man muss 40% des Umsatzes aufwenden. (Z. 64–66)

   ....

6. Experten aus der Heimat sind gefragt. (Z. 68/69)

   ....

● G 1.2 **③ Nomen-Verb-Verbindungen**

a Korrigieren Sie die Nomen-Verb-Verbindungen.

1. eine große Rolle ~~vertreten~~ *spielen*

2. in Anspruch ~~fassen~~

3. den Entschluss ~~nehmen~~

4. einen Markt ~~gelangen~~

5. zur Überzeugung ~~nehmen~~

6. sich in Acht ~~erschließen~~

7. die Ansicht ~~spielen~~

b Mit Fehlern umgehen. Ersetzen Sie die markierten Verben und Ausdrücke durch die Nomen-Verb-Verbindungen aus 3 a.

1. Eine positive Fehlerkultur ist sehr wichtig .
2. Denn wir sind überzeugt , dass Fehler eine Chance darstellen.
3. Wir haben deswegen beschlossen , konstruktiver mit Fehlern umzugehen.
4. Dafür möchten wir die Hilfe eines Beraters nutzen .
5. Denn wir wollen erfolgreich auf den neuen Markt kommen .
6. Wir meinen , dass das eine notwendige Maßnahme ist.
7. Wir sollten aber aufpassen , dass wir Fehler nicht zu sehr tolerieren.

1. Eine positive Fehlerkultur spielt eine große Rolle.

C Arbeiten auf Probe

❶ Praktikum – Pro und Contra

Ergänzen Sie die folgenden Wörter und Ausdrücke. Einige bleiben übrig.

> ~~absolvieren~~ | anwenden | sich arrangieren | ausnutzen | bereitstellen | betreuen | eingliedern |
> gering qualifiziert | in Kauf nehmen | sammeln | suchen | übernommen werden

1. ein Praktikum *absolvieren*

2. Erfahrung(en)

3. einen Berufseinstieg

4. eine schlechtere Bezahlung akzeptieren:

   eine schlechtere Bezahlung

5. Praktikanten finanziell

6. das Gelernte in der Praxis

7. ins Arbeitsleben wieder

8. keine feste Stelle bekommen:

   nicht

● G 4.8 **❷ Aktiv oder Passiv? – Wer tut etwas – was wird getan?**
ⓟ DSH

Überlegen Sie, ob die Sätze besser im Aktiv oder im Passiv formuliert werden, und formulieren Sie sie ggf. um.
Begründen Sie warum.

1. Abends putzt irgendjemand die Büros.
2. Der Chef persönlich begrüßt die neuen Mitarbeiter.
3. Allen Praktikanten stellt man zunächst die einzelnen Abteilungen vor.
4. Seit neuestem schließt der Hausmeister die Eingangstür schon um 19.00 Uhr ab.

1. Abends werden die Büros geputzt. (wichtig ist der Vorgang, also dass geputzt wird, und nicht die Person, die putzt)

G 4.8 **3** **Rund ums Praktikum – Das Passiv: Zeitformen**

a   Lesen Sie die Passivsätze und ordnen Sie die passende Zeitform zu.

1. Die Praktikantin wurde leider ausgenutzt.

2. Vorher war ihr eine selbstständige Tätigkeit versprochen worden.

3. Die Situation der Praktikanten wird hoffentlich verbessert werden.

4. Dieser Praktikant wird für drei Monate eingestellt.

5. Sein Praktikum ist gut bezahlt worden.

A. Präsens   1. ☐ *C*

B. Perfekt   2. ☐

C. Präteritum   3. ☐

D. Plusquamperfekt 4. ☐

E. Futur   5. ☐

b   Markieren Sie die Passivformen in 3a und ergänzen Sie die Tabelle.

Passiv – Zeit	Bildung	Beispiel
1. Präsens	„werden" im .... + Partizip II	....
2. Präteritum	„werden" im *Präteritum* + Partizip II	*wurde ... ausgenutzt*
3. Perfekt	„sein" im .... + Partizip II + „worden"	....
4. Plusquamperfekt	„sein" im .... + Partizip II + „worden"	....
5. Futur I	„werden" im .... + Partizip II + „werden"	....

Partizip II = Partizip Perfekt

c   Das „Agens" im Passiv: Lesen Sie den Tipp und ergänzen Sie die Passivformen im Präteritum der Verben in Klammern sowie „von" oder „durch".

> **Das „Agens"**
>
> • Das „Agens" ist eine Person oder Sache, die etwas tut oder verursacht.
>   z.B. Die Nachricht wurde mir <u>von Max</u> überbracht.
>   Das Geld wurde <u>von der Versicherung</u> überwiesen.
>
> • Bei nicht willentlich herbeigeführten Umständen oder wenn das Agens nur „als Vermittler" auftritt, verwendet man auch „durch".
>   z.B. Wir wurden <u>durch den Streik</u> aufgehalten.
>   Lisa wurde vom Chef <u>durch dessen Sekretärin</u> informiert.

1. Mir _wurde_ _vom_ Freund meines Vaters eine Praktikumsstelle _angeboten_. (anbieten)

2. .... den Einsatz der Personalabteilung .... alle Formalitäten schnell .... (erledigen)

3. Am ersten Tag .... ich .... den Kollegen sehr herzlich .... (begrüßen)

4. Später .... ich .... die Vermittlung der Agentur für Arbeit in eine Weiterbildungsmaßnahme .... (aufnehmen)

5. Schließlich .... ich .... einer Chemiefirma .... (einstellen)

d   Bilden Sie Sätze im Passiv mit den Zeitformen in Klammern – mit oder ohne Nennung des Agens.

1. Andreas Scheu – wichtig sein, – dass – anwenden – das im Studium Gelernte – in der Praxis (Präs.)

2. viele Unternehmen – Bereitschaft – junge Leute – ausnutzen – systematisch (Präs.)

3. Raffaela Hönings Praktikum – bei einem Hygieneproduktehersteller – bezahlen – sehr gut (Prät.)

4. Praktikanten – schon immer – verrichten – auch qualifizierte Tätigkeiten (Perf.)

5. häufig – vorher – Zusagen machen, – die – die Firmen – später – nicht einhalten (Plusqu. / Prät.)

6. in den letzten Jahren – Unternehmen – viel Geld – investieren – in die Betreuung – von Praktikanten (Perf.)

1. Für Andreas Scheu ist es wichtig, dass das im Studium Gelernte in der Praxis angewandt wird.

DSH **e** Bilden Sie Sätze im Passiv ohne Subjekt.

1. Bei einem Praktikum lernt man viel.
2. Man arbeitet immer mehr.
3. Man spricht oft über den Einsatz der Praktikanten.
4. In der Regel helfen alle den Praktikanten gern.
5. Sie haben viel diskutiert.
6. Im Büro darf man nicht rauchen.

1. Bei einem Praktikum wird viel gelernt.

> **Passiv ohne Subjekt oder „unpersönliches Passiv"**
> • Für allgemeine Aussagen oder Regeln verwendet man das Passiv ohne Subjekt.
> • Wenn Position 1 im Satz nicht durch eine Angabe oder Ergänzung besetzt ist, kann „es" als Platzhalter für das Subjekt stehen, z. B. <u>Es</u> wurde (in der Firma) viel gearbeitet.
> Aber: In der Firma wurde viel gearbeitet. → Hier ist kein „es" nötig.

▶ G 4.8 ④ Negative Erfahrungen im Praktikum – Passiv mit Modalverben

a Lesen Sie die Sätze aus Sabines schriftlicher Beschwerde und markieren Sie die Passivformen.

1. Von morgens bis abends musste das Telefon bedient werden.
2. Eine dicke Gebrauchsanleitung hat schnell übersetzt werden müssen.
3. Und davor hatte noch eine riesige Adressenkartei aktualisiert werden sollen.
4. Die Bedingungen von Praktika müssen dringend verbessert werden.

b Schreiben Sie die Sätze aus 4a in die Tabelle.

		Pos. 2		Satzende
Präsens				
Präteritum				
Perfekt				
Plusquamperfekt				

c Lesen Sie die Sätze in 4b noch einmal. Was fällt auf? Kreuzen Sie an.

> 1. Das Passiv mit Modalverben im Perfekt bildet man so:
>   a Präsens von „haben" + Infinitiv Passiv + Infinitiv des Modalverbs
>   b Perfekt von „haben" + Infinitiv Passiv + Infinitiv des Modalverbs
> 2. Das Passiv mit Modalverben im Plusquamperfekt bildet man so:
>   a Präteritum von „haben" + Infinitiv Passiv + Infinitiv des Modalverbs
>   b Plusquamperfekt von „haben" + Infinitiv Passiv + Infinitiv des Modalverbs

> **Der Infinitiv Passiv**
> Den Infinitiv Passiv bildet man mit dem Partizip Perfekt des Vollverbs und dem Infinitiv von „werden", z. B. gemacht werden; angerufen werden.

DSH **d** Praktikumsbedingungen – ein Bericht. Formulieren Sie die Aktivsätze im Passiv.

1. Man muss die Arbeitsbedingungen unbedingt verändern.
   Die Arbeitsbedingungen müssen unbedingt verändert werden.

2. Immer musste ich mehrere Dinge gleichzeitig erledigen.

3. Deshalb konnten wir nichts gründlich tun.

4. Außerdem konnten wir wegen fehlender Ersatzteile nicht ordentlich arbeiten.

5. Man hat die Reparaturen bisher noch nicht ausführen können!

e Passiv mit Modalverben im Nebensatz. Lesen Sie, was Sabine Wagner in einem Beschwerdebrief geschrieben hat. Wo steht das Modalverb? Markieren Sie es und kreuzen Sie dann in der Regel rechts an.

> Es geht doch nicht an, dass Zeugnisse von den Praktikanten selbst verfasst werden sollen und der Inhalt des Praktikums beliebig falsch dargestellt werden kann.

> Das Modalverb steht **a** vor dem Infinitiv Passiv.
> **b** nach dem Infinitiv Passiv.

▶ G 4.8 ⑤ Das ist doch schon längst erledigt! – Das „sein"-Passiv

Ⓟ DSH **a** Das Sommerfest der Firma naht und Ihr Chef erinnert Sie an Ihre Aufgaben. Sie haben aber alles schon erledigt. Antworten Sie ihm wie im Beispiel.

1. ■ Die Einladungen müssen noch verschickt werden!
   □ *Die sind schon längst verschickt!*

2. ■ Die Räume sollten noch beschriftet werden.
   □ ....

3. ■ Die Lokalredaktion muss noch benachrichtigt werden.
   □ ....

4. ■ Der Gärtner muss unbedingt noch bestellt werden.
   □ ....

5. ■ Die Hilfskräfte müssen noch eingewiesen werden.
   □ ....

6. ■ Die Lautsprecheranlage muss überprüft werden.
   □ ....

Ⓟ DSH **b** Ihre Kollegin kommt zurück und denkt, dass sie noch viel vorbereiten muss. Als sie sieht, dass Sie schon alles gemacht haben, ist sie erleichtert und erzählt zu Hause, dass alles schon erledigt war.

Ach, ich bin richtig erleichtert! Als ich zurückkam, war alles schon erledigt:

1. alle Einladungen verschicken:
   Stellt euch vor, alle Einladungen waren schon verschickt. ....

2. Räume einrichten:
   ....

3. Zeitung benachrichtigen:
   ....

4. Gärtner beauftragen:
   ....

5. Hilfskräfte einweisen:
   ....

6. Musikanlage installieren:
   ....

7. alles optimal regeln:
   ....

Warum bin ich nicht länger zu Hause geblieben?!

> **„sein"-Passiv**
> „sein" + Partizip Perfekt
> Vergleichen Sie:
> Etwas geschieht/ist geschehen:
> • Die Einladungen werden verschickt.
> • Die Einladungen sind verschickt worden.
> Ein neuer Zustand ist/war erreicht:
> • Die Einladungen sind verschickt.
> • Die Einladungen waren schon verschickt, als ich zurückkam.

D Arbeit gesucht

1 Bewerbung – typische Redemittel

a In welcher Reihenfolge würden folgende Redemittel in einem Bewerbungsschreiben vorkommen? Nummerieren Sie sie. Vergleichen Sie ggf. mit dem Bewerbungsbrief im Lehrbuch 5 D, 1a.

- ☐ A. Ich würde meine Kenntnisse gern in Ihrem Unternehmen einbringen.
- ☐ B. Über die Einladung zu einem persönlichen Gespräch würde ich mich sehr freuen.
- ☐ C. Ich verfüge (bereits) über Erfahrungen in … / im Bereich …
- ☐ D. Zurzeit studiere ich … an … mit dem Schwerpunkt …
- ☐ E. Besonders interessiert mich…
- ☐1☐ F. Auf die in … ausgeschriebene Stelle als … möchte ich mich bewerben und sende Ihnen hiermit meine Bewerbungsunterlagen.
- ☐ G. Ich arbeite mich leicht in neue Aufgabenfelder ein, bin es gewohnt, selbstständig zu arbeiten, kann mich aber ebenso gut in ein Team integrieren.

b Gestalten Sie ein DIN-A4-Blatt als Briefbogen und tragen Sie folgende Daten an der passenden Stelle ein.

> Eigene Adresse | Adresse des Empfängers | Datum | Betreff |
> Anrede | Textbereich | Grußformel | Unterschrift | Anlagen

2 Anzeigen verstehen und verfassen

a Lesen Sie folgende Anzeigen und schreiben Sie die Abkürzungen aus.

A
Dipl. Betriebswirt (31) sucht neue Herausforderung! Erfahrg. im Eink., Verk., MS-Office, bisher tätig in Handel u. Direktvertrieb. Fremdspr. Engl. E-Mail: newjob@gmz.eu

B
PR-Spezialistin, MBA, 45 J. jung, langjähr. Erfahrg. in Finanzuntern., in ungeünd. Stellg., stilsicher, kompetent in Recherche, Text, Organisat. sucht feste freie Mitarb. Zuschr. erb. unt. ✉ ZS 347896

C
Mann für alle Fälle gesucht? Als Fahrer, Sekr., Verkäuf., Hausm. = All in one! 52 J., gepfl. Erscheinungsbild, gute Engl- und PC-Kenntn., belastb., PKW vorh., su. neue Herausford. E-Mail: allinone@wlb.de

A: Diplom Betriebswirt (31) sucht neue Herausforderung! Erfahrung im …

b Verfassen Sie nun Anzeigen mit den folgenden Daten. Wegen der Kosten wollen Sie möglichst viel abkürzen. Die Anzeige sollte aber dennoch verständlich sein.

1. Sie sind Student / in und suchen eine Aushilfstätigkeit in Verkauf oder Gastronomie abends und am Wochenende. Sie sind einsatzfreudig und flexibel. E-Mail: aushilfe@wlb.de
2. Sie sind Diplom-Übersetzer / in (24 Jahre) für Spanisch und Französisch. Berufserfahrung: Praktikum bei einem Sprachenservice, Auslandserfahrung. Sie suchen eine feste Stelle; sehr gute MS-Office- und TRADOS-Kenntnisse, belastbar, zuverlässig, flexibel. Sie erbitten Zuschriften unter Chiffre 9575, Stadtanzeiger.
3. Sie sind als Sekretär / in fest angestellt und suchen eine neue Aufgabe. Sie haben fünf Jahre Berufserfahrung. Englisch: verhandlungssicher; Chinesisch: Grundkenntnisse. Sehr gute Kenntnisse in Bürokommunikation. Sie sind belastbar, professionell und teamorientiert. Erreichbar unter ANeum@aco.de

c Gestalten Sie eine Anzeigentafel „Stellensuche" und vergleichen Sie Ihre Anzeigen. Welche Abkürzungen wurden verwendet? Wie verständlich sind die Anzeigen?

③ Bewerbungsschreiben verfassen

a   Bewerben Sie sich bei Alpha-Zeitarbeit. Gehen Sie dabei
auf drei der folgenden Punkte ein. Die Redemittel unten
und in Übung 1 helfen Ihnen.

- Ihre Ausbildung
- Ihre berufliche Erfahrung
- Ihre zusätzlichen Kenntnisse oder Fähigkeiten
- Grund für die Bewerbung

⏰ **Alpha-Zeitarbeit**

Wir suchen ständig Mitarbeiter/innen zur
Festanstellung für folgende Bereiche:
Büro, IT, Handwerk, Netzwerke, Projekt-
management, Technik, Versicherung und
viele mehr.

Zusätzliche Informationen unter
www.alpha-zeitarbeit/jobsuche-de.com
Bewerbungen unter info@alpha-za-de.com

> Über eine Einladung zum Vorstellungsgespräch würde ich mich sehr freuen. | Ihre Annonce im Stadtanzeiger habe
> ich mit Interesse gelesen. | Aufgrund der bisher durchgeführten Praktika (s. Lebenslauf) verfüge ich über … |
> Aus diesem Grund möchte ich gerade in Ihrer Firma sehr gerne arbeiten. | Für weitere Informationen zu meiner
> Person stehe ich Ihnen jederzeit gern zur Verfügung. | Da ich sehr gute IT-Kenntnisse (MS-Office, SAP, HTML)
> habe, … | Nach meinem Abitur habe ich eine Ausbildung zur/zum … absolviert. | … und möchte mich für die
> Bereiche Büro oder IT bewerben.

b   Bewerben Sie sich auf eine Anzeige in der Zeitung oder im Internet und korrigieren Sie Ihre Bewerbung mit einem
Partner/einer Partnerin.

④ Einen tabellarischen Lebenslauf schreiben

a   Tragen Sie die Stichworte an der passenden
Stelle im Lebenslauf ein. Fünf Stichworte
bleiben übrig.

> Schul- und Berufsausbildung |
> Datum | Praxiserfahrung | Ort |
> Sprachkenntnisse | Unterschrift |
> Lebenslauf | Angaben zur Person |
> Interessen/Hobbys | Berufliche/
> Außerberufliche Weiterbildung |
> EDV-Kenntnisse | Schule und Studium

b   Ergänzen Sie die Stichworte aus 4 a
mit Ihren Daten und schreiben Sie
Ihren Lebenslauf. Korrigieren Sie Ihren
Lebenslauf mit einem Partner/einer
Partnerin.

Alexander Winkelmeier . Merkurstraße 138 . 40223 Düsseldorf

[1] Lebenslauf

[2] ....

Nachname/Vorname	Winkelmeier, Alexander
Adresse	Merkurstraße 138, 40223 Düsseldorf
Telefon	+49 (0) 211 – 93758 Mobil: 0176 – 159320
E-Mail	alwinkelmeier@xpu.de
Geburtsdatum	22.03.1988

[3] ....

seit 04/2007 bis heute	Studium der Betriebswirtschaftslehre an der Universität Düsseldorf, Schwerpunkt: Marketing
voraussichtlich 09/2012	Master of Science (M.Sc.) Betriebswirtschaftslehre
09/2010	Bachelor of Science (B.Sc.) Betriebswirtschaftslehre (Note: 1,6)
06/2006	Allgemeine Hochschulreife (Note: 2,0)

[4] ....

02/2010 – 03/2010	Deutsche Bahn AG, Institut für Marketing, Marktforschung
07/2008 – 09/2008	Henkel Kosmetik, Marktforschung
07/2006 – 03/2007	Internationaler Freiwilligendienst: Straßenkinderprojekt in Südafrika

[5] ....

Englisch	kompetente Sprachverwendung in Wort und Schrift (C1)
Französisch	selbstständige Sprachverwendung in Wort und Schrift (B2)

[6] .... sehr gute Kenntnisse in MS-Office (Excel, Word, Power Point), InDesign

[7] .... Zeichnen, Malen, Basketball

Nürnberg, den 05.04.2012

Alexander Winkelmeier

E Freude an der Arbeit

G 7.3 **1** **Was man gern tut und was einem Freude macht ...**

a Was passt wozu? Ordnen Sie die Satzteile zu.

1. Dass man immer Spaß an der Arbeit haben muss,

2. Dass einem die Arbeit Spaß macht,

3. Etwas gut zu machen, bringt einen mit der Zeit dazu,

4. Man sollte sich fragen,

A. was einem leichtfällt.

B. ist eine falsche Behauptung.

C. ist nämlich nicht selbstverständlich.

D. es gern zu tun.

1. [B]
2. [   ]
3. [   ]
4. [   ]

b Lesen Sie die Sätze in 1a. Markieren Sie die deklinierten Formen von „man" und schreiben Sie sie in die Tabelle.

Nominativ	Akkusativ	Dativ	Genitiv
man			eines (ungebräuchlich)

c Setzen Sie die richtigen Formen von „man" ein.

Wenn [1] _man_ nur noch die Arbeit machen würde, die [2] _____ Spaß macht, würde die Firma

[3] _____ am besten gleich entlassen, weil man die meiste Zeit des Tages nichts tun würde. Wenn es

[4] _____ aber gelingt, seine Stärken zur Geltung zu bringen, hat [5] _____ Freude an der Arbeit.

Denn was man besser kann, macht [6] _____ in der Regel auch mehr Spaß. Man sollte also nach dem suchen,

was [7] _____ leichtfällt, das kann [8] _____ dann auch gut machen und es wird [9] _____

deshalb zufriedenstellen.

G 4.8 **2** **In der Werkstatt – Das ist leider nicht mehr zu reparieren!**

DSH **a** Ein Gespräch zwischen Chef und Angestelltem. Sagen Sie das Gleiche mit den Passiversatzformen in Klammern.

1. Das Auto muss bis morgen überprüft werden! Der TÜV kommt! (sein + zu + Inf.)
2. Das kann aber nicht bis morgen erledigt werden. (sich lassen + Inf.)
3. Denn man kann den Wagen nicht mehr reparieren. (sein + -bar)
4. Das glaube ich nicht. Man kann das sicher noch machen. (sich lassen + Inf.)
5. Chef, das kann einfach nicht geschafft werden! (sein + zu + Inf.)
6. Tut mir leid! Diese Sache kann man einfach nicht verhandeln! (sein + -bar)

1. Das Auto ist bis morgen zu überprüfen! Der TÜV kommt!

DSH **b** Ersetzen Sie die Passiversatzformen durch Passivformen mit Modalverb.

1. Die Mängel ließen sich nicht mehr ignorieren.

   Die Mängel konnten nicht mehr ignoriert werden.

2. Es war so viel zu reparieren, das war in der kurzen Zeit nicht zu schaffen.

3. Die Prüfung durch den TÜV war nicht verschiebbar.

4. Der TÜV-Prüfer sagte: „Das Auto ist stillzulegen!"

5. Der Werkstattchef argumentierte: „Die Ersatzteile sind doch bis nächste Woche zu besorgen."

6. Der TÜV-Prüfer ließ sich aber vom Werkstattchef nicht überreden, ein Auge zuzudrücken.

F Erst die Arbeit, dann das Vergnügen

1 Absprachen treffen

Ordnen Sie die Redemittel in eine Tabelle wie unten ein.

> ~~Könnten Sie / Kannst du bitte …?~~ | Dann machen Sie es so. | Was verstehen Sie / verstehst du unter …? |
> Fehlt noch etwas? | Wäre es möglich, dass …? | So könnte es gehen. | Es ist wirklich wichtig, dass … |
> Sie möchten / Du möchtest also, dass …? | Wenn Sie … machen / du … machst, übernehme ich … |
> Gibt es sonst noch etwas, was wir klären müssen? | Ich werde es versuchen. | Haben wir nichts vergessen?

etwas vereinbaren	nachfragen	zum Schluss kommen
Könnten Sie / Kannst du bitte …?, …		

2 Sprichwörter

Wie beginnen bzw. enden folgende Sprichwörter? Ergänzen Sie.

1. ...., dann das Vergnügen.

2. Müßiggang ist ....·

3. Nach getaner Arbeit ist ....·

4. ...., das verschiebe nicht auf morgen.

5. Arbeit, Müßigkeit und Ruh schließt ....·

3 Gotthold Ephraim Lessing

Lesen Sie den Lexikonartikel. Welche Wirkung hat Lessing bis heute?

Gotthold Ephraim Lessing (*22.01.1729 in Kamenz, Sachsen; †15.02.1781 in Braunschweig) war ein bedeutender Dichter der deutschen Aufklärung. Mit seinen Dramen und seinen theoretischen Schriften, die vor allem dem Toleranzgedanken verpflichtet sind, hat er die Entwicklung des Theaters und die öffentliche Wirkung von Literatur wesentlich beeinflusst. Lessing ist der erste deutsche Dramatiker, dessen Werk bis heute ununterbrochen aufgeführt wird.

Aussprache

1 Aller Anfang ist schwer

15 **a** Sie hören folgende Sätze je zweimal. Welche Variante klingt jeweils „deutscher": a oder b? Begründen Sie.

1. Am Anfang arbeitete Anna ohne Anstrengung bis zum Abend.   a   b
2. Alle anderen achteten auf sie und versuchten alles, um sie abzulenken.   a   b
3. Aber Anna arbeitete immer weiter, ohne aufzuschauen.   a   b
4. Ob sie ein Automat sei, wollte endlich einer wissen.   a   b
5. Aber Anna antwortete nicht, sie lächelte einfach.   a   b

> **Knacklaut**
>
> Wörter oder Silben mit einem Vokal am Anfang = fester Vokaleinsatz.
> Es klingt hart und knackt leise: „Knacklaut".

b Lesen Sie die Sätze in 1a laut. Achten Sie auf den „Knacklaut".

Grammatik: Das Wichtigste auf einen Blick

G 4.8 **1** Das Passiv

Das Passiv beschreibt einen Vorgang. Die Person oder Sache, die etwas tut oder verursacht (das Agens) wird im Passivsatz nicht genannt. Sie ist entweder allgemein bekannt, unbekannt oder im Kontext nicht wichtig.

z. B. **Aktiv:** Unternehmen stellen meistens nur noch befristet Arbeitnehmer ein.

Passiv: Junge Arbeitnehmer werden meistens nur noch befristet eingestellt.

Bildung des Passivs

Zeit	Bildung	Beispiel
Präsens	„wird" + Partizip Perfekt	Lena wird übernommen.
Präteritum	„wurde" + Partizip Perfekt	Lena wurde übernommen.
Perfekt	„ist" + Partizip Perfekt + „worden"	Lena ist übernommen worden.
Plusquamperfekt	„war" + Partizip Perfekt + „worden"	Lena war übernommen worden.
Futur I	„wird" + Partizip Perfekt + „werden"	Lena wird übernommen werden.

Zeit	Bildung: Passiv mit Modalverben	Beispiel
Präsens	Modalverb im Präsens + Infinitiv Passiv	Silke kann / konnte übernommen werden.
Präteritum	Modalverb im Präteritum + Infinitiv Passiv	
Perfekt	„haben" im Präsens + Infinitiv Passiv + Infinitiv vom Modalverb	Silke hat / hatte übernommen werden können.
Plusquamperfekt	„haben" im Präteritum + Infinitiv Passiv + Infinitiv vom Modalverb	

Das „Agens" im Passiv

- Das „Agens" ist eine Person oder Sache, von der etwas getan oder verursacht wird.
- Es wird in der Regel mit „von" + Dativ angegeben.
  z. B. Die Nachricht wurde mir von Max überbracht.
- Bei nicht willentlich herbeigeführten Umständen oder wenn das Agens nur „als Vermittler" auftritt, verwendet man auch „durch" + Akkusativ.
  z. B. Wir wurden durch den Streik aufgehalten.
  Der Angestellte wurde vom Chef durch dessen Sekretärin informiert.

Passiv ohne Subjekt (= unpersönliches Passiv)

- Für allgemeine Aussagen, Regeln gebraucht man das Passiv ohne Subjekt.
- „Es" kann auf Position 1 als Platzhalter für das Subjekt stehen. Wenn eine Angabe oder Ergänzung auf Position 1 steht, ist kein „es" notwendig.
  z. B. Man darf im Büro nicht rauchen. → Es darf im Büro nicht geraucht werden. / Im Büro darf nicht geraucht werden.

„sein"-Passiv (= Zustandspassiv)

- Das Passiv mit „sein" beschreibt das Ergebnis eines Vorgangs oder einen Zustand.
  z. B. Sarah wurde drei Monate lang eingearbeitet. → Nun ist sie gut eingearbeitet.

G 4.8 **2** Passiversatzformen

Passivsätze mit „können" und „müssen" kann man auch durch Passiversatzformen ersetzen.

z. B. Das Projekt kann in zwei Monaten realisiert werden.   Das Projekt muss in fünf Monaten realisiert werden!

    → Das Projekt ist in zwei Monaten zu realisieren.   → Das Projekt ist in fünf Monaten zu realisieren!

    → Das Projekt lässt sich in zwei Monaten realisieren.

    → Das Projekt ist in zwei Monaten realisierbar.

A Streiten oder kooperieren?

❶ Wenn zwei sich streiten …

Notieren Sie die Nomen zu den Adjektiven im Lehrbuch 6 A, 1a, notieren Sie auch den Artikel.
Zu einem Adjektiv kann man kein Nomen bilden.

die Selbstkritik, …

❷ Welche Adjektive haben eine ähnliche Bedeutung?

Ordnen Sie die Adjektive in die Tabelle ein. Benutzen Sie ggf. ein einsprachiges Wörterbuch.

mitfühlend | dickköpfig | aggressiv | entgegenkommend | taktlos | stur | herausfordernd | provokant |
tolerant | flegelhaft | streitlustig | einsichtig | eigensinnig | nachsichtig | frech | uneinsichtig

verständnisvoll	unhöflich	rechthaberisch	streitsüchtig
mitfühlend, …			

❸ Redewendungen

Da stimmt etwas nicht. Korrigieren Sie die Redemittel.

1. Warum gehst du immer gleich in den Wind? *Warum gehst du immer gleich in die Luft?*

2. Das bringt mich echt auf die Tanne!

3. Da ist mir der Kragen aufgegangen.

4. Da ist er einfach geplatzt.

5. Da hat sie vor Wut gebacken.

6. Bist du säuerlich auf mich?

❹ Mehr oder weniger verständnisvoll reagieren

Wie reagieren Sie? Ordnen Sie die Redemittel in eine Tabelle wie unten ein.

~~Das glaube ich einfach nicht.~~ | Da findet sich bestimmt eine Lösung. | Ich mache Ihnen / dir keine Vorwürfe, aber … |
Das kann man jetzt sowieso nicht mehr ändern. | Das macht wirklich nichts. | Das ist doch nicht so schlimm! |
Das kann / darf doch nicht wahr sein! | Halb so schlimm. | Reiß dich zusammen! | Reg dich doch nicht so auf! |
Ist schon in Ordnung. | Jetzt ist es sowieso zu spät! | So etwas kann jedem passieren. | Ich würde Ihnen / dir wirklich
gern helfen. | Das nervt unglaublich. | Kopf hoch! Wir finden einen Weg.

wenig verständnisvoll	ziemlich verständnisvoll	sehr verständnisvoll
Das glaube ich einfach nicht!, …		

B Konfrontation oder Verständigung?

1 Wenn die Fetzen fliegen

a Lesen Sie den Kommentar im Lehrbuch 6 B, 1b, noch einmal.
Welche Antwort passt: a, b oder c? Belegen Sie sie durch eine Textstelle.

Zeile(n)

1. Was machen Menschen meistens, um einen Streit zu beenden? .....13 – 15.....
   - a Sie gehen vor Gericht.
   - X Beide Parteien geben etwas nach.
   - c Sie streiten so lange, bis sie Recht bekommen.

2. Warum kommt es häufig bei besonderen Ereignissen zu Streitereien? ....
   - a Die Beteiligten geben sich da weniger Mühe.
   - b Alle gehen zu harmonisch miteinander um.
   - c Die hohen Erwartungen der Beteiligten werden enttäuscht.

3. Welchen positiven Aspekt kann eine Auseinandersetzung haben? ....
   - a Man lernt, mit Stress umzugehen.
   - b Man erfährt Neues über sich selbst.
   - c Man sagt einander endlich die Wahrheit.

4. Warum zwingt man sich bei Streitigkeiten dazu, Entscheidungen besonders sorgfältig zu durchdenken? ....
   - a Um nicht das Gesicht zu verlieren.
   - b Um nicht zu verlieren.
   - c Um kreativere Lösungen zu finden.

5. Welchen Tipp gibt der Psychologe für einen guten Streit? ....
   - a Eine gute Atmosphäre schaffen und so dem Gegenspieler geschickt die Schuld zuweisen.
   - b Darauf achten, dass man sich gut ausdrückt.
   - c Den Gesprächspartner über die eigenen Bedürfnisse informieren.

b Wie heißen die Präpositionen zu den Verben aus dem Kommentar im Lehrbuch 6 B, 1b? Ergänzen Sie auch den Kasus.

1. hervorgehen ....aus.... + ..D..
2. klagen .... einem Gericht
3. etw. verbinden .... + ...
4. geeignet sein .... + ...
5. sich etw. erhoffen .... + ...
6. sich blamieren .... jemandem
7. sich / jemanden zwingen .... + ...
8. achten .... + ...
9. beitragen .... + ...
10. verzichten .... + ...

c Schreiben Sie einen Beispielsatz mit jedem Verb in 1b und überprüfen Sie Ihre Sätze zusammen mit einem Partner / einer Partnerin.

....

d Nomen-Verb-Verbindungen. Welche Verben fehlen hier? Ergänzen Sie sie.

> bieten | ~~erzeugen~~ | finden | geben | legen | schaffen | schließen | übernehmen

1. Druck *erzeugen* ....
2. einen Kompromiss ....
3. eine Rolle ....
4. eine positive Atmosphäre ....
5. eine Chance ....
6. etw. auf Eis ....
7. jdm. die Schuld ....
8. eine Lösung ....

6

2 Texte schreiben – Verweisformen und Textzusammenhang

a Lesen Sie zuerst den Tipp. Sehen Sie sich dann die Aufgabe 2a im Lehrbuch 6B noch einmal an. Sind die Verweisformen dort rückverweisend oder voswärtsverweisend?

> **Verweisformen**
>
> Verweisformen dienen der Textkohärenz, d.h., durch sie werden bestimmte Textteile miteinander verknüpft. Dadurch entsteht hauptsächlich der Textzusammenhang. Verweisformen sind z.B. Pronomen, Konnektoren, Verbindungsadverbien oder sich wiederholende Ausdrücke. Sie können sein:
>
> - **rückverweisend** (häufiger), z.B.: Lukas ist streitsüchtig. **Er** hat immer Konflikte. **Das** ist sehr unangenehm und **deshalb** hat **er** auch nicht viele Freunde und ist oft unglücklich. **Sein Unglück** bringt **ihn** vielleicht dazu, **sich** zu ändern. **Darauf** hoffen alle.
> - **vorwärtsverweisend** (seltener), z.B.: **Eins** hatten wir lange nicht gewusst und erst sehr spät erfahren: Er war sehr schwer krank. Wir waren traurig **darüber**, dass er nichts gesagt hatte. **Weil** er schwieg, konnten wir ihm nicht helfen. **Es** war schlimm, nichts tun zu können.

P DSH b Lesen Sie den folgenden Text aus einem Ratgeber und ergänzen Sie die Verweisformen an der passenden Stelle.

> aber | da | daher | dazu | denn | die | die | dies | ~~eins~~ | ihre | Streit

Streiten warum und wie?

[1] _Eins_ sollte man nicht vergessen: In jedem Streit liegt eine Chance. [2] .... durch Konflikte,

[3] .... erfolgreich gelöst werden, entwickeln sich die Beteiligten weiter. [4] .... sollten Streitigkeiten

nicht nur negativ bewertet werden. [5] .... positive Seite ist, dass sie, wenn sie konstruktiv bewältigt werden,

die Beziehung eher stärken als schwächen. Wie nun streiten? Bei jedem [6] .... sollte man versuchen, sich in die

Situation des anderen hineinzuversetzen. [7] .... man sich unter Umständen angegriffen fühlt, fällt

[8] .... manchmal schwer. Denn aufgrund der Emotionslage neigt man eher [9] ...., sich zu verteidigen.

[10] .... nur das gegenseitige Verständnis kann helfen, eine gemeinsame Lösung zu finden, [11] ....

für beide Teile akzeptabel ist.

c Lesen Sie den Text in 2b noch einmal und markieren Sie die Textteile, auf die sich die Verweisformen beziehen.

3 Texte schreiben – Standpunkte abwägen und persönliche Meinung ausdrücken

a Ordnen Sie die Redemittel zur Gliederung einer Stellungnahme in eine Tabelle wie unten ein.

> ~~Meiner Ansicht nach ..., denn ...~~ | Wenn von ... die Rede ist, wird dies oft positiv/negativ bewertet. | Viele bewerten ... als positiv/negativ, denn ... | Was spricht nun dafür/dagegen, ... zu ... | Häufig wird ... positiv/negativ dargestellt, weil ... | Auf der einen/anderen Seite ... | Ich stehe auf dem Standpunkt, dass ..., weil ... | Für/Gegen ... kann man anführen, dass ...

Einleitung	Hauptteil: Argumente für/gegen	Schluss/Persönliche Meinung
		Meiner Ansicht nach ..., denn ...

b Formulieren Sie Sätze mit einigen Redemitteln aus 3a.

Meiner Ansicht nach sollte man sich auch streiten, denn dann werden Konflikte angesprochen.

c Tauschen Sie Ihren Text, den Sie im Lehrbuch 6B, 3, geschrieben haben, mit einem Partner/einer Partnerin und achten Sie auf die Gliederung und die Verweisformen: Ist die Gliederung klar? Sind die Textteile gut verknüpft?

C Streit um jeden Preis

1 Richtig schreiben – Fehler finden und korrigieren

a   Überlegen Sie, welche Fehler Sie am häufigsten beim Schreiben machen.
Schauen Sie sich dafür auch Texte an, die Sie in letzter Zeit geschrieben
haben und die Ihr Kursleiter / Ihre Kursleiterin korrigiert hat.
Machen Sie Stichpunkte.

b   Lesen Sie die Tipps und ordnen Sie Ihre Fehler den Kategorien in der Checkliste zu.

- Markieren Sie die Fehler in Ihrem Text je nach Kategorie (vgl. Checkliste unten) mit verschiedenen Farben und / oder
notieren Sie am Rand die Kürzel, dann haben Sie einen Überblick, welche Fehler am häufigsten sind.

- Bitten Sie ggf. auch Ihren Kursleiter / Ihre Kursleiterin, beim Korrigieren die Fehler mit den Kürzeln in der Checkliste zu
kennzeichnen bzw. Ihre Checkliste zu verwenden.

- Falls Sie den Text mit einem PC schreiben, achten Sie darauf, welche Wörter die Fehlerkorrektur des Programms als
falsch anzeigt, und machen Sie sich bewusst, zu welcher Kategorie die Fehler gehören.

Meine Fehler – Checkliste		
Kategorie	**Kürzel**	**Fehleranzahl**
Satzbau: Stellung der Verben in Haupt- und Nebensatz, Stellung der Ergänzungen und Angaben	SB	
Satzzusammenhang: Pronomen, Konnektoren, Präpositionen	SZ	
Deklination: Kasus, Artikel, Pluralform	D	
Konjugation: Personalendung, Zeitform, Modus	K	
Rechtschreibung: Groß- und Kleinschreibung, Getrennt- und Zusammenschreibung, Buchstabendreher	R	
Wortschatz: Wortwahl, Stilebene, Wiederholungen	WS	
Zeichensetzung: Komma, Punkt, Anführungszeichen bei Zitaten etc.	Z	

c   Korrigieren Sie im folgenden Text weitere 14 Fehler und zwei unnötige Wiederholungen mithilfe der Checkliste in 1b.

Frau Wald, Mutter von drei kleine Kindern, arbeitet zu Hause, weil sie ist   Z, D, SB

Übersetzerin. Sein Nachbar, Herr May, baut schon seit ein Jahr seine Wonung   ....

um und Herr May arbeitet sogar an der Nacht. Frau Wald hat schon mehrfach   ....

versucht, mit ihm sprechen aber vergeblich. Weil sie inzwischen ein schlechter ....

Verhältnis haben, sie will es Heute noch einmal versuchen. Frau Wald hofft, das ....

sie Glück hat und alles wieder Gut wird. Frau Wald ist optimistisch und sagt: ....

„es kann nur besser wird"   ....

❷ Kommentare – Redemittel

a Bilden Sie Sätze aus den folgenden Elementen. Achten Sie auch auf die Satzzeichen.

1. gehen um – Gespräch – in – Folgendes: …
2. meiner Ansicht nach – sein – Argumente – von Frau X – besser – insgesamt – weil …
3. Situation – sich lassen – folgendermaßen – bewerten – zusammenfassend
4. Frau X – der Meinung sein – dass …
5. Herr Y – argumentieren – aber – dass …
6. Artikel – in – gehen – darum – dass …
7. halten für – ich – dieses Argument – besser als – das – von Herrn Y – weil …
8. Herr Y – anführen – dass …
9. Frau X – deshalb – sein – im Recht – meines Erachtens
10. Argument – mehr – überzeugen – von Herrn Y – mich – denn …
11. Frau X – … positiv / negativ – bewerten – weil …
12. Bericht – in – Thema „Nachbarschaftshilfe" – Stellung nehmen zu – Menschen
13. der Argumentation – folgen – eher – von Herrn Y – ich – können – weil …
14. wäre – sicher – gut – es – also – wenn …

b Ordnen Sie die Sätze aus 2a den drei Kategorien „Einleitung" (E), „Hauptteil" (H) und „Schluss" (S) zu.

1. In dem Gespräch geht es um Folgendes: … (E)

❸ Wie wichtig ist Nachbarschaftshilfe heutzutage? – Einige Stellungnahmen

a Unterstreichen Sie die unterschiedlichen Meinungen und Argumente und ordnen Sie sie dann in die linke Spalte des „Kommentar-Baukastens" auf der nächsten Seite ein. Am besten zeichnen Sie sich dafür einen eigenen Kommentar-Baukasten auf ein Blatt Papier.

Nachbarschaftshilfe heute

Jan Börner, Kiel:
Nachbarschaftshilfe ist heute auch nichts anderes als früher. Kleine Gefälligkeiten: Schlüssel austauschen, sich gegenseitig informieren, wenn man in Urlaub fährt, und gewisse Aufgaben während der Abwesenheit der Nachbarn übernehmen, wie z.B. das Entleeren des Briefkastens oder das Hochfahren von Rollläden. Dem Nachbarn zu helfen, ist eine soziale Verpflichtung und für mich eine Selbstverständlichkeit.

Ida Schnarrenberger, Hamburg:
Aus eigenen schlechten Erfahrungen kann ich nur betonen: Echte Nachbarschaftshilfe gibt es nicht. Ich vertraue niemandem außer der Polizei, der Videokamera vor der Eingangstür und dem Wachdienst, der täglich mehrmals durchs Viertel geht und alle Auffälligkeiten (fremde Autos, Menschen etc.) der Polizei meldet. Meist steckt hinter Hilfsangeboten nur Neugier oder heutzutage sogar noch Schlimmeres.

Knuth Wampe, Lüneburg:
Warum sollte man sich von den Nachbarn abhängig machen? Deshalb habe ich z.B. keine Blumen. Kleine Hilfestellungen, wie den Briefkasten leeren oder jemandem einen Schlüssel geben, falls mal ein Wasserrohrbruch wäre, würde ich noch akzeptieren. Aber für alle anderen Dienstleistungen sollte man jemanden bezahlen und nicht den Nachbarn zur Last fallen, besonders heute nicht, wo jeder genug zu tun hat. „Leben und leben lassen", das ist mein Motto.

Kommentar-Baukasten:

Informationen aus den Stellungnahmen	Redemittel
Worum geht es in dem Text?	Einleitung: ....
Welche Meinungen / Argumente / Ideen gibt es dort dafür? Welche positiven Aspekte?	Hauptteil: ....
Welche Meinungen / Argumente / Ideen gibt es dort dagegen? Welche negativen Aspekte?	....
Welches Fazit ziehen Sie? Was ist Ihre persönliche Meinung dazu? Welche Lösung könnten Sie sich ggf. vorstellen?	Schluss: ....

b   Ergänzen Sie die rechte Spalte des Baukastens, indem Sie die Redemittel aus Übung 2 einfügen, die Sie für einen Kommentar benutzen wollen.

c   Schreiben Sie nun einen kurzen Kommentar zum Thema „Nachbarschaftshilfe". Vergleichen Sie dann Ihren Text mit dem eines Partners / einer Partnerin und korrigieren Sie ihn mithilfe der Checkliste in 1b.

d   Korrigieren Sie nun den Text Ihres Partners / Ihrer Partnerin aus Lehrbuch 6 C, 1d, mithilfe der Checkliste in 1b. Überprüfen Sie zudem, ob der Text klar gegliedert ist. Der Textbaukasten in 3 b hilft Ihnen dabei.

3.7, 4.10   ④ Wie ist / war das in der Realität?

a   Formen wiederholen: Lesen Sie den Tipp und ergänzen Sie die Konjunktiv-II-Formen.

Präteritum	Konj. II Aktiv Gegenwart	Präteritum	Konj. II Aktiv Gegenwart
1. du kamst	*du käm(e)st*	6. ihr konntet	
2. er ging		7. sie wollten	
3. ich fuhr		8. es sollte	
4. wir wurden		9. es musste	
5. sie gab		10. Sie brachten	

Konjunktiv II Aktiv Gegenwart:
- Verbstamm vom Präteritum + -e, -(e)st, -e, -en, -et, -en
- a, o, u: meist Umlaut; Ausnahmen: sollen, wollen → kein Umlaut

b   Vergleichen Sie die Formen des Indikativs Präteritum und die Konjunktiv-II-Formen der schwachen Verben und ergänzen Sie die Regel.

> Präteritum: er machte, sie sagte → Konjunktiv II: er machte, sie sagte. Da die Formen gleich sind, verwendet man die Ersatzform mit „würde": er _würde machen_ , sie ....

c Lesen Sie zuerst den Tipp und dann die irrealen Bedingungssätze. Notieren Sie, wie es in der Realität ist. Achten Sie dabei auf die markierten Wörter.

1. Wenn Frau Walds Kinder schon groß wären, würden sie weniger Krach machen.

2. Hätte Frau Wald weniger Übersetzungen, wäre sie nicht so stark unter Druck.

3. Wenn Herr May gut verdienen würde, müsste er nicht zusätzlich arbeiten.

4. Könnte Frau Wald eine bezahlbare Wohnung finden, würde sie umziehen.

1. Frau Walds Kinder sind noch klein / nicht groß, deshalb machen sie viel Krach.

irreal ⟷ real: Was ändert sich?
- schon ⟷ noch (nicht)
- ein ⟷ kein
- – ⟷ nicht
- viel / mehr ⟷ wenig(er)
- noch ⟷ nicht … mehr / kein … mehr
- erst ⟷ schon
- sehr ⟷ nicht so

▶ G 3.7 **5 Vom Realen zum Irrealen**

a Formulieren Sie irreale Bedingungssätze im Passiv. Beginnen Sie mit und ohne „wenn" und achten Sie auf die markierten Wörter.

1. Die Firma wird nicht verkauft, deshalb hat Herr May noch Hoffnung.

2. Seine Möbel werden sehr oft bestellt, darum macht er keine Werbung.

3. Seine Arbeit wird sehr gelobt, deshalb bekommt er viele neue Aufträge.

4. Die Rechnungen werden erst spät bezahlt, daher ist sein Leben nicht einfach.

1. Wenn die Firma verkauft würde, hätte Herr May keine Hoffnung mehr. / Würde die Firma …

Konjunktiv II Passiv Gegenwart

würde + Partizip Perfekt, z.B. Wenn das gemacht würde, wäre ich froh./ Würde das gemacht, wäre ich froh.

b Formulieren Sie Sätze im Konjunktiv II der Vergangenheit. Beginnen Sie mit und ohne „wenn".

1. Frau Wald hatte schon oft mit Herrn May gesprochen, darum hatte sie keine Geduld mehr.

2. Herr May hat sehr viel Lärm gemacht, darum ist es zu Konflikten gekommen.

3. Die Nachbarn beschwerten sich nicht. Das war keine große Hilfe für Frau Wald.

4. Herr May hatte keine Werkstatt, deshalb ist es zu den Problemen gekommen.

1. Wenn Frau Wald noch nicht so oft mit Herrn May gesprochen hätte, hätte sie noch Geduld gehabt. / Hätte Frau W. …

c Formulieren Sie die irrealen Bedingungssätze in 5a in der Vergangenheit. Beginnen Sie mit und ohne „wenn".

1. Wenn die Firma verkauft worden wäre, hätte Herr May keine Hoffnung mehr gehabt. / Wäre die Firma …

▶ G 4.10 **6 Das hätte man tun sollen – Konjunktiv II Vergangenheit mit Modalverben**

a Lesen Sie die zwei Sätze. Wie bildet man den Konjunktiv II Aktiv und Passiv mit Modalverben in der Vergangenheit?

Herr May hätte nicht so viel Lärm machen sollen. Und Frau Wald hätte beruhigt werden müssen.

- Aktiv: Konjunktiv II von „haben" + ... des Vollverbs + Infinitiv des Modalverbs.
- Passiv: Konjunktiv II von „haben" + ... des Vollverbs + „werden" + ... des Modalverbs.

b Ergänzen Sie in den Bedingungssätzen die passenden Verbformen.

aufheben | führen | arbeiten | müssen

1. *Hätte* .... die Firma die Kurzarbeit nicht .... können, hätte Herr May weiter abends ....

2. .... ein Prozess .... müssen, wäre es für einen der beiden Nachbarn teuer geworden.

c Sehen Sie sich die Tabelle an und ergänzen Sie die Regeln.

	Indikativ Vergangenheit Aktiv	Konjunktiv II Vergangenheit Aktiv
Prät.	Die Firma konnte die Kurzarbeit aufheben.	Wenn die Firma die Kurzarbeit nicht hätte aufheben können, … / Hätte die Firma die Kurzarbeit nicht aufheben können, …
Perf.	Die Firma hat die Kurzarbeit aufheben können.	
Plusq.	Die Firma hatte die Kurzarbeit aufheben können.	
	Indikativ Vergangenheit Passiv	Konjunktiv II Vergangenheit Passiv
Prät.	Es musste kein Prozess geführt werden.	Wenn ein Prozess hätte geführt werden müssen, … / Hätte ein Prozess geführt werden müssen, …
Perf.	Es hat kein Prozess geführt werden müssen.	
Plusq.	Es hatte kein Prozess geführt werden müssen.	

1. Den drei Zeitformen in der Vergangenheit im Indikativ entspricht jeweils nur .... Form im Konjunktiv.

2. Man kann die irrealen Bedingungssätze mit oder .... „wenn" formulieren. Bei den Sätzen mit „wenn" steht „hätte" nicht am Satzende, sondern .... allen anderen Verben.

d Formulieren Sie die Sätze ohne Konnektoren. Beginnen Sie dabei mit dem konjugierten Verbteil.

1. Falls Herrn May hätte gekündigt werden müssen, hätte er sich selbstständig machen können.

   Hätte Herrn May gekündigt werden müssen, hätte er sich selbstständig machen können.

   > **Tipp**
   > Außer „wenn" können auch „falls" und „sofern" Bedingungssätze einleiten.

2. Sofern er das hätte machen wollen, hätte er einen Kredit aufnehmen müssen.

   ....

3. Falls er den Kredit hätte bekommen können, wäre er ein hohes Risiko eingegangen.

   ....

4. Sofern Herr May seine Situation hätte ändern können, hätte er das sicher getan.

   ....

G 4.10 **7 Ratschläge – Was könnten / sollten Sie tun? Was hätten Sie tun können / sollen?**

a Geben Sie Herrn May Ratschläge.

1. (sich einen neuen Job suchen) *Sie sollten sich einen neuen Job suchen. / An Ihrer Stelle würde ich mir einen neuen Job suchen. / Wie wäre es, wenn Sie sich einen neuen Job suchen würden?*

2. (umziehen) ....

   ....

3. (eine Werkstatt im Keller einrichten) ....

   ....

4. (abends nicht so lange arbeiten) ....

   ....

b Hinterher weiß man alles besser! – Formulieren Sie die Ratschläge aus 7a in der Vergangenheit.

1. *Sie hätten sich einen neuen Job suchen sollen. / An Ihrer Stelle hätte ich mir einen neuen Job gesucht. / Wäre es nicht besser gewesen, wenn Sie sich einen neuen Job gesucht hätten?*

G 4.10 8 Das hätte ich so nicht erwartet

Formulieren Sie irreale Annahmen über Gegenwärtiges und Vergangenes.

1. Die Geschichte ist wahr. *Ich dachte, die Geschichte wäre nicht wahr / wäre gelogen.*
2. Sie haben den Streit beendet. *Ich habe angenommen, sie hätten den Streit nicht beendet.*
3. Sie sind Freunde geworden.
4. Sie heiraten.
5. Ihre Wohnung ist umgebaut worden.
6. Herr May ist sehr erfolgreich geworden.
7. Sie sind sehr glücklich.

Passiv Perfekt
Partizip Perfekt + „worden", z.B. Die Wohnung ist umgebaut worden.
Perfekt des Vollverbs „werden": „geworden", z.B. Sie sind glücklich geworden.

G 4.10 9 Höfliche Bitten

Formulieren Sie höfliche Bitten.

1. Helfen Sie mir bitte!
2. Zeigen Sie mir bitte das Kino auf der Karte!
3. Wiederholen Sie das bitte noch einmal!
4. Erklären Sie mir das bitte!
5. Können Sie das Fenster schließen?
6. Haben Sie einen Stift für mich?
7. Rufen Sie mich an?
8. Darf ich Ihre Telefonnummer weitergeben?

1. Entschuldigung, würden Sie mir bitte helfen? / Könnten Sie mir bitte helfen? / Wären Sie so nett, mir zu helfen?

D Verhandeln statt streiten

1 Konflikte am Arbeitsplatz

Was bedeuten folgende Ausdrücke aus dem Zeitungskommentar im Lehrbuch 6 D, 1b? Ordnen Sie zu.

1. sich abspielen
2. etw. an sich reißen
3. bei jdm. glänzen wollen
4. sich trauen
5. jdn. im Stich lassen
6. die Fronten verhärten sich
7. einer Sache auf den Grund gehen

A. jdm. nicht helfen
B. bei jdm. besonders gut dastehen wollen
C. versuchen, etwas zu klären
D. jeder besteht noch mehr auf seiner Position
E. etw. in seinen Besitz / unter seine Kontrolle bringen
F. Mut haben
G. sich ereignen

1. G
2. ☐
3. ☐
4. ☐
5. ☐
6. ☐
7. ☐

2 Lösungen aushandeln

Ergänzen Sie passende Redemittel aus Aufgabe 2d im Lehrbuch 6 D. Es gibt oft mehrere Möglichkeiten.

Hr. Braun: Entschuldigen Sie, Herr Mohn, können wir kurz über eine Sache sprechen?

Hr. Mohn: Ja, sicher. Worum geht es denn?

Hr. Braun: [1] *Ich sehe nicht ein* , dass Sie immer schon um 15.30 Uhr gehen und ich Ihre Anrufe entgegennehmen muss.

Hr. Mohn: Tut mir leid! Aber [2a] .... später gehen, [2b] .... ich habe zu Hause noch viel zu tun. Außerdem komme ich schon um 7.00 Uhr und Sie erst um 9.00 Uhr.

Hr. Braun: [3] .... Deshalb [4] ....: Sie gehen erst um 16.00 Uhr und ich komme schon um 8.30 Uhr?

Hr. Mohn: [5] .... Ich muss meine Tochter nämlich schon um 16.00 Uhr abholen.

Aber [6] .... : Ich gehe zwei Tage später und komme dafür auch später?
Dann holt meine Frau die Kleine ab und ich kümmere mich morgens um sie.

Hr. Braun: [7] .... [8] .... : Am Montag und am Mittwoch komme ich um
7.30 Uhr und Sie bleiben bis 18.00 Uhr.

Hr. Mohn: [9] ....

Hr. Braun: [10] ....

E Gemeinsam sind wir stark

G 4.10 **1** **Wenn ich doch fliegen könnte!**

Welche Wünsche haben die Tiere? Schreiben Sie ihre Gedanken auf und verwenden Sie dabei irreale
Wunsch- und Bedingungssätze.

1. Lunge – an Land leben: *Wenn ich doch an Land leben könnte! / Könnte ich doch nur an Land leben! /*
Wenn ich eine Lunge hätte, könnte ich an Land leben. / Hätte ich eine Lunge, könnte ich an Land leben.

2. Flügel – fliegen: ....

....

3. Arme – Obst pflücken: ....

....

4. Stimme – singen: ....

....

5. Beine – laufen: ....

....

6. Flossen – schwimmen: ....

....

G 3.13 **2** **Sie benehmen sich, als wären sie . . . / Er tut so, als ob . . .**
Irreale Vergleichssätze

a Formulieren Sie irreale Vergleichssätze mit „als".

1. (ein Ungeheuer sein) Der Esel tat so, *als wäre er ein Ungeheuer.*

2. (eine Hexe mit langen Krallen sein) Die Katze benahm sich so, ...

3. (ein scharfes Messer haben) Der Hund tat so, ...

4. (ein Rennen gewinnen wollen) Die Räuber flüchteten so schnell, ...

5. (schon immer in dem Haus gewohnt haben) Die Tiere fühlten sich, ...

6. (für ihr arbeitsreiches Leben belohnt worden sein) Es scheint so, ...

7. (wirklich passiert sein) Die Leute erzählen die Geschichte, ...

8. (eine ähnliche Geschichte schon einmal gehört haben) Mir ist, ...

b Formulieren Sie die irrealen Vergleichssätze in 2a mit „als ob".

1. *Der Esel tat so, als ob er ein Ungeheuer wäre.*

F Pro und Contra

1 Checkliste: Wie schreibe ich eine Erörterung?

Notieren Sie die Tipps stichpunktartig in einer logischen Reihenfolge. Orientieren Sie sich an ihnen bei der Erstellung Ihrer Erörterung. Sehen Sie sich zudem noch einmal die Übungen 2 und 3 im Arbeitsbuch 6 B und die Übungen 1 bis 3 im Arbeitsbuch 6 C an.

- Erstellen Sie dann eine Gliederung (Einleitung, Hauptteil mit Pro- und Contra-Argumenten bzw. Contra- und Pro-Argumenten, Schluss) und ordnen Sie dabei die Argumente nach ihrer Wichtigkeit.

- Erfassen Sie das Thema: Worum geht es?

- Machen Sie eine Stoffsammlung und sammeln Sie Pro- und Contra-Argumente in einer Tabelle. Überlegen Sie sich auch Begründungen für jedes Argument sowie Beispiele zur Veranschaulichung.

- Anschließend legen Sie die Argumente für Ihren Standpunkt (pro oder contra) dar, bekräftigen ihn mit triftigen Begründungen und veranschaulichen ihn anhand von Beispielen.

- Schreiben Sie eine Einleitung, die allgemeine Aussagen (Definition, Zahlenmaterial, ein Zitat etc.) zum Thema enthalten sollte. Die Problematik sollte in Frageform wiederholt werden.

- Im Schlussteil geben Sie ein persönliches Urteil über den Sachverhalt ab, indem Sie Ihre wichtigsten Argumente noch einmal kurz zusammenfassen.

- Im Hauptteil stellen Sie zunächst die Argumente der Position (pro oder contra) dar, die Sie selbst nicht vertreten. Dabei sollten Sie mindestens drei wichtige Argumente aufführen, diese durch Begründungen bekräftigen und mit Beispielen illustrieren.

- Lesen Sie Ihre Erörterung noch einmal durch. Die Checkliste im Arbeitsbuch 6 C, 1b, kann beim Korrigieren helfen.

- Dabei sollten Sie auch auf die Argumente der Gegenposition eingehen und diese mithilfe Ihrer Argumente und Begründungen entkräften. (Wenn Sie die Pro- und Contra-Argumente abwechselnd aufführen, wird der Text neutraler. Wollen Sie den Leser von Ihrer Position überzeugen, gehen Sie wie oben beschrieben vor.)

1. Das Thema erfassen: Worum geht es?

Aussprache

1 pkt und bgd

16–18 a Welches Wort hören Sie? Markieren Sie.

1. p oder b:
Pille – Bille
Paar – Bar
Pier – Bier
Oper – Ober
Gepäck – Gebäck
Raupen – rauben

2. k oder g:
Kern – gern
Kreis – Greis
Kuss – Guss
Ecke – Egge
decken – Degen
lecken – legen

3. t oder d:
Tank – Dank
Tipp – Dip
Tier – dir
Weite – Weide
Marter – Marder
entern – ändern

19 b Hören Sie die Wortgruppen und sprechen Sie sie nach.

1. bittere Pille – glücklicher Kuss – didaktischer Tipp
2. biederes Paar – ganzer Kern – doppelter Tank
3. passables Bier – kranker Greis – tausend Dank
4. pompöse Bar – kompletter Guss – teurer Dip

Grammatik: Das Wichtigste auf einen Blick

3.7, 4.10 **1** **Irreale Bedingungssätze – Gegenwart / Vergangenheit**

- Irreale Bedingungssätze (irreale Konditionalsätze) drücken aus, dass der Sprecher seine Aussage nicht als eine Aussage über etwas Reales sieht, sondern sich die Umstände nur vorstellt, d.h. auch, dass die Bedingung im Nebensatz nicht erfüllt ist. Das bedeutet: Die Folge wird nicht oder nur vielleicht realisiert.

- In Irrealen Bedingungssätzen steht das Verb im Haupt- und Nebensatz im Konjunktiv II.

- Der Nebensatz wird z.B. mit **wenn**, **falls** oder **sofern** eingeleitet. Er kann vor oder nach dem Hauptsatz stehen.
  z.B. Wenn es keine Kurzarbeit gäbe, müsste Herr May nicht zu Hause arbeiten.
  z.B. Herr May müsste nicht zu Hause arbeiten, wenn es keine Kurzarbeit gäbe.

- Irreale Bedingungssätze kann man auch ohne Nebensatzkonnektor (z.B. „wenn", „falls", „sofern") bilden. Der Nebensatz steht dann vor dem Hauptsatz und das Verb im Nebensatz steht auf Position 1.
  z.B. Gäbe es keine Kurzarbeit, müsste Herr May nicht zu Hause arbeiten.

Irreale Bedingungssätze der Vergangenheit

- **Aktiv:** Konjunktiv II von „haben" oder „sein" + Partizip Perfekt.
  z.B. Wenn die Nachbarn ihren Streit nicht beendet hätten, wäre es zum Prozess gekommen.

- **Passiv:** Konjunktiv II von „sein" + Partizip Perfekt + „worden".
  z.B. Wenn ein Prozess geführt worden wäre, hätte sich das Verhältnis der Nachbarn noch mehr verschlechtert.

Konjunktiv II der Vergangenheit mit Modalverben

- **Aktiv:** Konjunktiv II von „haben" + Infinitiv des Vollverbs + Infinitiv des Modalverbs.
  z.B. Herr May hätte nicht so viel Lärm machen sollen.

- **Passiv:** Konjunktiv II von „haben" + Partizip Perfekt des Vollverbs + „werden" (= Infinitiv Passiv) + Infinitiv des Modalverbs.
  z.B. Frau Wald hätte beruhigt werden müssen.

- In Nebensätzen mit Nebensatzkonnektor steht „hätte" nicht am Satzende, sondern vor den anderen Verben.
  z.B. Für Herrn May wäre es schlimm gewesen, wenn seine Firma die Kurzarbeit nicht hätte beenden können.
  z.B. Falls ihm hätte gekündigt werden müssen, hätte er sich selbstständig machen können.

G 4.10 **2** **Irreale Wunschsätze**

- Irreale Wunschsätze drücken aus, dass ein Wunsch nicht erfüllbar ist. Man verstärkt sie oft mit den Modalpartikeln **doch**, **bloß** und **nur**. Am Satzende steht ein Ausrufezeichen.

- **„wenn"** am Satzanfang + konjugiertes Verb im Konjunktiv II am Satzende.
  z.B. Wenn ich doch jünger wäre!

- **ohne „wenn"**: konjugiertes Verb im Konjunktiv II auf Position 1.
  z.B. Hätte ich bloß genügend Kraft!

G 3.13 **3** **Irreale Vergleichssätze mit „als" oder „als ob"**

- Mit **als** oder **als ob** drückt man irreale Vergleiche aus. Hier vergleicht man etwas mit etwas anderem, das nicht der Realität entspricht.

- Nach **als** oder **als ob** steht das Verb im Konjunktiv II der Gegenwart oder der Vergangenheit.

- **als** leitet einen Hauptsatz ein, das konjugierte Verb steht auf Position 2.
  z.B. Die Männer erschrecken, als wären sie kleine Kinder. (Aber sie sind keine Kinder.)

- **als ob** leitet einen Nebensatz ein, das konjugierte Verb steht am Satzende.
  z.B. Sie laufen so schnell davon, als ob ihnen der Teufel begegnet wäre. (Aber er ist ihnen nicht begegnet.)

A Wissen und Können

G 7.2 **1** **Nachgefragt – Pronomen in Fragesätzen**

Ergänzen Sie die Lücken mit einem Demonstrativpronomen im richtigen Kasus.

1. „Sag' mal, die Dinosaurier, waren *das* nicht alles Pflanzenfresser?"

2. „Der Film ‚Jurassic Park' – hat .... nicht Steven Spielberg gedreht?"

3. „Die Pyramiden von Gizeh – gehörten .... nicht zu den sieben Weltwundern der Antike?"

4. „Die Mayas – fällt Ihnen zu .... noch etwas ein?"

5. „Also, der Name ‚Alfred Döblin' sagt mir nichts – oder bringst du .... mit irgendetwas in Verbindung?"

6. „Sie sagen, die ersten Werke Mozarts stammen gar nicht von ihm selbst, sondern von seinem Vater? Sind Sie sich .... sicher?"

7. „Du nanntest gerade „We are the Champions" – war .... nicht ein Hit von Queen?"

8. „Ja, von Queen. Sag bloß, ... kennst du nicht? .... wird doch überall gespielt."

2 **Erfinderische Frauen und Männer**

kennen – wissen – können: Ergänzen Sie das passende Verb in der richtigen Form.

Im Taschenbuch „Deutsche Stars – 50 Innovationen, die jeder [1] *kennen* .... sollte", werden Erfindungen aus

Deutschland vorgestellt, die zu Weltruhm gelangten. Wer [2] .... zum Beispiel schon, dass die Idee

für einen Kaffeefilter im Jahre 1908 entstand, als Melitta Bentz die Löschblätter aus den Schulheften ihrer Kinder zum

Filtern von Kaffee verwendete. Nach einigen Verfeinerungen [3] .... der Familienbetrieb von 1912 an

Filterpapier und ab 1937 Filtertüten herstellen. Oder [4] .... Sie etwa, dass Herta Heuwer die Frau

war, die 1949 die Currywurst erfunden hat? Uwe Timm, ein zeitgenössischer Schriftsteller, [5] .... Frau

Heuwers Geschichte und verarbeitete sie in seiner Novelle „Die Entdeckung der Currywurst". Jeder [6] ....

den Namen Levi Strauss (1829–1902), aber [7] .... Sie, dass der gebürtige Franke die Jeans erfunden

hat, um den Goldgräbern eine stabile Beinkleidung zu geben? Über alltägliche Dinge [8] .... man oft

nicht so genau Bescheid. Wer hätte z. B. sagen [9] ...., was sich hinter „Haribo" versteckt und wer

die Gummibärchen erfunden hat. Wenn man es [10] ...., dann ist es leicht: Hans Riegel aus seinem

Wohnort Bonn versteckt sich hinter dem Firmennamen. Den [11] .... heute fast jeder.

3 **Definitionen von Wissen**

Ordnen Sie die Nomen in eine Tabelle wie unten ein. Wie heißen die passenden Verben bzw. verbalen Ausdrücke?
Ergänzen Sie auch jeweils die Pluralform der Nomen, falls es eine gibt. Benutzen Sie ggf. ein einsprachiges Wörterbuch.

> Glaube | Fähigkeit | Erfahrung | Verstand | Erkenntnis | Definition | Kenntnis |
> Empfinden | Gewissheit | Unterscheidung | Begriff | Fertigkeit | Meinung | Form

der	das	die	Verb
Glaube			glauben an + A
		Fähigkeit, –en	fähig sein (zu)

B Was Tiere wissen

1 Intelligenz und Wissen

a Welches Wort passt jeweils nicht? Kreuzen Sie an.

1. **a** Intelligenz   **b** Fertigkeit   **c** Klugheit
2. **a** Kompetenz   **b** Fähigkeit   **c** Leistung
3. **a** Verstand   **b** Instinkt   **c** Vernunft
4. **a** Kenntnis   **b** Begabung   **c** Talent
5. **a** Versuch   **b** Experiment   **c** Beobachtung

b Arbeit mit dem Wörterbuch: Suchen Sie in einem einsprachigen Wörterbuch Verben bzw. Adjektive zu den Nomen in 1a.

1a. intelligent,

○ G 3.10 **2 Tiere in Zirkus, Zoo und Aquarium**

Antworten Sie auf die Fragen. Bilden Sie dazu aus der Frage einen Hauptsatz und aus den Vorgaben einen modalen Nebensatz mit „indem" oder „dadurch (...), dass".

1. Auf welche Weise will man den Tierschutz im Zirkus durchsetzen?
   (Dressurnummern – künftig – nur mit bestimmten Tierarten – gestattet sein)
2. Wodurch verbessert man die Lebensbedingungen von Zootieren?
   (die Tiergehege – vergrößert – und – den Bedürfnissen der Tiere – angepasst werden)
3. Wie reagieren die Zoologischen Gärten auf die Vorwürfe von Tierschützern?
   (hinweisen auf – Programme zum Erhalt bedrohter Tierarten)
4. Wodurch versuchen Zoos und Aquarien ihre Attraktivität zu erhöhen?
   (den Besuchern – viel Wissenswertes über Lebensraum und Verhalten der Tiere – geboten werden)
5. Auf welche Art und Weise sorgen die Pfleger bei den Tieren für Abwechslung?
   (verstecken – sie – zum Beispiel – Futter – in Astlöchern oder Eisblöcken)

1. Man will den Tierschutz im Zirkus dadurch durchsetzen, dass Dressurnummern künftig nur mit bestimmten Tierarten gestattet sind.

○ G 3.10 **3 So geht's – Aussagen mit „ohne dass" bzw. „ohne zu"**

a Lesen Sie die Sätze und formulieren Sie sie mit „ohne zu" um. Bei zwei Sätzen ist das nicht möglich. Warum?

1. Frühstückseier koche ich gewöhnlich, ohne dass ich den Küchenwecker stelle.
2. Manchmal brät das Fleisch fünf Minuten, ohne dass es richtig bräunt.
3. Lassen Sie den Eintopf bei hoher Flamme etwas einkochen, ohne dass er anbrennt.
4. Im Internet finde ich neue Rezepte, ohne dass ich endlos in Kochbüchern blättern muss.
5. In der Mikrowelle taut Gefrorenes auf, ohne dass ich lange warten muss.

1. Frühstückseier koche ich gewöhnlich, ohne den Küchenwecker zu stellen.

b Lesen Sie die Beispiele in 3a noch einmal und vergleichen Sie sie mit den Regeln. Welche Sätze passen zu welcher Regel?

> Sätze mit „ohne dass" können ausdrücken:
>
> 1. Etwas ist bei einer bestimmten Aktivität / bei einem Vorgang nicht notwendig. Sätze: ....
>
> 2. Etwas geschieht nicht, obwohl man es erwarten kann. Sätze: ....

G 3.10 **4** **„mit" und „ohne"**

a In welchen Sätzen kann man die Angaben mit der Präposition „mit" bzw. „ohne" in einen Nebensatz mit „indem" bzw. „ohne dass" umformen? Kreuzen Sie an.

1. Der Oktopus schwimmt mit anderen Kraken in einem Labyrinth.
2. Mit einem Laborversuch konnte man zeigen, dass auch wirbellose Tiere intelligent sind.
3. Der Webervogel baut sein kunstvolles Nest ohne die Hilfe anderer Vögel.
4. Ohne einen langen Grashalm würde das Nest nicht so gut hängen.

DSH b Formulieren Sie die in 4 a angekreuzten Sätze mit „indem" bzw. „ohne dass" um.

telc **5** **Was gehört wohin?**

Lesen Sie den Artikel und entscheiden Sie, welches Wort aus dem Kasten unten in die Lücken 1 bis 10 passt. Notieren Sie den Buchstaben. Sie können jedes Wort nur einmal verwenden. Nicht alle Wörter passen.

Menschen, Tiere, Sensationen

[1] .... der Erfindung der Druckerpresse unterhalten Zeitungen ihre Leser mit Berichten über rechnende Pferde oder Affen als Gedächtniskünstler. Und auch Filme [2] .... diesem Thema erzielen hohe Einschaltquoten. Aber sind Tiere wirklich so schlau? Und wie lässt sich ihr Können beschreiben? In der Biologie hat man sich [3] .... den Begriff „Kognition" geeinigt, weil unsere Vorstellung von Intelligenz sicher nicht auf die Tierwelt übertragbar ist. Denn den [4] .... Verhaltensweisen von Vögeln oder Affen gehen wahrscheinlich keine komplexen Denkprozesse voraus. Vieles davon ist vermutlich [5] .... entstanden und an die Nachkommen weitergegeben worden. Skepsis ist auch [6] .... angebracht, weil es in den Berichten oft nur um die Leistung selbst geht und nicht gezeigt wird, [7] .... welchen Methoden und wie lange die Tiere auf diese Fähigkeit hin trainiert worden sind. Der Schimpanse Kanzi zum Beispiel wurde [8] .... vielen Jahren berühmt, weil Forscher ihm angeblich das Sprechen [9] .... hatten. Für seine Mitteilungen benutzte er eine spezielle Tastatur, bestehend aus Symbolen. [10] .... konnte er seinen Pflegern bestimmte Botschaften übermitteln, wie z. B. „Füttere mich!". Inzwischen werden diese Forschungsresultate jedoch von vielen angezweifelt. Und darüber hinaus gilt: Generelle Aussagen über Tiere, selbst über uns nah verwandte Arten, sind kaum möglich.

a. auf	d. dazu	g. einmalig	j. mit	m. vor
b. beigebracht	e. denn	h. erstaunlichen	k. seit	n. zu
c. damit	f. deshalb	i. gelernt	l. unglaubwürdigen	o. zufällig

C Wissen teilen

1 Diagramme und Grafiken

Betrachten Sie die vier Diagramme oben auf der nächsten Seite und ordnen Sie die Erklärungen (A – D) zu.

1. Das Kreisdiagramm   A. veranschaulicht eine kontinuierliche Entwicklung über mehrere Jahre.   1. ☐

2. Das Säulendiagramm   B. ordnet Antworten danach, wie oft sie gegeben wurden.   2. ☐

3. Das Balkendiagramm   C. zeigt die prozentualen Anteile am Ganzen (100 %).   3. ☐

4. Das Kurvendiagramm   D. vergleicht die Entwicklung über ein paar Jahre hinweg. Man kann   4. ☐
                                      damit auch vergleichen, wie sich zwei oder mehr Bereiche entwickeln.

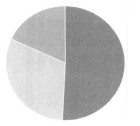

Kreisdiagramm

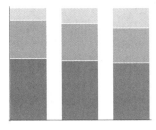

Säulendiagramm

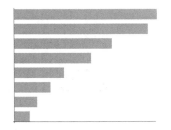

Balkendiagramm

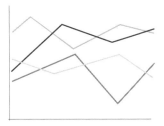

Kurvendiagramm

2 Informationen aus einem Schaubild auswerten

a Sehen Sie sich das Schaubild an und lesen Sie den Tipp rechts. Notieren Sie dann in der Tabelle unten Ihre Antworten zu den Fragen aus dem Tipp.

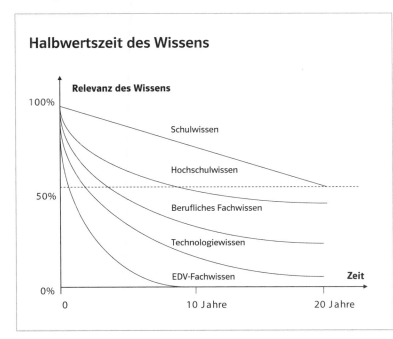

Halbwertszeit des Wissens

Relevanz des Wissens

100%

Schulwissen

Hochschulwissen

50%

Berufliches Fachwissen

Technologiewissen

EDV-Fachwissen

Zeit

0%

0 · 10 Jahre · 20 Jahre

> **Für die Auswertung eines Schaubilds können Sie sich an bestimmten Fragen orientieren.**
>
> **Zur Form:**
> - Wie sind die Zahlen graphisch dargestellt? (Kreis- / Säulen- / Balken- / Kurvendiagramm)
> - Wie sind die Zahlenwerte angegeben? (absolute Zahlen: z. B. Menge / relative Zahlen = %)?
>
> **Zum Inhalt:**
> - Was ist dargestellt? Was wird verglichen?
> - Zeigt das Schaubild Veränderungen?
> - Wie laufen diese ab? (stetig, sprunghaft)
> - Gibt es auffällige Werte? (Anfangspunkte, Endpunkte)

1. Wie sind die Zahlen graphisch dargestellt?	*Kurvendiagramm zu 5 Teilbereichen des Wissens*
2. Wie sind die Zahlenwerte angegeben?	*der zeitliche Verlauf in Jahren / die Relevanz des Wissens in Prozent*
3. Was ist dargestellt?	
4. Zeigt das Schaubild Veränderungen? Wenn ja, wie laufen diese ab?	
5. Gibt es auffällige Werte?	

b Schaubilder beschreiben. Welches Wort passt nicht in die Reihe? Kreuzen Sie an.

1. **a** rapide · **b** stark · **c** schwach · **d** exponentiell
2. **a** sprunghaft · **b** stetig · **c** kontinuierlich · **d** beständig
3. **a** sich verringern · **b** zurückbleiben · **c** abnehmen · **d** zurückgehen
4. **a** innerhalb von · **b** im Laufe von · **c** in einem Zeitraum von · **d** nach dem Lauf von
5. **a** im Unterschied zu · **b** gegenüber · **c** anders als · **d** genau wie
6. **a** veralten · **b** schwinden · **c** überholt sein · **d** wertlos werden
7. **a** der Wert · **b** die Relevanz · **c** der Zustand · **d** die Bedeutung

c Stellen Sie die Aussage des Schaubilds in 2a in einem kurzen Text dar.

③ Fortbildungsveranstaltung zum Web 2.0

Sie haben die Ankündigung einer Fortbildungsveranstaltung zum Web 2.0 gelesen und würden diese gern besuchen. Schreiben Sie eine Mail an Ihren Vorgesetzten, in der Sie erläutern, warum der Besuch dieser Veranstaltung wichtig ist. Gehen Sie in Ihrer Mail auf folgende Punkte ein.

- Grund für den geplanten Einsatz des Webs 2.0 im Unternehmen / in Ihrer Abteilung
- Ihre Aufgabe dabei
- Ihre Einschätzung, warum die Fortbildungsveranstaltung hilfreich ist

④ Tipps zur Partnerkorrektur – Textsorte „Kommentar"

a Lesen Sie den Forumsbeitrag, den Ihr Partner / Ihre Partnerin zur Aufgabe 2e im Lehrbuch 7C geschrieben hat, und beantworten Sie folgende Fragen.

- Können Sie erkennen, auf welche Aussagen aus 2d sich der Text bezieht?
- Wie sind diese sprachlich wiedergegeben? Mit eigenen Worten oder wie im Lehrbuch?
- Wird Ihnen klar, welche Position Ihr Partner / Ihre Partnerin in dieser Frage vertritt?

b Suchen Sie beim zweiten Lesen nach Fehlern aus den folgenden Kategorien. Markieren Sie nur die Fehler, die Sie sicher erkennen.

Kürzel	Kategorie	richtig? / falsch?
SB	Satzbau	Stellung der Verben, Stellung der Ergänzungen und Angaben
SZ	Satzzusammenhang	Pronomen, Konnektoren, Präpositionen
D	Deklination	Kasus, Artikel, Pluralform
K	Konjugation	Personalendung, Zeitform, Modus
R	Rechtschreibung	Groß- und Kleinschreibung, Getrennt- und Zusammenschreibung
WS	Wortschatz	Wortwahl, Stilebene, Wiederholungen
Z	Zeichensetzung	Komma, Punkt, Anführungszeichen bei Zitaten etc.

D Das möchte ich können

① So lesen Sie es in Prospekten von Trainern und Beratern

Welche Modalverben verbergen sich in den Sätzen? Ordnen Sie die markierten Begriffe zu und formulieren Sie die Sätze wie im Beispiel um.

1. Hatten Sie nicht schon immer einmal die Absicht, etwas Neues auszuprobieren?

2. Hier haben Sie die Gelegenheit, Ihre kreativen Potentiale zu entdecken.

3. Sicher hatten Sie auch schon mal den Wunsch, wieder ganz von vorne anzufangen.

4. Wer weiß, wozu Sie noch alles fähig sind?

5. Durch dieses Seminar sind Sie in der Lage, Ihre Stärken zu entdecken.

6. Wir haben vor, Sie auf Ihrem Weg ein gutes Stück voranzubringen.

wollen: *die Absicht haben* .... **können:** ....

....

....

1. Wollten Sie nicht schon immer einmal etwas Neues ausprobieren? ....

② Man kann es auch anders sagen

Formulieren Sie die Sätze unten mithilfe folgender Ausdrücke um. Häufig gibt es mehrere Möglichkeiten.

> jd. beabsichtigt (nicht) | es ist (nicht) möglich | es besteht (nicht) die Möglichkeit |
> jd. hat (nicht) vor | es ist (nicht) erlaubt | jd. plant (nicht) | jd. ist (nicht) in der Lage |
> jd. ist fähig / unfähig | jd. hat den Vorsatz gefasst

1. Leider kann ich heute nicht zum Treffen unserer Arbeitsgruppe kommen.
2. Wir wollen das Projekt nächsten Monat starten.
3. Könnten wir den Termin auf morgen verschieben?
4. Meine Freundin kann 30 Vokabeln am Tag lernen.
5. Mein Kollege will nicht bei unserer ausländischen Tochterfirma arbeiten.
6. Ich kann mir nicht mehr als acht Wörter auf einmal merken.
7. Kann man im Sommer auf dem Balkon grillen?
8. Ich will mit dem Rauchen aufhören.

1. Es ist mir leider nicht möglich, heute zum Treffen unserer Arbeitsgruppe zu kommen.

③ Notizentechnik – Abkürzungen und Symbole

a Ordnen Sie folgende Symbole und Abkürzungen zu.

1. etw. steigt	A. ↘	1. B	6. -tät	F. -n.	6. K
2. etw. sinkt	B. ↗	2. ☐	7. -ung	G. -k.	7. ☐
3. etw. führt zu	C. =	3. ☐	8. -nis	H. -l.	8. ☐
4. im Gegensatz zu	D. →	4. ☐	9. -heit	I. -g.	9. ☐
5. etw. entspricht	E. ≠	5. ☐	10. -keit	J. -h.	10. ☐
etw. anderem			11. -lich	K. -t.	11. ☐

b Ordnen Sie die Abkürzungen links den Erklärungen rechts zu.

> allg. | Bez. | bes. | Def. | Erg. |
> etw. | Ggs. | od. | s. | tlw. |
> u. | u. a. | urspr. | vgl. | Zsf.

> Bezeichnung | allgemein | Gegensatz | oder | Zusammenfassung |
> besonders | vergleiche | ursprünglich | Definition | etwas |
> unter anderem | siehe | und | Ergebnis | teilweise

allg.: allgemein;

c Sammeln Sie weitere mögliche Symbole und Abkürzungen und erstellen Sie eine Liste. Prägen Sie sich die Symbole und Abkürzungen für spätere Notizen ein.

> – Literatur = Lit.
> – diskutieren = diskut.
> – ...

d Lesen Sie den Notizzettel rechts zum ersten Teil des Gesprächs mit Prof. Hüther im Lehrbuch 7 D, 2 b, und verkürzen Sie ihn, indem Sie u. a. Symbole und Abkürzungen verwenden.

> Im Alter noch Lernen?
> – Gehirn = Leben lang anpassungs- u. lernf.
> – ...

> Kann man im Alter noch Lernen?
> – Das Gehirn ist ein Leben lang anpassungsfähig und lernfähig.
> – Wichtig ist, dass man von etwas begeistert ist, denn das aktiviert die Nervenzellen.
> – Bei Kindern ist das leicht, da alles neu ist; im Gegensatz dazu kennt ein Erwachsener fast alles.
> – Aber dennoch können sich Menschen bis ins hohe Alter begeistern und so Neues lernen.

e Hören Sie den zweiten Teil des Gesprächs mit Prof. Hüther und machen Sie Notizen. Verwenden Sie dabei Symbole und Abkürzungen.

f Vergleichen Sie dann Ihre Notizen mit einem Partner / einer Partnerin oder sehen Sie im Lösungsschlüssel nach.

● G 3.6 **4 Mit den besten Absichten – Finalsätze**

a Lesen Sie die Aussagen und die Ausdrücke in den Klammern und verbinden Sie die Satzteile mit „um … zu" und / oder „damit".

1. Marion (54): Meine wöchentliche Arbeitszeit werde ich etwas reduzieren müssen. (mehr Zeit für kranke Mutter – haben)
2. Jonas (11): Einmal in der Woche bekomme ich von unserer Nachbarin Nachhilfe-Unterricht. (nächste Mathe-Arbeit – besser ausfallen)
3. Max (15): Mein Freund und ich verabreden uns jeden Sonntag im Park zum Laufen. (im nächsten Jahr – beim Schüler-Marathon mitmachen können)
4. Georg (59): Für den Blumenladen habe ich zwei neue Mitarbeiter eingestellt. (im Geschäft – entlastet werden)
5. Dorothee (61): Meinem Sohn habe ich einen Gutschein für ein Koch-Seminar geschenkt. (endlich – kochen – lernen)
6. Anna (17): Ich jobbe nachmittags im Supermarkt. (im Sommer – mit meinen Freundinnen – verreisen können)

1. Meine wöchentliche Arbeitszeit werde ich etwas reduzieren müssen, damit ich mehr Zeit für meine kranke Mutter habe. / um mehr Zeit für meine kranke Mutter zu haben.

b Antworten Sie mit „um…zu"- bzw. „damit"-Sätzen und ergänzen Sie „müssen" oder „können".

1. Wozu brauchst du einen Stadtplan? (nicht dauernd nach dem Weg fragen)
2. Wozu kaufst du dir ein teureres Fahrradschloss? (das Rad nicht mehr gestohlen werden)
3. Wozu willst du dir wieder ein Prepaid-Handy anschaffen? (Telefonkosten im Griff halten)
4. Wozu lässt du die Hemden in der Wäscherei waschen? (nicht selbst bügeln)

> **Tipp**
> - In Finalsätzen sind „wollen" und „sollen" nicht möglich, weil die Absicht schon durch „damit" / „um … zu" ausgedrückt ist.
> - „können" ist dann notwendig, wenn der Finalsatz nicht das Erreichen des Zieles betont, sondern die Möglichkeit / Unmöglichkeit, es zu erreichen.

1. Damit ich nicht dauernd nach dem Weg fragen muss. / Um nicht …

● G 3.6 **5 Lernziele und Strategien**

a Ordnen Sie den Lernzielen die passenden Strategien zu.

1. Olga möchte ihre Texte übersichtlicher gestalten.
2. Marie will ihre Aussprache verbessern.
3. Wim möchte seine Fehlerzahl reduzieren.
4. Yuko will Radiobeiträge vollständiger erfassen.
5. Saida möchte neuen Wortschatz produktiv einüben.
6. Onur will Wortwiederholungen vermeiden.
7. Miklos möchte seinen Wortschatz vergrößern.
8. Eva will den Inhalt von Artikeln schnell verstehen.

A. eine Fehlertabelle anlegen
B. Notizentechnik verbessern
C. Lesestile gezielt einsetzen
D. Synonyme auflisten
E. kurze Texte zum Thema schreiben
F. eine Vokabelkartei anlegen
G. einen Textbaukasten benutzen
H. einen Phonetikkurs besuchen

1. G
2.
3.
4.
5.
6.
7.
8.

b Formulieren Sie aus den Vorgaben in 5a Ratschläge und drücken Sie die Absicht durch einen finalen Nebensatz aus.

1. Olga könnte einen Textbaukasten benutzen, um ihre Texte übersichtlicher zu gestalten.

⊕ DSH **c** Was tut Mario zur Verbesserung seiner Sprachkenntnisse? Markieren Sie in den Sätzen die finalen Angaben und formulieren Sie sie in Finalsätze mit „um … zu" um.

1. Für die Teilnahme am Sprachkurs hat Mario Geld gespart.
2. Zum Üben trifft er sich regelmäßig mit anderen Kursteilnehmern.
3. Zur Erweiterung seiner Sprachkenntnisse schaut er im Internet deutschsprachige Filme.
4. Zum Training des neuen Wortschatzes notiert er ihn auf Vokabelkärtchen.
5. Zum effektiveren Lernen teilt er sich den neuen Stoff in kleine Portionen ein.

1. Um am Sprachkurs teilzunehmen, hat Mario Geld gespart. ....

d Lesen Sie die Sätze in 5c noch einmal. Welche Sätze passen zu welcher Regel?

> Eine Absicht kann man auch mit den Präpositionen „zum" / „zur" / „für" ausdrücken:
>
> 1. Statt „um … zu" kann man auch „zum" + nominalisierter Infinitiv verwenden. Sätze: ....
>
> 2. Bei Nomen, die keine nominalisierten Infinitive sind, verwendet man „zum" / „zur" / „für" + Nomen (das sich meist auf eine Aktivität bezieht). Sätze: ....

⊕ DSH **e** Formen Sie die Ratschläge in 5b in Sätze mit finalen Angaben um.

1. Für die übersichtlichere Gestaltung Ihrer Texte könnte Olga einen Textbaukasten benutzen. ....

E Klug, klüger, am klügsten

⊕ DSH **1 Macht Musik klüger?**

Was bedeuten folgende Ausdrücke aus dem Artikel im Lehrbuch 7E, 1b? Kreuzen Sie an.

1. neueste Studien belegen (Z. 4)
   - a Studien beweisen etwas
   - b Studien beschreiben etwas
2. mit ähnlichem Bildungsstand (Z. 16)
   - a mit ähnlicher Ausbildung
   - b mit ähnlichem Bildungsniveau
3. registrierte das EEG (Z. 17 / 18)
   - a erfasste das EEG
   - b ergab das EEG
4. Zudem wiesen … auf (Z. 20 – 22)
   - a Zudem brachten
   - b Zudem hatten
5. Die Untersuchung gilt als erste (Z. 27)
   - a Diese Untersuchung ist die erste
   - b Man meint, dass dies die erste Untersuchung ist
6. Diese Befunde decken sich mit (Z. 31)
   - a Diese Befunde sind identisch mit
   - b Diese Befunde sind ähnlich
7. nahezu das gesamte Gehirn beansprucht (Z. 47 / 48)
   - a fast das ganze Gehirn benötigt
   - b fast das ganze Gehirn fördert
8. die nicht so leicht zustande kämen (Z. 49 / 50)
   - a die nicht so leicht erhalten blieben
   - b die nicht so leicht entstehen würden
9. Handlungsabläufe (Z. 62)
   - a Prozesse
   - b Folge von Handlungen
10. hat sich Musik bewährt (Z. 66 – 68)
    - a ist Musik erprobt worden
    - b hat sich Musik als zuverlässig erwiesen
11. Musik verhilft zur Kontaktaufnahme (Z. 74 / 75)
    - a macht die Kontaktaufnahme leichter
    - b macht Kontaktaufnahme erst möglich
12. sprachentwicklungsgestört (Z. 78)
    - a sie können nicht sprechen
    - b ihre Sprachentwicklung entspricht nicht dem Alter

2 Der Schlüssel zum Erfolg

a Lesen Sie den Tipp rechts, markieren Sie die Schlüsselwörter in den Fragen und im Artikel die Schlüsselwörter für die Antworten.

1. Welche Nebeneffekte hat es, wenn man als Kind ein Instrument spielen lernt?
2. Was hat die Psychologin bei einer Untersuchung mit Schweizer Schülern festgestellt?
3. Warum können sprachgestörte Patienten sich leichter durch Gesang artikulieren?

Schlüsselwörter

Als Schlüsselwort bezeichnet man einzelne Wörter oder kurze Passagen in einem Text, die dem Leser helfen, die zentralen Aussagen zu erschließen. Sie bilden sozusagen Ankerpunkte, die selbst beim Überfliegen dafür sorgen, dass die Hauptinformationen bzw. der Gedankengang klar verständlich ist.

Auch wenn Sie Fragen zu einem Text beantworten sollen, spielt das Erkennen von Schlüsselwörtern eine wichtige Rolle.

Manche Botschaften kann Musik genauer ausdrücken als Worte: Liebe, Glück, Schmerz – darin liegt ihre großartige Wirkung. Darüber hinaus belegen neueste Studien am Leipziger Max-Planck-Institut für Kognitions- und Neurowissenschaften, dass aktives Musizieren die Kompetenz im Umgang mit der Muttersprache steigert und die Intelligenz fördert.
(…) Die Psychologin berichtet von einem deutlich verbesserten Sozialverhalten der Kinder aus 50 Schulklassen, die im Zuge einer Schweizer Studie zwischen 1989 und 1992 zusätz-

liche Musikstunden erhalten hatten. „Der Grund ist wohl, dass die Kinder beim gemeinsamen Musizieren geübt haben, aufeinander zu achten", sagt Spychiger.
(…) Patienten mit geschädigten Hirnarealen, die die Sprache verloren haben, finden oft wieder eine Möglichkeit zur Kommunikation, indem sie sich mit Gesang ausdrücken. Durch Gesang kann dies nämlich leichter gelingen, weil sich diese Ausdrucksform einer größeren Zahl von Hirnarealen bedient als Sprache.

b Beantworten Sie die Fragen in 2a. Welche Funktion hatten die Schlüsselwörter bei der Aufgabenlösung?

F Lernwege

1 Eine Präsentation: Der weite Weg vom Wissen zum Können

Zu welcher der Phasen A bis F einer Präsentation gehören folgende Sätze? Notieren Sie den passenden Buchstaben.

A. Begrüßung   C. Überleitung   E. Zusammenfassung, Ausblick
B. Einleitung   D. Nachfrage   F. Dank, Verabschiedung

D   1. Hätten Sie Fragen zu dem, was ich bis jetzt präsentiert habe?

☐   2. Guten Tag, meine sehr verehrten Damen und Herren!

☐   3. Lassen Sie uns beginnen.

☐   4. Ich möchte Ihnen heute … vorstellen, wie …

☐   5. Herzlichen Dank und gute Heimreise.

☐   6. Haben Sie Fragen zu dem bisher Vorgestellten?

☐   7. In meinem Vortrag geht es vor allem darum, …

☐   8. In drei Sätzen zusammengefasst, …

☐   9. Vielen Dank für Ihre Aufmerksamkeit und einen schönen Abend!

☐   10. Das möchte ich anhand von einigen Folien verdeutlichen.

☐   11. Was können wir nun dagegen / dafür tun?

☐   12. Gibt es Fragen zu bestimmten Punkten?

☐   13. Betrachten wir nun die Folie 2, so stellen wir Folgendes fest: …

☐   14. Wenn wir also ein Fazit ziehen wollen: …

☐   15. Ich bedanke mich für Ihre Geduld und stehe Ihnen für Fragen gern zur Verfügung.

2 Mit der Ausbildung fängt es an – wie steht es um die Lehrstellen?

a Wie steht es um die Lehrstellen? Welche Informationen liefert das Schaubild zu dieser Frage? Formulieren Sie Antworten mithilfe folgender Redemittel.

1. die Lage auf dem Ausbildungsmarkt
   (Das Schaubild stellt … dar.)

2. abgeschlossene Verträge / unbesetzte Stellen
   (Dort werden … mit … verglichen. / Dort werden die … den … gegenübergestellt.)

3. prozentuale Verteilung der neu abgeschlossenen Ausbildungsverträge auf Wirtschaftsbereiche
   (Das Kreisdiagramm veranschaulicht …)

4. in den Jahren 2005 bis 2007 die Zahl der neu abgeschlossenen Ausbildungsverträge gestiegen
   (Aus der Grafik wird ersichtlich, dass …)

5. wieder abnehmende Tendenz (In den Folgejahren zeigt sich …)

b Lesen Sie den Nachrichtentext und ergänzen Sie folgende Wörter bzw. Begriffe.

> drei Viertel | gesunken | auf | den größten Teil | Höchststand | schwanken | das Doppelte | Auf und Ab

Auch im vergangenen Jahr konnten laut dem aktuellen Berufsbildungsbericht für die meisten Lehrstellen geeignete

Bewerber gefunden werden. Ähnlich wie in den Vorjahren stellten Industrie, Handel und Handwerk

[1] *den größten Teil* der Ausbildungsplätze bereit, zusammen gut [2] .... der Angebote.

Betrachtet man deren Entwicklung über die letzten 15 Jahre, so lässt sich ein stetiges [3] ....

verzeichnen. Die Zahlen [4] .... in diesem Zeitraum zwischen 563.000 und 650.000 Ausbildungs-

plätzen pro Jahr. Bei den abgeschlossenen Ausbildungsverträgen markieren die Jahre 1999 und 2000 den

[5] .... Damals waren es 622.000 beziehungsweise 631.000 Jugendliche, die mit einer Lehre begonnen

haben. Auffällig ist auch, dass die Zahl der unbesetzten Lehrstellen in den letzten zehn Jahren [6] ....

ist: von 26.000 [7] .... 20.000. Vor 15 Jahren hatte sie noch mehr als [8] ....

betragen. Dies kann als Erfolg der Berufsberatung gewertet werden.

● 20 c Hören Sie nun den Nachrichtentext und überprüfen Sie Ihre Lösungen in 2b.

d Ordnen Sie die Ausdrücke der Entwicklung und des Vergleichs in eine Tabelle wie unten ein.

> Die Zahl … hat … um … abgenommen. | Die Zahl … hat um … zugenommen. | Im Vergleich zu 1999 … |
> Die Zahl ist von … auf … gestiegen. | Die Zahl ist von … auf … gefallen / gesunken. | Verglichen mit 2007 … |
> Die Anzahl … hat sich um … verringert. | Gegenüber 2005 … | In den Jahren … ist die Zahl … gleich geblieben. |
> Im Unterschied zu … | Seit … gibt es eine abnehmende Tendenz. | Von … bis … gibt es keine Veränderungen.

Entwicklung			Vergleich
↑	↓	→	≈
	Die Zahl … hat um … abgenommen.		

Aussprache

1 Abzählreime

21-22 **a** Hören Sie die Abzählreime. Welche Buchstaben werden verschluckt? Unterstreichen Sie.

> Norden, Süden, Osten, Westen,
> bei der Mama schmeckt's am besten!
> Geh nach Haus und du bist raus!

> Auf dem grünen Rasen
> saßen sechs Sachsen und lasen
> als die Bücher ausgelesen,
> sind sie ganz schnell weg gewesen.

Aussprache

Häufig beeinflusst ein Laut den folgenden Laut:

1. d + en; t + en; s, z, ß + en → ohne „e" [n̩], wie in: Norden (Nordn), Westen (Westn), grüßen (grüßn)

2. b + en; p + en → bm / pm [bm̩] / [pm̩], wie in: haben (habm), Lumpen (Lumpm)

3. g + en; k + en → nasal [ŋ] wie in „eng", „angry", wie in: morgen (morgn), drücken (drückn)

4. stimmloser + stimmhafter Konsonant → stimmloser oder weniger stimmhafter Konsonant, wie in: hast du (hastu), das Buch (daspuch)

b Lesen Sie die Reime in 1a laut.

2 Wer die Wahl hat ...

23 **a** Hören Sie den Dialog und achten Sie dabei besonders auf die markierten Wörter. Hören Sie eher „m" oder „n"?

1. ■ Haben Sie heute Abend Zeit? □ Leider nicht, da haben wir schon was vor.

2. ■ Und morgen Abend? □ Ich glaube, das ginge. Und wohin soll's gehen?

3. ■ Wie wär's mit dem „Lumpen"? □ Lieber nicht. Da gibt es bessere Kneipen.

4. ■ O. k., haben Sie einen Vorschlag? □ Was halten Sie vom „Suppenkasper"?

5. ■ Na ja. Das ist aber keine Kneipe. □ Aber glauben Sie mir, das Bier dort schmeckt prima.

b Sprechen Sie den Dialog in 2a mit verteilten Rollen nach. Achten Sie besonders auf die Aussprache von „-ben" und „-pen"

3 Sorgen am Morgen

24 **a** Hören Sie die Wortreihen. In welchen Wörtern hören Sie einen ähnlichen Laut wie in „eng" oder englisch „angry"? Markieren Sie.

1. packe – packen – Paket
2. Sorge – Sorgen – sorgte
3. Sockel – Socke – Socken
4. zeigen – zeige – Zeiger

b Sprechen Sie die Wortreihen in 3a nach.

4 Nachfragen: Kannst du mir das sagen?

25 **a** Hören Sie die Sätze und notieren Sie, ob der markierte Konsonant jeweils stimmlos (sl) wie in „es" oder stimmhaft (sh) wie in „so" ist.

1. Du, sag mal! [sh] ☐ Kannst du mir das sagen? ☐ ☐

2. Könntest du mir das noch mal erklären? ☐

3. Ganz allein gemacht? Aber wie hast du das gemacht? ☐

4. Wie kamst du denn dazu? ☐ ☐

b Sprechen Sie die Sätze in 4a nach.

Grammatik: Das Wichtigste auf einen Blick

○ G 3.10 **①** **Modale Nebensätze und Angaben**

Mit modalen Nebensätzen und Angaben antwortet man auf die Fragen „Wie …?", „Auf welche Art und Weise …?".
Sie geben einen Hinweis

- auf ein Hilfsmittel, eine Methode oder eine Strategie:
  im Nebensatz: **indem, dadurch (…), dass …**
  mit Präposition: **durch, mit**
  - z. B. Der Spechtfink gewinnt viel Nahrung dadurch, dass er seinen Schnabel verlängert.
    Artgenossen des Oktopus finden den Weg aus dem Labyrinth, indem sie ihn beobachten.
    Der afrikanische Webervogel kann ein Weibchen nur durch ein kunstvolles Nest gewinnen.
    Der Spechtfink wollte einen Happen mit dem Schnabel aus dem Röhrchen fischen.

- darauf, dass etwas nicht geschieht oder nicht nötig ist:
  im Nebensatz: **ohne dass, ohne … zu**
  mit Präposition: **ohne**
  - z. B. Ein Oktopus findet sich in einem Labyrinth zurecht, ohne sich anstrengen zu müssen.
    Der Webervogel baut sein kunstvolles Nest, ohne dass ihm andere Vögel helfen.
    Der Webervogel baut sein kunstvolles Nest ohne die Hilfe anderer Vögel.

○ G 3.6 **②** **Finale Nebensätze und Angaben**

Mit finalen Nebensätzen und Angaben antwortet man auf die Fragen „Mit welchem Ziel / Zweck?", „Mit welcher Absicht?",
„Wozu?". Sie geben einen Hinweis auf ein Ziel, einen Zweck oder eine Absicht.

Finale Nebensätze mit „damit" und „um … zu"

- Bei zwei verschiedenen Subjekten im Haupt- und Nebensatz verwendet man „damit".
  - z. B. Ich besuche einen Kurs in Computergrafik, damit unsere Webseite mehr Pep bekommt.

- Bei gleichen Subjekten kann man „damit" oder „um … zu" verwenden; „um … zu" ist meistens die stilistisch bessere
  Variante.
  - z. B. Ich gehe in einen Spanischkurs, damit ich mein Spanisch auffrische.
    Ich gehe in einen Spanischkurs, um mein Spanisch aufzufrischen.

- In Finalsätzen verwendet man das Modalverb „können", wenn der Finalsatz nicht das Erreichen eines Zieles betont,
  sondern die Möglichkeit / Unmöglichkeit, es zu erreichen.
  - z. B. Anna jobbt nachmittags im Supermarkt, damit sie im Sommer mit ihren Freundinnen verreisen kann. / um im
    Sommer mit ihren Freundinnen verreisen zu können.

Finale Angaben

- Eine Absicht kann man auch mit den Präpositionen **zum / zur / für** ausdrücken.

- Statt **um … zu** kann man auch **zum** + nominalisierter Infinitiv verwenden.
  - z. B. Zum Üben trifft er sich regelmäßig mit anderen Kursteilnehmern.

- Bei Nomen, die keine nominalisierten Infinitive sind, verwendet man **zum / zur / für** + Nomen (das sich meist auf eine
  Aktivität bezieht).
  - z. B. Zum Training des neuen Wortschatzes notiert er ihn auf Vokabelkärtchen.
    Zur Erweiterung seiner Sprachkenntnisse schaut er im Internet deutschsprachige Filme.
    Für die Teilnahme am Sprachkurs hat Mario Geld gespart.

A Gesundheit

1 Wo uns der Schuh drückt

a Ordnen Sie die Wörter in eine Tabelle wie unten ein und ergänzen Sie die Artikel.

> ~~Blinddarmentzündung~~ | Angina | Bandscheibenvorfall | Erkältung | Magengeschwür |
> Mandelentzündung | Schnupfen | Migräne | Magen-Darm-Grippe | Hexenschuss

allgemein	Kopfschmerzen	Bauchschmerzen	Halsschmerzen	Rückenschmerzen
		die Blinddarmentzündung		

b Was für Schmerzen gibt es nicht? Streichen Sie durch.

> ~~schallend~~ | stechend | akut | permanent | laut | bohrend | klopfend | heftig |
> leise | stark | chronisch | ziehend | nackt | schwach | brennend | vorübergehend

c Ordnen Sie die Adjektive zur Beschreibung von Schmerzen in eine Tabelle wie unten ein.

Dauer	Intensität	Körpergefühl
		stechend

d Welche Adjektive, Partizipien und Endungen lassen sich nicht mit „schmerz-" kombinieren? Streichen Sie sie durch. Bilden Sie aus den anderen Adjektive mit „schmerz-".

> empfindlich | -lich | leer | stillend | voll | arm | erfüllt |
> frei | lindernd | -haft | gebeugt | leise | geplagt | -ig

schmerzempfindlich, ...
....

e Zu welchem medizinischen Begriff passt welche Erklärung? Ordnen sie zu.

1. Diagnose	A. chirurgischer Eingriff	1.	C
2. Infusion	B. Besuch von Ärzten am Krankenbett	2.	
3. Medikament	C. Beschreibung der Krankheit	3.	
4. Operation	D. Blutübertragung	4.	
5. Transfusion	E. Arzneimittel	5.	
6. Visite	F. Einführen größerer Flüssigkeitsmengen in den Körper	6.	

f Ordnen Sie folgende Redewendungen mit Körperteilen den Erklärungen zu.

> ~~erleichtert sein~~ | nicht dumm sein | angeben |
> ungeschickt sein | schlechter Laune sein | jdn. veralbern

1. Da fällt mir ein Stein vom Herzen.   *erleichtert sein* ....

2. Er hat den Mund zu voll genommen.   ....

3. Sie ist nicht auf den Kopf gefallen.   ....

4. Sei mir nicht böse. Ich wollte dich nur auf den Arm nehmen.   ....

5. Ich habe leider zwei linke Hände.   ....

6. Sie ist heute mal wieder mit dem linken Fuß aufgestanden.   ....

g Wählen Sie eine Redewendung aus 1f aus
und erfinden Sie einen Dialog oder eine kleine
Geschichte, die dazu passt.

B Gesundheitswahn

DSH **1** **Gesund, gesünder, am gesündesten**

a Lesen Sie den Artikel im Lehrbuch 8 B, 1b, noch einmal und kreuzen Sie an, was folgende Ausdrücke im
Kontext bedeuten.

		a	b
1.	ist sehr stark ausgeprägt (Z. 5 / 6)	hat sich stark herausgebildet	hat sich stark verändert
2.	fördert diese Auffassung (Z. 8)	unterstützt diese Auffassung	verlangt diese Auffassung
3.	mit großer Begeisterung (Z. 12 / 13)	mit großer Aufregung	mit großer Freude
4.	Studien belegen (Z. 16)	Studien versprechen	Studien zeigen
5.	Schäden verursachen (Z. 22 / 23)	Schäden hervorrufen	Schäden beheben
6.	lehnen … ab (Z. 35 / 36)	nehmen … ab	akzeptieren … nicht
7.	sich seine Gesundheit zu erhalten (Z. 38 / 39)	seine Gesundheit zu erlangen	seine Gesundheit zu bewahren
8.	er baut Stress ab (Z. 44)	er schließt Stress aus	er reduziert Stress
9.	seinen Blutdruck senken (Z. 46)	seinen Blutdruck verringern	seinen Blutdruck nicht spüren
10.	eine ausgewogene Ernährung (Z. 50)	eine ausgeglichene Ernährung	eine abgewogene Ernährung

b Zu welchem Begriff passt welche Definition? Ordnen Sie zu.

1.	Rohkost	A.	Essen für den raschen Verzehr	1.	I
2.	Schonkost	B.	(kompletter) Nahrungsverzicht	2.	
3.	Nahrungsergänzungsmittel	C.	eingefrorene, industriell hergestellte Lebensmittel	3.	
4.	Doping	D.	bewusst langsamer Genuss von gesunden, regionalen Lebensmitteln und Getränken	4.	
5.	Functional Food	E.	zusätzliche Nähr- und Wirkstoffe in Form von Tabletten etc.	5.	
6.	Slow Food	F.	Lebensmittel angereichert mit zusätzlichen, angeblich gesundheitsfördernden Inhaltsstoffen	6.	
7.	Feinkost	G.	gesunde Lebensmittel, bei denen auf ökologische Herstellungsbedingungen geachtet wird	7.	
8.	Tiefkühlkost	H.	außergewöhnliche, teure Lebensmittel	8.	
9.	Vegetarismus	I.	ungekochte und unerhitzte, meist pflanzliche Produkte	9.	
10.	Fast Food	J.	besonders bekömmliche und ausgewogene Ernährung im Rahmen einer Diät	10.	
11.	Vollwerternährung	K.	Verzicht auf Fleisch und Fisch	11.	
12.	Fasten	L.	unerlaubte Anwendung von Medikamenten oder Methoden zur Steigerung der sportlichen Leistung	12.	

G 3.11 **2** **Alternativen nennen**

a Lesen Sie die Sätze und markieren Sie jeweils im Haupt- und Nebensatz das Subjekt.

1. a. Claudia möchte abnehmen. Aber anstatt dass sie eine Diät macht, treibt sie Sport.
   b. Claudia möchte abnehmen. Aber anstatt eine Diät zu machen, treibt sie Sport.
2. Statt dass Claudia von sich aus eine Diät macht, achtet ihre Schwester auf ihre Ernährung.

b Vergleichen Sie die Sätze in 2a und analysieren Sie, wann man „(an)statt … zu" sagen kann und wann man „(an)statt dass …" sagen muss.

1. Wenn das Subjekt in Hauptsatz und Nebensatz identisch ist, ... man „(an)statt … zu" oder „(an)statt dass" verwenden. „(an)statt … zu" ist meistens die stilistisch bessere Variante.
2. Wenn das Subjekt in Haupt- und Nebensatz nicht identisch ist, ... man „(an)statt dass" verwenden.

c Entscheiden Sie, welche Sätze man mit „(an)statt … zu" umformulieren kann, und verkürzen Sie sie.

1. Statt dass Eva bei dem kalten Wetter zu Hause bleibt, geht sie jeden Tag spazieren.
2. Anstatt dass der Arzt die Patientin gründlich untersucht, verschreibt er ihr einfach nur ein neues Medikament.
3. Statt dass man den Patienten sofort untersucht, muss er lange auf eine Behandlung warten.
4. Stellen Sie mir lieber Fragen, anstatt dass ich Ihnen alles erkläre.
5. Anstatt dass ich versuche, mir den Namen des Medikaments zu merken, notiere ich ihn lieber.

....

d Ergänzen Sie die fehlenden Konnektoren oder Präpositionen. Zweimal sind zwei Lösungen möglich.

entweder … oder | statt | (an)statt … zu | (an)statt dass | stattdessen | anstelle + G | anstelle von

1. *Statt dass* .... Nahrungsergänzungsmittel im Supermarkt verkauft werden, sollte man sie nur in Apotheken kaufen können.
2. .... industriell gefertigten Nahrungsergänzungsmitteln sollte man Obst und Gemüse zu sich nehmen.
3. .... blutdrucksenkende Mittel .... nehmen, sollte man lieber regelmäßig einen Mittagsschlaf machen.
4. Vitamine in Form von Tabletten zu sich zu nehmen, ist nicht hilfreich. .... sollte man sich ausgewogen ernähren.
5. Viele wollen schlank sein. Dafür essen sie .... bei jeder Mahlzeit nur sehr wenig .... fasten regelmäßig.
6. .... einer großen Mahlzeit sind fünf kleine Mahlzeiten vorzuziehen.
7. .... gesüßter Säfte sollte man besser Wasser trinken.

○ G 3.12 ❸ Gegensätze darstellen und Einwände vorbringen

a Lesen Sie die Sätze und markieren Sie die Konnektoren. Was fällt auf? Ergänzen Sie die Regeln.

1. Tim kann gut kochen, aber / doch / jedoch er backt nicht gut.
2. Tim kann gut kochen, doch / jedoch / dagegen kann er nicht gut backen.
3. Tim kann gut kochen, er kann aber / jedoch / dagegen nicht gut backen.
4. Tim ist stolz auf seine Kochkünste, seine Frau aber / jedoch / dagegen mag seine Gerichte nicht.

1. Auf Position 0 können stehen: ...., ... und ....
2. Auf Position 1 können stehen: ...., ... und ....
3. Im Mittelfeld können stehen: ...., ... und ....
4. Wenn der Gegensatz besonders betont werden soll, können ...., ..., ...
   zusammen mit dem Element im 2. Satz, das betont werden soll, auf Position 1 stehen.

b Lesen Sie die Sätze und notieren Sie, ob eher ein Gegensatz oder eine Einschränkung formuliert wird. Ergänzen Sie dann die Konnektoren „jedoch" bzw. „dagegen". Je nach Intention des Satzes passen beide.

1. Paul joggt einmal in der Woche, Alex läuft *jedoch/dagegen* jeden Tag und nimmt regelmäßig an Marathonläufen teil. *Gegensatz*

2. Eine gesunde Ernährung hilft der Gesundheit, man sollte .... nicht fasten. ....

3. Die Lebensmittelindustrie behauptet, dass Functional Food gesund ist. Ernährungswissenschaftler .... lehnen Functional-Food-Produkte in der Regel ab. ....

4. Man muss sich nicht übertrieben gesund ernähren, man sollte .... auf Fast Food verzichten. ....

5. Lisa treibt viel Sport, ihr Bruder .... sitzt am liebsten vor dem Fernseher. ....

c Ergänzen Sie die fehlenden Konnektoren bzw. die Präposition. Manchmal gibt es mehrere Lösungen.

| dagegen | jedoch | doch | während | entgegen | ~~im Gegensatz zu~~ | sondern | aber |

1. Heutzutage wächst der Verbrauch von Nahrungsergänzungsmitteln in Tablettenform stetig. Denn *im Gegensatz zu* früher ist man heute der Auffassung, dass die normale Ernährung nicht mehr ausreicht.

2. .... zahlreichen Ernährungstipps nehmen viele Menschen Nahrungsergänzungsmittel zu sich.

3. Man sollte nicht immer im Supermarkt einkaufen gehen, ... so oft wie möglich auf dem Markt frisches Obst und Gemüse kaufen.

4. Leute, die berufstätig sind und abends wenig Zeit haben, sollten am besten vorkochen. Viele greifen .... gern zu Fertiggerichten.

5. Essen sollte als „natürliche" Pause betrachtet werden. .... betrachten viele es nur als Nahrungszufuhr.

6. .... die einen großen Wert auf gesundes und gemütliches Essen legen, halten die anderen lange Mahlzeiten für eine ziemliche Zeitverschwendung.

7. Alle zufriedenstellen kann man nicht. .... jeder sollte sich darüber im Klaren sein, dass man mit schlechter Nahrung seiner Gesundheit keinen Gefallen tut.

> **„entgegen"**
> „entgegen" + D beschreibt eine Abweichung von etwas (z. B. einem Wunsch, einer Erwartung).
> z. B. Entgegen unserer Abmachung hatte er nur Fertiggerichte gekauft.

d Was passt? Ordnen Sie die Satzteile bzw. Sätze zu.

1. Während Medikamente vor der Einführung auf Sicherheit und Nutzen getestet werden,

2. Angeblich gesundheitsfördernde Lebensmittel sind stark im Kommen,

3. Man sollte nicht nur Pizza und Hamburger essen,

4. Die meisten Gesundheitsratgeber gehen davon aus,

5. Zwischen den Mahlzeiten sollte man eine längere Pause machen,

6. Einige versuchen, ihre Ernährung umzustellen;

A. viele Menschen halten sich dagegen nicht daran und essen dauernd.

B. sondern besonders Gemüse und Obst in seinen Ernährungsplan aufnehmen.

C. dass Sport den Körper fit macht.

D. es gelingt ihnen jedoch nicht immer.

E. wird dies bei Nahrungsergänzungsmitteln nicht verlangt.

F. im Gegensatz zu herkömmlichen Nahrungsmitteln sollen sie einen gezielt positiven Einfluss auf den Körper ausüben.

1. [E]   2. [ ]   3. [ ]   4. [ ]   5. [ ]   6. [ ]

e Entscheiden Sie in den folgenden Sätzen, ob „während" adversativ (a) oder temporal (t) gebraucht wird.

1. Die Familie schwieg, während der Apotheker den Beipackzettel durchlas.

2. 85 % der Deutschen meinen, sie müssten an ihrer Ernährung etwas ändern, während nur 15 % glauben, dass sie gesund und ausgewogen essen.

3. Während Laura von ihrer Fastenkur berichtete, blätterte ihre Freundin im Fernsehprogramm.

4. Während man im Laufe einer Fastenwoche zunächst abnimmt, geht das Gewicht danach oft wieder langsam nach oben.

5. Viele Leute lesen, während sie auf dem Laufband trainieren.

C Arzt und Patient

(P) DSH ❶ Der „gute" Arzt und der „gute" Patient

Lesen Sie den Zeitungskommentar im Lehrbuch 8C, 1c, noch einmal und kreuzen Sie an, was folgende Ausdrücke bedeuten.

1. lapidar (Z. 3 / 4)   **a** ohne Erläuterung   **b** ausführlich
2. ein Scharlatan (Z. 6)   **a** ein guter Arzt   **b** ein betrügerischer Heilkünstler
3. es ist bestellt um (Z. 24 – 26)   **a** es verhält sich mit   **b** es wird in Auftrag gegeben bei
4. sich unterziehen (Z. 32)   **a** machen lassen   **b** anziehen
5. verschwommen (Z. 40)   **a** überdeutlich   **b** undeutlich
6. einsilbig (Z. 47)   **a** wortkarg   **b** wortreich
7. das Risiko (Z. 50)   **a** die Situation   **b** die Gefahr

❷ Arzt und Patient im Dialog

Zu welcher der Phasen A bis E eines Arzt-Patienten-Gesprächs gehören folgende Sätze?
Notieren Sie den passenden Buchstaben.

A. Begrüßung
B. Befragung / Auskunft zu den Symptomen
C. Befragung / Auskunft zur Krankheitsgeschichte
D. Diagnose und Maßnahmen
E. Dank, Verabschiedung

[E] 1. Ihnen alles Gute. Und machen Sie mit der Arzthelferin gleich einen neuen Termin aus.

[ ] 2. Wie ist es beim Atmen? Tut das weh?

[ ] 3. Dann sollten wir eine Röntgenaufnahme machen lassen.

[ ] 4. Das ist schon lange her. Ich glaube vor zehn Jahren.

[ ] 5. Freut mich, Sie zu sehen, Frau Gerber.

[ ] 6. Wann und wo sind die Schmerzen denn aufgetreten?

[ ] 7. Und wir sehen uns dann wieder, wenn die Röntgenbilder vorliegen.

[ ] 8. Also, ich habe leichte Schmerzen …

[ ] 9. Ich verschreibe Ihnen für alle Fälle ein Antibiotikum.

[ ] 10. Guten Tag, Herr Doktor.

[ ] 11. Vielen Dank, dass Sie sich so viel Zeit genommen haben.

[ ] 12. Muss das unbedingt sein? Ich habe gehört, dass die Strahlen nicht gut für den Körper sind.

[ ] 13. Vor drei Tagen, als ich aufwachte.

[ ] 14. Haben Sie auch Fieber?

[ ] 15. Was führt Sie zu mir?

[ ] 16. Hatten Sie diese Symptome schon früher?

[ ] 17. Da brauchen Sie sich keine Sorgen zu machen.

[ ] 18. Es handelt sich höchstwahrscheinlich um eine Bronchitis. Wann sind Sie zum letzten Mal geröntgt worden?

3 Kommunikation in der Praxis

26 a Hören Sie das Gespräch zwischen Arzt und Patientin. Wie beurteilen Sie die Gesprächsatmosphäre und das Verhalten der Personen?

freundlich ☐   professionell ☐

unfreundlich ☐   desinteressiert ☐

b Lesen Sie die Transkription des Gesprächs im Anhang und verändern Sie den Dialog so, dass daraus ein zufriedenstellendes Gespräch entsteht. Berücksichtigen Sie dabei auch die Punkte, die im Lehrbuch 8 C, 2a, genannt sind.

4 Ganz Ohr sein – globales, selektives und detailliertes Hören

Globales Hören: Sie achten vor allem auf die Themen.

Selektives Hören: Sie interessieren sich für bestimmte Informationen, dafür sind oft Schlüsselwörter wichtig.

Detailliertes Hören: Sie versuchen, möglichst jedes Wort zu verstehen.

a Lesen Sie den Tipp rechts. Überlegen Sie, bei welcher Hörintention welcher Hörstil am wichtigsten ist. Notieren Sie „glo.", „sel." oder „det.".

Textsorte	Interesse	Hörstil
Vorlesung	Der Vorlesungsstoff ist prüfungsrelevant.	*det.*
Cocktailparty	Sie wollen sich erst einmal orientieren, wer mit wem über welches Thema spricht.	
Nachrichten	Sie interessieren sich für die Sportnachrichten.	
Film	Sie sehen einen spannenden Krimi und wollen nichts verpassen.	
Verkehrsfunk	Sie wollen wissen, ob es auf der A8 einen Stau gibt.	
Werbebotschaft	Sie hören nur so nebenbei zu.	
Wetterbericht	Sie geben morgen Abend eine Gartenparty und wollen wissen, ob es regnen wird.	
Arzt-Patienten-Gespräch	Sie wollen alles verstehen, was der Arzt sagt.	

LB 82–83 b Hören Sie nun die beiden Gespräche im Lehrbuch 8 C, 2, noch einmal und entscheiden Sie, welcher Hörstil bei 2a und 2b angebracht ist.

c Sehen Sie sich noch einmal Übung 3a oben an. Welcher Hörstil wird hier verlangt?

5 Aufgaben in einer Arztpraxis

Wer übt welche Tätigkeiten aus? Ordnen Sie zu. Manches gilt für beide.

> ~~Blutdruck messen~~ | Diagnose mit den Patienten besprechen und Behandlungsmöglichkeiten erklären | Praxisgebühr verlangen | Maßnahmen zur Behandlung festlegen | Patienten empfangen und betreuen | Patienten untersuchen | Rezepte ausstellen | Instrumente, Arzneimittel und Formulare vorbereiten | Krankheiten diagnostizieren | Patienten zu einem Facharzt überweisen | Instrumente desinfizieren | Arzttermine machen | Vorsorgeuntersuchungen durchführen | Blut entnehmen | Arztbriefe schreiben

Arzthelfer / Arzthelferin	Arzt / Ärztin
Blutdruck messen,	*Blutdruck messen,*

ⓟ telc ⑥ **Da ist guter Rat teuer!**

Lesen Sie den Artikel und entscheiden Sie, welches Wort aus dem Kasten unten in die Lücken 1 bis 10 passt. Notieren Sie den Buchstaben. Sie können jedes Wort nur einmal verwenden. Nicht alle Wörter passen.

> **Partizipative Entscheidungsfindung für Patienten – im Patienten-Arzt-Gespräch**
>
> Patienten gehen in der Regel zum Arzt, weil sie ein gesundheitliches Problem haben; sie verlassen die Praxis nach dem Besuch [1] .... oft mit einem unguten Gefühl. Entweder hat der Arzt ihrer Meinung nach nicht richtig zugehört [2] .... er hat sie mit Informationen überschüttet. Und [3] .... auf ihre Sorgen und Ängste einzugehen, hat er alles rein medizinisch abgehandelt, und sie waren nach fünf Minuten wieder draußen. Um solchen misslichen Situationen vorzubeugen, kann jeder Patient mit bestimmten Verhaltensweisen [4] .... beitragen, dass auch ein noch so kurzes Gespräch für ihn befriedigend ist. Zunächst sollte der Patient nicht nur seine Gesundheitsprobleme erkennen, [5] .... auch die persönlichen Gefühle und Ängste äußern können, die mit der Krankheit und der Behandlung verbunden sind. Darüber hinaus ist es notwendig, dass Patienten sich alle Detailinformationen vom Arzt geben lassen und entsprechend nachfragen, [6] .... der Arzt dies nicht von sich aus tut. Als Nächstes ist es ratsam, gemeinsam mit dem Arzt die verschiedenen Behandlungsmöglichkeiten gegeneinander abzuwägen. Anstatt brav und stumm zuzuhören, sollte der Patient viele Fragen [7] ...., wie z. B. Welche Vorteile bietet diese Behandlung? Welche Nebenwirkungen gibt es? Welche Risiken [8] .... bei längerer Behandlung? Und wenn die Antwort in seinen Augen unbefriedigend ausfällt, muss er den Mut haben, nachzufragen, nicht locker zu lassen. Oft ist es natürlich schwierig, eine Entscheidung zu treffen, vor allem, wenn es sich [9] .... chronische Beschwerden handelt. Deswegen sind [10] .... auch die Patienten gefordert. Sie müssen genau beschreiben, wie die Beschwerden sind, wie sie sich selbst und ihre Krankheit sehen und einschätzen. Sie kennen sich selbst am besten und können daher durch präzise Angaben die Wahl der Behandlung erleichtern.

a.	anstatt	d.	dabei	g.	für	j.	sondern	m.	und
b.	beantworten	e.	dazu	h.	jedoch	k.	stattdessen	n.	um
c.	bestehen	f.	falls	i.	oder	l.	stellen	o.	weil

⑦ **Was sage ich in dieser Situation?**

a Entwerfen Sie zu zweit einen Dialog für eine der folgenden Situationen. Die Redemittel helfen Ihnen.

> Ich bin leider gezwungen, … | Würde es Ihnen etwas ausmachen, wenn … | Ich leide unter… | Da kann ich im Moment nichts machen. | Ich kann leider … nicht einhalten. | An Ihrer Stelle würde ich … | Das ist ein bisschen schwierig. | Ich stehe auf dem Standpunkt, dass…

A: Patient / Patientin	B: Arzt / Ärztin – Arzthelfer / Arzthelferin
Sie müssen Ihren Termin beim Arzt verschieben, da Ihr Kind krank ist.	Sprechstunden für Wochen ausgebucht; erst wieder in drei Monaten
Sie haben immer wieder Schlafstörungen und bevorzugen nebenwirkungsfreie Behandlungsmethoden.	Verschreibung eines Schlafmittels die beste Lösung
Sie fahren in Urlaub und brauchen ein Folgerezept.	nicht ohne eine weitere Untersuchung
Sie sind krank und möchten krankgeschrieben werden.	nicht so schlimm, ab Montag wieder arbeitsfähig

b Spielen Sie Ihre Szenen aus 7a den anderen im Kurs vor. Die anderen nehmen dazu Stellung.

- Wie freundlich war der Arzt / die Ärztin bzw. der / die Arzthelfer / in, wie freundlich der Patient / die Patientin?
- Gab es sprachliche Schwierigkeiten oder Missverständnisse? Wenn ja, welche?

D Alternative Heilmethoden

G 3.9 ❶ Alternative Heilverfahren und ihre Folgen

a Lesen Sie die Sätze und markieren Sie die Verbindungsadverbien. Formulieren Sie die Sätze dann so um, dass das Verbindungsadverb im Mittelfeld steht, und ergänzen Sie die Regeln.

1. Pflanzliche Heilmittel sind scheinbar ungefährlich. Folglich sind sie bei vielen sehr beliebt.
2. Viele Patienten sind von der positiven Wirkung pflanzlicher Heilmittel überzeugt. Infolgedessen nehmen sie sie bedenkenlos ein.
3. Für viele ist die Schulmedizin zu technisiert. Demzufolge sehen sie in ganzheitlichen Therapieverfahren eine Alternative.
4. Bei vielen alternativen Heilverfahren steht am Anfang ein ausführliches Patientengespräch. Somit kann der Arzt sich ein besseres Bild von den Beschwerden des Patienten machen.
5. Paul: „Claudias Heilpraktiker hat mir sehr geholfen. Also, ich werde in Zukunft nur noch zu ihm gehen."

1. Sie sind folglich bei vielen sehr beliebt. / Bei vielen sind sie folglich sehr beliebt.

1. Verbindungsadverbien (z. B. „folglich", „deshalb", „danach") stehen auf Position .... oder im Mittelfeld – oft direkt nach dem Verb.
2. „also" kann im mündlichen Gebrauch auch auf Position .... stehen. Dann ist es betont und wird durch ein Komma abgetrennt.
3. Im Mittelfeld: Ist das Subjekt oder die Ergänzung ein Pronomen, steht das Verbindungsadverb nach dem ....

b Lesen Sie den Tipp rechts und ergänzen Sie „also" oder „folglich".

> **Tipp**
> Sätze mit „folglich" sind meist formeller als Sätze mit „also".

1. Das Einatmen ätherischer Öle hilft der Entspannung. .... wird dieses Verfahren zu therapeutischen Zwecken eingesetzt.
2. Ätherische Öle helfen mir immer sehr. Ich kann dir .... nur raten, eine Aromatherapie zu machen.
3. Mein Arzt setzt auch alternative Heilmethoden ein. ...., ich kann dir den nur empfehlen.
4. Studien haben die Wirksamkeit verschiedener alternativer Heilmethoden bewiesen. .... können in manchen Bereichen auch Schulmediziner von ihnen lernen.

c Schreiben Sie Sätze mit den vorgegebenen Elementen.

1. alternative Heilmethoden – derart …, dass – gefragt sein – auch – manche Ärzte – Zusatzausbildung zum Heilpraktiker – machen
2. Berufsbild des Heilpraktikers – nicht geschützt sein – viele Scharlatane – sodass – es gibt
3. Vergleich der Angebote – unbedingt empfehlenswert – sein – demzufolge
4. manche Heilpraktiker – solch …, dass – große Erfolge – haben – viele Ärzte – neidisch werden
5. infolge von – Falschbehandlungen – die Berufssparte – immer wieder – aber – kritisiert werden
6. kein gesetzlich festgelegtes Preissystem – es gibt – Besuche bei Heilpraktikern – unterschiedlich teuer sein – das hat zur Folge, dass
7. infolgedessen – Krankenkassen – raten – nach den Kosten – vorher – sich zu erkundigen

1. Alternative Heilmethoden sind derart gefragt, dass auch manche Ärzte eine Zusatzausbildung zum Heilpraktiker machen.

E Ausgebrannt: Was die Seele krank macht

1 Von der Vorstellung bis zur Definition

Ordnen Sie die Begriffe mit ihrem Artikel in eine Tabelle wie unten ein.

Konzeption | Aberglaube | Beschreibung | Entwurf | Göttersage | Plan | Bestimmung | Skizze | Feststellung | Vorstellung | falsche Vorstellung

Mythos	Konzept	Diagnose
	die Konzeption,	

2 Textanalyse

a Lesen Sie den Artikel „Burnout – Die neue Volkskrankheit" im Lehrbuch 8 E, 1b, noch einmal und untersuchen Sie seinen Aufbau. Bringen Sie die folgenden Argumentationsschritte in die passende Reihenfolge. Markieren Sie dazu die Argumentationsschritte im Artikel farblich.

Versuch einer Definition | Empfehlung des Autors | Fallbeispiel | Mitverantwortung des Einzelnen | Verallgemeinerung | Burnout-Symptome | Rückblick in die Vergangenheit | Umgang mit Burnout in der Gesellschaft

Einleitung	A: ....
Hauptteil	B: ....
	C: ....
	D: *Versuch einer Definition*
	E: ....
	F: ....
	G: ....
Schluss	H: ....

b Was bedeuten folgende Ausdrücke aus dem Artikel „Burnout – Die neue Volkskrankheit"? Kreuzen Sie an.

1. Einkäufe erledigen (Z. 3 / 4) — **a** einkaufen — **b** verkaufen
2. die Kräfte schwinden (Z. 7) — **a** die Kräfte nehmen zu — **b** die Kräfte nehmen ab
3. mit großer Mühe (Z. 14) — **a** mit großer Anstrengung — **b** mit großer Belastung
4. sich schleppen (Z. 15) — **a** sich tragen — **b** nur mit Mühe gehen
5. in Panik geraten (Z. 18) — **a** in Gefahr geraten — **b** große Angst bekommen
6. antriebslos (Z. 22) — **a** ohne Energie — **b** ohne Bewusstsein
7. mit etwas fertig werden (Z. 28) — **a** das Problem lösen — **b** sich mit etwas abfinden
8. als belastbar gelten (Z. 36 / 37) — **a** der Ruf, viel aushalten zu können — **b** viel tragen können
9. man geht davon aus (Z. 40 / 41) — **a** man erwartet — **b** man nimmt an
10. nach wie vor (Z. 50) — **a** allmählich — **b** immer noch
11. sich schwer tun (Z. 53) — **a** Schwierigkeiten haben — **b** Schwierigkeiten machen
12. etwas zugeben (Z. 54) — **a** etwas abgeben — **b** etwas eingestehen
13. in Vergessenheit geraten (Z. 59 / 60) — **a** immer mehr vergessen werden — **b** vergesslich sein
14. beitragen zu (Z. 66 / 67) — **a** bemerken — **b** beteiligt sein an
15. von der Arbeit abschalten (Z. 67 / 68) — **a** von der Arbeit entspannen — **b** die Arbeit verlieren

③ Ein Leserbrief zum Thema „Burnout"

Schreiben Sie einen Leserbrief zum Artikel „Burnout – Die neue Volkskrankheit" im Lehrbuch 8 E, 1b.
Gehen Sie dabei auf folgende inhaltliche Aspekte ein. Verwenden Sie auch die Redemittel im Lehrbuch 8 E, 2c.

Meinung zum Phänomen „Burnout":
* Stress im Berufsleben nimmt zu
* Zeitdruck steigt
* Moderne Kommunikationsmittel erfordern ständige Präsenz
* von Arbeitgebern oft als Unfähigkeit des Arbeitnehmers angesehen, organisiert zu arbeiten

Umgang mit Phänomen „Burnout" in der Heimat:
* Einstellung der Menschen zur Arbeit entspannter
* Verhältnis von Arbeit und Freizeit ausgeglichener
* Arbeitsbedingungen lockerer
* Arbeit und Leistung spielen sehr große Rolle
* viele leiden an Burnout-Symptomen
* Gesellschaft nimmt keine Rücksicht

Ratschlag für Leute, die Burnout-Symptome zeigen:
* Burnout-Symptome ernst nehmen
* offen mit Arbeitgeber, Familie etc. über seine Probleme sprechen
* sich ärztlich beraten lassen

F Lachen ist gesund

◗ DSH ① Humor ist, wenn man trotzdem lacht (Tucholsky)

In der Glosse im Lehrbuch 8 F, 1a, werden eine Reihe von umgangssprachlichen Ausdrücken verwendet.
Wie heißen die Wendungen in der Standardsprache? Verwenden Sie ggf. ein einsprachiges Wörterbuch.

1. Wir können nicht aus unserer Haut. (Z. 7/8) *Wir können uns nicht ändern.*
2. sich etw. versauen (Z. 17/18)
3. nochmal raufhauen (Z. 25)
4. verdöste Minuten (Z. 31)
5. gebeutelt werden (Z. 45/46)
6. Lux tanken (Z. 50/51)
7. in die Gänge kommen (Z. 52)
8. die Herrchenlaune hebt sich (Z. 54/55)
9. beim Gassigehen (Z. 60)
10. jdn. bei der Stange halten (Z. 65)
11. jdm. in den Ohren liegen (Z. 70/71)

② Mit Fremdwörtern können Sie mir nicht imprägnieren … äh … imponieren!

Hier kann man sich leicht versprechen. Korrigieren Sie die Fremdwörter.

1. Ich habe einen grippalen Effekt.   *Infekt*
2. Bitte geben Sie mir Antiidiotika, damit die Schmerzen nachlassen.
3. Sie erhalten eine Implosion mit Nährstoffen.
4. Mein Mann muss operiert werden. Er hat einen Tumult.
5. Lena leidet unter Mikrobe. Sie hat dann immer schreckliche Kopfschmerzen.

3 Sprachschmerzen

Was ist hier falsch? Korrigieren Sie.

1. Krankenmagen   *Krankenwagen* ....
2. Zahnscherzen ....
3. Fieberbarometer ....
4. Krankenschwein ....
5. Hustenschaft ....

6. Kamillenschnee ....
7. Gipswein ....
8. Krankentasse ....
9. Desinfektionskittel ....
10. Sozialversickerung ....

Aussprache

1 Auslautverhärtung

27 a   Welche Konsonanten hören Sie? Markieren Sie die Wörter, in denen Sie ein „b" hören.

halbieren – halb   Dieb – Diebe   Laube – Laub
schreiben – schrieb   Raubtier – rauben

28 b   Markieren Sie die Wörter, in denen Sie ein „d" hören.

Kind – Kinder   Gründe – Grund   Herde – Herd
baden – Bad   Hemd – Hemden

29 c   Markieren Sie die Wörter, in denen Sie ein „g" hören.

schweigen – schwieg   arg – Ärger   Tag – Tage
fliegen – Flugzeug   Gebirge – Berg

30 d   Hören Sie zuerst die Sätze und sprechen Sie sie dann nach.

1. Es ist gleich halb drei.
2. Sie schrieb einen Befund.
3. Der Dieb brach ins Labor ein.
4. Hier ist der Verbandskasten.
5. Es gab richtige Gründe.
6. Die Arzthelferin gab mir die Hand.
7. Die Ärztin schwieg.
8. Das Werkzeug war schwer genug.
9. Man soll den Tag nicht vor dem Abend loben.

2 Die Konsonanten „v" und „s"

31–32 a   Hören Sie die unterschiedliche Aussprache von „v" und „s" im Wortinneren und am Wortende. Sprechen Sie dann die Wortpaare nach.

1. brave – brav   Detektiv – Detektive   instinktive – instinktiv   Effektivität – effektiv
2. Lose – Los   Mäuse – Maus   Kurs – Kurse   Preise – Preis

33 b   Hören Sie zuerst die Sätze und sprechen Sie sie dann nach.

1. Das brave Pferd ritt den Parcours mit Bravour.
2. Der effektive Detektiv fing den Dieb.
3. Instinkte helfen, instinktiv das Richtige zu tun.
4. Das Los der Menschen ist unvorhersehbar.
5. Die Maus geht nicht aus ihrem Haus.
6. Der Aktienkurs sinkt und die Preise purzeln.

Grammatik: Das Wichtigste auf einen Blick

⊙ G 3.11 ① Alternative Haupt- und Nebensätze

Alternative Haupt- und Nebensätze drücken eine Möglichkeit des Handelns aus, die als Ersatz für etwas anderes steht.
Frage: „Wenn nicht das eine, was dann?".

Nebensatzkonnektor	Verbindungsadverb	zweiteiliger Konnektor	Präposition
(an)statt dass (an)statt … zu	stattdessen	entweder … oder	statt + G (ugs. + D) anstelle + G anstelle von + D

Nebensätze mit „(an)statt dass" bzw. „(an)statt … zu"

- Wenn das Subjekt in Hauptsatz und Nebensatz identisch ist, kann man „(an)statt dass" oder „(an)statt … zu" verwenden. „(an)statt … zu" ist meistens die stilistisch bessere Variante.
  - z.B. Claudia möchte abnehmen. Aber anstatt dass sie eine Diät macht, treibt sie Sport.
  - Claudia möchte abnehmen. Aber anstatt eine Diät zu machen, treibt sie Sport.
- Wenn das Subjekt in Haupt- und Nebensatz nicht identisch ist, muss man „(an)statt dass" verwenden.
  - z.B. Statt dass Claudia von sich aus eine Diät macht, achtet ihre Schwester auf ihre Ernährung.

⊙ G 3.12 ② Adversative Haupt- und Nebensätze

Adversative Haupt- und Nebensätze drücken einen Gegensatz bzw. eine Einschränkung aus.
Sie antworten z.B. auf die Fragen „Wie war es früher, wie ist es heute?", „Wie macht es x, wie macht es y?".

Nebensatzkonnektor	Konjunktion	Verbindungsadverb	Präposition
während	aber, doch sondern	aber, doch, jedoch dagegen, hingegen	entgegen + D im Gegensatz zu + D

Wortstellung von „aber", „doch"/„jedoch" und „dagegen"/„hingegen"

	Pos. 0	Pos. 1	
Tim kann gut kochen,	aber, doch, jedoch	er	backt nicht gut.

	Pos. 1	Mittelfeld	Satzende
Tim kann gut kochen,	doch / jedoch / dagegen / hingegen	kann er nicht gut	backen.
Tim kann gut kochen,	er	kann aber / jedoch / dagegen / hingegen nicht gut	backen.
	Pos. 1: betontes Element + Konnektor		
Tim ist stolz auf seine Kochkünste,	seine Frau aber / jedoch / dagegen / hingegen		mag seine Gerichte nicht.

⊙ G 3.9 ③ Konsekutive Haupt- und Nebensätze

Konsekutive Haupt- und Nebensätze geben eine Folge an. Sie antworten auf die Frage „Was ist / war die Folge?".

Nebensatzkonnektor	Verbindungsadverb	Präposition	Ausdrücke
sodass / so …, dass derart(ig) …, dass solch …, dass	also, folglich, somit, infolgedessen, demzufolge, demnach	infolge + G infolge von + D	das hat zur Folge, dass …

A Gefühle

G 8.3 **1 Wortfamilien – Gefühle**

a Notieren Sie die Nomen samt den passenden Präpositionen zu den Verben links.

1. jdn. beneiden   der *Neid* .... *auf* .... + A

2. sich freuen   die .... + A / .... + A

3. sich sehnen   die .... + D

4. trauern   die .... + A

5. sich ekeln   der .... + D

6. jdn. bemitleiden   das .... + D

7. sich ärgern   der .... + A

8. sich fürchten   die .... + D

b Überlegen Sie, welche Verben in 1a eine Präposition haben und ob diese mit der des Nomens identisch ist.

2 Kurzbiografie: Erich Fried

In der Kurzbiografie ist der rechte Rand unleserlich. Schreiben Sie jeweils das fehlende Wort an den Rand.

Wer kennt es nicht, das Gedicht „Was es ist". Aber wer kennt den Autor Erich Fried? *Von*	Bsp.
vielen wird er für einen romantischen Lyriker gehalten, der sich ausschließlich mit	1
eigenen Gefühlswelt beschäftigt. Ganz im Gegenteil: Der sechsfache Vater stand mitten	2
Leben und war stets auf der Höhe der Zeit. Denn für ihn waren Schriftstellerei	3
Politik eng miteinander verwoben. Und dies machte ihn zu einem der umstrittensten	4
im deutschsprachigen Raum. Fried setzte sich nicht nur in seinen Gedichten mit	5
politischen Themen seiner Zeit auseinander. Er trat auch öffentlich für seine politische	
Meinung ein, indem er an Demonstrationen teilnahm und Vorträge hielt. So gilt er bis heute	
als einer der Hauptvertreter der politischen Lyrik in der Nachkriegszeit. 1921 in Wien .... ,	6
floh Fried 1938 vor den Nazis nach London. Dort war er nach dem Zweiten Weltkrieg	7
Mitarbeiter für verschiedene Zeitschriften tätig. 1952–1968 arbeitete er als politischer	
Kommentator für den britischen Sender BBC. Als Schriftsteller machte er sich mit	8
Roman, zahlreichen Gedichtbänden und auch Übersetzungen einen Namen.	9
erster Lyrik-Band erschien 1944 im Exil-Verlag des österreichischen PEN-Clubs. 1963	10
er Mitglied der Gruppe 47 und 1974 in den PEN-Club aufgenommen. Nach langem Krebsleiden	
starb Fried 1988 in Baden-Baden.	

3 Was es ist

In einem Gedichtband mit Liebeslyrik soll das Gedicht „Was es ist" von Fried zusammen mit einem Foto veröffentlicht werden. Dazu sollen Sie mit einem Kollegen / einer Kollegin eines der drei Fotos auf der nächsten Seite auswählen.

- Wählen Sie eins der drei Fotos aus und begründen Sie Ihre Wahl.
- Wenn Ihr Partner / Ihre Partnerin ein anderes Foto gewählt hat, diskutieren Sie über seine / ihre Entscheidung. Finden Sie am Ende eine gemeinsame Lösung. Die Redemittel auf der nächsten Seite helfen Ihnen.

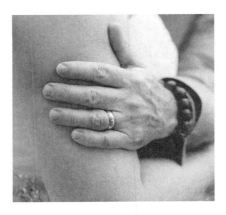  

Einen Vorschlag machen und begründen: Ich schlage vor, wir nehmen das Foto links / rechts / in der Mitte, denn … | Ich würde das Foto … wählen, weil … | Ich finde, das Foto … passt am besten, denn… | Ginge es nach mir, würde ich … | Wenn ich allein entscheiden könnte, würde ich … | Das Foto … kommt für mich eher nicht in Frage; es …

Einem / r Gesprächspartner / in widersprechen: Meiner Meinung nach passt das Foto … besser, weil … | Findest du nicht, dass …? | Das finde ich nun gar nicht, denn … | Ich teile Ihre / deine Ansicht nicht, da … | Ihre / Deine Argumente überzeugen mich nicht, weil … | Da stimme ich Ihnen / dir nicht zu, schließlich … | Das sehe ich (etwas / ganz) anders, denn …

Zu einer Entscheidung kommen: Also, wir müssen uns entscheiden. | Ihre / Deine Argumente haben mich überzeugt, wir nehmen also … | Bei dem Foto … waren wir uns am ehesten einig, also nehmen wir das. | Da wir uns nicht entscheiden können, schlage ich vor: Diesmal entscheidest du, das nächste Mal ich.

> **Tipp**
> Weitere Redemittel finden Sie in Lektion 12 im Arbeitsbuch.

4 Gefühlsverben

Welches Verb passt zum jeweiligen Nomen? Kreuzen Sie an.

1. eine Bedrohung	a befühlen	b wahrnehmen
2. eine Gefahr	a (er)ahnen	b anfühlen
3. Sehnsucht	a spüren	b sehen
4. Schmerzen	a anfassen	b fühlen
5. Trauer	a berühren	b empfinden
6. Liebe	a erfüllt sein von	b im Gefühl haben
7. eine Krise	a verspüren	b durchleben

B Emotionen

○ G 8.3 **1 Adjektive und Partizipien mit festen Präpositionen**

a Ordnen Sie die Ausdrücke in eine Tabelle wie unten ein.

> begeistert von | besorgt über / um | dankbar für | eifersüchtig auf | entsetzt über | erstaunt über | enttäuscht über / von | froh über | gerührt von | glücklich über | stolz auf | traurig über | verärgert über | wütend auf / über | zufrieden mit

Welche Ausdrücke sind für Sie positiv?	Welche Ausdrücke sind für Sie negativ?

b Ergänzen Sie die fehlenden Präpositionen.

1. Melitta ist .... allen Kollegen beliebt.

2. Aron ist verliebt .... Melitta.

3. Aber Melitta ist .... Nico begeistert.

4. Daher ist Aron wütend .... Nico.

5. Nico ist jedoch .... Bea verheiratet.

6. Bea ist stolz .... Nico.

7. Melitta ist eifersüchtig .... Bea.

8. Trotzdem ist Nico froh .... Melittas Gefühle.

9. Bea ist deshalb verärgert .... Melitta.

10. Nico ist nicht zufrieden .... dieser Situation.

11. Aron ist enttäuscht .... Melitta.

12. Melitta ist erstaunt .... Aron.

13. Alle sind müde .... diesem Chaos und wären dankbar .... ein gutes Ende.

❷ Textbaupläne erstellen

a Lesen Sie folgende Zusammenfassung des Artikels „Es ist wichtig, Gefühle zu haben" und vergleichen Sie sie mit Ihrer eigenen Zusammenfassung im Lehrbuch 9 B, 2 c. Welche Unterschiede können Sie feststellen?

Der Artikel aus der psychologischen Fachzeitschrift erläutert, welche Funktion unsere Gefühle haben. Nach Meinung der Forschung stellen sie ein Signalsystem dar, mit dessen Hilfe wir uns an die unterschiedlichsten Situationen anpassen können. Dies gelingt uns, weil Gefühle unser Denken aktivieren und unser Handeln in die richtige Richtung lenken. Wenn es sich dabei um kritische oder gar bedrohliche Momente handelt, bringen negative Gefühle uns dazu, alles auszublenden, was uns von einer Problemlösung ablenken würde. Gleichzeitig wirken sie körperlich und mobilisieren unsere Energie.

Positive Gefühle hingegen haben einen ganz anderen Nutzen. Ihr Wert liegt darin, dass sie den Aufbau und die Pflege von sozialen Beziehungen unterstützen oder auch unsere Kreativität fördern. Darüber hinaus hängen wichtige Persönlichkeitsmerkmale, wie innere Stabilität und eine optimistische Einstellung, mit ihnen zusammen. Somit sind sie hervorragend geeignet, uns vor schädlichen Einflüssen wie Stress oder Krankheiten zu schützen.

Wie man sieht, sind also positive und negative Gefühle wichtig. Die absolute Glückseligkeit mag man sich zwar wünschen, in Wirklichkeit wäre sie aber höchst kontraproduktiv.

b Erstellen Sie nun einen Textbauplan zur Zusammenfassung in 2 a.

Funktion von Gefühlen:
....
....

negative Gefühle:
....
....

positive Gefühle:
....
....

....
....

c Vergleichen Sie den Textbauplan mit Ihrem eigenen aus Aufgabe 2 b im Lehrbuch 9 B.

C Stark durch Gefühle

1 Eine Filmkritik verstehen und schreiben

a   Überfliegen Sie die Filmkritik. Wird der Film eher positiv oder eher negativ beurteilt?

In der Werbung zu Til Schweigers „Barfuss" wird der Film als ein „romantisches Großstadtmärchen" bezeichnet. Aber er ist auch ein „Roadmovie" mit Sketch-Elementen. Simple Komik wechselt sich mit rührenden und ernsthaften Szenen ab. Die Geschichte wirkt etwas künstlich, die Nebenfiguren erscheinen leicht klischeehaft, z. B. der snobistische Stiefvater, der karrieresüchtige Bruder, die lieblose Psychiaterin etc. Wirklich authentisch wirken nur Nick und Leila, deren Rollen mit Til Schweiger und Johanna Wokalek perfekt besetzt sind.

b   Welchen Lesestil erfordert die Aufgabe 1a? Kreuzen Sie an.

  a   kursorisches Lesen
  b   globales Lesen

Lesestile
globales Lesen: vgl. AB Lek. 2
kursorisches Lesen: vgl. AB Lek. 4

c   Schreiben Sie eine kleine Filmkritik über einen Film, den Sie gesehen haben. Folgende Redemittel helfen.

Der Film, den ich besprechen möchte, heißt … | Der / Die Regisseur / in ist … | Die Hauptrollen spielen … | Nebendarsteller sind … | In dem Film geht es um … | Der Film handelt von … | Das war einer der besten / schlechtesten Filme, die ich je gesehen habe. | Was mir am besten / wenigsten gefallen hat, war … | Die Handlung war spannend / langweilig. | Die Schauspieler haben sehr gut / sehr schlecht gespielt. | Ich kann den Film Personen empfehlen, die … | Ich kann nur abraten, den Film zu sehen, weil …

2 Eine Filmbesprechung zu „Barfuss"

92
'D / DSH

a   Hören Sie Teil 2 der Filmbesprechung im Lehrbuch 9 C, 1b, noch einmal und entscheiden Sie, ob die Aussagen richtig (r) oder falsch (f) sind.

  1. Nick und Leila fahren nach Hamburg zur Hochzeit der früheren Freundin von Nick.   r f
  2. Da sie keine Zugfahrkarte haben, müssen sie den Zug verlassen.   r f
  3. Nick kauft ein Auto als Hochzeitsgeschenk.   r f
  4. Nick merkt, dass Leila ihm vertraut, und fühlt sich zu ihr hingezogen.   r f
  5. Weil es auf der Hochzeit viele Probleme mit der Familie gibt, verliert Leila die Kontrolle.   r f
  6. Nick überredet Leila, in die Klinik zurückzukehren.   r f
  7. In der Klinik unternimmt Leila einen Selbstmordversuch.   r f
  8. Nick wird auch psychisch krank.   r f
  9. Die Ärztin in der psychiatrischen Klinik hilft Nick, mit Leila zusammen zu sein.   r f
  10. Am Ende erfährt man, dass beide die Klinik verlassen haben und zusammen sind.   r f

93

b   Hören Sie nun Teil 3 der Filmbesprechung noch einmal. Vergleichen Sie die Besprechung mit der in 1a. Was ist der Unterschied?

Filmbesprechung im Lehrbuch: …

G 4.2
DSH

3 Was schätzen Sie?

Formulieren Sie die Sätze mit „mögen".

1. Was schätzen Sie: Wie alt ist Til Schweiger?

   Wie alt mag Til Schweiger sein?

2. Schätzungsweise Ende 40.

   Er mag Ende 40 sein.

3. Was denken Sie: Was hat er als nächstes vor?

   ....

4. Vielleicht plant er schon den nächsten Film.

   ....

5. Du hast das vielleicht gehört. Aber ich glaube es nicht.

   ....

„mögen"

- Mit „mögen" drückt man aus, dass man etwas nicht genau weiß bzw. unsicher ist. Oft verwendet man es bei Schätzungen.
  z. B. Wie hoch <u>mag</u> dieser Turm sein? – Vielleicht 80 m hoch, es <u>mögen</u> aber auch 90 m sein.

- Mit „mögen" kann man auch ausdrücken, dass etwas möglich ist, aber dass man es nicht glaubt.
  z. B. Er <u>mag</u> recht haben, aber ich kann es mir nicht vorstellen.

G 4.2

4 Vermutungen

a Werden die Modalverben in folgenden Sätzen objektiv (o) oder subjektiv (s) verwendet? Kreuzen Sie an.

1. Schauspieler können nicht 24 Stunden hintereinander drehen. [o] [s]
2. Der Film könnte erfolgreich werden. [o] [s]
3. An der Kinokasse vom Cinedom muss man oft lange warten. [o] [s]
4. Das mag in anderen Kinos anders sein. Aber ich weiß es nicht genau. [o] [s]

Tipp

Man spricht vom „subjektiven" Gebrauch der Modalverben, weil der Sprecher / die Sprecherin ein Modalverb verwendet, um eine persönliche, also subjektive Einschätzung auszudrücken.

DSH b Was Kollegen der Filmcrew vermuten: Formulieren Sie ihre Vermutungen, indem Sie die passenden Modalverben verwenden.

1. Der Regisseur hält es für wahrscheinlich, dass der Film ein Erfolg wird.
2. Die Schauspieler meinen: „Vermutlich wird er ein Erfolg."
3. Die Cutterin sagt: „Höchstwahrscheinlich bin ich nächste Woche mit dem Schnitt fertig."
4. Eine Kollegin meint: „Das stimmt vielleicht, aber…"
5. Eine Schauspielerin kommt nicht zum Dreh. Ein Kollege sagt: „Sie ist ganz sicher krank."
6. Ein anderer Kollege, der sie kurz vorher noch gesehen hat, antwortet: „Sie ist auf keinen Fall krank."
7. Der Drehbuchschreiber befürchtet: „Wahrscheinlich ändern sie wieder meine Vorgaben."

1. Der Film dürfte ein Erfolg werden.

G 4.4

5 „werden" + Infinitiv und seine Bedeutungen

a Lesen Sie den Tipp rechts: In welcher der Bedeutungen wird das Futur I in den folgenden Sätzen gebraucht? Notieren Sie: P, A, V, Z oder S.

1. In einer Radiosendung: „Der Film wird Anfang Dezember in die Kinos kommen." [A]

2. Der Produzent: „Keine Sorge, das Geld wird schon reichen." [ ]

3. Ein Film-Interessierter: „Der Film wird wohl spannend sein." [ ]

4. Aus einer Statistik: „Die Anzahl der Videotheken wird deutlich zurückgehen." [ ]

5. Der Regisseur: „Ich werde gute Schauspieler finden, das garantiere ich." [ ]

6. Bei der Filmpremiere: „Nach dem Film werden Sie die Möglichkeit haben, mit dem Regisseur zu sprechen." [ ]

„werden" + Infinitiv (Futur I)

drückt Zukünftiges mit verschiedenen Bedeutungsvarianten aus:

1. **P**rognose: Es wird die ganze Woche regnen.
2. **A**nkündigung: Nach dem Vortrag werden wir einen Rundgang durchs Haus machen.
3. **V**ermutung: Der Film wird wohl ein Erfolg werden.
4. **Z**uversicht: Mit dem Test wird es schon klappen.
5. **S**icherheit: Ich <u>werde</u> den Test bestehen. („werde" stark betont)

b Formulieren Sie Sätze mit „werden" + Infinitiv.

1. traurig sein – Ende – wahrscheinlich
2. Kritiker – zerreißen – Leistung – Hauptdarsteller
3. ganze Crew – unglücklich sein – deshalb – sicher
4. es – kommen – nicht so schlimm – schon
5. die Leser – schnell – Inhalt – Filmkritik – wohl – vergessen
6. Film – ansehen – mir – trotzdem – ich

1. Das Ende des Films wird wahrscheinlich sehr traurig sein.

c Lesen Sie den Tipp rechts und überlegen Sie, ob es sich bei den Sätzen in 5b um Vermutungen, Ankündigungen, Prognosen oder Zuversicht handelt.

1. wahrscheinlich –> Vermutung

> **„werden + Infinitiv" (Futur I): als Vermutung**
> Je nach Modalpartikel oder Modaladverb variiert der Grad der Sicherheit der Vermutung, z.B.
> • Er wird <u>möglicherweise</u> kommen. = vermutlich
> • Er wird <u>wohl</u> kommen. = wahrscheinlich
> • Er wird <u>bestimmt</u> kommen. = sicher

D Gefühle verstehen

1 San Salvador

Lesen Sie die Kurzgeschichte im Lehrbuch 9D, 1a und 2a, noch einmal. Was steht im Text? Kreuzen Sie die korrekten Aussagen an, unterstreichen Sie die passenden Stellen im Text und notieren Sie die Zeilenangaben.

1. Hauptperson Textstelle: Z. ....
   a Die Hauptperson heißt Paul und lebt allein.
   b Paul ist verheiratet und Familienvater.

2. Situation 1 Textstelle: Z. ....
   a Paul sitzt am Küchentisch und probiert seinen neuen Füller aus.
   b Paul sitzt am Küchentisch und schreibt einen Brief an seine Eltern.

3. Situation 2 Textstelle: Z. ....
   a Seine Frau und er gehen mittwochs in den „Löwen".
   b Seine Frau singt mittwochs im Kirchenchor.

4. Thema Textstelle: Z. ....
   a Paul bekommt Fernweh und ihn überkommen Sehnsüchte. Deshalb träumt er von Südamerika.
   b Paul plant eine Urlaubsreise nach Südamerika.

2 Tipps aus der Schreibwerkstatt – Erörterung: sprachliche Mittel

a Sie wollen eine Erörterung zu folgendem Thema schreiben: „Sollte man in einer Beziehung immer offen über seine Gefühle sprechen oder sollte man vor seinem Partner / seiner Partnerin auch Geheimnisse haben?" Gehen Sie dabei folgendermaßen vor.

• Machen Sie eine Stoffsammlung: Was fällt Ihnen zu dieser Frage spontan ein? Welche Argumente gibt es für die eine, welche für die andere Position? Fallen Ihnen dazu Beispiele ein, die die Argumente veranschaulichen?

• Was ist Ihre eigene Erfahrung / Auffassung dazu?

• Ordnen Sie dann Ihre Stoffsammlung nach der Struktur: Einleitung, Hauptteil (Pro- und Contra-Argumente), Schlussteil. (vgl. auch Lehr- und Arbeitsbuch, Lek. 6)

• Lösen Sie dann die Übungen b bis f auf den nächsten Seiten.

• Schreiben Sie anschließend die Erörterung.

b Wie kann man etwas hervorheben? Verwenden Sie die Wörter in Klammern, um bestimmte Argumente hervorzuheben. Fügen Sie sie an der richtigen Stelle ein.

1. Dafür, sich offen über seine Gefühle zu äußern, spricht die Tatsache, dass der Partner einen so besser verstehen kann. (in erster Linie)
2. Den einen geht es darum, Recht zu haben. (hauptsächlich)
3. Für sie zählen die eigenen Gefühle – die des Partners weit weniger. (vor allem)
4. Es sind sehr selbstbezogene Leute, die sich so verhalten. (vorwiegend)
5. Die anderen aber möchten die Gefühle des Partners berücksichtigen. (gerade)
6. Bei altruistischeren Menschen geht es um das gegenseitige Verständnis. (besonders)

1. Dafür, sich offen über seine Gefühle zu äußern, spricht in erster Linie die Tatsache, dass der Partner einen so besser verstehen kann.

c Wie kann man Argumente aufzählen oder ergänzen? Verbinden Sie die Sätze oder Satzteile durch einen der folgenden Ausdrücke. Manchmal passen mehrere.

> außerdem | ~~erstens – zweitens~~ | darüber hinaus | zusätzlich |
> weiterhin | ferner | nicht nur | aber | einerseits – andererseits

Für den offenen Umgang mit Gefühlen in der Partnerschaft sprechen viele Gründe: **[1a]** *Erstens* .... weiß der Partner, wie es einem geht, **[1b]** *zweitens* .... kommt es zu weniger Missverständnissen; **[2]** ....
wächst das gegenseitige Vertrauen. Denn man weiß, warum der Partner sich so und nicht anders verhält.

[3] .... fühlt man sich selbst besser, wenn man dem Partner seine Gefühle anvertraut. Das schafft

[4] .... ein gutes Gewissen, sondern gibt auch Sicherheit. **[5]** .... sollte man Folgendes
bedenken: Wenn man seine Gefühle auf die Dauer verbirgt, wird es der Partner merken und die Beziehung wird darunter
leiden. **[6]** .... man muss auch darauf achten, dass zu große Offenheit den Partner verletzen kann,
d. h., **[7a]** .... sollte man offen kommunizieren, **[7b]** .... sollte man überlegen, wann
Offenheit eher schadet.

d Wie kann man Einwände und Gegenüberstellungen einleiten? Formulieren Sie Satzverbindungen.

1. Es ist schön, dem Partner seine Gefühle zu offenbaren. Es kann ihn verletzen.
   (auf der einen Seite – auf der anderen Seite)
2. Manchmal sollte man schweigen. Das ist besser als zu reden. (anstatt … zu)
3. Man möchte zwar, dass der Partner zuhört. Man hat Angst, dass er gekränkt ist. (jedoch)
4. Es ist schwer über Gefühle zu sprechen. Man sollte es versuchen. (trotzdem)

1. Auf der einen Seite ist es schön, dem Partner seine Gefühle zu offenbaren, auf der anderen Seite kann es ihn verletzen.

....

e Das wurde schon mal erwähnt – Wiederholungen einleiten. Kreuzen Sie den Ausdruck an, der nicht in die Reihe passt. Benutzen Sie ggf. ein einsprachiges Wörterbuch.

1.	**a** wie schon gesagt	**b** wie bereits erläutert	**c** wie weiter oben erklärt
2.	**a** wie bereits erwähnt	**b** wie schon angesprochen	**c** wie schon ausführlich erörtert
3.	**a** wie schon diskutiert	**b** wie bereits dargestellt	**c** wie weiter oben beschrieben
4.	**a** wie schon angeführt	**b** wie bereits durchgeführt	**c** wie weiter oben ausgeführt
5.	**a** wie bereits behandelt	**b** wie oben dargelegt	**c** wie schon besprochen

⏵ G 3.9 **f** Schlussfolgerungen ziehen. Was passt: a, b oder c? Kreuzen Sie an.

1. Vertrauen ist sehr wichtig, ... sollte man seine Gefühle immer offenbaren.
   a sodass   **b** also   **c** nachdem

2. Offenheit ist nicht immer gut für die Beziehung, ... sollte es auch Geheimnisse geben.
   a somit   **b** denn   **c** weil

3. Eine Partnerschaft ohne Geheimnisse ist langweilig. .... sollte man nicht alles offenbaren.
   a folglich   **b** dass   **c** so

4. .... wachsenden Misstrauens kann eine Partnerschaft scheitern.
   a während   **b** infolge   **c** deswegen

E Fingerspitzengefühl

1 Wer war's?

Welche Aussagen passen zu wem? Ordnen Sie zu.

Der Friseur
Die Frau
Der Kunde

A. könnte erst vor kurzer Zeit in den Ort gezogen sein.
B. muss ihren Mann belogen haben.
C. könnte von der Untreue seiner Frau gewusst haben.
D. dürfte den Kunden gebeten haben, nicht zu kommen.
E. dürfte die Absicht gehabt haben, den Friseur zu provozieren.
F. muss beim Eintritt des Kunden in den Friseurladen
   einen Schreck bekommen haben.
G. muss den Kunden zum ersten Mal gesehen haben.
H. mag aus Versehen getötet haben, was aber unwahrscheinlich ist.

⏵ G 4.2 ## 2 Es muss, kann nicht, müsste, dürfte, könnte, kann oder mag gewesen sein.

Ⓟ DSH **a** Sagen Sie das Gleiche mit Modalverben. Nehmen Sie auch die Tabelle im Lehrbuch 9 C, 2 b, zu Hilfe.

1. Er war **sicher** zu Hause.
2. **Eventuell** ist er vom Klingeln überrascht worden.
3. **Es ist fast sicher, dass** er die Klingel gehört hat.
4. Er hat **wahrscheinlich** keine Lust gehabt, mit uns zu sprechen.
5. **Vermutlich** schämte er sich auch wegen der chaotischen Wohnung.
6. **Möglicherweise** hatte er wieder zu viel getrunken.
7. **Ich schätze**, er ist von unserem Besuch gestört worden.
8. **Es ist gut möglich, dass** seine Geliebte bei ihm war.
9. **Ich schätze, dass** es ihm peinlich war, aber ich kann es mir nicht richtig vorstellen.
10. Er hat uns **auf keinen Fall** erwartet.

> **Subjektiver Gebrauch der Modalverben –
> Passiv Vergangenheit**
>
> Modalverb + Infinitiv Passiv Vergangenheit
> z. B. Susannas Reaktion <u>kann / könnte</u> von
> ihm <u>bemerkt worden sein</u>.

1. Er muss zu Hause gewesen sein.

....

b Welche Bedeutung haben die Modalverben in folgenden Sätzen: eine objektive (o) oder eine subjektive (s)?
Kreuzen Sie an.

1. Der Friseur musste noch einem anderen Kunden die Haare schneiden.   **o** **s**
2. Er konnte den Hineinkommenden von seinem Platz aus nicht sehen.   **o** **s**
3. Er schaute Susanna an und erkannte: „Sie muss ihn schon vorher gesehen haben."   **o** **s**
4. Er dachte: „Der Typ dürfte gekommen sein, um mich zu provozieren."   **o** **s**

c Markieren Sie die Modalverben und die dazu gehörenden Infinitive in 2b und ergänzen Sie die Tabelle.

objektiver Gebrauch Aktiv		subjektiver Gebrauch Aktiv	
Prät.		} Vergangenheitsform	muss ....
Perf.	hat sehen / kommen müssen		dürfte ....
Plusq.	hatte sehen / kommen müssen		
objektiver Gebrauch Passiv		subjektiver Gebrauch Passiv	
Prät.	musste gesehen werden	} Vergangenheitsform	muss gesehen worden sein
Perf.	hat gesehen werden müssen		
Plusq.	hatte gesehen werden müssen		

d Bilden Sie Sätze mit Modalverben in der Vergangenheit. Überlegen Sie, ob sie subjektiv oder objektiv gebraucht werden, und notieren Sie „s" oder „o".

1. letzten Monat – Susanna – einen Kunden – müssen bedienen, – weil – ihr Mann – können – nicht
2. Susanna – den Kunden – ständig – anlächeln, – daher – Richard – sicher sein: „Sie – den Mann – schon früher – kennenlernen müssen"
3. gestern – der Kunde – wieder da sein. – Susanna – andere Kunden – haben, – deshalb – Richard – ihm – die Haare – schneiden müssen
4. Richard – denken: „der Mann – hoffen können, dass – Susanna – allein – im Laden – sein"

1. Letzten Monat musste Susanna einen Kunden bedienen (o), weil ihr Mann nicht konnte. (o)

Ⓓ telc ❸ **Lauras Antwort**

Susanna hat die Mail aus dem Lehrbuch 9 E, 4, auch an ihre Freundin Laura geschickt. Lesen Sie deren Antwort. Welches Wort (a, b oder c) passt in die Lücke? Kreuzen Sie an.

✉ 🗈 📎 →   ▭ ◻ ✕

Liebe Susanna,

deine Mail hat mich ein bisschen [1] .... Ich kenne [2] .... deinen Richard gut und weiß, wie eifersüchtig er sein kann. Hoffentlich gibt das keine größeren Probleme. Zuerst einmal: Du hast den Mann als „total faszinierend" beschrieben. Was hast du [3] .... gemeint? Hattest du dich in ihn verliebt? Und wie steht es jetzt mit deinen Gefühlen? Das [4] .... ich eigentlich wissen, damit ich dir wirklich einen Rat [5] .... kann. Du weißt, dass ich dich wirklich mag und immer deine Freundin sein werde, aber heute musst du dir mal ein bisschen Kritik gefallen lassen: Warum hast du dich mit dem Mann überhaupt getroffen – mit einem Menschen, [6] .... Vorleben du nicht kennst und von dem du auch sonst nichts weißt. Warst du von [7] .... Komplimenten so geschmeichelt, [8] .... du die Kontrolle verloren hast? Das sollte dir zu denken geben. Vielleicht liebst du Richard nicht mehr??? Hast du dich schon mal mit deinen [9] .... auseinandergesetzt? Das ist eigentlich der Rat, den ich dir geben möchte. Geh mal in dich und überlege, ob mit eurer Beziehung noch alles stimmt.

Aber zunächst ganz praktisch für deine jetzige Situation: Du [10] .... den Mann anrufen und ihm sagen, dass dein Treffen mit ihm schön war, aber dass du es bereust, weil du Richard liebst. Ich drück dir die Daumen, dass es klappt.

Deine Laura

1.	⒜ erschreckt	⒝ erschrecken	⒞ erschrocken		6.	⒜ dessen	⒝ das	⒞ von dem
2.	⒜ mal	⒝ denn	⒞ ja		7.	⒜ seine	⒝ seinen	⒞ seiner
3.	⒜ mit	⒝ mit ihm	⒞ damit		8.	⒜ damit	⒝ sodass	⒞ dass
4.	⒜ dürfte	⒝ müsste	⒞ könnte		9.	⒜ Gefühlen	⒝ Gefühle	⒞ Gefühl
5.	⒜ geben	⒝ sagen	⒞ vorschlagen		10.	⒜ möchtest	⒝ sollst	⒞ solltest

⊙ G9 **④ Modalpartikeln**

a Lesen Sie zuerst den Tipp. An welche Stelle passen die Modalpartikeln in den Sätzen unten? Ergänzen Sie.

> **Stellung der Modalpartikeln**
>
> Modalpartikeln stehen in der Regel nicht am Satzanfang. Sie stehen meist direkt nach dem Verb oder im Mittelfeld nach dem Subjekt, einer Ergänzung bzw. nach Pronomen, z. B. Das hat <u>doch</u> dein Vater gesagt. / Das hat dein Vater <u>doch</u> gesagt. / Das hat dein Vater deiner Mutter <u>doch</u> gesagt. / Das hat er ihr <u>doch</u> gesagt.
>
> Ausnahme: z. B. „eigentlich" kann am Satzanfang stehen, z. B. <u>Eigentlich</u> kann ich erst morgen. / Ich kann <u>eigentlich</u> erst morgen.

Partikel	Beispielsatz
eigentlich	1. Hast .... du *eigentlich* Geschwister? 2. Du könntest .... mir .... helfen. 3. .... habe .... ich keine Zeit.
ja	4. Das habe ich .... dir .... schon gesagt. 5. Du wirst .... ganz .... rot! 6. Er wollte .... nicht .... auf mich hören!
doch	7. Räum .... endlich .... dein Zimmer auf! 8. Du kannst .... mit dem Zug .... fahren. 9. Kannst du mir das erklären? Du .... hast .... Medizin studiert.
denn	10. Immer reagierst du so sauer! Kannst du .... mich .... nicht verstehen? 11. Wo .... wohnst du ....? 12. Arbeitest du .... immer .... so lange?
bloß	13. Wenn .... er .... schon heute kommen würde! 14. Was mach' .... ich ....? 15. Sag ihm .... nichts .... von unserem Gespräch!

🔊 34–38 **b** Hören Sie die Sätze aus 4a und korrigieren Sie ggf. Ihre Eintragung dort.

c Welche Bedeutung haben die Modalpartikeln in 4a? Notieren Sie.

eigentlich	macht eine Aufforderung vorsichtiger: Satz:	genaueres Nachfragen: Satz: *1*	Einwand: Satz: ....
ja	Verärgerung / Genervtsein: Satz:	Erinnerung an Bekanntes: Satz:	Überraschung: Satz: ....
doch	höflicher Ratschlag: Satz:	Erinnerung an Bekanntes / Bestätigung: Satz:	Ungeduld: Satz: ....
denn	Überraschung / Erstaunen: Satz:	Interesse / Höflichkeit: Satz:	Vorwurf: Satz: ....
bloß	Warnung: Satz:	Ratlosigkeit: Satz:	Wunsch: Satz: ....

d Welche Bedeutung haben die markierten Modalpartikeln in den Sätzen: freundliche Aufforderung (A), Betonung (B), Vermutung (V), Zuversicht (Z)? Notieren Sie.

1. Das Ganze wird wohl schlecht enden. ☐

2. Alles war einfach unangenehm. ☐

3. Frag mal, wie es Susanne geht. ☐

4. Sie wird die Sache schon überwinden. ☐

F Gemischte Gefühle

P DSH ① Bücher und ihr Inhalt

Lesen Sie die Kurzrezensionen im Lehrbuch 9 F, 1, noch einmal und entscheiden Sie, ob folgende Aussagen den Inhalt des jeweiligen Textes richtig wiedergeben.

A. Der Umgang mit Gefühlen kann mithilfe dieses Buches erlernt werden.　　　　　　　j　n

B. Patricia Sleet zeigt in diesem Buch, wie emotionale Erpressung funktioniert.　　　　j　n

C. Es handelt sich um ein Lehrbuch für Personen, die Gefühle anderer verstehen müssen.　j　n

D. Das Buch richtet sich an Menschen, die sich von allen Gefühlen befreien wollen.　　　j　n

E. Das Buch enthält Interviews mit Musikpsychologen, Musiktherapeuten und Soziologen.　j　n

F. In diesem Kinderbuch geht es um ängstliche Kinder.　　　　　　　　　　　　　　j　n

② Zuhören und Mitgefühl zeigen

Welche Redemittel sind eher formell (f), welche eher informell (i)? Welche kann man in beiden Situationen verwenden?

1. Wie schrecklich!　　　　　　　　　　　　　f　i

2. Hör mal zu: Ich würde …　　　　　　　　　　f　i

3. Das gibt's doch nicht!　　　　　　　　　　　f　i

4. Das muss ja herrlich / furchtbar gewesen sein!　f　i

5. Was ist das denn für ein Benehmen?　　　　　f　i

6. Vielleicht solltest du …　　　　　　　　　　　f　i

7. Ich glaub's nicht, wirklich?　　　　　　　　　f　i

8. Das kann ich verstehen.　　　　　　　　　　f　i

9. Das war bestimmt toll / schlimm.　　　　　　f　i

10. Wie kann man nur so drauf sein?　　　　　　f　i

11. Wie wäre es damit: …　　　　　　　　　　　f　i

12. Das hätte mich an Ihrer Stelle auch gefreut / geärgert.　f　i

Aussprache

① Modalpartikeln

39 a Hören Sie die Sätze. Welche Modalpartikeln werden betont? Markieren Sie sie.

1. Eigentlich mag ich diesen Schriftsteller nicht. – Warum magst du ihn denn nicht?
2. Du weißt doch, warum. Ich lese doch keine Krimis. – Stimmt, das hatte ich ja ganz vergessen.
3. Liest du eigentlich gern Romane? – Hör bloß auf, dazu habe ich doch keine Zeit.
4. Stell dich bloß nicht so an, ich möchte dir doch nur was schenken. – Das weiß ich ja.
5. Magst du denn Fotobände? – Könntest du mal was anderes fragen?
6. Ich wollte doch nur wissen, was du dir wünschst. – Kauf irgendwas. Es wird mir schon gefallen.
7. Wie soll das bloß weitergehen? Du tust ja gar nichts! – Entschuldige, ich bin einfach zu k.o.
8. Du bist wohl wieder zu spät ins Bett gekommen! – Musst du mich denn immer kritisieren?

b Sprechen Sie nun die Sätze in 1a nach. Achten Sie darauf, dass die Modalpartikeln bei der Aussprache meist unbetont bleiben, und betonen Sie nur die markierten.

34–38 c Hören Sie noch einmal die Sätze im Arbeitsbuch 9 E, Übung 4 a, und sprechen Sie sie nach.

d Bilden Sie Sätze mit Modalpartikeln. Meistens passen mehrere. Sprechen Sie die Sätze dann laut.

1. wollen – etwas – dir – sagen – ich
2. wo – du – die ganze Woche – gewesen?
3. Handy verloren haben – was – machen – sollen – ich?!
4. du – die – Geschichte – kennen – schon

Grammatik: Das Wichtigste auf einen Blick

G 4.2 **1** Subjektiver Gebrauch der Modalverben:
Vermutungen über Gegenwärtiges / Zukünftiges ausdrücken

- Man spricht vom „subjektiven" Gebrauch der Modalverben, weil der Sprecher / die Sprecherin ein Modalverb verwendet, um eine persönliche, also subjektive, Einschätzung auszudrücken.
  z. B. Die Schauspieler können nicht 24 Stunden am Stück drehen. Das ist unmöglich. (objektiv)
  aber: Der Film könnte erfolgreich werden. Jedenfalls nehme ich das an. (subjektiv)

- Je nach Grad der Unsicherheit verwendet man unterschiedliche Modalverben bzw. Modalangaben.
  z. B. Nick hat wahrscheinlich Schwierigkeiten damit, dass Leila ihre Gefühle ganz direkt zeigt.
  → Nick dürfte Schwierigkeiten damit haben, dass Leila ihre Gefühle ganz direkt zeigt.

- Folgende Prozentzahlen sollen nur eine Vorstellung vom Grad der Sicherheit der Vermutung geben.

Sicherheit	ca. 98 %	ca. 90 %	ca. 75 %	ca. 60 %	ca. 50 %
Modal-angaben	(ganz) sicher (nicht) bestimmt (nicht) auf jeden / keinen Fall	höchstwahrscheinlich fast sicher	wahrscheinlich gut möglich	vermutlich möglicherweise	vielleicht eventuell
Modal-verben	muss kann nicht	müsste	dürfte	könnte	kann

Vermutungen mit „mögen"
- Mit „mögen" drückt man aus, dass man etwas nicht genau weiß bzw. unsicher ist, oft bei Schätzungen.
  z. B. Wie hoch mag dieser Turm sein? – Vielleicht 80 m hoch, es mögen aber auch 90 m sein.

- Mit „mögen" kann man auch ausdrücken, dass etwas möglich ist, aber dass man es nicht glaubt.
  z. B. Er mag recht haben, aber ich glaube es nicht.

Vermutungen mit „werden" + Infinitiv (Futur I)
- Je nach Modalpartikel oder Modaladverb variiert der Grad der Sicherheit der Vermutung.
  z. B. Er wird vielleicht kommen.   Er wird wohl kommen.
        Er wird möglicherweise kommen.   Er wird bestimmt kommen.

G 4.2 **2** Subjektiver Gebrauch der Modalverben:
Vermutungen über Vergangenes ausdrücken

Aktiv: • Modalverb im Präsens / Konjunktiv II + Infinitiv Perfekt (= Partizip Perfekt + „haben" oder „sein")
- „werden" im Präsens + Infinitiv Perfekt (= Partizip Perfekt + „haben" oder „sein")
  z. B. Er war sicher zu Hause.   → Er muss zu Hause gewesen sein.
        Er arbeitete wahrscheinlich zu Hause. → Er wird (wohl) zu Hause gearbeitet haben.

Passiv: • Modalverb im Präsens / Konjunktiv II + Infinitiv Passiv Vergangenheit (= Partizip Perfekt + „worden" + „sein")
- „werden" im Präsens + Infinitiv Passiv Vergangenheit (= Partizip Perfekt + „worden" + „sein")
  z. B. Wahrscheinlich ist er vom Klingeln überrascht worden.
        → Er dürfte vom Klingeln überrascht worden sein. / Er wird (wohl) vom Klingeln überrascht worden sein.

G 4.4 **3** Zukünftiges ausdrücken

„werden" + Infinitiv (Futur I) drückt Zukünftiges mit verschiedenen Bedeutungsvarianten aus:
- **Prognose:** z. B. Es wird die ganze Woche regnen.
- **Ankündigung:** z. B. Nach dem Vortrag werden wir einen Rundgang durchs Haus machen.
- **Zuversicht:** z. B. Mit dem Test wird es schon klappen. (meistens mit „schon")
- **Sicherheit:** z. B. Ich werde den Test bestehen. („werde" ist stark betont)

A Raus in die Welt

❶ Persönliche Erfahrungen im Ausland

Lesen Sie die drei Kurzberichte im Lehrbuch 10 A, 2 a, noch einmal und ordnen Sie folgende Aussagen den jeweiligen Personen zu.

1. Am Anfang haben wir jede Arbeit angenommen, die sich bot.   *Jutta Schultinger* ....

2. Man muss seine Kenntnisse und Fähigkeiten einsetzen.   ....

3. Wir wollen immer in unserer neuen Heimat bleiben.   ....

4. Es hat nicht lange gedauert, bis wir neue Freunde gefunden hatten.   ....

5. Unser Neubeginn hat geklappt. Inzwischen verdienen wir ca. dreimal so viel.   ....

6. Man muss zu Beginn genügend eigenes Geld mitbringen.   ....

❷ Heimkehr in die Fremde – ein Artikel für die Zeitschrift „Rückkehrer"

a   Eine Freundin kritisiert den Entwurf zu einem Artikel für die Zeitschrift „Rückkehrer". Wie finden Sie die Stellungnahme der Freundin? Kreuzen Sie an.

☐ höflich   ☐ zu unkonkret   ☐ freundlich   ☐ klar

☐ unhöflich   ☐ zu direkt   ☐ überkritisch   ☐ unklar

Liebe Klara,

du hattest mich gebeten, mich zu dem Entwurf für deinen Artikel in der Zeitschrift „Rückkehrer" zu äußern. Also habe ich ihn sehr gründlich gelesen und festgestellt, dass einige Änderungen nötig sind:

1. Grundsätzlich muss die Stilebene geändert werden. Es klingt alles sehr förmlich. Du solltest mehr umgangssprachliche Elemente oder Zitate einbauen, damit das Ganze lebhafter und persönlicher wirkt. Es geht ja um persönliche Erfahrungsberichte von Leuten, die nach dem Auslandseinsatz nach Deutschland zurückkommen und über ihre anfänglichen Schwierigkeiten berichten. So klingt es ziemlich langweilig.

2. Auch der Aufbau muss geändert werden. Du beginnst mit theoretischen Erklärungen zur Situation der Rückkehrer. Dann kommen praktische Beispiele. Umgekehrt wäre das erheblich besser: zuerst die persönlichen Aussagen der Rückkehrer, dann die Erläuterung, warum das ganz typisch in dieser Situation ist, und später noch mehr praktische Beispiele.

3. Du benutzt zu viele Abkürzungen (BMZ, GIZ etc.). Die kennen nur Leute aus der Szene.

Falls etwas unklar ist, kannst du mailen oder anrufen. Ich kann auch konkretere Änderungsvorschläge machen.

Sei herzlich gegrüßt und frohes Schaffen – Iris

---

b   Formulieren Sie die Stellungnahme der Freundin mithilfe folgender Sätze und Satzteile höflicher.

Briefanfang: vielen Dank für den Entwurf deines Artikels … | Vom Ansatz her gefällt er mir sehr gut. | Aber ich würde einige Änderungen vorschlagen: …

Punkt 1: Grundsätzlich würde ich die Stilebene ein wenig verändern. | …, also ein bisschen steif. | Vielleicht könntest du einige umgangssprachliche Elemente oder Zitate einbauen. Dadurch würde das Ganze lebhafter werden. | Das könnte ruhig ein wenig farbiger dargestellt werden.

Punkt 2: Am Aufbau würde ich auch etwas ändern. | Ich schlage vor, dass du genau umgekehrt vorgehst: …

Punkt 3: Vielleicht wäre es gut, spezifische Abkürzungen, wie BMZ, GIZ, zu vermeiden, denn …

Briefschluss: Ich hoffe, du findest mich nicht zu kritisch! | …, wenn du möchtest.

---

3 Mal raus

Klaus formuliert vieles sehr umgangssprachlich. Welche der Formulierungen 1–18 aus dem Gespräch im Lehrbuch 10 A, 3a, entsprechen welchen Umschreibungen A–R? Ordnen Sie zu.

1. einen Abschluss in der Tasche haben
2. mehrere Fliegen mit einer Klappe schlagen
3. der Liebe seines Lebens begegnen
4. ein Pluspunkt für den Lebenslauf
5. es kam, wie es kommen musste
6. andere Leute nerven
7. es bringt mir etwas
8. einer anderen Kultur ausgesetzt sein
9. sich anfreunden mit
10. sich fehl am Platz(e) fühlen
11. den Horizont erweitern
12. etw. hautnah erleben
13. etw. hinterfragen
14. Beziehungen pflegen
15. aus den Augen, aus dem Sinn
16. Hürden in Angriff nehmen
17. etw. liegt mir
18. jdm. bieten sich Möglichkeiten

A. ein Vorteil bei einer Bewerbung
B. andere z. B. zu oft um etw. bitten und ihnen damit lästig werden
C. etw. am eigenen Leib erfahren / mitbekommen
D. sich nicht vor dem Einfluss einer Kultur schützen können
E. von etw. profitieren
F. einen Abschluss erhalten haben
G. etw. in Frage stellen
H. etw. tun, damit die Beziehungen weiterbestehen
I. mehrere Dinge bei derselben Gelegenheit erledigen
J. wenn man jdn. nicht mehr sieht, denkt man auch nicht mehr an ihn
K. den Menschen treffen, mit dem man sein Leben verbringen möchte
L. etw. entspricht mir / meinen Fähigkeiten
M. sich an etw. gewöhnen
N. es war unvermeidlich
O. es eröffnen / zeigen sich Möglichkeiten
P. etw. Neues kennenlernen
Q. das Gefühl haben, am falschen Ort zu sein
R. damit beginnen, die Hindernisse zu überwinden

1.	2.	3.	4.	5.	6.	7.	8.	9.	10.	11.	12.	13.	14.	15.	16.	17.	18.
F																	

4 Jeder, der ins Ausland geht …

G 7.1, 7.2

Wählen Sie ein passendes Artikelwort oder Pronomen. Einmal gibt es zwei Lösungen.

> diejenigen | irgendeinen | jeder | keiner | manchen | sämtliche | mehreren | niemand

1. Jeder _____, der ins Ausland geht, sollte die Landessprache können, denn natürlich kann _____ ohne Sprachkenntnisse in einem fremden Land zurechtkommen.
2. _____ fällt es leicht, allein zu lernen, aber die meisten brauchen Unterricht.
3. Man sollte allerdings nicht _____ Kurs machen, sondern sich vorher möglichst genau über die Qualität informieren.
4. Selbstverständlich werben _____ Sprachinstitute mit ihrer besonderen Qualität, aber leider ist meist nur ein Teil von ihnen wirklich gut.
5. Man sollte deshalb bei _____ anfragen und Referenzen oder Zertifizierung überprüfen, dann findet man sicherlich _____ heraus, die in Frage kommen.

B Studieren im Ausland

1 Wortschatz im Kurs üben und wiederholen

a Arbeiten Sie zu viert. Wählen Sie vier Wörter bzw. Ausdrücke aus dem Kasten. Schreiben Sie dazu jeweils eine Erklärung oder ein Synonym. Lesen Sie diese(s) dann einer anderen Gruppe vor – die anderen raten.

> das Darlehen | die Erwartung | einen Anreiz bieten | die Hürde | das Kernziel |
> der Mehraufwand | die Reform | die Vereinheitlichung | der Verlust

die Vereinheitlichung:
die Angleichung

die Vereinheitlichung:
in eine gleichartige
Form bringen

b Ergänzen Sie in den Redemitteln die Präpositionen bzw. Vergleichsangaben.

> als bei / in | mit | mit | von | wie bei / in | zu

1. Verglichen ....
2. Im Vergleich / Unterschied / Gegensatz ....
3. In diesem Punkt unterscheidet sich die Situation
   in ... stark .... der in ...
4. Bei uns ist es genauso / ähnlich ....
5. Bei uns ist es anders ....
6. Die Situation in ... stimmt ....
   der in ... (völlig / nicht) überein.

▶ G 3.8 2 Trotzdem nicht – Konzessive Haupt- und Nebensätze

a Sehen Sie sich die Beispielsätze 1 bis 4 im Lehrbuch 10 B, 2 a, noch einmal an. In welchem Satz oder Satzteil steht der unwirksame Gegengrund?

1. Satz: *2. Satz (NS)*   2. Satz: ....   3. Satz: ....   4. Satz: ....

b Entscheiden Sie, ob man die Stellung der Teilsätze in den Beispielen 1 bis 3 verändern kann. Warum (nicht)? Notieren Sie ggf. die andere Variante.

Satz 1: ...., Grund: ....

....

Satz 2: ...., Grund: ....

....

Satz 3: ...., Grund: ....

....

c Sehen Sie sich die Übersicht der konzessiven Angaben und Satzverbindungen an. Lesen Sie anschließend den Tipp rechts und formulieren Sie die Sätze aus dem Lehrbuch 10 B, 2 a, in gehobenem schriftsprachlichem Stil.

Tipp
- Die mit * markierten Wörter sind aus dem aktiven Sprachgebrauch verschwunden, man begegnet ihnen aber noch beim Lesen, daher sollten Sie sie kennen und verstehen.
- „nichtsdestotrotz" hört man neuerdings oft mündlich.

	Präposition	Nebensatzkonnektor	Verbindungsadverb	zweiteiliger Konnektor
umgangssprachlich und schriftsprachlich neutral	trotz + G (ugs. + D)	obwohl	trotzdem dennoch nichtsdestotrotz	zwar ... aber
schriftsprachlich, gehobene Stilebene	ungeachtet + G	obgleich, obschon* auch wenn, wenngleich*	gleichwohl nichtsdestoweniger	zwar ... aber

DSH **d** Formulieren Sie aus den Elementen Sätze mit „obwohl", „trotzdem" und „zwar … aber".

1. großer Aufwand – jeder Auslandsaufenthalt – verbunden sein mit – dazu – viele junge Leute – sich entschließen

2. zahlreiche Austauschprogramme – geben – verzichten auf – viele Studenten – Auslandssemester

3. Auslandsaufenthalt – sein – vorübergehend – nur – viele Leute – nur schweren Herzens – Familie, Partnern und Freunden – sich trennen von – können

4. man – zurückkehren – in – sein Heimatland – es – nicht immer – leicht sein – sich einleben – wieder

1. Obwohl jeder Auslandsaufenthalt mit einem großen Aufwand verbunden ist, entschließen

sich viele junge Leute dazu. / Jeder Auslandsaufenthalt…

> **Tipp**
>
> Bei „zwar … aber" kann im Satz mit „aber" noch verstärkend „trotzdem" oder „dennoch" stehen, z.B. Der Auslandsaufenthalt war zwar stressig, <u>aber trotzdem</u> sehr schön.

DSH **e** Formulieren Sie die Sätze um. Verwenden Sie dabei „trotz" und markieren Sie, was sich verändert hat.

1. Obwohl Alex und Regina schon viele Vorbereitungen für ein Auslandsemester getroffen hatten, blieben sie am Ende in Deutschland.

2. Zwar kostet der Umzug viel, aber dennoch freut sich Max auf den Wohnortwechsel.

3. Ein Auslandssemester verspricht bessere Zukunftschancen, dennoch entscheiden sich viele dagegen.

4. Obwohl ihre Freundin im Ausland viele gute Erfahrungen gesammelt hatte, konnte sich Ulrike nicht entschließen, ins Ausland zu gehen.

1. Trotz vieler Vorbereitungen für ein Auslandssemester blieben Alex und Regina am Ende in Deutschland. /

Trotz der Tatsache, dass Alex und Regina schon viele Vorbereitungen für ein Auslandsemester getroffen hatten,

blieben sie … / Trotz vieler Vorbereitungen, die Alex und Regina für ein Auslandsemester getroffen hatten,

blieben sie …

f Ergänzen Sie die konzessiven Angaben. Manchmal gibt es zwei Lösungen.

> dennoch | nichtsdestotrotz | obwohl | obwohl | obwohl | trotz | trotz | ~~trotzdem~~ | zwar … aber

Heute ist Sonntag. Hans muss [1] *trotzdem* früh aufstehen. [2] .... ist er bester Laune. Und [3] ....
er noch ziemlich verschlafen ist, fällt es ihm nicht schwer, unter die Dusche zu springen. Er hat [4a] .... nur
kaltes Wasser, [4b] .... das findet er wunderbar, denn es erfrischt seine müden Glieder. [5] .... der
frühen Stunde singt er ein fröhliches Lied. Endlich ist es nämlich soweit. Es wird sein vorerst letzter Wintertag
mit Schnee und eisigen Temperaturen sein. Er hat keine Probleme, Abschied zu nehmen, [6] .... er für
mindestens ein Jahr weg sein wird. Sein Traum ist in Erfüllung gegangen. Er wird [7] .... aller Hindernisse
und Schwierigkeiten ein Jahr in einem warmen Land verbringen, einem Land, dessen Menschen ihn schon immer
fasziniert haben. [8] .... wird er nach einem Jahr wieder zurückkommen, [9] .... ihm das nicht so
leichtfallen wird wie dieser Abschied an einem kalten, trüben Wintermorgen in Deutschland. Da ist er sich ganz sicher.

g Finden Sie für die Lücken im Text in 2f Synonyme im gehobenen Sprachstil.

h Berichten Sie von Situationen aus Ihrem Leben, in denen nicht alles nach Plan verlief. Sie dürfen ruhig ein wenig
übertreiben. Schreiben Sie Sätze mit „zwar … aber" / „obwohl" / „dennoch" / „trotzdem" / „trotz". Sie können auch den
gehobenen Sprachstil verwenden.

G 3.17 ❸ **Zwei Dinge verbinden**

a Lesen Sie folgende Sätze und die Sätze im Lehrbuch 10 B, 3a, und markieren Sie die Konnektoren, Verben und Subjekte. Was fällt auf? Ergänzen Sie die Regeln unten.

1. In Hamburg wollen sowohl Anja als auch Lena studieren.
2. Klaus verbesserte in Mexiko nicht nur sein Spanisch, sondern er lernte auch viele Menschen kennen.
3. Wir besuchen entweder Fernando in Italien oder er kommt zu uns nach Deutschland.
4. Dieses Studienfach ist weder besonders interessant noch hast du damit gute Berufsaussichten.
5. Helga hat zwar kein Geld, aber großes Interesse an einem Studium in den USA.
6. Je mehr eine Universität bietet, desto mehr Personen wollen dort studieren.
7. Je kleiner eine Universität (ist), desto besser (ist) die Betreuung.

1. *sowohl ... als auch* verbindet zwei Satzteile.

2. ...., ..., ..., ... verbinden zwei Satzteile oder Sätze.

3. .... verbindet zwei Sätze. Man kann dabei ggf. das Verb im Nebensatz oder sogar auch im Hauptsatz weglassen, wenn der Kontext klar ist.

b Formulieren Sie die Sätze 1 bis 5 in 3a so um, dass sie jeweils mit einem Konnektor beginnen.

1. Sowohl Anja als auch Lena wollen in Hamburg studieren.

c Christoph hat ein Jahr lang in einem Krankenhaus in London gearbeitet. Berichten Sie über seine Erfahrungen. Notieren Sie die Antworten mit den jeweils passenden Konnektoren.

Tipp

„entweder … oder" kann man durch ein weiteres „oder" und „weder … noch" durch ein weiteres „noch" erweitern.

1. Was wollte Christoph durch den Aufenthalt erreichen?
   (2 Dinge: Fachkenntnisse erweitern / Einblick in anderes Gesundheitssystem gewinnen)
   sowohl …. als auch ....

2. Was hat er in der Regel am Abend gemacht?
   (3 Alternativen: Englisch lernen / mit Kollegen in ein Pub gehen / einen Kinofilm ansehen)
   ....

3. Was hat er in seiner Freizeit unternommen?
   (2 Dinge, 2. Ding ist wichtiger: viele Touren in Südengland machen / Cricket spielen lernen)
   ....

4. Was war nicht möglich?
   (2 Dinge: nach Irland reisen / Theaterfestival in Edinburgh besuchen)
   ....

5. Welches Problem gab es wider Erwarten?
   (Erwartung und Realität: zwei Jahre in London bleiben wollen / nur für ein Jahr eine Stelle finden)
   ....

6. Welche zwei Entwicklungen liefen parallel und in Abhängigkeit voneinander ab?
   (lange bleiben / englische Mentalität ihm gut gefallen)

1. Durch seinen Aufenthalt in London wollte Christoph sowohl seine Fachkenntnisse erweitern als auch Einblick in ein anderes Gesundheitssystem gewinnen.

d Beantworten Sie die Quizfragen zu Deutschland, indem Sie in der Antwort zweiteilige Konnektoren verwenden.

1. Was kann man in Süddeutschland mit Seelen so alles machen?
2. Welche Wörter bezeichnen gleichzeitig Bewohner von deutschen Städten und etwas zum Essen?
3. Welche beiden deutschen Seen könnte man auch Meer nennen?
4. Welche großen Flüsse münden nicht in die Ostsee?
5. Beim Eintritt in welche Schulen bekommt man keine Schultüte?

1. Man kann sie sowohl beim Bäcker kaufen als auch mit Käse o. Ä.

belegen, in Scheiben schneiden, selber backen, ...

C Wege ins Ausland

1 Wörter zusammensetzen – Komposita

a Bilden Sie aus den Elementen Komposita. Achten Sie besonders auf die Verbindungsstelle zwischen den Wörtern. Manchmal gibt es mehrere Lösungen. Benutzen Sie ggf. ein einsprachiges Wörterbuch.

> -branche | -erlaubnis | -idee | -kenntnisse | -kraft | -land |
> -qualität | -suche | -weg | -wesen | -zweig

> **Fugen-s**
> Bei der Zusammensetzung von Wörtern gibt es manchmal ein „Fugen-s":
> * bei Wörtern mit den Suffixen -ung, -heit, -keit, -schaft, -tum, -ling, -ion, -ität, z. B. Erfahrungsbericht, Identitätsproblem
> * bei nominalisierten Infinitiven, z. B. Schlafenszeit, Vertrauensbeweis
> Lerntipp: Markieren Sie das „Fugen-s", wenn Sie ein neues Wort lernen.

1. Arbeit *ssuche*
2. Arbeit
3. Aufenthalt
4. Ausbildung
5. Dienstleistung
6. Einwanderung
7. Fach
8. Gesundheit
9. Geschäft
10. Leben
11. Sprach
12. Wirtschaft

b Was ist das? Erklären Sie die Bedeutung der Komposita aus 1a.

1. Arbeitssuche: Suche nach einer Arbeit

P DSH 2 Interessante Länder und Möglichkeiten

Lesen Sie die Kurztexte von StepStone im Lehrbuch 10 C, 2 b, noch einmal. Was bedeuten folgende Wörter im Kontext? Kreuzen Sie an.

1. liegen an — **a** der Grund sein für — **b** viel Wert sein
2. große Hürden nehmen — **a** viel tun — **b** viele Schwierigkeiten überwinden
3. ein Muss sein — **a** empfehlenswert sein — **b** notwendig sein
4. mittelfristig — **a** in 5 – 10 Jahren — **b** in Kürze
5. es herrscht ein Mangel — **a** es gibt eine Menge — **b** es gibt kein(e) oder zu wenig(e)
6. atemberaubend — **a** furchtbar — **b** eindrucksvoll
7. etw. zieht Touristen an — **a** sie kommen deshalb — **b** etw. / jmd. kleidet Touristen ein
8. etw. reizt jdn. — **a** jd. findet etw. interessant — **b** jdn. nervt etw.
9. etw. wird jdm. nachgesagt — **a** jdn. zitieren — **b** jd. steht in dem Ruf
10. mitunter — **a** das kommt oft vor — **b** öfters

D Vorbereitungen

1 Formelle Telefongespräche

a Ordnen Sie folgende Beschreibungen den Teilen eines formellen Telefongesprächs zu.

> ein Anliegen nennen | ~~sich melden + nach dem Grund des Anrufs fragen~~ | um Rückruf bitten |
> das Gespräch beenden, sich bedanken + verabschieden | bei Verständnisproblemen nachfragen |
> eine Nachricht hinterlassen | den gewünschten Teilnehmer entschuldigen + Hilfe anbieten |
> sich verbinden lassen | sich melden + den Gesprächspartner begrüßen | antworten

A. *sich melden + nach dem Grund des Anrufs fragen* ....

Guten Tag, hier Leoss GmbH Roth, guten Tag. Was kann ich für Sie tun? / Worum geht es denn?

B. ....

Guten Tag, meine Name ist … | Hier spricht (Paula) Schneider. | Paula Schneider am Apparat.

C. ....

Könnte ich bitte Herrn / Frau … sprechen? | Würden Sie mich bitte mit Herrn / Frau … verbinden?

D. ....

Leider ist Herr / Frau … heute nicht im Büro / diese Woche auf einer Dienstreise / gerade zu Tisch / bis 15.00 Uhr in einer
Besprechung / momentan im Gespräch. Kann ich Ihnen vielleicht weiterhelfen?

E. ....

Könnten Sie mir (vielleicht) sagen / erklären, … | Ich würde gerne wissen, … | Ich hätte gerne gewusst, … |
Mich interessiert (auch), … | Wären Sie so freundlich und sagen mir (noch), …

F. ....

Dazu kann ich Ihnen Folgendes sagen / mitteilen: … | Ja, … | Nein, leider…

G. ....

Ich bin mir nicht sicher, ob ich Sie richtig verstanden habe. | Habe ich das richtig verstanden? | Könnten Sie das
bitte wiederholen? | Könnten Sie etwas langsamer sprechen? | Entschuldigung, das habe ich nicht verstanden.

H. ....

Könnten Sie Herrn / Frau … bitte ausrichten, dass … | Ich würde Herrn / Frau … gerne eine Nachricht hinterlassen.

I. ....

Könnten / Würden Sie mich bitte zurückrufen, wenn… | Dürfte ich um Ihren Rückruf / den Rückruf von Herrn /
Frau … bitten. | Bitte geben Sie mir Bescheid, wenn … | Bitte melden Sie sich bei mir, sobald …

J. ....

Das war's schon. Vielen Dank für Ihre Auskunft. | Das war alles, was ich wissen wollte. Herzlichen Dank.
Gern geschehen. | Keine Ursache. Auf Wiederhören!

b **Ergänzen Sie den Dialog mithilfe passender Begriffe aus der Liste in 1a. Manchmal gibt es mehr als eine Möglichkeit.**

■ Guten Tag, hier spricht Emil Mitschke. [1a] .... ich Frau Spät [1b] ....?

□ Guten Tag, Herr Mitschke. Gut, dass Sie anrufen. Frau Spät lässt Ihnen [2] ...., dass sie bis 15.00 Uhr
leider nicht [3] .... ist. Sie bittet um Ihren [4] .... gegen 15.30 Uhr.

■ Wären Sie so [5] .... und sagen Frau Spät, dass ich sie heute leider nicht mehr [6] ....
kann. Worum geht es denn?

□ Ich vermute, Sie wollte Ihnen schnellstmöglich [7] .... geben, dass Ihr Antrag bewilligt wurde.

■ Das ist ja eine gute Nachricht. Dann soll sie sich nur bei mir [8] ...., falls sie mir noch etwas anderes
[9] .... will. Vielen Dank. Auf [10] ....!

□ Gern [11] .... Auf Wiederhören!

c Bereiten Sie für folgende Situationen ein Telefongespräch vor. Überlegen Sie zunächst, welche Phasen Ihr Gespräch hat,
und notieren Sie sich dann passende Redemittel aus der Liste in 1a.

1. Sie möchten ein Praktikum im Ausland machen. Erkundigen Sie sich bei der Zentralstelle für Arbeitsvermittlung (ZAV)
nach den Möglichkeiten (Länder, Firmen, Institutionen), Voraussetzungen (Altersbegrenzung, Zeugnisse) und
Bedingungen (Kosten, Dauer).

2. Sie möchten vor Ihrem Auslandsaufenthalt an einem Intensivsprachkurs teilnehmen. Erkundigen Sie sich bei einem
Anbieter von Sprachkursen nach Preisen, Terminen, Kurszeiten, Kursdauer, Einstufungstest, Frist für die Anmeldung.

3. Sie planen, ein Jahr im Ausland zu verbringen. Informieren Sie sich bei Ihrer Krankenversicherung, ob sie dafür einen
zusätzlichen Versicherungsschutz anbietet. Erkundigen Sie sich auch nach den Kosten und Bedingungen sowie dem
Umfang des Versicherungsschutzes.

2 So viel zu schreiben ...

a Lesen Sie den Brief und unterstreichen Sie die wichtigsten Informationen.

Wohnheim Möncke | Hansastr. 176 | 20148 Hamburg

Frau
Elisa Vieira de Melo
Rua Duarte 56 r/c dto
4000-011 Porto
Portugal

29. Januar 2013

Ihre Anfrage vom 20.01.2013

Sehr geehrte Frau Vieira de Melo,

vielen Dank für Ihre Anfrage. Es freut uns, dass Sie im Rahmen des Europäischen Freiwilligendienstes
nach Deutschland kommen.
Leider müssen wir Ihnen mitteilen, dass wir im Moment kein Einzelzimmer frei haben. Wir haben aber
noch einige wenige Plätze in unseren frisch renovierten Doppelzimmern. Wunschgemäß legen wir eine
Informationsbroschüre bei, aus der Sie Größe und Ausstattung der noch zur Verfügung stehenden
Zimmer sowie die Höhe der Miete ersehen können.
Falls Sie an einem Platz in einem der Doppelzimmer interessiert sind, bitten wir Sie, uns möglichst bald
den ausgefüllten und unterschriebenen Mietvertrag (ebenfalls in der Anlage) zurückzusenden. Dies ist
Voraussetzung für die Reservierung. Für zusätzliche Informationen stehen wir Ihnen jederzeit gern zur
Verfügung.

Mit freundlichen Grüßen

Alfons Gruber

i.A. Alfons Gruber
Hausverwalter

2 Anlagen

Ⓟ telc b Beantworten Sie den Brief in 2a. Achten Sie dabei auch auf die Form eines formellen Briefes.

Danken Sie für den Erhalt des Schreibens und der Informationsbroschüre. Da die darin enthaltenen Informationen nicht
ganz klar sind, fragen Sie nach:
• Jedes Doppelzimmer eigene Dusche und WC?
• W-LAN, Fernsehanschluss, Telefon im Zimmer?
• Wann freies Einzelzimmer?
Begründen Sie, warum Sie so bald wie möglich ein Einzelzimmer bekommen möchten. Bitten Sie um eine möglichst
schnelle Beantwortung.

E Ankommen

● G 5.2 ❶ Partizipien – mal so, mal so

a Partizip I und II als Attribut: Lesen Sie die Tipps und ergänzen Sie dann in der Tabelle unten das Partizip I und / oder II. Überlegen Sie zur Überprüfung jeweils, wie der Relativsatz heißt.

Partizip I (= Partizip Präsens)

Ein Vorgang im Aktiv, der im Sprechmoment stattfindet bzw. stattgefunden hat, z.B.

• Die Touristen, die (gerade) abreisen, sind laut.
→ Die abreisenden Touristen sind laut.

• Auf der Wiese spielten viele Kinder, die (gerade) lachten. → Auf der Wiese spielten viele lachende Kinder.

• Wir trinken einen Tee, der stark duftet. / Wir tranken einen Tee, der stark duftete.
→ Wir trinken / tranken einen stark duftenden Tee.

Partizip II (= Partizip Perfekt)

a. Ein Vorgang im Passiv oder im Aktiv mit „man", z.B.

• die Miete, die gestern bezahlt wurde/worden ist / die man gestern bezahlt hat → die gestern bezahlte Miete

• Weine, die häufig gekauft werden / die man häufig kauft → häufig gekaufte Weine

• das Zimmer, das geputzt ist („sein"-Passiv) → das geputzte Zimmer

b. Ein Vorgang im Aktiv, der im Sprechmoment schon beendet ist oder war. Dies gilt nur für Verben, die das Perfekt mit „sein" bilden, z.B.

• Die Touristen, die abgereist sind/waren → die abgereisten Touristen (im Sprechmoment ist ihre Abreise bereits Vergangenheit)

Verb – Nomen	Partizip I + Nomen	Partizip II + Nomen
1. ankommen – Reisender	der ankommende Reisende → der Reisende, der ankommt	der angekommene Reisende → der Reisende, der angekommen ist
2. vermieten – Wohnung		
3. verlängern – Aufenthalt		
4. landen – Flugzeug		
5. wegrennen – Mann		
6. steigen – Aufwand		
7. bestehen – Prüfung		
8. nerven – Fahrgäste		

b Was passt: Partizip I oder Partizip II? Kreuzen Sie an.

1. Was essen wir? — a das kochende Huhn — b das gekochte Huhn
2. Wer lebt noch? — a das fressende Tier — b das gefressene Tier
3. Wer hat genug geschlafen? — a die ausschlafende Frau — b die ausgeschlafene Frau
4. Was ist nicht mehr kaputt? — a der reparierende Roboter — b der reparierte Roboter
5. Was steht? — a das anhaltende Auto — b das angehaltene Auto

c Ergänzen Sie das Partizip I oder Partizip II im Kontext.

1. Er reiste heute plötzlich ab. Sein Entschluss kam für uns _überraschend_. (überraschen)

2. Jan und Lisa stritten sich die ganze Zeit, deshalb war der Ausflug .... (verderben)

3. Das kalte Wasser bei der Hitze zu trinken, war .... (erfrischen)

4. Das Theaterstück war schrecklich. In der Pause sind wir völlig .... gegangen. (langweilen)

5. Um Kaffee kochen zu können, muss das Wasser .... heiß sein. (kochen)

6. Der Film war ein riesiger Erfolg, alle haben sich .... geäußert. (begeistern)

7. Die Mutter las ihren Kindern eine Gute-Nacht-Geschichte vor. Sie hörten .... und .... zu. (schweigen / interessieren)

○ G 5.2 ② Kürzer und knapper mit Partizipien

Ⓟ DSH **a** Partizip I und II als Nomen: Was sind das für Menschen?

1. am Konzert Teilnehmende *Leute, die am Konzert teilnehmen*

2. ein bei der Stadt Angestellter ....

3. die fleißig Lernenden ....

4. die bei dem Unfall Verletzte ....

5. eine beim Filmfestival Ausgezeichnete ....

6. ein geduldig Wartender ....

Ⓟ DSH **b** Bilden Sie aus den Relativsätzen Konstruktionen mit Partizip I oder II. Wo stehen die markierten Satzteile nach der Umformulierung? Markieren Sie.

1. die Frau, die Mietinteressenten berät / beraten hat *die Mietinteressenten beratende Frau* ....

2. der Mietvertrag, der gestern unterschrieben wurde ....

3. ein Zimmer, das ab nächster Woche zur Verfügung steht ....

4. der Vertrag, der letzten Montag zustande gekommen ist ....

5. der Mieter, der den Mietvertrag gründlich liest ....

Ⓟ DSH **c** Verkürzen Sie folgende Sätze, indem Sie das Partizip I oder II verwenden. Achten Sie auch auf die Endungen.

1. Vielen Dank für Ihr Schreiben, das am 04.02. eingegangen ist.
2. Die Unterlagen, die im Moment noch fehlen, werde ich Ihnen so schnell wie möglich zuschicken.
3. Ich lege einen Rückumschlag bei, der bereits adressiert und frankiert ist.
4. Sie schreiben, dass die Anzahl der Einzelzimmer, die im Moment zur Verfügung stehen, sehr gering ist.
5. Besteht in den Monaten, die kommen, überhaupt eine Chance auf ein solches Zimmer?
6. Mit den Konditionen, die in Ihrem heutigen Angebot beschrieben sind, bin ich einverstanden.
7. In der Anlage finden Sie eine Aufstellung der Kosten, die mir auf der Reise entstanden sind.

1. Vielen Dank für Ihr am 04.02. eingegangenes Schreiben. ....

F Kultur hier und da

● 40 **① Erste Eindrücke durch interkulturelle Trainings**

Sie planen für das kommende Jahr Angebote für interkulturelle Trainings. Ihre Kollegin teilt Ihnen noch fehlende Informationen und einige Korrekturen mit. Notieren Sie sie in der Planungsübersicht.

Monat	Training	Zielgruppe	Dauer
Januar	länderübergreifende Teambildung	[1] *internationale* Teams	2 Tage
Februar	Deutschland-Training	ausländische Mitarbeiter in D.	1 Tag oder 4 [2] ....
März	mehr Erfolg in internationalen [3] .... Teams	internationale Teams mit verschiedenen Standorten	2 Tage
April	kulturübergreifendes Training	Personen mit vielen Zielländern	1 Tag
Mai	Rückkehrer-Training	Auslandsrückkehrer	nach [4] ....
Juni	kulturspezifisches Training Brasilien 1. Auslandsvorbereitung 2. Erfolgreiche Kommunikation (Aufbaukurs [5] ....)	– zukünftig Entsandte – Vertriebsmitarbeiter	1 Tag 2 Tage (beide Tage einzeln [6] ....)

❷ Phasen der kulturellen Anpassung

Ordnen Sie folgende Begriffe in eine Tabelle wie unten ein.

Bestürzung | Hochstimmung | Anpassung | Schreck | individuelle Sicherheit |
Angleichung | Hochgefühl | Erschrecken | Annäherung | Festigung | Rausch

Euphorie	Schock	Akkulturation	Stabilisierung
Hochstimmung			

Aussprache

❶ Planung vor der Ausreise

a Unterstreichen Sie in den Sätzen die Wörter mit den Lautkombinationen „ng" und „nk".

1. Ich muss mir wirklich über vieles Gedanken machen.
2. Was sind die Voraussetzungen?
3. Welche Bedingungen muss ich erfüllen?
4. Welche Vorbereitungen muss ich treffen?
5. Wird es mir gelingen, einen guten Nachmieter zu finden?
6. Woran muss ich noch denken?
7. Gastgeschenke kaufen.
8. Für den Anfang leichte Kleidung mit langen Ärmeln wegen der Moskitos besorgen.
9. Anke anrufen und nach ihren Erfahrungen mit der internationalen Schule fragen.

> **Aussprache von „ng" und „nk"**
> Diese Kombinationen werden nasal, also durch die Nase (als ob Sie Schnupfen hätten) gesprochen und im Wörterbuch mit den Zeichen [ŋ] bzw. [ŋk] dargestellt.

41 b Hören Sie die Sätze in 1a und achten Sie dabei besonders auf die Aussprache der von Ihnen unterstrichenen Wörter.

c Sprechen Sie die Sätze in 1a nach.

❷ Ein bisschen Auffrischung

a Wie heißen die Formen dieser unregelmäßigen Verben? Ergänzen Sie sie und sprechen Sie dann jeweils die drei Formen schnell hintereinander.

hängen	fangen	singen	sinken	springen	trinken	klingen	gelingen
hing							
gehangen							

42 b Hören Sie nun die Verbformen von 2a und sprechen Sie sie noch einmal.

❸ Konkrete und Unsinnspoesie

43–44 a Hören Sie die zwei Gedichte und achten Sie auf die Aussprache.

> ping   pong
>   ping   pong   ping
>   pong   ping   pong
>   ping   pong
>
> Eugen Gomringer

b Lesen Sie die Gedichte in 3a laut. Vielleicht können Sie sich auch selbst dabei aufnehmen und Ihre Interpretation dann noch einmal anhören.

> *In der Nacht die Sterne funkeln*
> *Und der Rundfunk funkelt auch*
> *Funkeln tun auch die Karfunkeln*
> *Und ein funkelnagelneuer Anzug auch.*
>
> Karl Valentin

Grammatik: Das Wichtigste auf einen Blick

▶ G 3.8 ① Konzessive Haupt- und Nebensätze

Konzessive Satzverbindungen drücken einen „unwirksamen Gegengrund" aus, d.h., einen Grund, der nicht die Wirkung hat, die man „normalerweise" erwartet, denn etwas geschieht bzw. folgt entgegen einer Erwartung.

- Der unwirksame Gegengrund steht in Nebensätzen mit **obwohl / obgleich / wenn auch**.
  - z.B. Nur wenige gehen ins Ausland, obwohl es Vorteile bringt. / Obwohl es Vorteile bringt, gehen nur wenige ins Ausland.
- Der unwirksame Gegengrund steht in Hauptsätzen oder Satzteilen mit **zwar**. Diese stehen vor dem Hauptsatz bzw. dem Satzteil mit **aber**.
  - z.B. Zwar finden viele Auslandsaufenthalte wichtig, aber nur wenige entscheiden sich dafür.
- Hauptsätze mit **trotzdem, dennoch** oder **nichtsdestoweniger / nichtsdestotrotz** beziehen sich auf einen Hauptsatz davor, in dem der unwirksame Gegengrund steht.
  - z.B. Vielen Arbeitgebern ist es wichtig, dass die Bewerber Auslandserfahrung haben. Trotzdem sollte man nicht nur wegen seines Lebenslaufs ins Ausland gehen.
- Die Präposition **trotz + G (ugs. auch + D)** leitet einen unwirksamen Gegengrund ein.
  - z.B. Trotz der Stipendienprogramme müssen Studierende oft von ihren Eltern unterstützt werden.

▶ G 3.17 ② Zweiteilige Konnektoren

- **sowohl ... als auch** ersetzt den Konnektor „und", beide Elemente sind gleich wichtig.
  - z.B. Sowohl Anja als auch Lena wollen in Hamburg studieren.
- **nicht nur ..., sondern auch** ersetzt den Konnektor „und", das zweite Elemente ist wichtiger.
  - z.B. Klaus möchte in Mexiko nicht nur sein Spanisch verbessern, sondern auch viele Menschen kennenlernen.
- **entweder ... oder** nennt zwei Alternativen.
  - z.B. Entweder besuchen wir Fernando in Italien oder er kommt zu uns nach Deutschland.
- **weder ... noch** bedeutet, dass kein Element zutrifft.
  - z.B. Dieses Studienfach ist weder besonders interessant noch bietet es Chancen für die Zukunft.
- **je ..., desto / umso** drückt ein Verhältnis aus.
  - z.B. Je kleiner eine Universität (ist), desto besser (ist) die Betreuung.

▶ G 5.2 ③ Partizip I und II als Attribute

Das Partizip I (= Partizip Präsens) bildet man mit dem Infinitiv des Verbs + „d". Es beschreibt einen Vorgang im Aktiv, der im Sprechmoment stattfindet bzw. stattgefunden hat.
- z.B. Die Touristen, die gerade abreisen, sind sehr laut. → Die gerade abreisenden Touristen sind sehr laut.
  - Auf der Wiese spielten Kinder, die lachten. → Auf der Wiese spielten lachende Kinder.

Das Partizip II (= Partizip Perfekt) beschreibt einen Vorgang,
- der entweder im Passiv oder im Aktiv mit „man" formuliert ist.
  - z.B. die Miete, die gestern bezahlt wurde / worden ist / die man gestern bezahlt hat → die gestern bezahlte Miete
    Weine, die häufig gekauft werden / die man häufig kauft → häufig gekaufte Weine
- der im Aktiv formuliert ist und im Sprechmoment schon beendet ist oder war. Dies gilt nur für Verben, die das Perfekt mit „sein" bilden.
  - z.B. Die Touristen, die gestern abgereist sind, waren sehr laut → Die gestern abgereisten Touristen waren sehr laut.

Die Partizipialkonstruktion, d.h. die verkürzte Information, steht
- zwischen Artikelwort und Nomen, z.B. Die Vorschriften, die im Wohnheim gelten, sind einzuhalten.
  - → Die im Wohnheim geltenden Vorschriften sind einzuhalten.
- zwischen Präposition und Nomen, z.B. Nur in Fällen, die man gut begründen kann, kann der Mietvertrag verlängert werden. → Nur in gut begründeten Fällen kann der Mietvertrag verlängert werden.

A Natur

1 Die Jahreszeiten

a Ordnen Sie die Wörter in eine Tabelle wie unten ein. Ergänzen Sie ggf. auch die Artikel und Pluralformen.

gefrieren | mild | Spinne | kahl | Hitze | erfrieren | Ast | grün | Hecke | Frost | schmelzen | Kraut |
färben | Schmetterling | blühen | trocken | Pilz | verblüht | Blatt | vertrocknen | Tau | Eis | Blume | Igel |
heiter | feucht | Sonne | Nuss | Wolke | frisch | Frosch | Wind | saftig | Vogel | Blüte | Gras | Regen |
Mücke | wachsen | Sturm | Käfer | welken | schattig | Schnee | Laub | Biene | tauen | Eichhörnchen

Wetter	Pflanzen	Tiere	Vorgänge	Eigenschaften
			gefrieren,	

b Ergänzen Sie die Tabelle in 1a mit je drei Wörtern. Nehmen Sie ggf. ein Wörterbuch zur Hilfe.

c Ordnen Sie jeder Jahreszeit typische Begriffe aus 1a bzw. 1b zu.

Frühling   Sommer   Herbst   Winter

gefrieren

d Beantworten Sie folgende Fragen zu den Gedichtauszügen im Lehrbuch 11A, 3a, und belegen Sie Ihre Antworten mit Textstellen.

1. Wo spricht der Autor über sich selbst?
2. Wo wird die Natur personifiziert?
3. Wo gibt es viel Bewegung?
4. Wo gibt es wenig Bewegung?
5. Wo gibt es Veränderung?
6. Wo werden Farben genannt?
7. Wo kann man etwas hören?
8. Welche Texte beschreiben etwas Vergangenes?
9. Welche Texte beschreiben etwas Gegenwärtiges?

1. A. Holz: „... Gras. Drin liege ich."; Novalis: ...

2 Gedichte selbst verfasst

a Lesen Sie die zwei Kurzgedichte. Welche Beschreibung passt zu welchem Gedicht?

lustig | traurig | nett |
melancholisch | tiefsinnig |
nichtssagend | fröhlich |
oberflächlich

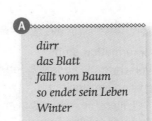

A

*dürr
das Blatt
fällt vom Baum
so endet sein Leben
Winter*

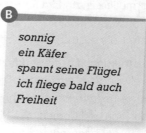

B

*sonnig
ein Käfer
spannt seine Flügel
ich fliege bald auch
Freiheit*

b Schreiben Sie ein Naturgedicht aus elf Wörtern wie in 2a und benutzen Sie dazu Wörter aus 1a und 1b.

> **Ein Elfchen**
>
> 1. Zeile: ein Adjektiv (ein Wort)
> 2. Zeile: Wer / Was ist so? (zwei Wörter)
> 3. Zeile: eine Angabe über den Zustand / Verhalten / Vorgang von Zeile 2 (drei Wörter)
> 4. Zeile: eine genauere Aussage über Zeile 3 oder: eine Aussage über sich selbst, beginnend mit „Ich…" (vier Wörter)
> 5. Zeile: ein abschließendes Wort (ein Wort)

3 Eine Textsammlung zum Thema „Natur"

a Schreiben Sie eine kleine Geschichte zum Thema „Natur".

- Sammeln Sie zuerst Stichworte.
- Erstellen Sie dann ein Gerüst der Handlung.
- Formulieren Sie nun die Geschichte aus. Achten Sie dabei besonders auf die Temporalangaben und Satzverbindungen.
- Korrigieren Sie Ihre Texte gegenseitig und geben Sie sie bei Unsicherheiten Ihrer Lehrerin / Ihrem Lehrer zur Korrektur.

b Stellen Sie die im Kurs entstandenen Geschichten und Gedichte zum Thema „Natur" in einer kleinen Textsammlung zusammen.

- Sortieren Sie die Texte.
- Machen Sie ein Inhaltsverzeichnis.
- Schreiben Sie ein Vorwort.
- Finden Sie einen Titel für das Buch und gestalten Sie den Umschlag.

B Von der Natur lernen

1 Natur und Technik

a Ergänzen Sie Wörter aus Aufgabe 2a im Lehrbuch 11B.

1. Gibt es Rosen ohne .... ?
2. Wenn der Wind weht, schweben die .... des .... wie kleine Fallschirme durch die Luft.
3. Natürlich kann eine .... auch fliegen.
4. Sowohl .... als auch .... können ihre Gegner mit ihrem Gift töten.
5. Wie lange braucht eine Spinne, um ein Netz zu .... ?
6. Die .... kann sich mit kleinen .... an verschiedenen Stoffen festklammern.
7. Eine Schlange .... sich so, dass man sie in ihrer Umgebung nicht sieht.

b Bilden Sie aus den Silben Wörter aus Aufgabe 2a und 2c im Lehrbuch 11B. Finden Sie je zwei, die zusammenpassen.

Schlange – Tarnung ....

> chel | dach | dor | draht | fall | flos | ge | haut | klet | klett | lö | nen | nen | netz | nung | schirm | schlan | schluss | schwimm | schwimm | se | spin | sta | tar | te | ver | wen | zahn | zelt

2 Was ist Bionik?

a Lesen Sie die Notizen zu Punkt 1 der Reportage im Lehrbuch 11 B, 3 b. Welche Informationen sollten auf einem Notizzettel vorkommen? Kreuzen Sie an.

- [ ] 1. Viele Errungenschaften des Menschen sind im Vergleich zum Vorbild in der Natur bescheiden.
- [ ] 2. Natur hat ein unerschöpfliches Reservoir an genialen, oft sehr einfachen Lösungen.
- [ ] 3. Konstruktionen der Natur sind effektiv bei maximaler Energie und Materialausnutzung.
- [ ] 4. Der modernste Hubschrauber kann nicht mit den Flugkünsten einer Fliege konkurrieren.

b Verkürzen Sie die in 2 a ausgewählten Informationen so, dass sie für einen Notizzettel geeignet sind. Sehen Sie sich dazu ggf. die Tipps im Arbeitsbuch, Lektion 7 D, Übung 3, an.

c Bringen Sie die Reportageteile in die richtige Reihenfolge.

[ ] als sich diese zum Vorbild zu nehmen? Die Bionik, eine Wissenschaft an der Grenze zwischen Technik und Biologie, tut genau dies. Als Grenzgänger zwischen den Disziplinen forschen ihre Vertreter nach den Prinzipien, die hinter den Konstruktionen der Natur stehen, und versuchen,

[ ] doch die Perfektion des Vogelfluges bleibt unerreicht. Aber Bionik muss nicht immer kompliziert sein. Auch in einfachen Dingen steckt die Genialität der Natur, wie zum Beispiel in einer Pinzette. Und wer nicht wie Enten und Gänse über natürliche Schwimmflossen verfügt, zieht sich einfach welche an.

[ ] diese Prinzipien in die Technik zu übertragen. Der Begriff „Bionik" wurde 1960 vom Amerikaner J. E. Steele geprägt. Er sollte das „Lernen aus der Natur für die Technik" verdeutlichen. Fragen an die Natur haben im Moment Hochkonjunktur,

[1] Im Zeitalter der modernen Technik erscheinen viele Errungenschaften des Menschen im Vergleich zum Vorbild Natur noch immer eher bescheiden: So muss, verglichen mit den akrobatischen Flugkünsten der Stubenfliege, selbst der modernste und wendigste Hubschrauber passen. Die Natur hingegen scheint ein geradezu unerschöpfliches Reservoir an oft genial einfachen Lösungen parat zu haben. Was liegt näher,

[ ] denn die Konstruktionen der Natur sind vor allem eins: effektiv bei maximaler Energie- und Materialausnutzung. Im Zeitalter schwindender Ressourcen und drohender Klimaveränderung sind es vor allem diese Eigenschaften,

[ ] die das Vorbild Natur für Wissenschaftler und Techniker interessanter denn je machen. Das Paradebeispiel für Bionik ist der Traum vom Fliegen. Der Vogel gilt als Vorbild für die Flugzeugkonstruktion: Der Mensch hat bis heute große Fortschritte in der Flugtechnik gemacht,

DSH **d** Lesen Sie die Reportage in 2 c noch einmal und entscheiden Sie, ob die Aussagen richtig (r) oder falsch (f) sind.

1. In der Natur findet die moderne Technik unzählige Vorbilder für Konstruktionen. [r] [f]
2. Bionik ist eine interdisziplinäre Wissenschaft. [r] [f]
3. Neuerdings verwendet man den Begriff „Bionik". [r] [f]
4. Die Konstruktionen der Natur waren für die Wissenschaftler früher interessanter als heute. [r] [f]
5. Der moderne Flugzeugbau hat sein Vorbild, den Vogel, längst eingeholt. [r] [f]
6. Nicht nur komplizierte, sondern auch einfache Dinge aus der Natur inspirieren die Forscher. [r] [f]

❸ Der Lotuseffekt – eine kurze Reportage

a Setzen Sie die Nomen zu Komposita zusammen und ergänzen Sie die Artikel.

1. *die* Fassaden-
2. .... Elektronen-
3. .... Wachs-
4. .... Blatt-
5. .... Schmutz-
6. .... Keramik-
7. .... Silikon-
8. .... Lotus-
9. .... Wasser-

A. -kristall
B. -blume
C. -mikroskop
D. -gefäß
E. -wachs
F. -tropfen
G. -farbe
H. -partikel
I. -oberfläche

1. ☐ G
2. ☐
3. ☐
4. ☐
5. ☐
6. ☐
7. ☐
8. ☐
9. ☐

Ⓟ DSH b Lesen Sie die Reportage, korrigieren Sie ggf. Ihre Lösung in 3 a und ordnen Sie die Überschriften den Abschnitten zu.

Der Lotuseffekt im Alltag | Eine revolutionäre Entdeckung | Das Lotusblatt unterm Elektronenmikroskop

1. ....

Ein Klassiker der Bionik ist der Lotuseffekt. Professor Wilhelm Barthlott von der Universität Bonn machte in den 70er-Jahren eine bahnbrechende Entdeckung: Die Blätter der Lotusblume sind immer sauber. Sie haben die faszinierende Fähigkeit, sich selbst zu reinigen. In jahrzehntelanger Arbeit wurde dieser sogenannte Lotuseffekt genauestens erforscht. Mittlerweile ist er patentiert und im praktischen Einsatz.

2. ....

Das Lotusblatt enthüllt erst unter dem Elektronenmikroskop sein Geheimnis: Auf der Blattoberfläche sitzen winzige Wachskristalle, die dem Blatt eine raue, genoppte Struktur verleihen. Die unzähligen mikroskopisch kleinen Noppen bewirken, dass Schmutzpartikel

und Wassertropfen nur wenige Kontaktstellen mit dem Blatt haben und daher nicht anhaften können. Wassertropfen perlen kugelförmig ab und nehmen dabei Schmutz- und Staubpartikel mit. Es ist gelungen, diese raue Mikrostruktur auf künstlichen Oberflächen nachzubilden.

3. ....

Der Lotuseffekt hat heute in diversen Anwendungen Einzug in den Alltag gehalten: Es gibt Keramikgefäße, die nicht verschmutzen können. Es gibt Fassadenfarbe, die Wasser und Schmutz von Hauswänden abperlen lässt. Es gibt ein Silikonwachs, das auf verschiedene Materialien aufgesprüht werden kann, z. B. auf Markisen, Dachziegel oder schnell verschmutzende Gegenstände wie Gepäckablagen in Zügen.

❹ Informationen weitergeben

Sie bereiten eine internationale Tagung zum Thema „Jugend und Wissenschaft" vor. Sie sollen per Mail nun einige Informationen an das gesamte Organisationsteam schicken. Verwenden Sie dazu folgende Informationen.

erledigt:
- *Unterkunft: 2- und 3-Bettzimmer Jugendherberge*
- *Mittagessen bestellt: Mensa Uni*
- *Getränke und Pausensnacks bereit*
- *Seminarräume: Computer, Beamer, Tafel, Stifte*
- *Touristeninformation: Stadtführung gebucht*

zu erledigen:
- *Presse informieren*
- *Geld für Stadtführung überweisen*
- *Bus für Ausflug bestellen*
- *Empfang der Gäste am Bahnhof?*
- *Transfer zur Jugendherberge?*

✉ ⎘ 📎 →   ⬍ ◻ ✕

Liebes Team,
unsere Vorbereitungen laufen ganz gut. Ich fasse zusammen, was seit unserem letzten Treffen erledigt wurde:

C Naturkatastrophen

1 Kleines Quiz

Was ist das? Lösen Sie die Quizfragen zuerst selbst und befragen Sie sich dann gegenseitig.

1. Weil er sich sehr schnell ausbreitet, ist er für Menschen, Tiere und die Natur gefährlich. Er entsteht meistens während Trockenperioden.
2. Das Wort kommt wahrscheinlich aus einer Sprache der Maya und bedeutet „Gott des Windes". Es ist ein Wind von Orkanstärke.
3. Das entsteht, wenn die Sonne von der Erde aus gesehen durch den Mond verdeckt wird.
4. Er entsteht meist durch starke Erdbeben unter dem Ozeanboden und breitet sich in Meereswellen über große Entfernungen hinweg aus.
5. Das sind große Massen von Schnee, die sich von Berghängen ablösen und ins Tal rutschen.
6. Das ist eine heiße Quelle, deren Wasser in bestimmten Abständen als Fontäne ausgestoßen wird.
7. Der Begriff ist eigentlich gar nicht korrekt, denn nicht sie verändert ihren Platz dabei, sondern der Betrachter wird durch die Erdrotation bewegt.

2 Was sagt man da?

a Ordnen Sie die Redemittel in eine Tabelle wie unten ein.

Ich war fix und fertig. | Es war unglaublich. | Einer meiner schlimmsten Momente war, als … | Bemerkenswert war … | Das Gefühl war überwältigend. | Ich hoffe, dass ich das nie wieder erlebe. | Ich war hin und weg. | Meine Welt ist völlig aus den Fugen geraten. | Das Besondere dabei war, dass … | Es war das Schrecklichste, was ich je erlebt habe. | Ich habe es genossen, … | Hervorheben möchte ich außerdem, dass …

positiv	negativ	neutral
	Ich war fix und fertig.	

b Verwenden Sie mindestens drei der Redemittel aus 2a in Ihrer Antwort auf die Anzeige im Lehrbuch 11C, 2b.

3 Katastrophenmeldungen

Wie lauten die Meldungen aus den Medien? Kombinieren Sie die Sätze.

1. Ein Unwetter mit Sturm und Orkanböen
2. Nach den ungewöhnlich heftigen Monsun-Regenfällen im Norden Thailands
3. Neuseeland stöhnt unter einem der trockensten Sommer der vergangenen 100 Jahre. Die Produktion der neuseeländischen Landwirte
4. Das Flammen-Inferno in den Wäldern Portugals wird immer dramatischer. Mehrere Menschen
5. An diesem Wochenende gab es in Polen mindestens 27 Kältetote. Im Osten des Landes
6. Der indonesische Vulkan Merapi spuckte am Wochenende unvermindert heiße Gaswolken und Lava aus. Die Behörden riefen daher die Menschen auf,

A. ist ernsthaft in Gefahr.
B. in ihren Notquartieren zu bleiben.
C. steht das Wasser auf manchen Straßen bis zu zwei Meter hoch.
D. fiel das Quecksilber nachts zum Teil auf minus 32 Grad.
E. sind bereits verletzt, zahlreiche mussten ihre Dörfer verlassen.
F. fegte in der Nacht zum Sonntag über weite Teile Deutschlands hinweg.

1. F
2.
3.
4.
5.
6.

45 – 49 **4** **Ansagen**

telc/DSH

Sie hören fünf kurze Ansagetexte. Entscheiden Sie beim Hören, ob die Aussagen richtig (r) oder falsch (f) sind.

1. Die Grüne Woche ist eine Veranstaltung für deutsche und ausländische Politiker. `r` `f`
2. Reisende sollten sich heute nur auf den Weg machen, wenn es unbedingt nötig ist. `r` `f`
3. Im Süden und Westen fliegen die Pollen in diesem Jahr früher, weil es nicht so kalt war. `r` `f`
4. Unter der Servicehotline kann man eine Übernachtung buchen. `r` `f`
5. Bei den Gartentagen bekommt man einen individuellen Plan für seinen Traumgarten. `r` `f`

D Klimawandel

1 **Meinungen und Kommentare – Wer sagt was?**

a Lesen Sie die Kommentare im Lehrbuch 11 D, 2, noch einmal und ergänzen Sie die Namen der Verfasser.

1. *Joachim Scheirich* .... sagt, die Natur habe schon immer Veränderungen zustande gebracht.

2. .... ist der Meinung, die verharmlosenden Aussagen von Wissenschaftlern seien wissenschaftlich nicht haltbar und hätten politisch falsche Auswirkungen.

3. .... meint, das Klima sei noch nie gleichbleibend gewesen.

4. .... schreibt, wenn wir unser Verhalten nicht ändern würden, gebe es bald keine Menschen mehr.

5. .... ist der Ansicht, die Natur sei widerstandsfähiger, als wir dächten.

6. .... meint, nicht die Menschen hätten den Klimawandel verursacht, sondern dieser werde auch ohne Zutun der Menschen stattfinden und die Folgen würden sich bald zeigen.

○ G 4.9 **b** Markieren Sie in 1a alle Verbformen, die indirekte Rede signalisieren, und schreiben Sie sie in die Tabelle.

	Konjunktiv I	Konjunktiv II
Präsens		
Perfekt / Präteritum / Plusquamperfekt	*habe ... gebracht*	
Futur		

○ G 4.9 **2** **Wiedergeben, was andere Personen sagen**

a Ergänzen Sie die passenden Verbformen aus der Tabelle unten.

Der Umweltminister redete den Zuhörern ins Gewissen, sie alle [1] .... (sein) für den Klimawandel

verantwortlich, sie [2] .... (haben) viel zu wenig für den Umweltschutz getan und daher [3] ....

(können) sie einen Klimawandel nicht mehr verhindern. Er [4] .... (wünschen) es ihnen zwar nicht, aber sie

[5] .... (werden) zukünftig noch mehr unter den Folgen des Klimawandels leiden.

	haben	sein	werden	wünschen	können
ich	~~habe~~ hätte	sei	würde	wünschte	könne
du	~~habest~~ hättest	sei(e)st	würdest	wünschtest	könntest
er / sie / es	habe	sei	werde	wünsche	könne
wir	~~haben~~ hätten	seien	würden	wünschten	könnten
ihr	~~habet~~ hättet	sei(e)t	würdet	wünschtet	könntet
sie / Sie	~~haben~~ hätten	seien	würden	wünschten	könnten

b Was fällt auf? Vergleichen Sie die Regeln mit der Tabelle in 2a und ergänzen Sie sie.

> 1. Man bildet den Konjunktiv I, indem man an den Verbstamm die Endung
>   „-e" anhängt, z. B. ich habe, du habest, er habe, wir haben, ihr habet, sie
>   haben (Achtung: ich _sei_, er / sie / es ....).
>
> 2. Der Konjunktiv I wird meist nur in der .... Person Singular.
>   gebraucht, bei den anderen Personen verwendet man in der Regel den
>   Konjunktiv II. Nur beim Verb „.." wird der Konjunktiv I
>   in allen Formen verwendet.

Tipp

Im mündlichen Sprachge-
brauch verwendet man in
der indirekten Rede auch
in der 3. Pers. Sing. den
Konjunktiv II oder „würde"
+ Infinitiv, z. B.

- Sie hat gesagt, dass sie
  bald <u>käme</u>.
- Er sagte, er <u>würde</u> uns
  rechtzeitig <u>informieren</u>.

(P) DSH **c** Was hat der Umweltminister direkt gesagt? Schreiben Sie den Text aus 2a in der direkten Rede.

Der Umweltminister sagte: „Sie alle sind für den Klimawandel verantwortlich, ..."

d Was hat sich bei der Wiedergabe in der direkten Rede geändert?

☐ Verbformen   ☐ Präpositionen   ☐ Pronomen   ☐ Anführungszeichen

e Konjunktiv I: Ergänzen Sie die Formen in der Tabelle.

	werden	geben	nehmen	kommen	fahren	wissen	sein
er / sie / es	*werde*						

G 4.9 ❸ Wer mit wem und wann?

a Welche der direkten Aussagen wird jeweils nicht durch den Satz in der indirekten Rede wiedergegeben: a, b, c oder d?

1. Bürger beschwerten sich, dass sich der Minister nicht um den Umweltschutz gekümmert habe.
   - **a** „Der Minister kümmert sich nicht um den Umweltschutz."
   - **b** „Der Minister kümmerte sich nicht um den Umweltschutz."
   - **c** „Der Minister hat sich nicht um den Umweltschutz gekümmert."
   - **d** „Der Minister hatte sich nicht um den Umweltschutz gekümmert."

2. Sie meinten außerdem, die Kontrollen seien nicht streng genug gewesen.
   - **a** „Die Kontrollen waren nicht streng genug."
   - **b** „Die Kontrollen sind nicht streng genug."
   - **c** „Die Kontrollen waren nicht streng genug gewesen."
   - **d** „Die Kontrollen sind nicht streng genug gewesen."

b Welche der direkten Aussagen wird jeweils durch den Satz in der indirekten Rede wiedergegeben: a oder b?

1. Der Umweltminister antwortete, dass er sich für schärfere Kontrollen einsetzen werde.
   - **a** „Ich werde mich für schärfere Kontrollen einsetzen."
   - **b** „Er wird sich für schärfere Kontrollen einsetzen."

2. Der Minister sagte, dass wir uns nach der Diskussion noch persönlich an ihn wenden könnten.
   - **a** „Wir können uns nach der Diskussion noch persönlich an ihn wenden."
   - **b** „Sie können sich nach der Diskussion noch persönlich an mich wenden."

3. Mein Sohn beschwerte sich, dass mein neues Auto zu viel Energie verbrauche.
   - **a** „Mein neues Auto verbraucht zu viel Energie."
   - **b** „Dein neues Auto verbraucht zu viel Energie."

4. Der Umweltminister kündigte an, dass er die Reporter am nächsten Tag empfangen werde.
   - **a** „Ich werde Sie am nächsten Tag empfangen."
   - **b** „Ich werde Sie morgen empfangen."

c   Lesen Sie die Sätze in 3a und 3b noch einmal. Was fällt auf? Ergänzen Sie die Regeln.

1. Im Indikativ gibt es .... Vergangenheitsform(en), im Konjunktiv I oder II gibt es

.... Vergangenheitsform(en).

2. Beim Wechsel von direkter zu indirekter Rede kann es einen Perspektivenwechsel geben. Die ....
sowie die Zeit- und Ortsangaben ändern sich dann sinngemäß. Dabei ist zu beachten: Wer spricht zu wem? Wann
und wo geschieht etwas?

○ G 4.9 ④ Fragen besorgter Bürger
℗ DSH

Geben Sie die Fragen in der indirekten Rede wieder.

1. Wie wahrscheinlich ist eine Klimakatastrophe?
2. Haben die starken Stürme etwas mit der Klimaveränderung zu tun?
3. Was geschieht, wenn die Temperatur steigt?
4. Was würde passieren, wenn die Eisberge schmelzen?
5. Ist der Meeresspiegel schon angestiegen?
6. Hat sich das Klima wirklich schon immer verändert?
7. Wie lange wird es auf der Erde noch menschliches Leben geben?
8. Warum ergreifen die Politiker keine strengeren Maßnahmen?
9. Wieso haben sich nicht alle Industrienationen auf eine gemeinsame
   Klimapolitik geeinigt?

1. Jemand fragt, wie wahrscheinlich eine Klimakatastrophe sei.

2. Jemand möchte wissen, ob ...

○ G 4.9 ⑤ Katastrophenmeldungen
℗ DSH

Geben Sie die Meldungen aus den Medien im Arbeitsbuch 11C, Übung 3, weiter. Verwenden Sie dabei die indirekte Rede.

1. Heute wurde gemeldet, dass ein Unwetter mit Sturm und Orkanböen in der Nacht zum Sonntag über weite Teile
Deutschlands hinweggefegt sei. / ..., ein Unwetter mit Sturm und Orkanböen sei in der Nacht zum Sonntag über weite
Teile Deutschlands hinweggefegt.

E Energie aus der Natur

① Interviews: Was sagen die Interviewpartner?

Welche Redemittel passen zu welchen Phasen eines Interviews? Ordnen Sie sie in eine Tabelle wie unten ein.

Kommen wir zur ersten Frage. | Ich bin nicht sicher, ob ich Sie richtig verstanden habe. | Herr / Frau X., ich begrüße
Sie zu unserem heutigen Interview. | Dürfte ich den Gedanken … noch einmal aufgreifen? | Ich danke Ihnen für Ihre
Gesprächsbereitschaft. | Ich würde jetzt gern zum nächsten Punkt kommen. | Entschuldigen Sie bitte die Unter-
brechung, aber … | Vielen Dank für dieses informative Gespräch. | Darf ich noch einmal auf diesen Punkt eingehen? |
In unserem heutigen Interview geht es um das Thema … | Könnten Sie das bitte näher erläutern? | Da würde ich
gern kurz einhaken. | Das war sehr interessant, vielen Dank. | Kommen wir noch einmal auf das Thema … zurück.

Beginnen	Überleiten	Nachfragen	Unterbrechen	Beenden
	Kommen wir zur ersten Frage.			

● G 4.2 **2 Informationen aus zweiter Hand – subjektiver Gebrauch von Modalverben**

a Was bedeuten jeweils die Sätze? Kreuzen Sie die richtige Variante an.

1. Das Wohnen in der Nähe von Windrädern soll nicht gesundheitsschädlich sein.

   [a] Angeblich ist es für die Gesundheit nicht schädlich, wenn man in der Nähe von Windrädern wohnt.

   [b] Die Anwohner wünschen, dass das Wohnen in der Nähe von Windrädern nicht gesundheitsschädlich ist.

2. Prof. Myerbaum will nichts von gesundheitsschädlichen Auswirkungen der Windräder gehört haben.

   [a] Man vermutet, dass Prof. Myerbaum nichts von gesundheitsschädlichen Auswirkungen der Windräder gehört hat.

   [b] Prof. Myerbaum behauptet, dass er nichts von gesundheitsschädlichen Auswirkungen der Windräder gehört hat.

3. Forscher einer amerikanischen Universität wollen eine Möglichkeit gefunden haben, die Kapazität von Windkraftanlagen um das Zehnfache zu erhöhen.

   [a] Forscher einer amerikanischen Universität versichern, eine Möglichkeit gefunden zu haben, die Kapazität von Windkraftanlagen um das Zehnfache zu erhöhen.

   [b] Man sagt, dass Forscher einer amerikanischen Universität eine Möglichkeit gefunden hätten, die Kapazität von Windkraftanlagen um das Zehnfache zu erhöhen.

4. Die Energiekosten sollen in den letzten fünf Jahren um 50 % gestiegen sein.

   [a] Es war notwendig, dass die Energiekosten in den letzten fünf Jahren um 50 % gestiegen sind.

   [b] Expertenaussagen zufolge sind die Energiekosten in den letzten fünf Jahren um 50 % gestiegen.

℗ DSH b Wählen Sie den passenden Ausdruck aus der Klammer und formulieren Sie die Sätze um.

1. (sie behauptet / es heißt) Annette Lehners will wegen der Windkraftanlage krank geworden sein.

2. (man sagt / sie erklärt) Sie will dafür schon den Beweis geliefert haben.

3. (sagt von sich / angeblich) Sie soll in engem Kontakt zu Ärzten der Uni-Klinik Heidelberg stehen.

4. (man sagt / sie behauptet) Frau Lehners soll von Anfang an gegen den Bau der Windkraftanlage gewesen sein.

5. (sie versichert / Gerüchten zufolge) Sie soll sich zusammen mit anderen Bewohnern beim Bürgermeister beschwert haben.

6. (er behauptet / man berichtet) Der Bürgermeister will nichts von einer Beschwerde wissen.

1. Annette Lehners behauptet, sie sei wegen der Windkraftanlage krank geworden.

● G 4.2
℗ DSH **3 Hier ist Vorsicht angebracht – Aussagen über sich selbst und andere**

Setzen Sie „sollen" oder „wollen" in die Sätze ein. Die Aussagen in der Klammer helfen Ihnen.

1. Forscher eines Instituts in Stuttgart .... eine erfolgreiche Alternative zu Erdgas entwickelt haben. (die Forscher behaupten das)

2. Sie .... es geschafft haben, aus Bioabfällen von Großmärkten Methangas zu produzieren. (die Medien behaupten das)

3. Dieses Methangas .... als Kraftstoff Autos antreiben können. (das meinen die Forscher)

4. Die Herstellungsdauer für Biogas .... besonders kurz sein. (das versichern die Forscher)

5. Schon Anfang des Jahres .... die Forscher eine erste Biogas-Anlage in Betrieb genommen haben, doch keiner hat sie bisher gesehen. (das behaupten die Forscher selbst)

6. Der Leiter des Instituts .... schon einige wichtige Partner zur Finanzierung des Projekts gefunden haben. (versichert der Leiter)

7. Wie man hört, ... das Bundesministerium für Bildung und Forschung Interesse an dem Projekt gezeigt haben. (das hört man aus verschiedenen Quellen)

F Ernährung – natürlich?

① Wie es dazu kommt und was noch zu erwarten ist

a Vervollständigen Sie die Redemittel unten mit folgenden Wörtern. Passen Sie die Verben in ihrer Form an den Satz an und notieren Sie „U" (Ursache) oder „E" (Erwartung) wie im Beispiel.

> ausgehen | tun | verantwortlich | ~~kommen~~ | rechnen | führen | zurückführen | annehmen

1. Ich denke, es ist zu dieser Situation *gekommen*, weil … `U`
2. Ich .... (nicht) damit, dass … ☐
3. Die aktuelle Entwicklung lässt sich darauf ...., dass … ☐
4. Es ist durchaus ...., dass … ☐
5. Das hat meines Erachtens damit zu ...., dass … ☐
6. Das .... mit großer Wahrscheinlichkeit dazu, dass … ☐
7. Man kann davon ...., dass sich dieser Trend fortsetzt. ☐
8. .... dafür ist meiner Ansicht nach, dass … ☐

b Verbinden Sie die Satzteile mit geeigneten Redemitteln aus 1a. Es passen immer mehrere.

1. die großen Handelsunternehmen – Bio-Produkte – aufgenommen haben – in ihr Sortiment
2. die Verunsicherung – der Verbraucher – zugenommen hat – durch Medienberichte – über Lebensmittelskandale – immer mehr
3. die Kunden – auch in Zukunft – wissen – wollen – ihre Lebensmittel – woher – stammen
4. der höhere Preis – davon abhalten wird – weite Teile der Bevölkerung – sich zu ernähren – hauptsächlich – von Bio-Lebensmitteln

1. Die aktuelle Entwicklung lässt sich darauf zurückführen, dass die großen Handelsunternehmen Bio-Produkte in ihr Sortiment aufgenommen haben. / Ich denke, …

② Wenn der Lebensmitteleinkauf zum Etiketten-Studium wird

ⓟ TD a Lesen Sie die Reportage im Lehrbuch 11F, 2b, noch einmal und entscheiden Sie bei jeder Aussage zwischen „stimmt mit Text überein" (j), „stimmt nicht mit Text überein" (n) und „Text gibt darüber keine Auskunft" (?).

1. Die EU hat bestimmt, dass alle Lebensmittel mit künstlichen Farbstoffen Warnhinweise tragen müssen. `j` `n` `?`
2. Prof. Nielsen erforscht, ob bestimmte Inhaltsstoffe von Lebensmitteln der Gesundheit schaden können. `j` `n` `?`
3. Monika Siebertz berät die Hersteller von Nahrungsmitteln. `j` `n` `?`
4. Weit mehr als 300 Zusatzstoffe sind von der EU zugelassen. `j` `n` `?`
5. Laut Monika Siebertz reduziere der Einsatz von Zusatzstoffen die Herstellungskosten. `j` `n` `?`
6. Das Hamburger Museum bietet Aufklärungskurse für seine Besucher. `j` `n` `?`
7. Der Aufdruck „Natürliches Aroma" bedeutet, dass es sich um ein Produkt aus der Natur handelt. `j` `n` `?`
8. Die Wissenschaft vertritt die Ansicht, dass Glutamat für den Menschen ungefährlich ist. `j` `n` `?`
9. Bisher werden Zusatzstoffe vor ihrem Einsatz nicht getestet. `j` `n` `?`
10. Der Nährstoffgehalt ökologisch erzeugter Früchte ist oft nicht viel höher als der von Obst aus konventionellem Anbau. `j` `n` `?`
11. Vollständige Sicherheit bei Lebensmitteln wird es nie geben. `j` `n` `?`

b Welche Informationen liefert die Reportage im Lehrbuch 11 F, 2 b, zu folgenden Punkten? Handelt es sich bei den Informationen um Tatsachen, Meinungen oder Schlussfolgerungen? Manchmal ist es eine Mischung aus zwei Aspekten.

1. die zugelassenen Zusatzstoffe?
2. den Hinweis „natürliches Aroma"?
3. den Geschmacksverstärker Glutamat?
4. künstlich gewonnene Zusatzstoffe?
5. Erzeugnisse der Öko-Landwirtschaft?
6. die Sicherheit bei Lebensmitteln?

1. Die meisten Zusatzstoffe machen die Lebensmittel haltbarer (Tatsache), verändern ...

Aussprache

① Der Sprechrhythmus im Deutschen

50 a Betonte und unbetonte Silben wechseln in unterschiedlicher Reihenfolge. Hören Sie, klopfen Sie den Rhythmus und sprechen Sie dann nach: betont – unbetont [● ○].

– Sonntag   – Hallo!   – Komm doch!   – Setz dich!

Klopfen Sie so:		
○ → Diese Silbe ist unbetont. Sie ist leise.	● → Diese Silbe ist betont. Dort ist der Akzent. Der Akzent ist **laut**.	○ → Diese Silbe ist unbetont. Sie ist leise.
Das	**stimmt**	nicht!

51 b Hören Sie, klopfen Sie den Rhythmus und sprechen Sie dann nach: unbetont – betont [○ ●].

– Pass auf!   – Geh weg!   – Sieh her!   – Hör zu!

52 c Hören Sie, klopfen Sie den Rhythmus und sprechen Sie dann nach: betont – unbetont – unbetont [● ○ ○].

– Schreib mir doch!   – Halt das mal!   – Geh schon mal!   – Wart doch noch!

53 d Hören Sie, klopfen Sie den Rhythmus und sprechen Sie dann nach: unbetont – betont – unbetont [○ ● ○].

– Versteh doch!   – Da war nichts!   – Das stimmt nicht!   – Ich weiß es.

54 e Hören Sie, klopfen Sie den Rhythmus und sprechen Sie dann nach: unbetont – unbetont – betont – unbetont [○ ○ ● ○].

– Guten Morgen!   – Guten Abend!   – Gute Reise!   – Alles Gute!

55 f Hören Sie und notieren Sie den Silbenrhythmus. Klopfen und sprechen Sie die Sätze dann nach.

1. Gute Nacht! ○ ○ ●
2. Grüß Gott! ....
3. Mach weiter! ....
4. Hörst du? ....
5. Schöne Grüße! ....
6. Gib mir das! ....
7. Komm her! ....
8. Alles klar! ....
9. Vergiss es! ....

Grammatik: Das Wichtigste auf einen Blick

G 4.9 **1 Konjunktiv I: Indirekte Rede**

- Im formelleren schriftlichen und mündlichen Sprachgebrauch werden die Aussagen von Dritten häufiger in der indirekten Rede wiedergegeben. Dies signalisiert eine Distanz: Man gibt eine Information weiter, ist aber nicht unbedingt selbst der gleichen Meinung. Das Verb steht dann oft im Konjunktiv I.

   z. B. Wissenschaftler: „Ich weiß mehr über die Sache als die Beteiligten." (Gegenwart)

   In der Zeitung: Der Wissenschaftler sagte, er wisse mehr über die Sache als die Beteiligten.

   Wissenschaftler: „Aber ich wusste das voriges Jahr noch nicht." (Vergangenheit)

   In der Zeitung: Der Wissenschaftler sagte, er habe das im vorigen Jahr noch nicht gewusst.

- Man bildet den Konjunktiv I, indem man an den Verbstamm die Endung „-e" anhängt, z. B. ich habe, du habest, er habe, wir haben, ihr habet, sie haben. Der Konjunktiv I wird meistens nur in der 3. Person Singular gebraucht, bei den anderen Personen verwendet man in der Regel den Konjunktiv II. Nur beim Verb „sein" wird er in allen Formen verwendet: ich sei, du sei(e)st, er sei, wir seien, ihr sei(e)t, sie seien.

	Indikativ	Konjunktiv I	Konjunktiv II
Präs.	gibt / kommt	gebe / komme	gäbe / käme; würde geben / kommen
Prät.	gab / kam	} habe gegeben / sei gekommen	} hätte gegeben / wäre gekommen
Perf.	hat gegeben / ist gekommen		
Plusq.	hatte gegeben / war gekommen		
Fut.	wird geben / wird kommen	werde geben / werde kommen	würde geben / würde kommen

- Im mündlichen Sprachgebrauch verwendet man in der 3. Pers. Sing. auch den Konjunktiv II oder „würde" + Infinitiv.

   z. B. Sie hat gesagt, dass sie gleich käme. / dass sie gleich kommen würde.

- Beim Wechsel von direkter zu indirekter Rede kann es einen Perspektivenwechsel geben. Die Pronomen, Zeit- und Ortsangaben ändern sich dann sinngemäß. Dabei ist zu beachten: Wer spricht zu wem? Wann und wo geschieht etwas?

   z. B. Der Umweltminister sagt am Dienstag in Hannover: „Gestern habe ich hier eine Fabrik für Windräder besichtigt."

   Eine Berliner Zeitung schreibt am Mittwoch: Der Umweltminister sagte gestern, dass er am Tag zuvor in Hannover eine Fabrik für Windräder besichtigt habe.

G 4.2 **2 Subjektiver Gebrauch der Modalverben „sollen" und „wollen"**

- „Sie soll etwas tun, getan oder erlebt haben." bedeutet:
   Man sagt, dass sie etwas tut oder getan / erlebt hat. Aber der Sprecher ist nicht sicher, ob das stimmt.

- „Sie will etwas tun, getan oder erlebt haben." bedeutet:
   Sie behauptet, dass sie etwas tut oder getan / erlebt hat. Aber der Sprecher hat Zweifel.

Gegenwart	Modalv.		Infinitiv (+ 2. Modalverb)	
Forscher	wollen	bei der Produktion von Gas aus Bioabfällen vor einem Durchbruch	stehen.	
Dieses Gas	soll	als Kraftstoff Autos	antreiben können.	
Vergangenheit	**Modalv.**		**Partizip II**	**haben / sein**
Die Universität	will	für dieses Projekt mehrere Sponsoren	gefunden	haben.
Prof. Meyer	will	bei der Entdeckung beteiligt	gewesen	sein.
Im letzten Jahr	soll	der Anteil an erneuerbaren Energien bei 19,9 %	gelegen	haben.
Die Kosten	sollen	in den letzten fünf Jahren um 50 %	gestiegen	sein.

A Sprachlos

1 Gefühle – gefühlvoll – gefühllos?

a Welchen Artikel haben die Nomen in 1b? Ergänzen Sie.

○ G 8.3 **b** Wie heißen die Adjektive zu den Nomen? Ergänzen Sie ggf. auch die passenden Präpositionen.

1. *der* Stolz   *stolz auf + A* ....
2. .... Angst   ....
3. .... Freude   ....
4. .... Zorn   ....
5. .... Neugier   ....
6. .... Neid   ....

7. .... Überraschung   ....
8. .... Dankbarkeit   ....
9. .... Verzweiflung   ....
10. .... Erleichterung   ....
11. .... Enttäuschung   ....
12. .... Verärgerung   ....

2 Starke Gefühle

a Was wird mit den folgenden Sätzen ausgedrückt? Ordnen Sie sie in der Tabelle ein. Manchmal gibt es zwei Lösungen.

1. Mir fehlen die Worte.
2. So eine Unverschämtheit!
3. Wie?! Bist du wahnsinnig?!
4. Mein Beileid.
5. Sag's mir einfach.
6. Zum Glück!
7. Da verschlägt's mir die Sprache.
8. Gott sei Dank, das wurde auch Zeit.
9. Und?
10. So ein Pech!
11. So eine Frechheit!
12. Echt?
13. Keine Ursache, das mache ich doch gern.
14. Tut mir leid, ich muss jetzt leider aufhören.

Erstaunen	Neugier	Unterstützung / Bestätigung	Verärgerung	Bedauern	
1,					

● 56 **b** Hören Sie die Sätze aus 2a, achten Sie auf die Betonung und sprechen Sie sie nach.

c Welche der Sätze aus 2a passen zu den folgenden Situationen? Manchmal passen mehrere.

A. Eigentlich ist es ja verrückt, aber ich habe mir jetzt doch einen Sportwagen bestellt.
B. Ich weiß, du hast wenig Zeit. Danke, dass du trotzdem meine Examensarbeit Korrektur liest.
C. Stell dir vor, meine Oma hat den Jackpot im Lotto geknackt!
D. Martina hat jetzt doch eine Gehaltserhöhung bekommen.
E. Und dann hat man mir auch noch gesagt, dass Rolf Abteilungsleiter wird und nicht ich.
F. Ähm … ich weiß gar nicht, wie ich anfangen soll.
G. Oh, wir haben jetzt schon eine Stunde telefoniert, hast du trotzdem noch ein bisschen Zeit?
H. Axel hat jetzt endlich die Führerscheinprüfung geschafft.
I. Ich habe den Studienplatz in Leipzig leider nicht bekommen.
J. Meine Cousine ist gestern gestorben.
K. Stell dir vor, ich habe gestern Peter wiedergesehen.

A.	B.	C.	D.	E.	F.	G.	H.	I.	J.	K.
1, 3, …										

3 Formell und informell im Büro: Standardsprache – Umgangssprache

a Welche Antwort passt jeweils auf die Äußerung links: a oder b? Kreuzen Sie an.

1. ■ Frau Robertz, wären Sie so freundlich und würden mir die Akte Maier bringen?
   - a ☒ Aber gern, Herr Winter!
   - b ☐ Wird gemacht Chef!

   `f`

2. ■ Ein wirklich meisterhaft gespieltes Klavierkonzert. Sehr empfehlenswert!
   - a ☐ Echt klasse, der Pianist!
   - b ☐ Unglaublich, dass ein so junger Mann schon so hervorragend spielt!

3. ■ Hallo, Chef! Ich hab' jetzt allen das Programm gemailt.
   - a ☐ Mann, oh Mann! Endlich!
   - b ☐ Das hat aber sehr lange gedauert, Herr Mindt!

4. ■ Guten Abend! Ich möchte Ihnen gern Herrn Dankwart vorstellen.
   - a ☐ Sehr erfreut. Jürgens ist mein Name.
   - b ☐ Hallo, ich bin Peter.

5. ■ Guten Morgen, Frau Weiß, ich möchte Ihnen gern Ihre neue Kollegin, Frau Breyer, vorstellen.
   - a ☐ Super klasse, endlich Unterstützung!
   - b ☐ Herzlich willkommen! Schön, dass Sie bei uns anfangen.

6. ■ Stell dir vor, seine Schwester ist gestorben.
   - a ☐ Oje, das muss ja schrecklich sein für ihn!
   - b ☐ Richten Sie ihm bitte mein herzliches Beileid aus!

7. ■ Ich beglückwünsche Sie zum Erfolg Ihrer Abteilung. Sie werden diesmal an der Incentive-Reise teilnehmen.
   - a ☐ Vielen Dank für die Auszeichnung. Da freue ich mich aber sehr!
   - b ☐ Super! Eine Incentive-Reise: echt cool!

8. ■ Carsten ist schon wieder krank!
   - a ☐ Aufgrund von Herrn Roths Krankheit wird sich das Projekt verzögern.
   - b ☐ Typisch Carsten, er wird immer krank, wenn es viel zu tun gibt.

b Handelt es sich dabei um eine eher standardsprachliche, formelle (f) oder umgangssprachliche, informelle (i) Situation? Notieren Sie in 3a.

c Erfinden Sie mit einem Partner / einer Partnerin eigene Antworten zu den acht Situationen in 3a.

d Spielen Sie die Dialoge im Kurs vor.

4 Bildhafte Sprache

Was bedeuten folgende Wörter und Ausdrücke aus dem Lied „Ausgesprochen unausgesprochen"? Ordnen Sie zu.

1. ein Gesicht ziehen	A. überall	1.	E
2. mir kocht das Blut	B. indirekt formulieren	2.	
3. Aufschrei	C. sich beklagen	3.	
4. zwischen den Zeilen	D. sich auf etw. verlassen	4.	
5. weilen	E. sauer gucken	5.	
6. sein Leid klagen	F. Hinweis	6.	
7. auf etw. bauen	G. wütend sein	7.	
8. Fingerzeig	H. plötzlicher Schrei	8.	
9. weit und breit	I. bleiben	9.	

B Nichts sagen(d)

ⓟ DSH 1 Reden – nur worüber?

a Welche Wörter und Ausdrücke in den Textauszügen 1 und 2 im Lehrbuch 12 B, 2 a, entsprechen folgenden Erklärungen? Lesen Sie dafür den Text noch einmal genau.

1. A. krampfhaft nichts sagen → *verbissen schweigen (Z. 2)*

B. sich freundlich unterhalten → ....

C. mit jemandem Kontakt aufnehmen → in ....

D. das, was man als normaler Mensch denkt oder weiß → der ....

E. sich in eine peinliche Situation bringen → ins ....

F. Vermeiden Sie Themen, die zu sehr polarisieren. → .... Themen, die zu sehr polarisieren.

G. ein Thema, über das man nicht spricht → ....

2. A. Eröffnung einer Kunstausstellung → ....

B. Man verlangt nicht das Richtige von sich selbst. → Man stellt ....

C. Erfahrung / Kenntnisse im Small Talk haben → im Small Talk ....

D. Über heikle Themen sollte man nicht sprechen. → Man sollte sie ....

E. die besonderen Interessen von jdm. kennen → seine .... kennen

F. mehr Themen, als man besprechen kann → Themen ....

G. als Kritik verstehen → als Kritik ....

H. Das Gespräch verläuft nicht flüssig. → Das Gespräch ....

b Formulieren Sie Beispielsätze mit folgenden Ausdrücken zu den Textauszügen im Lehrbuch 12 B, 2 a.

1. berücksichtigen
2. thematisieren
3. Taktgefühl
4. Anknüpfungspunkt
5. in Panik geraten
6. polarisieren
7. vertiefen
8. eine Beziehung aufbauen

1. Wenn man ein paar Dinge berücksichtigt, wird es keine Probleme geben.

C Die Kunst der leichten Konversation

1 Konversation betreiben

Ergänzen Sie die fehlenden Verben an der passenden Stelle.

aufbauen | aufnehmen | ergreifen | ~~kommen~~ | kommen | machen | nachgehen | stellen

1. zustande _kommen_
2. die Flucht _____
3. eine Frage _____
4. zur Sache _____

5. eine Beziehung _____
6. einer Frage _____
7. Blickkontakt _____
8. Komplimente _____

2 Reden und Gerede

a Welche Verben passen zu den Nomen? Manchmal gibt es mehrere Lösungen.

führen | machen | treiben | betreiben | halten | abhalten

1. Small Talk _machen, treiben, betreiben_
2. Konversation _____
3. ein Gespräch _____
4. eine Unterhaltung _____
5. eine Besprechung _____

6. ein Schwätzchen _____
7. eine Diskussion _____
8. ein Interview _____
9. einen Plausch _____
10. eine Rede _____

b Welche Bedeutung haben die markierten Nomen: neutral (neutr.) oder negativ (neg.)?

1. So ein Gerede ! _neg._
2. Das viele Reden strengt an. _____
3. Die Rederei ist einfach zuviel. _____
4. Quatschen macht vielen Menschen Spaß. _____
5. Sport macht Spaß, aber das Gequatsche der Sportreporter am Samstag nicht! _____
6. Die Quatscherei in vielen Talkshows finde ich unerträglich. _____
7. Hören Sie bitte auf mit der Fragerei ! _____
8. Fragen will gelernt sein. _____
9. Das Plaudern am sonntäglichen Kaffeetisch erinnert mich an meine Kindheit. _____
10. Das Geplaudere nervt ganz schön! _____

c Lesen Sie die Sätze in 2b noch einmal. Wie heißt die Regel?

Die Endung „-erei" bzw. die Vorsilbe „Ge-" zusammen mit der Endung „-e" geben dem Nomen eine _____ Bedeutung. Bei Verben auf „-ieren": keine Nomen mit „Ge- ... -e".

d Bilden Sie Nomen mit mit „-erei" und – wenn möglich – mit „Ge- ... -e".

1. schreien _die Schreierei_ _das Geschrei_
2. laufen _____ _____
3. diskutieren _____ _____
4. singen _____ _____
5. probieren _____ _____
6. reisen _____ _____

❸ Allerweltsthemen auf Partys

a Über welche Themen unterhalten sich die Personen? Ergänzen Sie passende Wörter bzw. Wortteile.

1. ■ Was für ein scheußliches _Wetter_.

2. ■ Wien, Venedig, New York – _____touren sind einfach wunderbar.

3. ■ Wie finden Sie die deutsche _____?

4. ■ Haben Sie auch in dem Riesen_____ gestanden?

5. ■ Ziemlich warm für die Jahres_____? Finden Sie nicht auch?

6. ■ Wo werden Sie denn dieses Jahr Ihren _____ verbringen?

7. ■ Die Fahrt hierher war schrecklich! Es hat die ganze Zeit _____.

8. ■ _____ Sie gern?

9. ■ Letzte Woche habe ich in der _____ „Don Giovanni" gesehen, kann ich nur empfehlen.

10. ■ Wie gefällt Ihnen denn die _____?

11. ■ Fahren Sie auch mit der _____?

□ Ja, wirklich! Jetzt _____ es schon seit einer Woche. Alles nass!

□ Ich fahre lieber ans _____. Baden, faul in der Sonne liegen und lesen, lesen, lesen.

□ Um ehrlich zu sein, ich esse lieber italienisch. Aber es gibt _____, die ich mag, z. B. Sauerbraten mit Klößen.

□ Nein, ich hatte den Verkehrs_____ gehört und bin anders gefahren.

□ Ja, viel zu warm, und im Wetter_____ wurde etwas ganz anderes vorhergesagt.

□ Wie jedes Jahr; wir fahren ja immer in ein Familienhotel in den Schweizer _____.

□ Erstaunlich, so viel Schnee schon im November – alles weiß!

□ Ja, ich bin ein leidenschaftlicher _____. Ich probiere immer wieder neue Gerichte aus.

□ Nein, das Gesinge ertrage ich leider nicht, aber wenn nächste Woche die Berlinale ist, gehe ich jeden Abend ins _____.

□ Ausgezeichnet. Waren Sie schon am _____? Da ist wirklich für jeden Geschmack etwas dabei.

□ Nein, ich bin begeisterter Auto_____.

Wetter	Essen	Verkehr	Freizeit / Urlaub
1,			

b Schreiben Sie mit einem Partner / einer Partnerin für jedes Thema in 1a mindestens einen Minidialog und spielen Sie ihn in der Gruppe vor. Korrigieren Sie sich gegenseitig und tauschen Sie dann die Rollen.

▸ G 2.5 ❹ Small-Talk-Thema „Sport" – Und zwar sehr schnell …

Lesen Sie den Tipp rechts und formulieren Sie Sätze.
Stellen Sie dabei die markierten Teile ins Nachfeld.

1. Markus Fischer – diesmal – als letztes Jahr – schneller laufen

2. seine Vorbereitung – sehr gut – und zwar von Anfang an – sein

3. seine Karriere – er – erhofft – wie – genauso verlaufen

4. nach – Wettbewerb – d. h. seinen Abschied vom Leistungssport – ankündigen – er – sein Rücktritt

5. Entscheidung – überraschend – echt – Schock! – ein – kommen – für alle Zuschauer:

6. er – ein Interview – schon lange – kennen – er – die – einer Reporterin – geben

1. Markus Fischer ist diesmal schneller gelaufen als letztes Jahr.

Im Nachfeld stehen häufig:

• Vergleiche, z. B. Er ist schneller gelaufen als die anderen. Er ist so schnell gelaufen wie letztes Jahr.

• Ausdrücke, wie „und zwar", „das heißt", „nicht wahr?", z. B. Er ist schnell gelaufen, und zwar als Einziger. Das stimmt doch, nicht wahr?

• Angaben nach Doppelpunkt, z. B. Er ist schnell gelaufen: 100 m in 9 Sekunden.

• Relativsätze, z. B. Es sind viele gestartet, die sehr erfahren waren.

D Mit Händen und Füßen

① Bei dir piept's wohl!

a Welcher Satz passt zu welchem Bild im Lehrbuch 12 D, 1a? Notieren Sie. Einmal passen zwei. Kennen Sie ggf. noch andere Bedeutungen?

1. Ist mir doch egal! Bild: ....
2. Der hat ja einen Vogel! Bild: ....
3. Was willst du? Bild: ....

4. Super Idee! Bild: ....
5. Achtung! Da muss man aufpassen! Bild: ....
6. ....

b Folgende Gesten können unterschiedliche Bedeutungen haben. Ordnen Sie zu.

 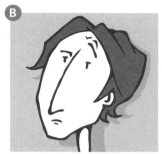  

☐ 1. a. „Mir egal." (Spanien)
   b. „Das habe ich vergessen." (Frankreich)

☐ 2. a. „Ja." (in den meisten Ländern)
   b. „Nein." (Griechenland)

☐ 3. a. „Du A…" (Deutschland)
   b. „Okay." (Nordamerika)

☐ 4. a. Flirt, Begrüßung (weit verbreitet)
   b. Skepsis (weit verbreitet)

c Kennen Sie noch andere Gesten? Tauschen Sie sich im Kurs aus.

② Macht ohne Worte

GI / telc / TD

a Lesen Sie den Artikel im Lehrbuch 12 D, 2a, noch einmal. Welche Antwort ist jeweils richtig: a, b oder c? Kreuzen Sie an.

1. Die Funktion von nonverbaler Kommunikation ist es,
   - **a** sich aufeinander einstellen zu können.
   - **b** sich sympathischer zu werden.
   - **c** sich bewusst ausdrücken zu können.

2. Körpersprache ist
   - **a** problematisch, da man sie meistens missversteht.
   - **b** oft klar interpretierbar, da viele Körpersignale universell sind.
   - **c** nur kulturspezifisch zu verstehen.

3. Es haben sich kulturell unterschiedliche Körpersignale entwickelt,
   - **a** weil Menschen sich orientieren möchten.
   - **b** damit Kinder sie richtig einsetzen.
   - **c** um anderen zu helfen.

4. Welcher Ratschlag wird im Text gegeben? Es ist nützlich,
   - **a** keine Gesten anzuwenden.
   - **b** seine Schuhsohlen nicht zu zeigen.
   - **c** die Körpersprache interpretieren zu können.

G 3.15
P DSH

b Sehen Sie sich die Sätze im Artikel im Lehrbuch 12 D, 2 a, mit den folgenden Relativpronomen an. Worauf beziehen sich die Relativpronomen jeweils? Notieren Sie.

1. was sie gerade deshalb so wirkungsvoll macht. (Z. 11)

   Die nonverbale Kommunikation läuft in vielen Fällen unbewusst ab.

2. was ihnen im Austausch mit anderen Sicherheit gibt. (Z. 33 / 34)

3. womit Deutsche keine Probleme haben. (Z. 41)

4. was bei uns so viel bedeutet wie „toll", „super", … (Z. 45 / 46)

5. worüber man sich aufregen würde, … (Z. 47 / 48)

G 3.15 **3** **Vieles, wovon niemand weiß**

a Bilden Sie Relativsätze mit „was" oder „wo(r)-".

Jan hat während seines Urlaubs ein schweres Unglück überlebt. Seitdem ist er „sprachlos".

1. Er hat vieles erlebt. Er hatte noch nie davon erzählt.

   Er hat vieles erlebt, wovon er noch nie erzählt hat.

2. Alles war schrecklich. Er hat es damals gesehen.

3. Vieles war in Realität anders abgelaufen. Die Presse hat darüber berichtet.

4. Das Schlimmste war das Warten auf Hilfe. Jan erinnert sich daran.

5. Viele Menschen waren sehr hilfsbereit. Dafür ist er noch immer dankbar.

6. Er wird jetzt mit einem Psychologen sprechen. Dazu hat ihm seine Familie dringend geraten.

b Ergänzen Sie „was", „wo(r)-" oder „wer", „wem", „wen".

Sonja wird in Peru arbeiten. Das Erste, [1] *was* sie jetzt tun wird, ist, an einem interkulturellen Training teilzunehmen. Denn [2] .... ins Ausland geht, der sollte sich gut vorbereiten. Das Nächste, [3] .... sie sich kümmern muss, ist die Auflösung ihrer Wohnung. Das Einzige, [4] .... ihr Sorgen macht, ist, ob sie alles rechtzeitig schafft. [5] .... so viel Arbeit abschreckt, der darf nicht ins Ausland gehen. Und [6] .... die andere Kultur sehr fremd erscheint, der sollte ein interkulturelles Training machen.

> **Tipp**
>
> Relativsätze mit „was"/„wo(r)-" verwendet man auch nach Ausdrücken wie: das Erste, das Einzige, das Letzte, das Nächste etc., z. B.
>
> • <u>Das Erste</u>, was ich jetzt tue, ist schlafen.
> • <u>Das Einzige</u>/<u>Das Letzte</u>/ <u>Das Nächste</u>, woran er sich erinnert, ist ein großer Knall.

c Lesen Sie die Regel 2 im Lehrbuch 12 D, 3 b, noch einmal. In welchem der Sätze oben kann das Demonstrativpronomen „der" entfallen?

Satz: ....

d Formulieren Sie Relativsätze mit „wer".

1. Diejenigen, die ins Ausland gehen wollen, müssen sich gut vorbereiten.
2. Jeder, der ins Ausland geht, sollte an einem interkulturellen Training teilnehmen.
3. Alle, die sich früh genug bewerben, haben gute Chancen, eine Praktikumsstelle zu finden.
4. Jene, die ein technisches Studium absolvieren, haben besonders gute Chancen.
5. Diejenigen, die niemals im Ausland waren, haben viel verpasst.

1. Wer ins Ausland gehen will, muss sich gut vorbereiten.

> **Relativsätze mit „wer"**
>
> Relativsätze mit „wer" beziehen sich auf nicht näher bestimmte Personen. Das Relativpronomen „wer" ersetzt ein Demonstrativpronomen im Hauptsatz und das Relativpronomen im Nebensatz, z. B.
>
> • einer / jeder / derjenige, der …
> • eine / jede / diejenige, die …
> • diejenigen / jene / alle, die …

e Relativsätze mit „wo", „wohin", „woher". Lesen Sie die Sätze und ergänzen Sie die Regeln.

1. Am Max-Planck-Institut, wo / an dem zu Sprache und Kultur geforscht wird, ist man zu neuen wichtigen Erkenntnissen über die Rolle der Körpersprache gekommen.
2. Zwischen Vietnam, woher meine Nachbarn kommen, und Deutschland gibt es große Unterschiede in der nonverbalen Kommunikation. Deshalb missverstehen wir uns manchmal.
3. In Berlin, wohin ich oft fahre, begegnet man Menschen aus vielen Kulturen.
4. In der Region, woher / aus der ich stamme, gibt es viele Dialekte.

> 1. Bei Ortsangaben kann man statt Präposition + Relativpronomen „der" / „das" / „die" auch „............................",
> „............................" und „wohin" verwenden.
> 2. Nach Städte- und Ländernamen verwendet man nur „wo", „............................" und „............................".

f Ergänzen Sie „wo", „wohin" oder „woher".

Cusco, [1] .... Sonja geht und [2] .... die Eltern ihrer Mutter stammen, hat ca. 350.0000 Einwohner und liegt auf über 3.400 m Höhe. Die Bewohner des Vororts, [3] .... Sonja arbeiten wird, sind sehr arm. Sie wird dort Lehrer bei ihrer Arbeit in einer Grundschule unterstützen. Die Schule, [4] .... Sonja arbeiten wird, wird durch einen internationalen Freiwilligendienst unterstützt. In Kiel, [5] .... Sonja wohnt, hat der Dienst ein Büro. Die Schule, [6] .... Sonja geschickt wird, wird direkt von Kiel aus unterstützt.

g Welche Sätze in 3f kann man auch mit „normalen" Relativpronomen formulieren? Schreiben Sie die Sätze um.

3. Die Bewohner des Vororts, in dem Sonja arbeiten wird, sind sehr arm., …

④ Schwierige Situationen im Hotel – nonverbal bewältigen

Stellen Sie folgende Situationen pantomimisch dar.

1. Die Dusche funktioniert nicht.
2. Die Heizung ist kalt.
3. In Ihrem Zimmer gibt es viele Mücken.
4. Ihr Nachbar feiert jede Nacht bei lauter Musik.
5. Das Fenster lässt sich nicht schließen.
6. Die Schließkarte öffnet die Zimmertür nicht.

E Der Ton macht die Musik

○ 1 Sich beschweren, aber wie?

a Welche Ausdrücke im Kasten entsprechen den markierten Satzteilen unten? Manchmal passen mehr als einer. Formulieren Sie die Sätze neu.

> Der Punkt ist für mich, dass … | Es kann doch nicht angehen, dass … | Ich finde es ungeheuerlich, dass … | Entscheidend ist für mich, dass … | Ich erwarte, dass … | Ich möchte unterstreichen, dass … | Ich finde es unangemessen, dass … | Meine Forderung lautet daher: … | Es kann doch nicht im Sinne + G / von … sein, dass … | Ich würde mir wünschen, dass … | Es kann doch nicht wahr sein, dass… | Ich halte es für eine Frechheit, dass …

1. **Es ist nicht akzeptabel**, dass im ganzen Geschäft kein einziger Ansprechpartner zu finden ist.
2. **Es ist kaum zu glauben**, aber der Geschäftsführer hat auch nichts unternommen.
3. **Für das Geschäft kann es doch auch nicht gut sein**, wenn die Kunden frustriert hinausgehen.
4. **Ich halte es für ganz und gar unglaublich**, dass ein Geschäftsführer seine Kunden beschimpft.
5. **Ich möchte betonen**, dass es in diesen Fall nicht übertrieben ist, ein neues Gerät zu verlangen.
6. **Ich fände es schön**, wenn der Verkäufer selbst darauf gekommen wäre.
7. **Das Wesentliche ist für mich**, dass das Gerät von Anfang an kaputt war.
8. **Ich fordere deswegen**, dass Sie das Gerät umgehend gegen ein neues umtauschen.

1. Es kann nicht angehen, dass im ganzen Geschäft kein einziger Ansprechpartner zu finden ist. / …

b Herr Schulte hat einen Kaffeeautomaten gekauft. Der hat von Anfang an nicht funktioniert. Er ist schon zweimal repariert worden und ist schon wieder kaputt. Lesen Sie zunächst den Tipp unten und schreiben Sie dann für Herrn Schulte einen Beschwerdebrief. Verwenden Sie auch die Redemittel aus 1a.

> **Sich beschweren oder reklamieren, aber wie?**
> - klar und einfach schreiben
> - sich präzise ausdrücken
> - Nominalstil vermeiden
> - aggressiven Ton vermeiden
> - klare Forderungen stellen und begründen
> - ggf. eine Frist setzen

ⓟ telc c Schreiben Sie einen Beschwerdebrief zu folgender Situation (ca. 150 Wörter).

Der Vermieter will Ihnen die Kaution nicht zurückzahlen. Er behauptet, Sie hätten den Teppichboden ruiniert. Der Teppichboden war laut Mängelliste, die bei Ihrem Einzug aufgestellt wurde, schon beschädigt und verschmutzt. Verlangen Sie die Kaution zurück, setzen Sie eine Frist und drohen Sie bei Nichteinhaltung der Frist mit gerichtlichen Schritten.

Beschreiben Sie,
- wie die Situation ist.
- was Sie vom Vermieter erwarten.
- was Sie tun, falls er Ihre Erwartungen nicht erfüllt.

Verwenden Sie die folgenden Redemittel und die aus 1a.

> Wie auf der Mängelliste vermerkt, … | Bitte überweisen Sie die Kaution umgehend auf mein Konto … | Sollte der Betrag von … € nicht bis zum … auf meinem Konto eingegangen sein, werde ich die Sache meinem Anwalt übergeben.

F Wer wagt, gewinnt

① Sprachlos in der mündlichen Prüfung? Aber nein!

a Stellen Sie einem Partner / einer Partnerin Thema und
Inhalt des Artikels rechts vor. Nehmen Sie kurz persönlich
Stellung zum Text. Sprechen Sie ca. drei Minuten.
Die Redemittel unten können Ihnen helfen.

Worum geht es in dem Artikel:

- Was ist die Hauptaussage?

- Welche Beispiele fallen Ihnen dazu ein?

- Wie ist Ihre persönliche Meinung dazu?

> *Glück in der Liebe*
>
> *Der 75-jährige Horst Lehmann verriet in einem Interview
> anlässlich seiner Goldenen Hochzeit einem Journalisten
> vom „Extra-Blatt" das Rezept für eine lang anhaltende Ehe:
> „Das Geheimnis einer glücklichen Ehe ist, unterschiedliche
> Interessen zu behalten", sagte er, das heiße aber nicht, dass
> man alle seine verrückten Taten in die Tat umsetzen sollte,
> sondern Kompromissbereitschaft gehöre auch dazu.*

> **Die Hauptaussage eines Textes nennen:** In diesem Artikel geht es um … | Dieser kleine Artikel handelt von … |
> Bei dem Text handelt es sich um … | Die Hauptaussage ist …
> **Beispiele nennen:** Wenn ich das lese, muss ich an … denken. | Als ich das las, fiel mir sofort … ein. | Das erinnert
> mich übrigens an … | Ein Beispiel hierfür ist …
> **Die eigene Meinung darstellen:** Das kann ich sehr gut / überhaupt nicht verstehen. | Ich kann dem (nur voll) /
> (überhaupt nicht) zustimmen. | Ich teile die Meinung des Autors (nicht). | Ich halte die Meinung / den Vorschlag
> des Autors für richtig / falsch / sinnvoll / unsinnig, weil …

 telc b Ein Thema präsentieren und darüber diskutieren. Sprechen Sie mit einem Partner / einer Partnerin. Sie haben zwei
Minuten Zeit für die Präsentation.

- Präsentieren Sie eines der folgenden Themen:
  1. Ein Buch, das Sie gelesen haben (Thema, Autor, Ihre Bewertung, …)
  2. Einen Film, den Sie gesehen haben (Thema und Handlung, Schauspieler, Ihre Bewertung, …)
  3. Eine Reise, die Sie unternommen haben (Ziel, Zeit, Land und Leute, Sehenswürdigkeiten, …)
  4. Ein Konzert, das Sie besucht haben (Musikrichtung, Musiker, Ort, Ihre Vorlieben, …)

- Nach Ihrer Präsentation beantworten Sie die Fragen Ihres Partners / Ihrer Partnerin.

- Dann präsentiert Ihr Partner / Ihre Partnerin ein Thema und Sie stellen ihm / ihr einige Fragen.

c Sie sollen zusammen mit einem Kollegen / einer Kollegin für Ihr Musikgeschäft eine Webseite gestalten.
Drei Fotos stehen zur Wahl.

- Wählen Sie ein Foto aus und begründen Sie Ihren Vorschlag.

- Widersprechen Sie dem Vorschlag Ihres Partners / Ihrer Partnerin.

- Finden Sie am Ende des Gesprächs eine gemeinsame Lösung.

Die Redemittel auf der nächsten Seite oben können Ihnen helfen.

> Weitere Redemittel
> finden Sie in Lektion 9
> im Arbeitsbuch.

> **Einen Vorschlag machen und begründen**: Ich meine, wir sollten das Foto links / rechts / in der Mitte nehmen, weil … |
> Mein Vorschlag wäre das Foto …, denn … | Also, ich finde eindeutig das Foto … am besten, weil …
> **Einem / r Gesprächspartner / in widersprechen**: Da bin ich ganz anderer Meinung, denn … | Das Foto … ist zwar
> nicht schlecht, aber das Foto … passt viel besser, weil … | Ich verstehe zwar deine Argumentation, aber ich finde
> trotzdem …
> **Zu einer Entscheidung kommen**: Jetzt sollten wir uns langsam entscheiden. | Deine Argumente finde ich
> einleuchtend, wir nehmen also … | Ich denke, wir fanden das Foto … am besten, also sollten wir das nehmen. |
> Wie wäre es mit einem Kompromiss? Diesmal entscheidest du, das nächste Mal ich.

telc **d** Ein Problem gemeinsam lösen: Überlegen Sie zuerst allein eine Lösung für die folgende Situation und entwickeln Sie dann zusammen mit einem Partner / einer Partnerin einen Plan.

Eine befreundete Partnerklasse möchte Sie an Ihrem Kursort besuchen. Überlegen Sie, wie Sie den Besuch organisieren können (Unterkunft, Verpflegung, Sehenswürdigkeiten, Kosten, …) und machen Sie Ihrem Partner / Ihrer Partnerin Vorschläge. Entwickeln Sie dann gemeinsam einen Plan und ein Programm für den Besuch.

e In der Prüfung nicht sprachlos: Ordnen Sie die Redemittel in die Tabelle ein.

> Sie meinen also … | Könnten Sie das bitte noch einmal wiederholen? | Mir fällt im Moment das Wort nicht ein.
> Wie nennt man es, wenn …? | Ich habe das nicht ganz verstanden. Was haben Sie gerade gesagt? | Bedeutet das
> so etwas wie …? | Ich meine so ein Ding, mit dem man …. | Wie sagt man noch mal, wenn man …? | Könnten Sie
> bitte ganz kurz erklären, wie Sie das meinen? | Bedeutet das so etwas Ähnliches wie …?

nachfragen / fragen, ob man etw. richtig verstanden hat	um Wiederholung / Erklärung bitten	Begriffe umschreiben / sagen, dass man ein Wort nicht kennt
Sie meinen also …,		

f Vergleichen Sie die Redemittel in 1e mit denen, die Sie im Lehrbuch 12 F, 3a, gesammelt haben.

Aussprache

1 Die Region macht die Musik

57–62 **a** Hören Sie, was die Leute sagen. Aus welcher Region Deutschlands kommen sie wohl? Ordnen Sie nach der Reihenfolge ihres Sprechens zu.

Bayern	Berlin	Norddeutschland	Pfalz	Rheinland	Schwaben

b Wie heißen die Sätze in 1a wohl auf Hochdeutsch?

c Hören Sie noch einmal die regionalen Varianten in 1a. Welche Besonderheiten sind Ihnen aufgefallen? Notieren Sie sie und tauschen Sie sich im Kurs aus.

Grammatik: Das Wichtigste auf einen Blick

G 2.5 **1** **Das Nachfeld**

Man stellt Satzteile (z. B. Vergleiche, Präpositionalergänzungen) ins Nachfeld, um sie besonders hervorzuheben.
Im Nachfeld stehen häufig:

		Nachfeld
Vergleiche	Er ist schneller gelaufen	als die anderen.
	Er ist so schnell gelaufen	wie letztes Jahr.
bestimmte, oft erklärende Zusätze	Er ist schnell gelaufen,	und zwar als einziger.
	Er kündigt seinen Rücktritt an,	d.h. seinen Abschied vom Leistungssport.
	Das stimmt doch,	nicht wahr?
Angaben nach Doppelpunkt	Er ist schnell gelaufen:	100 m in 9 Sekunden.
Relativsätze	Er gibt einer Reporterin ein Interview,	die er schon lange kennt.

G 3.15 **2** **Relativsätze**

Relativsätze mit „was" oder „wo(r)-" + Präposition

Relativsätze mit **was** oder **wo(r)-** + Präposition können sich beziehen auf:

- das Demonstrativpronomen **das**.
  z.B. Nur 5 % des ersten Eindrucks sind durch das bedingt, was jemand sagt.

- Indefinitpronomen (z.B. nichts, etwas, manches, vieles, alles).
  z.B. In Japan ist dies nichts, worüber man sich aufregen würde.
        Menschen suchen immer etwas, woran sie sich orientieren können.
        Alles, was man tut oder unterlässt, ist eine Botschaft.

- einen nominalisierten Superlativ.
  z.B. Ein interkulturelles Training ist das Beste, was man tun kann.

- Ausdrücke wie „das Erste", „das Einzige", „das Letzte", „das Nächste".
  z.B. Das Erste, was ich jetzt tue, ist schlafen.

- die gesamte Aussage eines Satzes.
  z.B. Nonverbale Kommunikation läuft oft unbewusst ab, was sie sehr wirkungsvoll macht.

Relativsätze mit „wer" oder „was"

- Relativsätze mit **wer** (= jeder, der), **wem** (= jedem, dem), **wen** (= jeden, den) und teilweise auch mit **was** haben eine verallgemeinernde Bedeutung und stehen oft vor dem Hauptsatz.
  z.B. Wer andere gut beobachtet, der versteht deren Körpersprache sofort.
        Was man nonverbal kommuniziert, ist meist wirkungsvoller als das Verbale.

- Das Demonstrativpronomen im Hauptsatz kann entfallen, wenn es denselben Kasus wie das Relativpronomen hat.
  z.B. Wem die andere Kultur fremd ist, (dem) kann ein interkulturelles Training helfen.
        Was in einer Kultur als positiv aufgefasst wird, (das) kann in einer anderen als beleidigend empfunden werden.

Relativsätze mit „wo", „wohin" oder „woher"

- Bei Ortsangaben kann man statt Präposition + Relativpronomen **der/das/die** auch **wo**, **woher**, **wohin** verwenden.
  z.B. Die Bewohner des Vororts, wo (= in dem) Sonja arbeiten wird, sind sehr arm.
        Die Schule, wohin (= an die) Sonja geht, wird direkt von Kiel aus unterstützt.

- Nach Städte- und Ländernamen verwendet man nur **wo**, **wohin** und **woher**.
  z.B. Cusco, wohin Sonja geht und woher ihre Großeltern stammen, hat ca. 350.000 Einwohner.
        In Kiel, wo Sonja wohnt, hat der Freiwilligendienst ein Büro.

Minicheck: Das kann ich nun

Abkürzungen

Im:	Interaktion mündlich	Rm:	Rezeption mündlich	Pm:	Produktion mündlich
Is:	Interaktion schriftlich	Rs:	Rezeption schriftlich	Ps:	Produktion schriftlich

Lektion 1

	Das kann ich nun:	🙂	😐	🙁
Im	sich an Gesprächen und Diskussionen beteiligen sowie eigene Ansichten begründen und verteidigen			
Is	in privater Korrespondenz Gefühle, Erlebnisse und Erfahrungen ausdrücken bzw. kommentieren			
	einen anspruchsvolleren formellen Brief schreiben			
	komplexe Formulare oder Fragebögen ausfüllen und dabei freie Angaben formulieren			
Rm	längeren Gesprächen zu aktuellen, interessanten Themen folgen			
	(im Fernsehen) Informationen in Reportagen, Interviews oder Talkshows verstehen			
Rs	Anzeigen zu Themen eines Fach- oder Interessengebiets verstehen			
	in Texten Informationen, Argumente oder Meinungen ziemlich vollständig verstehen			
	in Korrespondenz die wesentlichen Aussagen verstehen			
	literarische Texte lesen, dabei die Gesamtaussage und viele Details verstehen			
Pm	Erfahrungen, Ereignisse und Einstellungen darlegen und die eigene Meinung mit Argumenten stützen			
	einen kurzen Text relativ spontan und frei vortragen			
	Informationen aus längeren Texten zusammenfassend wiedergeben			
	über aktuelle oder abstrakte Themen sprechen und Gedanken und Meinungen dazu äußern			
	komplexere Abläufe beschreiben			
Ps	eine zusammenhängende Geschichte schreiben			

Lektion 2

	Das kann ich nun:	🙂	😐	🙁
Im	sich an Gesprächen und Diskussionen beteiligen sowie eigene Ansichten begründen und verteidigen			
	in einem offiziellen Gespräch oder Interview Gedanken ausführen			
	ein Interview führen und auf interessante Antworten näher eingehen			
Is	komplexe Formulare oder Fragebögen ausfüllen und dabei freie Angaben formulieren			
Rm	(im Fernsehen) Informationen in Reportagen, Interviews oder Talkshows verstehen			
Rs	in längeren und komplexeren Texten rasch wichtige Einzelinformationen finden			
	in Texten Informationen, Argumente oder Meinungen ziemlich vollständig verstehen			
Pm	mündlich Vermutungen über Sachverhalte, Gründe und Folgen anstellen			
	eigene Gedanken und Gefühle mündlich beschreiben			
	über aktuelle oder abstrakte Themen sprechen und Gedanken und Meinungen dazu äußern			
Ps	zu allgemeinen Artikeln oder Beiträgen eine Zusammenfassung schreiben			
	über aktuelle oder abstrakte Themen schreiben und eigene Gedanken und Meinungen dazu ausdrücken			

Lektion 3

Das kann ich nun:		😊	😐	😞
Im	den eigenen Standpunkt begründen und Stellung zu Aussagen anderer nehmen			
Rm	längeren Gesprächen zu aktuellen, interessanten Themen folgen			
	(im Fernsehen) Informationen in Reportagen, Interviews oder Talkshows verstehen			
	in einer Diskussion der Argumentation folgen und hervorgehobene Punkte im Detail verstehen			
Rs	in längeren und komplexeren Texten rasch wichtige Einzelinformationen finden			
	in Artikeln und Berichten über aktuelle Themen Haltungen und Standpunkte verstehen			
	literarische Texte lesen, dabei die Gesamtaussage und viele Details verstehen			
Ps	eine zusammenhängende Geschichte schreiben			
	über aktuelle oder abstrakte Themen schreiben und eigene Gedanken und Meinungen dazu ausdrücken			

Lektion 4

Das kann ich nun:		😊	😐	😞
Im	den eigenen Standpunkt begründen und Stellung zu Aussagen anderer nehmen			
	gezielt Fragen stellen und ergänzende Informationen einholen			
	anderen Personen Ratschläge oder detaillierte Empfehlungen geben			
Is	Informationen und Sachverhalte schriftlich weitergeben und erklären			
	detaillierte Informationen umfassend und inhaltlich korrekt weitergeben			
Rm	detaillierte Anweisungen und Aufträge inhaltlich genau verstehen			
	(im Fernsehen) Informationen in Reportagen, Interviews oder Talkshows verstehen			
	die Hauptaussagen von klar aufgebauten Vorträgen, Reden und Präsentationen verstehen			
	ausführliche Beschreibungen von interessanten Dingen und Sachverhalten verstehen			
Rs	in Texten neue Sachverhalte und detaillierte Informationen verstehen			
	literarische Texte lesen, dabei die Gesamtaussage und viele Details verstehen			
Pm	zu verschiedenen Themen ziemlich klare und detaillierte Beschreibungen geben			
	eine vorbereitete Präsentation gut verständlich vortragen			
	mündlich Vermutungen über Sachverhalte, Gründe und Folgen anstellen			
Ps	sich während eines Gesprächs oder einer Präsentation Notizen machen			

Lektion 5

Das kann ich nun:		☺	😐	☹
Im	sich an Gesprächen und Diskussionen beteiligen sowie eigene Ansichten begründen und verteidigen			
	klare und detaillierte Absprachen treffen und getroffene Vereinbarungen bestätigen			
Is	einen anspruchsvolleren formellen Brief schreiben			
	komplexe Sachverhalte für andere schriftlich darstellen und die eigene Meinung dazu äußern			
	Informationen und Sachverhalte schriftlich weitergeben und erklären			
Rm	komplexe Informationen über alltägliche und berufsbezogene Themen verstehen			
	detaillierte Anweisungen und Aufträge inhaltlich genau verstehen			
	im Radio Informationen aus Nachrichten- und Feature-Sendungen verstehen			
	(im Fernsehen) Informationen in Reportagen, Interviews oder Talkshows verstehen			
Rs	in Texten neue Sachverhalte und detaillierte Informationen verstehen			
	in längeren und komplexeren Texten rasch wichtige Einzelinformationen finden			
	Anzeigen zu Themen eines Fach- oder Interessengebiets verstehen			
	in Korrespondenz die wesentlichen Aussagen verstehen			
	literarische Texte lesen, dabei die Gesamtaussage und viele Details verstehen			
Pm	mündlich Vermutungen über Sachverhalte, Gründe und Folgen anstellen			
Ps	zu allgemeinen Artikeln oder Beiträgen eine Zusammenfassung schreiben			
	Anzeigen verfassen, die eigene Interessen oder Bedürfnisse betreffen			

Lektion 6

Das kann ich nun:		☺	😐	☹
Im	verschiedene Gefühle differenziert ausdrücken und auf Gefühlsäußerungen anderer reagieren			
	zu einem gemeinsamen Vorhaben beitragen und dabei andere einbeziehen			
	bei Interessenkonflikten oder Auffassungsunterschieden eine Lösung aushandeln			
	anderen Personen Ratschläge oder detaillierte Empfehlungen geben			
Rm	längeren Gesprächen zu aktuellen, interessanten Themen folgen			
	in einer Diskussion der Argumentation folgen und hervorgehobene Punkte im Detail verstehen			
Rs	in Texten neue Sachverhalte und detaillierte Informationen verstehen			
	in längeren und komplexeren Texten rasch wichtige Einzelinformationen finden			
	in Artikeln und Berichten über aktuelle Themen Haltungen und Standpunkte verstehen			
Pm	Sachverhalte systematisch erörtern sowie wichtige Punkte und relevante Details hervorheben			
	mündlich Vermutungen über Sachverhalte, Gründe und Folgen anstellen			
Ps	ein Thema schriftlich darlegen, Punkte hervorheben sowie Beispiele anführen			
	Informationen und Argumente schriftlich zusammenführen und abwägen			
	eine zusammenhängende Geschichte schreiben			
	über aktuelle oder abstrakte Themen schreiben und eigene Gedanken und Meinungen dazu ausdrücken			

Lektion 7

Das kann ich nun:		☺	😐	☹
Im	auf Fragen im eigenen Fach- oder Interessenbereich detaillierte Antworten geben			
	detaillierte Informationen umfassend und inhaltlich korrekt weitergeben			
Is	komplexe Sachverhalte für andere schriftlich darstellen und die eigene Meinung dazu äußern			
Rm	längeren Gesprächen zu aktuellen, interessanten Themen folgen			
	(im Fernsehen) Informationen in Reportagen, Interviews oder Talkshows verstehen			
	die Hauptaussagen von klar aufgebauten Vorträgen, Reden und Präsentationen verstehen			
Rs	in Texten neue Sachverhalte und detaillierte Informationen verstehen			
	in längeren und komplexeren Texten rasch wichtige Einzelinformationen finden			
	in Artikeln und Berichten über aktuelle Themen Haltungen und Standpunkte verstehen			
Pm	eine vorbereitete Präsentation gut verständlich vortragen			
	über aktuelle und abstrakte Themen sprechen und Gedanken und Meinungen dazu äußern			
Ps	ein Thema schriftlich darlegen, Punkte hervorheben sowie Beispiele anführen			
	zu allgemeinen Artikeln oder Beiträgen eine Zusammenfassung schreiben			
	Informationen und Argumente schriftlich zusammenführen und abwägen			
	sich während eines Gesprächs oder einer Präsentation Notizen machen			

Lektion 8

Das kann ich nun:		☺	😐	☹
Im	sich an Gesprächen und Diskussionen beteiligen sowie eigene Ansichten begründen und verteidigen			
	gezielt Fragen stellen und ergänzende Informationen einholen			
Rm	längeren Gesprächen zu aktuellen, interessanten Themen folgen			
	(im Fernsehen) Informationen in Reportagen, Interviews oder Talkshows verstehen			
Rs	in Artikeln und Berichten über aktuelle Themen Haltungen und Standpunkte verstehen			
	in längeren Reportagen zwischen Tatsachen, Meinungen, Schlussfolgerungen unterscheiden			
	literarische Texte lesen, dabei die Gesamtaussage und viele Details verstehen			
Pm	Erfahrungen, Ereignisse, Einstellungen darlegen und die eigene Meinung mit Argumenten stützen			
	einen kurzen Text relativ spontan und frei vortragen			
	mündlich Vermutungen über Sachverhalte, Gründe und Folgen anstellen			
Ps	in Texten Vermutungen über Sachverhalte, Gründe und Folgen anstellen			
	über aktuelle oder abstrakte Themen schreiben und eigene Gedanken und Meinungen dazu ausdrücken			

Lektion 9

Das kann ich nun:		☺	😐	☹
Im	sich an Gesprächen und Diskussionen beteiligen sowie eigene Ansichten begründen und verteidigen			
	verschiedene Gefühle differenziert ausdrücken und auf Gefühlsäußerungen anderer reagieren			
	zu einem gemeinsamen Vorhaben beitragen und dabei andere einbeziehen			
Is	in privater Korrespondenz Gefühle, Erlebnisse und Erfahrungen ausdrücken bzw. kommentieren			
Rm	literarischen oder alltäglichen Erzählungen folgen und viele wichtige Details der Geschichte verstehen			
Rs	in längeren und komplexen Texten rasch wichtige Einzelinformationen finden			
	Anzeigen zu Themen eines Fach- oder Interessengebiets verstehen			
	in Korrespondenz die wesentlichen Aussagen verstehen			
	literarische Texte lesen, dabei die Gesamtaussage und viele Details verstehen			
Pm	Informationen aus längeren Texten zusammenfassend wiedergeben			
	mündlich Vermutungen über Sachverhalte, Gründe und Folgen anstellen			
	eigene Gedanken und Gefühle mündlich beschreiben			
Ps	ein Thema schriftlich darlegen, Punkte hervorheben sowie Beispiele anführen			
	eigene Gedanken und Gefühle schriftlich beschreiben			
	in Texten Vermutungen über Sachverhalte, Gründe und Folgen anstellen			
	Erfahrungen und Ereignisse detailliert und zusammenhängend schriftlich beschreiben			
	eine zusammenhängende Geschichte schreiben			
	über aktuelle oder abstrakte Themen schreiben und eigene Gedanken und Meinungen dazu ausdrücken			

Lektion 10

Das kann ich nun:		☺	😐	☹
Im	gezielt Fragen stellen und ergänzende Informationen einholen			
	sich an Einrichtungen oder Organisationen wenden und um Rat oder Hilfe bitten			
	mit Behörden und Dienstleistern umgehen			
	komplexere Situationen telefonisch bewältigen und dabei Bezug auf den Gesprächspartner nehmen			
Is	einen anspruchsvolleren formellen Brief schreiben			
	Schriftwechsel mit Behörden und Dienstleistern selbstständig abwickeln			
	komplexe Formulare oder Fragebögen ausfüllen und dabei freie Angaben formulieren			
	zu einem Dossier schriftlich Stellung nehmen und Kritikpunkte anführen			
Rm	detaillierte Anweisungen und Aufträge inhaltlich genau verstehen			
	längeren Gesprächen zu aktuellen, interessanten Themen folgen			
Rs	in Texten neue Sachverhalte und detaillierte Informationen verstehen			
	lange komplexe Anleitungen verstehen, wenn schwierige Passagen mehrmals gelesen werden können			
	in Verträgen die Hauptpunkte verstehen, Rechtliches jedoch nur mithilfe des Wörterbuchs			
Pm	einen kurzen Text relativ spontan und frei vortragen			
	Informationen aus längeren Texten zusammenfassend wiedergeben			
Ps	über interessante Themen klare und detaillierte Berichte schreiben			
	ein Thema schriftlich darlegen, Punkte hervorheben sowie Beispiele anführen			
	Erfahrungen und Ereignisse detailliert und zusammenhängend schriftlich beschreiben			

Lektion 11

Das kann ich nun:		☺	😐	☹
Im	sich an Gesprächen und Diskussionen beteiligen sowie eigene Ansichten begründen und verteidigen			
	ein Problem darlegen, dabei Vermutungen über Ursachen und Folgen anstellen sowie Vor- und Nachteile abwägen			
	ein Interview führen und auf interessante Antworten näher eingehen			
Is	komplexe Sachverhalte für andere schriftlich darstellen und die eigene Meinung dazu äußern			
	Informationen und Sachverhalte schriftlich weitergeben und erklären			
Rm	Informationen in Ansagen und Mitteilungen verstehen			
	im Radio Informationen aus Nachrichten- und Feature-Sendungen verstehen			
	(im Fernsehen) Informationen in Reportagen, Interviews oder Talkshows verstehen			
	literarischen oder alltäglichen Erzählungen folgen und viele wichtige Details verstehen			
Rs	in Texten neue Sachverhalte und detaillierte Informationen verstehen			
	in Artikeln und Berichten über aktuelle Themen Haltungen und Standpunkte verstehen			
	in längeren Reportagen zwischen Tatsachen, Meinungen, Schlussfolgerungen unterscheiden			
	in Korrespondenz die wesentlichen Aussagen verstehen			
	literarische Texte lesen, dabei die Gesamtaussage und viele Details verstehen			
Pm	eine Geschichte zusammenhängend erzählen			
	über aktuelle und abstrakte Themen sprechen und Gedanken und Meinungen dazu äußern			
Ps	Informationen und Argumente schriftlich zusammenführen und abwägen			
	sich während eines Gesprächs oder einer Präsentation Notizen machen			
	Erfahrungen und Ereignisse detailliert und zusammenhängend schriftlich beschreiben			
	eine zusammenhängende Geschichte schreiben			

Lektion 12

Das kann ich nun:		☺	😐	☹
Im	sich an Gesprächen und Diskussionen beteiligen sowie eigene Ansichten begründen und verteidigen			
	zu einem gemeinsamen Vorhaben beitragen und dabei andere einbeziehen			
Is	einen anspruchsvolleren formellen Brief schreiben			
	sich schriftlich über ein Problem beschweren und Zugeständnisse fordern			
Rm	längeren Gesprächen zu aktuellen, interessanten Themen folgen			
	im Radio Informationen aus Nachrichten- und Feature-Sendungen verstehen			
Rs	in Texten neue Sachverhalte und detaillierte Informationen verstehen			
	in Artikeln und Berichten über aktuelle Themen Haltungen und Standpunkte verstehen			
	in Korrespondenz die wesentlichen Aussagen verstehen			
	literarische Texte lesen, dabei die Gesamtaussage und viele Details verstehen			
Pm	zu verschiedenen Themen ziemlich klare und detaillierte Beschreibungen geben			
	Erfahrungen, Ereignisse, Einstellungen darlegen und die eigene Meinung mit Argumenten stützen			
	einen kurzen Text relativ spontan und frei vortragen			
	Informationen und Argumente zusammenfassen und kommentiert wiedergeben			
	eigene Gedanken und Gefühle mündlich beschreiben			
Ps	sich während eines Gesprächs oder einer Präsentation Notizen machen			

Abschlusstest: Lesen, Hören, Schreiben, Sprechen

Lesen

Lesen Teil 1

Sie sollen für fünf Personen ein passendes Musikprogramm aussuchen und dabei auf deren persönliche Vorlieben eingehen. Was meinen Sie, für welche der acht Veranstaltungen (A–H) würden sich die Personen (1–5) jeweils interessieren?

Es gibt immer nur eine richtige Lösung.

Es kommt vor, dass es nicht für jede Person ein passendes Angebot gibt. Notieren Sie in diesem Fall „negativ".

Beispiel: Lösung:

Welche Veranstaltung wäre von Interesse für:

01. Clemens Hasenkamp, Techniker aus Buxtehude, der zur Entspannung gern eine musikalische
    Mischung aus Filmmusik, Klassik und Schlagern bevorzugt?   *C*

02. Wolfgang Dittersbach, Theologe aus Nürnberg, der in seiner Freizeit Instrumentalmusik mit
    knallharten Rhythmen bevorzugt, wenn Sie virtuos gespielt wird.   *negativ*

Aufgabe: Lösung:

Welche der acht Veranstaltungen wäre wohl von Interesse für:

1. Emil Dietrich, Lehrer aus Bielefeld, der gern Rockmusik mit anspruchsvollen deutschen Texten hört.   ....

2. Ute Bühler, Managerin aus Kiel, die besonders gern Holzblasinstrumente mag und am liebsten
   improvisierte Musik hört.   ....

3. Franz Hofmeister, Web-Designer aus Landau, der über die Lieder der ersten Hälfte des letzten
   Jahrhunderts die Zeit von damals besser zu verstehen sucht.   ....

4. Tanja Lüttich, Krankenschwester aus Gera, die am liebsten klassische Musik von Beethoven
   und Brahms hört.   ....

5. Britta Schweigert, Psychologin aus Stuttgart, die innere Ruhe und Entspannung bei Musik aus dem
   20./21. Jahrhundert findet, wenn sie einen Bezug zum Mittelalter hat.   ....

A Musik aus Romanik und Gotik im Hier und Jetzt

Das Ensemble nu:n interpretiert auf gelungene Weise gregorianische Musik und verbindet sie mit zeitgenössischen Klangfarben und Instrumenten. Im aktuellen Programm „Musik vom Jakobsweg" steht dieser Pilgerweg im Mittelpunkt der Recherchen. Die Gruppe hat eine ganze Reihe von Musikstücken zusammengestellt, die sie in den mittelalterlichen Klöstern entlang des Jakobsweges gefunden hat, und sie so bearbeitet, dass die ein- und mehrstimmigen Gesänge ein neues, musikalisch zeitgenössisches Gewand erhalten. Der moderne Mensch kann sie nun mit seiner persönlichen Lebenserfahrung füllen und sich so geistig entspannen.

B Aida Night of the Proms

Die „Aida Night of the Proms" ist ein Konzert-Event nach dem englischen Vorbild „Night of the Proms": Klassische Melodien, Filmmusik und Hits aus vier Jahrzehnten Popmusik laden Sie zu einer Reise durch 350 Jahre populäre Musik ein. Das 72-köpfige Orchester Il Novecento samt dem Chor Fine Fleur unter der Leitung von Robert Groslot spielt die klassischen Hits und begleitet – zusammen mit einer Electric Band – auch die Pop-Stargäste. Der nahtlose Brückenschlag von populärer Klassik zu Pop-Klassikern wird seit Jahren seitens des Publikums mit einer derart lebhaften Begeisterung begleitet, wie sie sonst kaum zu erleben ist. Und auch dieses Jahr haben Sie wieder die Gelegenheit, dabei zu sein.

C Manowar in Deutschland

Es gibt keinerlei Zweifel an Manowars Einfluss auf die Rockmusik. Während ihrer unglaublichen Karriere hat die Band den Heavy Metal durch die Kombination von besonderer musikalischer Virtuosität und anspruchsvollen Texten neu definiert. Ihr unbeugsamer Charakter, ihre Beharrlichkeit und Begabung haben die Band dazu befähigt, unermessliche Erfolge zu erringen, gewaltige Hindernisse zu überwinden und ein Ehrfurcht gebietendes Vermächtnis zu errichten, das mit jedem Jahr größer wird. Erleben Sie die Kings of True Heavy Metal wieder live und feiern Sie mit der Band das 10-jährige Jubiläum des Hit-Albums „Warriors of the World".

D Mittelalterliche Klostergesänge in der Heiligkreuzkirche

Mit Klostergesängen in historischen Gewändern bringt der Liturgische Frauenchor Rostock unter Leitung von Virginia Abs am 11. März um 11 Uhr in der Universitätskirche Gregorianische Gesänge, Choräle und Lieder der Hildegard von Bingen zu Gehör. Herzlich eingeladen sind alle, die inmitten des Alltags ruhiger Musik lauschen möchten. Der Eintritt erfolgt über das Kulturhistorische Museum Rostock.

E Nacht der ewigen Töne

An einem hoffentlich schönen Sommerabend werden rund 2.000 Besucher zu einem musikalischen Feuerwerk erwartet. Ergänzt wird das Orchesterprogramm durch den Klarinettisten Andy Miles. Diese Begegnung wird sicher zu einem eindrucksvollen Erlebnis. Miles, der auf der Klarinette improvisierend zaubert: klassisch, rockig, jazzig, mal rauchig cool, mal seriös: „Andy Miles gilt weltweit als der größte Crossoverklarinettist".

F Oldies ganz neu

Unser Gedanke war, das Liedgut und musikalische Werk der Jahre 1900 bis 1950 in einer dem Publikum nahen Art und Weise wieder aufleben zu lassen. Es ist uns eine Freude, live vor unserem Publikum die Hits der 20er-, 30er- und 40er-Jahre auf eine unterhaltsame Art und Weise zu präsentieren. Gerade die Mischung aus altem Liedgut und modernem Sound, verpackt in spritzigen Arrangements, begeistert Jung und Alt und lässt unsere Konzerte zu einem einzigartigen Show-Event werden.

G Herbert Grönemeyer

Mitte Juni präsentiert Grönemeyer bei seinem Open-Air-Konzert im Olympiastadion seine größten Hits von „Bochum" über „Flugzeuge im Bauch" und „Männer" bis hin zu „Mensch" und viele andere seiner einzigartigen Karriere. Wer den charismatischen Rocksänger und Schauspieler je live erlebt hat, weiß, was ihn erwartet: eine mitreißende Show, eine exzellente Band und eine packende Produktion vom ersten bis zum letzten Akkord. Grönemeyer ist der geborene Entertainer, der sein Publikum auf eine emotionale Reise schickt, seine Empfindungen vermittelt, Spaß und Nachdenklichkeit in eine Balance bringt. Millionen haben seine Texte verinnerlicht, denn seine Songs artikulieren die Gefühle mehrerer Generationen.

H Adagio – ma non troppo

Klassik zum Träumen! Die Salzburger Streichsolisten haben die schönsten langsamen Sätze der Musikgeschichte zusammengestellt: Vivaldis „Frühling" aus den „Vier Jahreszeiten", Pachelbels „Kanon", Bachs „Air" oder Schumanns „Träumerei" – das gefeierte Ensemble hat eine Auswahl an Werken getroffen, die das Publikum sicherlich gerne hört: Gänsehaut-Klassik garantiert!

Lesen Teil 2

Lesen Sie den Text auf der nächsten Seite.

Entscheiden Sie, welche der Antworten (a, b oder c) passt. Es gibt immer nur eine richtige Lösung.

Beispiel:

0. Die Aussage „Hoffentlich kommt er nicht zu spät" bezieht sich auf
   a den Zug.
   X den Fahrer.
   c ihren Freund.

Aufgabe:

6. Mitfahrgelegenheiten dienen vor allem dazu,
   a Geld zu sparen.
   b nette Bekanntschaften zu machen.
   c nicht mit der Bahn oder mit dem Flugzeug zu reisen.

7. Mitfahrer und Mitnehmer kommunizieren u. a.
   a über selbst geschriebene Annoncen in Verkaufsbüros.
   b über Internetbörsen ausschließlich in Deutschland.
   c über Anzeigen an einer Anschlagtafel in der Universität.

8. Mitnehmer sind
   a in der Regel Personen, die wenig Geld haben.
   b in der Regel Personen, die gern große Autos fahren.
   c Personen aus unterschiedlichen Verhältnissen.

9. Es gibt inzwischen so viele Mitfahrorganisationen, dass
   a auch Berufstätige auf ihren Fahrten zum Arbeitsplatz davon profitieren können.
   b auch Frauen problemlos mitfahren können.
   c auch die Eltern von Jugendlichen sich sicherer fühlen.

10. Manchmal passieren auch Missgeschicke, wenn
   a das Auto der Mitfahrer kaputt geht.
   b die Fahrer den vereinbarten Termin nicht einhalten oder gar nicht kommen.
   c die Mitfahrenden zu spät zum vereinbarten Termin kommen.

Begegnung auf engem Raum

Yvonne steht am Dresdner Bahnhof und wartet. „Hoffentlich kommt er nicht zu spät", denkt sie. Sie will ihren Freund besuchen, der in Osnabrück wohnt. Oben am Gleis tönt ein Lautsprecher – der Zug hat wieder Verspätung. Aber sie meint nicht den Zug, sondern ihren Fahrer, den sie durch das Internet gefunden hat. Und der fährt pünktlich um 16 Uhr mit seinem Kleinwagen vor – sein Ziel: Hamburg. So wie Yvonne nutzen täglich Tausende in Deutschland die Gelegenheit, preiswert und schnell kleinere oder größere Entfernungen zurückzulegen und oft auch noch nette Bekanntschaften zu machen.

Mitfahrgelegenheiten sind seit den 90er-Jahren in Deutschland sehr beliebt. Von der selbst geschriebenen Anzeige am Schwarzen Brett der Universität über Verkaufsbüros bis hin zu europaweiten Internetbörsen existiert inzwischen ein breites Spektrum an Angeboten und Anbietern. Allen gleich ist das Prinzip: Person X fährt mit dem Auto von A nach B und hat noch Plätze frei. Person Y möchte von A nach B mitfahren und zahlt dafür einen Teil der Benzinkosten, außerdem meist noch eine Vermittlungsgebühr an die Firma. Treffpunkt ist ein günstig gelegener Ort, und gemeinsam werden dann die nächsten Stunden zurückgelegt. Natürlich sind die gemeinsamen Reisegefährten nicht zu Gesprächen gezwungen, aber meist entwickelt sich ein solches. Und für viele ist das sogar ein zusätzlicher Grund, warum sie auf Mitfahrgelegenheiten als Transportalternative zu Bahn, Flugzeug oder eigenem Auto schwören. Manchmal finden sich sogar gemeinsame Bekannte oder andere Gemeinsamkeiten, durch die der Kontakt auch nach der Fahrt bestehen bleibt. Neben vielen Freundschaften gibt es heute auch „Mitfahrbabys" – deren Eltern lernten sich bei einer gemeinsamen Fahrt kennen und lieben.

Besonders beliebt ist das Mitfahren natürlich bei Studierenden und anderen jungen Menschen, die mit ihrem Geld haushalten müssen. Die Mitnehmer sind in keine Gruppe einzuteilen und fahren alle Typen und Klassen von Autos. Ein Mitfahrer kann durchaus Platz in einem Mercedes oder BMW finden, aber auch in Polos, Kias, Smarts oder anderen Kleinstwagen.

Falls die Eltern oder Freunde Zweifel haben sollten: Sie können beruhigt sein. Die Personalangaben, die jeder bei der Organisation hinterlassen muss, sorgen für Sicherheit. Auch gibt es Serviceangebote exklusiv für Frauen, falls dies von beiden Seiten gewünscht wird.

Mittlerweile hat sich das System so gut etabliert, dass auch Berufspendler über einige Mitfahrbüros passende Fahrgemeinschaften finden können. So sparen alle Geld und die Mitfahrer Zeit dazu, denn mit dem Auto sind manche Ziele einfach schneller zu erreichen; ganz zu schweigen von den Vorteilen für die Umwelt. Aufgrund der guten Verbreitung kann man inzwischen auch ganz spontan Mitfahrgelegenheiten finden, so z. B. auch, wenn kurz vor der Abfahrt das eigene Auto kaputt geht.

Es kommt aber mitunter auch zu verpassten Gelegenheiten: Martina wurde einmal von ihren drei Mitfahrern in einer anderen Stadt abgesetzt. Im Nachhinein lächelt sie darüber. Und Franz hat auf dem Heimweg nach Fulda freitagabends um acht vergeblich auf seinen Fahrer gewartet, der ihn vorab sogar darauf hinwies, pünktlich zu sein. Und Yvonne weiß nun nach vielen Erfahrungen als Mitfahrerin: Pünktlichkeit ist leider keine Garantie, da viele Menschen sehr spontan sind und oft noch Umwege fahren oder irgendwo unterwegs die Reise bei Freunden unterbrechen.

Lesen Teil 3

Lesen Sie den Text unten.

Stellen Sie fest, wie der Autor des Textes folgende Fragen beurteilt: positiv (a) oder negativ bzw. skeptisch (b).

Beispiel: **Lösung:**

  0. Wie beurteilt der Autor den Wunsch junger Menschen, möglichst alles unentgeltlich zu bekommen.   *b*

Aufgabe: **Lösung:**

Wie beurteilt der Autor des Textes

11. den Rückgang der Verkaufszahlen von Büchern und Platten? ....

12. das Verfahren, dass sich Autoren bzw. Musiker vertraglich an Verlage bzw. Plattenfirmen binden? ....

13. die Forderung, alle Werke im Internet frei zur Verfügung zu stellen? ....

14. den Kampf von Autoren gegen eine Lockerung des Urheberrechts? ....

15. die Möglichkeit, eine Lösung zu finden, die alle Seiten befriedigt? ....

Kultur gratis im Internet – Ist das möglich?

„Internet ist spitze – man kann alles kostenlos herunterladen." Solche und ähnliche Sätze hört und liest man derzeit in vielen Medien. Für die Nutzer – meist junge Leute – klingt das fantastisch. Sie haben sich schnell an die Umsonstmusik, an die Umsonstfilme, an die Umsonstliteratur gewöhnt – ein Mausklick genügt, und sie haben alles auf ihrem Computer. Vermutlich haben sie deswegen keinen Bezug zu den geschaffenen Werken, weil sie alles nur virtuell gesehen oder gehört haben. Würden Sie stattdessen ein ganzes Buch fotokopieren, würde ihnen bewusst werden, dass sie etwas Illegales tun.

Für die Autoren, Verlage und Musikgesellschaften sieht die Lage jedoch ganz anders aus: Ihr Hauptargument ist das sogenannte Urheberrechtsgesetz. Der Urheber ist der Schöpfer eines Werkes, so steht es im Gesetz, und diesen gilt es zu schützen.

Der Selbstbedienungsladen Internet bedeutet für alle besonders eins: massive Verlustgeschäfte. Der Verkauf von CDs und Büchern ging in den letzten Jahren dramatisch zurück, und alle sind berechtigterweise der Auffassung, dass geistiges Eigentum nicht gratis weitergegeben werden darf. Deshalb macht der Autor oder Musiker Verträge mit Verlagen oder Plattenfirmen, die sich um die Herstellung, die Vermarktung und den Vertrieb der Produkte kümmern, damit Geld verdienen und somit dem Autor bzw. Musiker ein vereinbartes Honorar zusichern können.

Gegen die im Urheberrechtsgesetz festgelegten Autorenrechte wenden sich die Befürworter eines freien Umgangs mit digitalen Werken, sofern es sich um eine nicht-kommerzielle Verwendung handelt. Ihrer Meinung nach stammt diese Regelung aus dem vorigen Jahrhundert und muss an die heutige Zeit angepasst werden, d. h., auch der Begriff „geistiges Eigentum" muss neu definiert werden. Sie treten für die Kopierbarkeit und die freie Nutzung von im Internet angebotenen Werken ein, weil sie glauben, damit die Vielfalt der Produkte zu erhöhen und diese allen Interessenten zugänglich zu machen. Das bedeutet u. a., dass Vorrichtungen, die das Kopieren verhindern oder erschweren – wie z. B. Kopierschutz bei DVDs – abgeschafft werden sollen. Denn dadurch werde aus einem freien Gut künstlich ein wirtschaftliches Produkt geschaffen, für das man obendrein auch noch bezahlen soll.

Namhafte Künstler – wie z. B. der Schriftsteller und Rock-Musiker Sven Regener – wehren sich vehement gegen die Verharmlosung und Banalisierung von Verstößen gegen das Urheberrecht. Sie sind der festen Überzeugung, dass eine Lockerung ihrer Autorenrechte dazu führen würde, dass sie kein gesichertes Einkommen mehr hätten. Sie sind mit Recht der Ansicht, dass Künstler juristisch vor geistigem Diebstahl geschützt werden müssen, auch wenn sie den Wunsch der Nutzer, alles gratis bekommen zu wollen, verstehen können.

Der Ärger über die Forderung „Freie Kunst für alle" ist verständlich, denn die jungen Leute übersehen offensichtlich, dass sie in anderen Situationen gern bereit sind, für ihre Musikgruppe zu bezahlen, dann nämlich, wenn Konzerte live durchgeführt werden.

Obwohl es in letzter Zeit verschiedene Überlegungen gibt, das Problem zu lösen, wird es wahrscheinlich so bald keine beide Seiten zufriedenstellende Lösung geben.

Lesen Teil 4

Im folgenden Text ist leider der rechte Rand unleserlich.
Rekonstruieren Sie den Text und schreiben Sie jeweils das fehlende Wort an den Rand. Manchmal gibt es zwei
Möglichkeiten – in diesem Fall entscheiden Sie sich bitte für eine.

So schützen Sie sich vor Einbrechern

Früher herrschte engerer Kontakt unter Nachbarn, man kannte sich, wusste, was *jeder*   **01**

machte. Das war manchen bestimmt oft zu eng, aber es war ein guter Schutz *vor*   **02**

Einbrechern. Heute müssen Sie leider mehr beachten:

- Treten Sie mit Ihren Nachbarn in Kontakt – ein kleines Gespräch wirkt oft Wunder.   **16**

  wer sich kennt, achtet auf den anderen und spürt, wenn etwas nicht in Ordnung   **17**

- Wenn Sie wissen, dass Ihr Nachbar in Urlaub fahren möchte, bieten Sie   **18**

  doch an, auf die Wohnung zu achten: Blumen gießen, lüften, die Rollläden   **19**

  herunterlassen und morgens wieder hochziehen, Briefkasten leeren.   **20**

  wirkt Ihre Wohnung stets bewohnt und erweckt nicht die Aufmerksamkeit   **21**

  Ganoven.

- Tauschen Sie mit Nachbarn Telefonnummern (auch im Urlaub) aus.

- Vereinbaren Sie regelmäßige Anrufe oder Zeichen zur Bestätigung, dass es   **22**

  gut geht.

- Halten Sie die Haustür immer geschlossen und verschließen Sie die Kellerräume. So   **23**

  sich kein ungebetener Besuch einschleichen.

- Denken Sie auch an Ihre Wohnung. Schließen Sie alle erreichbaren   **24**

  und Türen zum Schutz vor Einsteigedieben – auch wenn Sie zu Hause sind.

- Sollten Sie tatsächlich einen Einbrecher überraschen, versuchen Sie nicht   **25**

  aufzuhalten!

  Prägen Sie sich sein Aussehen ein und rufen Sie die Polizei.

Hören

Hören Teil 1

🔘 63

Sie arbeiten bei der Deutschen Zentrale für Tourismus und erstellen gerade einen Handzettel mit aktuellen Sonderangeboten. Ihr Kollege hat Ihnen auf dem Anrufbeantworter einige Korrekturen und Ergänzungen mitgeteilt. Notieren Sie die Korrekturen und Ergänzungen. Sie hören den Text nur einmal.

Bahn & Bett Herbst-Hit Berlin

Berlin zeigt das Flair einer pulsierenden Welt-metropole. Die Hauptstadt Deutschlands vereint sowohl altehrwürdige Sehenswürdigkeiten als auch futuristische Bauten und bereitet ihren Besuchern ein unendlich großes Spektrum an Unterhandlung. [01] *Unterhaltung*

Leistungen:

– Hotel Zentral Berlin-Mitte ****
  (Nähe Brandenburger Tor und Berliner Dom)
– Bahnfahrt 2. Klasse
– 1 Übernachtung im Doppelzimmer mit
  Frühstücksbuffet, bei täglicher Anreise

mit BahnCard pro Person: ab 111,– €
ohne BahnCard pro Person: ab 151,– €
Zuschlag 1. Klasse: ab 40,– €

Reisezeit: September und Oktober

Otto der Große und das Römische Reich

Die Landeshauptstadt Magdeburg und Kaiser Otto [02] *der Große* verbinden viele Gemeinsamkeiten. Er sorgte für den wirtschaftlichen Aufbau des Handelsortes an der Elbe und machte die Stadt zu einer blühenden Metropole. Außerdem ist er im berühmten Magdeburger Dom begraben. Vor 1100 Jahren wurde Otto der Große geboren und vor 1050 Jahren zum Kaiser gekrönt. Das kulturhistorische Museum Magdeburg zeigt aus diesem Anlass eine Ausstellung zur Ideengeschichte des Kaisertums von Augustus bis zu den Ottonen.

Leistungen:

• 2 Übernachtungen im Doppelzimmer mit Frühstücksbuffet im City-Hotel Magdeburg ****
• Bahn: Hin und Rück
  [1] ...., 2. Klasse
• 1x Eintrittskarte für die Ausstellung am Tag nach der Anreise
• pro Person: ab 199 €
• Zuschlag 1. Klasse: ab 40 €
• zstl. [2] .... Nacht: 52 €

Öffnungszeiten der Ausstellung: Täglich von 10 – 18 Uhr.

Reisezeit: 27.08. – 08.12.

Städel Museum – Gegenwartskunst unter der Erde

Auch im Keller lassen sich Kunstwerke wunderbar unterbringen: so geschehen im neuen Trakt des Städel Museums in Frankfurt, in dem in den unterirdischen Gängen und Hallen zeitgenössische Kunst aufgehängt ist und überraschend gut zur Geltung kommt. Die architektonische Meisterleistung ist gleichzeitig eine [3] ...., sich auch mit moderner Kunst zwanglos auseinanderzusetzen.

Leistungen:

– 2 Übernachtungen im Doppelzimmer mit Frühstücksbuffet im Hotel Deutscher König*** [4] ....
– Bahnfahrt 2. Klasse + 1 Eintrittskarte für die Ausstellung
– Preis pro Person: ab 199 €
– Zuschlag 1. Klasse: ab 40 €

Öffnungszeiten der Ausstellung:

Mo geschlossen, Di, Fr bis So von [5] .... Uhr, Mi und Do 10 bis 21 Uhr

Reisezeit: ganzjährig

Hören Teil 2

Sie hören das folgende Interview zunächst einmal ganz, dann noch einmal in Abschnitten.
Kreuzen Sie die richtige Antwort (a, b oder c) an.

Beispiel:

0. Herr Werner ist der Auffassung,
   - a es sei nicht schlecht, wenn die Menschen arbeiten müssten.
   - b es sei gut, wenn die Menschen arbeiten müssten.
   - ☒ es sei nicht schlecht, wenn die Menschen nicht arbeiten müssten.

Aufgabe:

6. Die Journalistin vertritt die These,
   - a nur wer arbeitet, bewertet sich selbst.
   - b nur wer arbeitet, schafft Werte und ist etwas wert.
   - c nur wer arbeitet, macht das Leben lebenswert.

7. Das alte nicht mehr zeitgemäße Gebot lautet:
   - a Wer viel arbeitet, soll auch viel essen.
   - b Wer nicht arbeitet, soll auch nicht essen.
   - c Wer richtig arbeitet, soll auch essen.

8. Der Unternehmer stellt sich die Frage:
   - a Wie kann ich die Menschen vom Zwang zu arbeiten befreien?
   - b Wie kann ich Arbeitsplätze schaffen?
   - c Wie kann ich meine Kunden am besten bedienen?

9. Die Deutschen haben Angst,
   - a krank zu werden.
   - b nicht mehr kreativ zu sein.
   - c für die Gesellschaft nicht mehr von Nutzen zu sein.

10. „Radikal und revolutionär zu denken" bedeutet, dass
    - a Einkommen und Arbeit eng miteinander verkoppelt bleiben müssen.
    - b man ein Recht auf Arbeit und damit ein Recht auf Einkommen hat.
    - c jeder Bürger ein gewisses Einkommen als Grundlage erhalten soll.

11. Wenn jeder eine bestimmte Summe ausgezahlt bekommt, dann kann er
    - a bescheiden und in Würde leben, und die Arbeitslosigkeit hätte ihre Bedeutung verloren.
    - b in Würde leben, auch wenn sein Einkommen sehr bescheiden ist.
    - c bescheiden und in Würde leben, ohne allerdings groß am gesellschaftlichen Leben teilzuhaben.

12. Herr Werner ist dafür,
    - a alle Steuern um 50 % zu erhöhen.
    - b alle Steuern abzuschaffen, nur die Mehrwertsteuer soll erhöht werden.
    - c alle Steuern abzuschaffen.

13. Das Grundeinkommen wäre gestaffelt nach
    - a Alter.
    - b Alter und Familienstand.
    - c Familienstand und ob man berufstätig ist.

14. Wenn man älter wird, überlegt man,
    - a wie man erfolgreich sein kann.
    - b wie man den Erfolg anderer fördern kann.
    - c wie man vom Erfolg anderer profitieren kann.

15. Herr Werner sagt:
    - a Meine Gedanken schaffen eine bessere Welt.
    - b Ich habe volles Vertrauen in meine Ideen.
    - c Meine Ideen werden unter den Menschen immer bekannter.

Schreiben

Schreiben Teil 1

In diesem Prüfungsteil wählen Sie zuerst eines der beiden Themen aus.
Danach erhalten Sie die Aufgabenblätter für die Aufgaben 1 und 2.

Thema 1:

Anonyme Benotung von Lehrenden im Internet

Ihre Aufgabe ist es, auf eine Meldung im Internet zu reagieren: Sie sollen sich dazu äußern, ob Schüler ihre Lehrer anonym im Internet benoten sollen.

Thema 2:

Sprachtest für Zuwanderer

Ihre Aufgabe ist es, auf eine Meldung in einer Zeitung zu reagieren: Sie sollen sich dazu äußern, ob eine Sprachprüfung für zukünftige Deutsche sinnvoll ist.

Schreiben Teil 1 – Thema 1

In einem Internetforum lesen Sie folgende Meldung:

Immer häufiger werden Lehrer und Lehrerinnen von ihren Schülern bzw. Schülerinnen im Internet benotet, ohne dass diese mit ihrem Namen unterschreiben müssen. Die großen Lehrerverbände äußern sich dazu wie folgt: „Wir sprechen uns für eine offene, transparente und konstruktive Kritik am Unterricht aus. In Gesprächen mit den Lehrer / innen können Schüler / innen ausführlich Rückmeldung geben über den Unterricht, die Lernfortschritte etc. Eine anonyme Benotung im Internet halten wir jedoch für sehr gefährlich, da der Manipulation, z. B. durch schulfremde Personen oder durch Leute, die die Lehrenden nur vom Hörensagen kennen, keine Grenzen gesetzt sind. Außerdem können die Persönlichkeitsrechte der Lehrenden verletzt werden." Aus eigener Erfahrung kann ich nur sagen: Kritik bringt nur was, wenn sie offen vorgetragen wird. Seine Lehrer heimlich schlecht zu machen, vergiftet nur die Atmosphäre, ohne den Unterricht wirklich zu verbessern.

Reagieren Sie schriftlich auf die Meldung im Internetforum.

Sagen Sie:

- Welche Gefahren und Vorteile Sie sehen, wenn anonym benotet wird.
- Worin das „Persönlichkeitsrecht der Lehrenden" bestehen kann.
- Was Sie persönlich davon halten, dass man Lehrer / Lehrerinnen anonym im Netz bewertet.
- Was für Sie ein „guter Lehrer" ist.

Achten Sie vor allem darauf,

- dass Sie die vier Leitpunkte ausführlich behandeln.
- dass Sie die Sätze und Abschnitte gut miteinander verbinden.
- dass Sie korrekt schreiben.

Schreiben Sie ca. 180 Wörter.

Schreiben Teil 1 – Thema 2

In einer Zeitung lesen Sie folgende Meldung:

Ein Nicht-Deutscher, der schon lange in Deutschland lebt, wurde zum Thema „Sprachtest für zukünftige Deutsche" befragt. Hier seine Meinung: „Seit ein paar Jahren muss jeder Nicht-Deutsche, der die deutsche Staatsbürgerschaft beantragt, einen Sprachtest ablegen. Man muss mindestens Kenntnisse auf Niveau B1 nachweisen. Ich persönlich halte es für wichtig, dass jemand, der in Deutschland lebt, auch die Sprache spricht. Je besser man ist, umso leichter kann man sich in die Gesellschaft integrieren. Aber einen Test zu machen, finde ich unsinnig. Das kann doch jeder selbst beurteilen, wie gut er sein will und wie gut er sich verständigen will. Im Übrigen kostet das nur Geld, das wir alle nicht haben."

Reagieren Sie schriftlich auf die Meldung in der Zeitung.

Sagen Sie:
- Warum Sie Deutsch lernen.
- Wie Sie es finden, dass man in einem Sprachtest das B1-Niveau nachweisen muss, wenn man Deutscher werden möchte.
- Ob Sie schon Sprachprüfungen abgelegt haben und warum?
- Wie das Problem „Sprache" in Ihrem Heimatland behandelt wird.

Achten Sie vor allem darauf,
- dass Sie die vier Leitpunkte ausführlich behandeln.
- dass Sie die Sätze und Abschnitte gut miteinander verbinden.
- dass Sie korrekt schreiben.

Schreiben Sie ca. 180 Wörter.

Schreiben Teil 2

Ein ausländischer Freund bittet Sie darum, einen Brief zu korrigieren, da Sie besser Deutsch können.
Schreiben Sie die richtige Form an den Rand (Beispiel 01).
Wenn ein Wort an der falschen Stelle steht, schreiben Sie es an den Rand, zusammen mit dem Wort, mit dem es vorkommen soll (Beispiel 02). Pro Zeile gibt es immer nur einen Fehler.

Sehr geehrte Herr Metzger,	*geehrter*	01
seit einigen Monaten wir sind nun schon im Gespräch wegen der undichten	*sind wir*	02
Fenster in unserer Mietwohnung. Sie haben sich selbst dafür überzeugen		16
können, dass vor allem das Küchen- und das Schlafzimmerfenster sehr		
schlecht schließt. Im Winter führt das zu erhöhten Heizkosten. Sie waren		17
grundsätzlich einverstanden, in Schlafzimmer und Küche unseres Haus neue		18
Fenster einzubauen. Jetzt beginnt bald der Winter und ist es leider immer		19
noch nichts geschehen.		
Nach mehreren vergeblichen Versuchen, Sie telefonich zu erreichen, bitte		20
ich Sie nunmehr auf diesem Wege, mich einen verbindlichen Termin innerhalb		21
der nächste zwei Wochen mitzuteilen.		22
Sollte ich nichts von Ihnen hören, wäre ich gezwungt, die Miete um 20% zu		23
senken, bis der Schaden ist behoben.		24
Mit freundligen Grüßen		25
Thomas L. Moore		

Sprechen

Sprechen Teil 1 – Kandidat / Kandidatin 1

Facebook – gemeinsam einsam?

Immer mehr Menschen melden sich bei Facebook an und erzählen stolz, wie viele „Freunde" sie haben. In Wirklichkeit sitzen sie nur vor dem Bildschirm und kämpfen im realen Leben mit dem Alleinsein. Und dazu vertrauen sie den Internetgiganten ihre Daten an, ohne zu wissen, was damit alles geschehen kann.

Präsentieren Sie Ihrem Gesprächspartner / Ihrer Gesprächspartnerin Thema und Inhalt des Artikels. Nehmen Sie kurz persönlich Stellung:

Worum geht es in diesem Artikel?
- Was ist die Hauptaussage?
- Welche positiven oder negativen Beispiele fallen Ihnen dazu ein?
- Wie ist Ihre persönliche Meinung dazu?

Sprechen Sie ca. 3 Minuten.

Im Anschluss an Ihren Kurzvortag präsentiert Ihr Gesprächspartner seinen Artikel.

Sprechen Teil 1 – Kandidat / Kandidatin 2

Kind mit zwei Promille ins Krankenhaus eingeliefert

Ein elfjähriger Junge ist an Karneval im Rheinland mit zwei Promille Alkohol im Blut in ein Krankenhaus gebracht worden. Wie die Polizei mitteilte, sagte der Vater, der Junge habe an einer Kinderkarnevalssitzung teilgenommen und vermutlich von Jugendlichen alkoholische Getränke bekommen. Die Eltern finden das Verhalten der Jugendlichen skandalös.

Präsentieren Sie Ihrem Gesprächspartner / Ihrer Gesprächspartnerin Thema und Inhalt des Artikels. Nehmen Sie kurz persönlich Stellung:

Worum geht es in diesem Artikel?
- Was ist die Hauptaussage?
- Welche Beispiele fallen Ihnen dazu ein?
- Wie ist Ihre persönliche Meinung dazu?

Sprechen Sie ca. 3 Minuten.

Sprechen Teil 2

Ihre Sprachschule feiert ihr 10-jähriges Bestehen. Zu diesem Anlass wollen Sie zusammen mit einem Kollegen / einer Kollegin einen Artikel zu modernen Lernmethoden schreiben. Dafür suchen Sie ein passendes Aufmacherfoto.

- Wählen Sie ein Foto aus und begründen Sie Ihren Vorschlag.
- Widersprechen Sie dem Vorschlag Ihres Gesprächspartners / Ihrer Gesprächspartnerin.
- Finden Sie am Ende des Gesprächs eine gemeinsame Lösung.

参考答案 Lösungen

Lektion 1 – 1A Reisen

2a nach Wortarten • nach Wortfamilien

2b *Mögliche Ordnungskriterien:* Synonyme • Antonyme • nach graduellen Unterschieden • nach Oberbegriffen / Themen

2c *Vorschläge für Lerntechniken:* Gegenstände mit Kärtchen bekleben, auf denen deren Bezeichnung steht • Loci-Technik • Geschichte zu Wörtern ausdenken • Wörter aufnehmen und anhören • Lernkarten mit z. B. Vorderseite: deutsches Wort, Rückseite: muttersprachliche Übersetzung • Vorderseite: Zeichnung, Rückseite: passendes Wort • Vorderseite: Wort, Rückseite: Antonym • Vorderseite: Frage, Rückseite: Antwort • Vorderseite: Satz mit Lücke, Rückseite: vollständiger Satz

5 *Mögliche Lösungen:* 2. Vielleicht könnten sie eine Ferienwohnung mieten, da können sie auch selbst kochen. • 3. Ich denke, sie sollten campen, da sind sie unabhängiger. • 4. Sie sollten in eine Privatunterkunft gehen, das ist billiger. • 5. Es wäre gut, wenn sie während der Fahrt eine Unterkunft suchen, sonst ist es zu anstrengend. • 6. Ich bin der Meinung, sie sollten im Motel übernachten, das ist weniger gefährlich. • 7. Ich glaube, sie sollten ein Doppelzimmer nehmen, das ist preiswerter. • 8. Ich bin der Ansicht, sie sollten über das Internet buchen, denn da gibt es ein größeres Angebot. • 9. Es wäre gut, wenn sie weiter überlegen. Nur so können sie eine Lösung finden.

1B Urlaubsreisen

1 2. sich bewegen (Der Zug setzte sich in Bewegung.) • 3. Sport treiben (Lisa treibt viel Sport, obwohl sie schon 65 ist.) • 4. sich erholen (Wir haben uns im Urlaub sehr gut erholt.) • 5. aktiv sein (Er ist sehr aktiv, was seine Hobbys betrifft.) • 6. sich entspannen (Bei einer Massage kann man sich entspannen.) • 7. viel erleben (Man kann auch mit wenig Geld viel erleben.) • 8. Abenteuer erleben (Bist du bereit, ein Abenteuer ganz besonderer Art zu erleben?) • 9. neue Leute kennen lernen / Bekanntschaft mit neuen Leuten schließen (Wie können Sie neue Leute in einer fremden Stadt kennen lernen?)

2 1b • 2c • 3d • 4b • 5c • 6a

4 *Mögliche Lösung:* Sehr geehrte Damen und Herren,
mit Interesse habe ich im Internet Ihr Angebot „sechstägiger Wellnessurlaub" gelesen und wollte fragen, ob vom 09.09. bis zum 15.09. noch ein Einzelzimmer frei ist. Wäre es evtl. möglich, den Aufenthalt zu verlängern und wie viel würde das pro Nacht kosten? Darüber hinaus hätte ich noch einige Fragen: Bieten Sie außer dem Wellnessbereich noch weitere Freizeitangebote an? Kann man zu Ihnen mit öffentlichen Verkehrsmitteln anreisen? Außerdem möchte ich noch wissen, ob man von Ihnen aus Tagesausflüge nach Graz bzw. Klagenfurt machen kann? Ich danke Ihnen im Voraus für Ihre Mühe.
Mit freundlichen Grüßen
Olga Czaja

1C Reiseplanung

1 Wie wär's, wenn … • Entschuldige, wenn ich dich unterbreche. • Das kann ich gut verstehen. • Sei nicht böse, wenn ich dich noch mal unterbreche. • Dein Einwand ist sicher berechtigt, aber … • Entschuldigung, … wärest du einverstanden, wenn … • Also, ich würde eigentlich gern … • Ich würde am liebsten … • Entschuldige, wenn ich dir widerspreche. • Sorry, … • Wir könnten zum Beispiel … • Wäre es nicht möglich, dass …? • Wenn ich dich richtig verstehe, … • Entschuldige, …, eigentlich ist die Idee von … doch sehr gut. • Ich glaube auch, … • Allerdings: Ein kleines Problem habe ich noch. • Seid mir bitte

nicht böse, wenn …

2 *Mögliche Lösungen:* **Dialogteil 1:** 3. Meiner Meinung nach fliegen wir am besten, weil es nicht so anstrengend ist. • 4. Entschuldige, wenn ich dir widerspreche, aber fliegen ist doch viel zu teuer. • 5. Dein Einwand ist sicher berechtigt, aber heutzutage gibt es doch so viele Billigangebote. Wir können doch einen Billigflug buchen. • 6. Dein Vorschlag ist gut, aber ich habe leider keine Zeit, nach einem Billigflug zu suchen. • 7. Entschuldigung, ich habe leider im Moment auch keine Zeit. Wie wäre es, wenn wir ins Reisebüro gehen? • **Dialogteil 2:** 1. Ich bin der Meinung, wir sollten dieses Mal in die Berge fahren, denn letztes Mal waren wir am Meer. • 2. Also ich würde eigentlich wieder gern an die See. Du weißt doch, ich habe immer so leicht Erkältung und da hilft Seeluft am besten. • 3. Sorry, aber Seeluft hilft gegen Erkältung nicht, da ist Bergluft viel besser. • 4. Entschuldigung, wenn ich dir widerspreche. Der Arzt hat mir erst neulich gesagt, dass Seeluft bei Erkältung am besten ist. • 5. Wie wäre es, wenn du noch einmal einen anderen Arzt fragst, um zu hören, was der sagt.

4a

Position 1	Position 2	Mittelfeld	Satzende
1. Susanne	wollte	Rom schon immer	kennenlernen.
2. Carla	findet	Urlaub in südlichen Ländern schrecklich.	
3. Peter	möchte	seinen Urlaub gern in Frankreich	verbringen.
4. Jens	liebt	besonders Natur und Bewegung.	
5. Die vier	haben	sich am Ende auf eine Reise in die Provence	geeinigt.
6. Ihr Gespräch	ist	die ganze Zeit freundlich und höflich	verlaufen.

4b *Mögliche Lösungen:* 1. Rom wollte Susanne schon immer kennenlernen. • 2. Urlaub in südlichen Ländern findet Carla schrecklich. • 3. Seinen Urlaub möchte Peter gern in Frankreich verbringen. • 4. Natur und Bewegung liebt Jens besonders. • 5. Am Ende haben sich die vier auf eine Reise in die Provence geeinigt. • 6. Die ganze Zeit ist ihr Gespräch freundlich und höflich verlaufen.

5a 2. Dass sie Freunde in Rom hat. • 3. Dass sie dort umsonst wohnen kann. • 4. Wenn er an der Uni ist. • 5. Wenn sie Urlaub am Meer macht. • 6. Weil sie eine Hausarbeit schreiben muss.

5b 2. Dass sie Freunde in Rom hat, findet Susanne günstig. • 3. Dass sie dort umsonst wohnen kann, gefällt Carla gut. • 4. Wenn er an der Uni ist, hat Jens zu wenig Bewegung. • 5. Wenn sie Urlaub am Meer macht, erholt sich Carla am besten. • 6. Weil sie eine Hausarbeit schreiben muss, ist Susanne im Stress.

1D Mobilität im globalen Dorf

1a/b der Umzug – ziehen / einziehen / ausziehen / umziehen • der Aufbruch – aufbrechen – losgehen / losfahren / losziehen – im Aufbruch sein • die Beweglichkeit / die Bewegung – (sich) bewegen – beweglich – flexibel – unbeweglich – in Bewegung sein • die Flexibilität – flexibel sein – flexibel – beweglich – unflexibel • die Veränderung – (sich) verändern – veränderlich – variabel – unveränderlich – zu Veränderungen führen • der Pendler – pendeln – zwischen … und … pendeln • das Hin und Her – das Vor und Zurück / das Auf und Ab • Fahrt – fahren

1c 1. auf Achse sein • 2. aufbrechen • 3. der Ballast • 4. autark sein • 5. die Voraussetzung • 6. sich auf (etwas Neues) einstellen • 7. der Pendler • 8. eine Verbindung lösen • 9. die Autonomie

2 **Vorteile benennen:** Ein Aspekt, den ich als sehr / besonders positiv empfinde, ist … • In … liegt die Chance, dass … • Von Vorteil ist (aber)

... • Dafür spricht, dass ... • **Nachteile benennen:** Dagegen spricht, dass ... • Es besteht (aber) die Gefahr, dass ... • Ein (wirklich) negativer Aspekt ist ... • Ein Riesennachteil ist ...

3 *Mögliche Lösung:* Liebe Nadja, lieber Peter, lieber Thorsten, ich hoffe, euch geht es gut. Wegen meines Umzugs habt ihr leider lange nichts von mir gehört. Inzwischen habe ich mich in Hamburg gut eingelebt und habe schon viele Kontakte. Auch mit meinen Kollegen verstehe ich mich gut und wir haben schon einiges unternommen. Ich fühle mich nicht so einsam, trotzdem fehlt ihr mir sehr! Deswegen möchte ich euch für nächstes Wochenende nach Hamburg einladen. Antwortet bitte schnell!
Ich freue mich schon, Sandra

1E Wenn einer eine Reise tut ...

1 2. machen • 3. führen • 4. sein • 5. machen • 6. aufschrecken • 7. bekommen • 8. geraten

2a 2. (H), daher (H) • 3. (H), nämlich (H) • 4. (H), denn (H) • 5. (H), da (N)

2b 2. Teil 1 • nein • 3. Teil 2 • nein • 4. Teil 2 • nein • 5. Teil 2 • ja: „Da sie am Wochenende nicht arbeitete, konnte sie sogar den Strand genießen."

2c 2. Da sie noch nie in Südamerika war, war sie über den Auftrag sehr froh. • 3. Sie hat sich ein bisschen Sorgen gemacht, denn sie kann nur wenig Portugiesisch. • 4. In Recife fühlte sie sich sehr wohl, die Kollegen waren nämlich alle sehr nett. • 5. Sie arbeitete am Wochenende nicht, deshalb konnte sie sogar den Strand genießen.

2d 1b. ... , Pia hat deswegen lange nichts von ihr gehört. • 2a. Der Bus hatte einen technischen Defekt, daher fiel die Fahrt einfach aus. • 2b. ... , die Fahrt fiel daher einfach aus. • 3a. Der nächste Bus kam erst viel später, darum konnte Eva ihn nicht nehmen. • 3b. ... , Eva konnte ihn darum nicht nehmen. • 4a. Eine Kollegin kannte sich in Caruaru gut aus, deshalb konnte Eva noch früh genug mit dem Privatflugzeug von einem jungen Deutschen zurückfliegen. • 4b. ... , Eva konnte deshalb noch früh genug mit dem Privatflugzeug von einem jungen Deutschen zurückfliegen.

2e 3. Er wollte nach Recife fliegen, in Caruaru konnte man ihn nämlich nicht so gut behandeln. • 4. Eva hatte große Angst in dem kleinen Flugzeug, es war nämlich sehr stürmisch. • 5. Eva lernt jetzt Portugiesisch, sie möchte Brasilien nämlich unbedingt besser kennenlernen.

3a 1b • 2b • 3a • 4a • 5a

3b 2. aufgrund ihrer häufigen Besuche • 3. wegen des enormen Lärms • 4. aufgrund ihrer seltenen Anrufe

3c 2. Aufgrund der sehr großen Verspätung des Zuges verpasste sie fast ihren Flug. • 3. Dank der vielen Einladungen lernte sie die Stadt gut kennen. • 4. Aus Angst schaute Eva nicht nach draußen. • 5. Nach der sicheren Landung fing Eva vor Freude an zu weinen.

1F Arbeiten, wo andere Urlaub machen

2 2. weil / da • 3. selbstständig zu machen • 4. warum / weswegen / wieso • 5. Besonderes machen • 6. aus diesem Grund / deshalb / deswegen • 7. nämlich • 8. vor • 9. weil • 10. weswegen / wieso / warum • 11. da / weil • 12. wieso / warum / weswegen • 13. aufgrund / wegen • 14. wegen / aufgrund • 15. interessiert • 16. deshalb / deswegen / aus diesem Grund • 17. deswegen / deshalb / aus diesem Grund

Aussprache

1b 1. Im Mo<u>ment</u> machen wir hier <u>Ur</u>laub. • 2. <u>Dieses</u> Jahr ist es ganz <u>wun</u>derbar! <u>Schauen</u> Sie! • 3. Ganz <u>vor</u>ne am <u>Wasser</u> steht unser Strandkorb Nr. 66. • 4. Den haben wir schon <u>letztes</u> Jahr bei Frau <u>Jahn</u>ke bestellt. • 5. Es ist <u>herr</u>lich, hier zu <u>sitzen</u> und das Meer anzuschauen. • 6. <u>Nächstes</u> Jahr kommen wir bestimmt <u>wieder</u> hierher.

Lektion 2 – 2A Einfach schön

1 1. leiden • 2. betrachten + A • 3. abweichen von + D • 4. etwas liegt im Auge des Betrachters • 5. streben nach + D • 6. die Tugend

2 1c • 2b • 3a • 4a • 5c • 6b

3b 2. Du würdest im Traum nicht daran denken, ... • 3. ... dich übertrieben schick zu machen, ... • 4. ... hältst du zwar für wichtig, ... • 5. ... zu kreieren und immer schneller zu sein als die meisten, ... • 6. Du musst das Beste kaufen ... • 7. ... und du hast eine Schwäche für ... • 8. ..., bedeutet dir sehr viel. • 9. ... findest du schrecklich. • 10. Vor so genannten „Trendsettern" hast du keinen Respekt. • 11. Das ist dir nicht so wichtig, denkst ... • 12. ... sehr sorgfältig angezogen bist.

2B Schön leicht?

1 *Mögliche Lösungen:* vor dem Lesen Bilder und Überschriften anschauen • dadurch eigenes Vor- und Weltwissen zum Thema aktivieren

2a *Mögliche Lösungen:* überfliegen • ersten Eindruck • Einzelheiten oder unbekannte Wörter nicht wichtig • schnell lesen • Titel • Vorspann • Zwischenüberschriften • die ersten und letzten Sätze • Zeichnungen • Fotos • hervorgehobene Textstellen • Textsorte

2b 1s • 2s • 3n • 4s • 5n

3a 2. als + A • 3. auf + A • 4. bei + D • 5. als + A • 6. als + N • 7. auf + A / bei + D • 8. zu + D

3b *Mögliche Lösungen:* 1. Meine Freundin Lena wird oft mit Sandra Bullock verwechselt. • 2. Daniel wird als ein hilfsbereiter Mensch eingeschätzt, weil er hübsch ist und immer lächelt. • 3. Ärzte sollten auf die Probleme bei Schönheitsoperationen hinweisen. • 4. Schöne Menschen sind bei anderen oft sehr beliebt. • 5. Attraktive Menschen werden öfters als bessere Menschen bewertet. • 6. Max gilt als ein attraktiver Mann. • 7. Schöne Menschen haben bessere Chancen auf eine gute Stelle. • 8. Die unterschiedliche Bewertung von attraktiven und weniger attraktiven Menschen führt zu Ungerechtigkeiten.

4a beliebt • unbeliebt • erfolgreich • erfolglos • umwerfend • wertvoll • wertlos • durchschnittlich • glaubwürdig

4b 1C • 2E • 3G • 4A • 5D • 6B • 7H • 8F

4c 1. Adjektiv (adjektivisch) • 2. Erklärung 1 • anziehend • 3. die • 4. kein Plural • 5. jemandem • jdm.

2C Schönheitskult

1a 2. Es ist nicht besonders empfehlenswert, Fernsehstars und Models als Vorbild zu nehmen. • 3. Vielen Leuten ist es wichtig, schöner und perfekter auszusehen. • 4. Es ist problematisch, sich ständig mit seinem Aussehen zu beschäftigen. • 5. Es ist ratsam, sich selbst freundlicher zu betrachten und die eigenen Vorzüge hervorzuheben.
Liste: Es ist wichtig, ... zu ... • Es ist problematisch, ... zu ... • Es ist ratsam, ... zu ... • Es ist hilfreich, ... • Es ist gut / schlecht, ...

1b 2. A • 3. B, C, D • 4. B, C, D, F • 5. B, C, D • 6. A, E

1c *Mögliche Lösungen:* Ich empfehle Ihnen, ausreichend zu schlafen. • Ich würde vorschlagen, viel Obst und Gemüse zu essen. • Sie sollten sich so akzeptieren, wie Sie sind! • Ich kann jedem nur raten, öfter mal zu lachen. • Jeder sollte darauf achten, sich möglichst viel zu bewegen. • Ich kann jedem nur raten, mehr Selbstbewusstsein zu entwickeln. • Ich empfehle Ihnen, dem Schönheitswahn zu widerstehen.

1d 1. Frau Bauer freut sich, das Radiointerview geben zu können. • 2. Sie sagt: „Es ist nicht richtig, von ‚Schönheitswahn' zu sprechen." • 3. Sie rät ihren Klienten, sich mit dem übertriebenen Streben nach Schönheit auseinanderzusetzen. • 4. Diesen Satz kann man nicht umformulieren, weil die Subjekte in Haupt- und Nebensatz verschieden sind und sich keine Dativ- oder Akkusativergänzung im Hauptsatz auf das Subjekt im Nebensatz bezieht.

1e 1a, Satz: 1 • 2a, Satz: 3 • 3b, Satz: 4 • 4b, Satz: 2

1f 2. Sie betont, dass jeder Mensch eine bestimmte Form von Schönheit besitzt. • 3. Man sollte darauf achten, Kleidung geschickt einzusetzen. • 4. Frau Bauer empfiehlt jedem, sich nicht zu stark mit anderen zu vergleichen. • 5. Sie spricht von der Erfahrung, dass ständiges Vergleichen unglücklich macht.

2a 2. Viele Menschen haben Angst davor, für hässlich gehalten zu werden. • 3. Es ist schrecklich, wegen seines Aussehens schlechter beurteilt zu werden. • 4. Es ist nützlich, von einer Fachfrau beraten zu werden.

2b 2. …, früher für hässlich gehalten worden zu sein. • 3. …, in der Schule wegen ihres Aussehens schlechter beurteilt worden zu sein. • 4. …, von einer Fachfrau beraten worden zu sein.

2c 1g • 2v • 3v • 4g • 5v • 6g • 7g • 8v

2d 2. Sie freut sich, zum Interview eingeladen worden zu sein. • 3. Sie erinnert sich, das schon ganz anders erlebt zu haben. • 4. Der Interviewer bittet sie darum, „Schönheit" zu definieren. • 5. Sie glaubt nicht, eine wirklich gute Definition gelesen zu haben. • 6. Viele ihrer Klienten bestätigen, vom Aussehen von Models beeinflusst zu werden. • 7. Frau Bauer empfiehlt ihnen, zu versuchen, an sich selbst Gefallen zu finden. • 8. Viele sind froh, diesen Rat bekommen zu haben.

2D Schöne Diskussionen

1 3V • 4V • 5Ü • 6V • 7V • 8Ü • 9Ü • 10V • 11Ü • 12V

2 2a: Dann sehen Sie vermutlich vollkommen durchschnittlich aus. • 3b: Durchschnittliche Gesichter werden zweifellos als attraktiv bewertet. • 4b: Gelten gut aussehende Menschen also unter Umständen auch als intelligenter, kreativer und fleißiger? • 5b: Genauso ist es. Sicherlich ist deshalb das Thema „Schönheit" für viele so wichtig.

3a richtige Artikel: 2. eine • 3. eine • 4. eine • 5. Die • 6. die • 7. eine • 8. das • 9. der • 10. der • 11. Das

2E Was ist schön?

1 *Mögliche Lösungen:* 1. Textsorte: Zeitungskommentar • Erscheinungsort: Frauenzeitschrift • Vermutung über Textinhalt: Es geht um Schönheitsideale in verschiedenen Kulturen; darum, dass das als schön gilt, was nicht alle haben; und darum, dass viele auf Hilfsmittel zurückgreifen, um dem jeweiligen Schönheitsideal zu entsprechen. • 2. Schön ist, was nicht jeder hat, was man nur schwer erreichen kann. • Die Schönheitsideale Europas und Nordamerikas werden immer mehr zum Maßstab.

2 2. Ähnliches gilt auch heute noch in manchen weniger wohlhabenden Ländern. (Z. 7/8) • 3. Dicke Menschen gelten als undiszipliniert und weniger belastbar. (Z. 15/16) • 4. In manchen Regionen gilt eine helle Hautfarbe als erstrebenswert. (Z. 23) • 5. Das jeweilige Schönheitsbild ist von den gesellschaftlichen Verhältnissen abhängig. (Z. 41/42) • 6. Die weiße Oberschicht wollte sich vom Rest der Bevölkerung abheben. (Z. 45/46) • 7. Sie folgen einem Trend, der in vielen Kulturen sichtbar ist. (Z. 54/55)

3 Unterschiede: Ich sehe hier einen (großen) Unterschied, und zwar: … • Im Vergleich zu … ist es bei uns etwas anders: … • **Parallelen:** Bei uns ist es ähnlich / genauso wie in … • Das Beispiel von … gilt auch bei uns. • Den Trend, … zu …, gibt es auch bei uns. • Dass Frauen / Männer sich …, kenne ich auch aus unserem Land.

4a 1. Carla hat schon immer wegen ihrer Figur Probleme gehabt. • 2. Sie ist diesen Monat aufgrund ihrer Gewichtsprobleme voller Hoffnung zu einer Ernährungsberaterin gegangen. • 3. Die Beraterin hat sie am Abend wegen ihrer Schwierigkeiten freundlicherweise in einem Café getroffen. • 4. Carla ist heute dank der guten Ratschläge der

Beraterin sehr glücklich.

4b *Mögliche Lösungen:* 2. Sie hat gestern zufälligerweise dort ihre beste Freundin Anne getroffen. • Sie hat dort gestern zufälligerweise ihre beste Freundin Anne getroffen. • Sie hat zufälligerweise dort gestern ihre beste Freundin Anne getroffen. • Sie hat zufälligerweise gestern dort ihre beste Freundin Anne getroffen. • 3. Die beiden haben sich wegen der Wahlen sehr lange über Politik unterhalten • Die beiden haben sich sehr lange wegen der Wahlen über Politik unterhalten. • Die beiden haben sich wegen der Wahlen über Politik sehr lange unterhalten.

4c *Mögliche Lösungen:* Aufgrund ihrer Gewichtsprobleme ist sie diesen Monat voller Hoffnung zu einer Ernährungsberaterin gegangen. Die Beraterin hat sie am Abend wegen ihrer Schwierigkeiten freundlicherweise in einem Café getroffen. Dank der guten Ratschläge der Beraterin ist Carla heute sehr glücklich.

5a 1b. In Italien war Familie Funke im Sommer zum ersten Mal. • 2a. Seit einem Monat muss Carla aufgrund ihrer neuen Stelle pendeln. • 2b. Aufgrund ihrer neuen Stelle muss Carla seit einem Monat pendeln. • 3a. In der Küche trifft sich Carlas Wohngemeinschaft meistens zum Reden. • 3b. Meistens trifft sich Carlas Wohngemeinschaft zum Reden in der Küche. • 4a. Nach der Wende haben Herr und Frau Jahnke mit großem Erfolg einen Strandkorbverleih eröffnet. • 4b. Mit großem Erfolg haben Herr und Frau Jahnke nach der Wende einen Strandkorbverleih eröffnet. • 5a. Heute hat Frau Jahnke wegen des starken Windes besonders viele Strandkörbe vermietet. • 5b. Wegen des starken Windes hat Frau Jahnke heute besonders viele Strandkörbe vermietet.

5b 2a • 3a • 4b • 5a

6a 2. Schönheit sollte man nicht überbewerten. • 3. Viele stimmen daher dem modernen Schönheitskult nicht zu. • 4. Viele Stars würden es ohne Schönheits-OP nicht schaffen. • 5. Das bezweifelt die Autorin nicht. • 6. Den Schreibern im Internet ist das Thema nicht wichtig.

6b 2. Das Äußere eines Menschen sagt nicht alles über seinen Charakter. • 3. Ein hübscher Mensch wirkt nicht anziehender als ein „Durchschnittsbürger". • 4. Wenn man mit sich nicht zufrieden ist, sollte man nach den Gründen suchen. / Wenn man mit sich zufrieden ist, sollte man nicht nach den Gründen fragen. • 5. Wirklich selbstbewusste Menschen streben nicht nach Attraktivität und Schönheit.

2F (Un)Schöne Momente

1a positiv: herrlich • wunderschön • bewegend • großartig • überwältigend • gelungen • **negativ:** miserabel • fürchterlich • furchtbar • katastrophal • langweilig

1b 1. a, b • 2. a, c • 3. a, b • 4. b, c • 5. a, c

2a 1a • 2b • 3a • 4a • 5b

2b 1b • 2b • 3a • 4a • 5a

2c *Mögliche Lösungen:* 2. äußerst • 3. ziemlich • 4. wirklich • 5. extrem • unglaubliche

Aussprache

1 1a: Ich habe gestern wegen meiner schweren Prüfung nur sehr wenig geschlafen. • b: Wegen meiner schweren Prüfung habe ich gestern nur sehr wenig geschlafen. • 2a: Ich bin vor der letzten Prüfung aus lauter Angst viel zu früh zur Uni gefahren. • b: Aus lauter Angst bin ich vor der letzten Prüfung viel zu früh zur Uni gefahren. • 3a: Ich werde vor der morgigen Prüfung bestimmt viel früher ins Bett gehen. • b: Bestimmt werde ich vor der morgigen Prüfung viel früher ins Bett gehen.

2a 1. Die Leistung der Mannschaft beim letzten Turnier in Hamburg war großartig. • 2. Die Mannschaft hatte zuerst Startschwierigkeiten, aber dann folgte ein Sieg auf den anderen. • 3. Als der Sieg am Ende feststand, war die Stimmung <u>überwältigend</u>. • 4. <u>Nach</u> dem Turnier gab es eine riesige Feier. Das war <u>toll</u>!

2b 1. <u>In Hamburg</u> beim letzten Turnier war die Leistung der Mannschaft <u>großartig</u>. („In Hamburg" leicht betont, da auf Position 1, Satzakzent liegt auf „großartig".) • 2. <u>Zuerst</u> hatte die Mannschaft <u>Startschwierigkeiten</u>, dann folgte <u>ein</u> Sieg auf den anderen. („Zuerst" leicht betont, da auf Position 1, Satzakzent liegt auf „Startschwierigkeiten".) • 3. Als am <u>Ende</u> der Sieg feststand, war die Stimmung <u>überwältigend</u>. • 4. Es gab eine <u>riesige Feier</u> nach dem Turnier. <u>Toll</u> war das!

2c 2. Nur mit ihr hat Maria bis jetzt darüber gesprochen. • 3. Noch eine Stunde lang hat die Freundin mit ihr am Abend aus Neugier telefoniert.

2d Immer das Element, das auf Position 1 steht, ist betont; andere Elemente können noch je nach Intention des Sprechers betont werden.

Lektion 3 – 3A Freundschaft

1a 2. intelligent • 3. verschwiegen • 4. optimistisch • 5. humorvoll • 6. großzügig • 7. ehrlich • 8. unternehmungslustig • 9. fleißig • 10. gesellig • 11. nachdenklich • 12. hilfsbereit

1b 2. die Dummheit • die Intelligenz • 3. die Geschwätzigkeit • die Verschwiegenheit • 4. der Pessimismus • der Optimismus • 5. die Humorlosigkeit • es gibt kein Nomen zu „humorvoll" • 6. die Kleinlichkeit • die Großzügigkeit • 7. die Unehrlichkeit • die Ehrlichkeit • 8. die Lahmheit • die Unternehmungslust • 9. die Faulheit • der Fleiß • 10. die Ungeselligkeit • die Geselligkeit • 11. die Denkfaulheit • die Nachdenklichkeit • 12. der Egoismus • die Hilfsbereitschaft

2 1b • 2a • 3b • 4b • 5a • 6b

3a/b 2. Man sieht das in meiner Heimat anders als im Beitrag … (U) • 3. Der Beitrag von … ist unserer Vorstellung von Freundschaft am ähnlichsten. (G) • 4. Die Vorstellung von Freundschaft in … (Land) ist vergleichbar mit der von… (G) • 5. Einige Aspekte in Beitrag … stimmen (nicht) mit den Vorstellungen in meiner Heimat überein. (G/U)

3B Vereine

1a *Mögliche Lösung:* Setzt es ein, wenn man bestimmte Informationen sucht; hat man die gesuchte Information gefunden, muss man nicht weiterlesen.

1b bis Zeile 9

1c Zeile 29 bis 40

2a 1a • 2b • 3b • 4a • 5b

2b 2. das Klischee, -s • 3. das Grundrecht, -e • 4. weltanschaulich • 5. einem Verein beitreten • 6. die Bürgerinitiative, -n • 7. die Selbsthilfegruppe, -n

2c *Mögliche Lösungen:* in einen Verein eintreten • aus einem Verein austreten • sich in einer Vereinigung zusammenschließen • einen Verband gründen • sich in einem Verein engagieren • in einer Vereinigung zusammenkommen • in einer Initiative vertreten sein • sich in einem Verband betätigen • jemanden aus einer Gruppierung ausschließen • einer Initiative angehören • einer Gruppierung beitreten

3 1. Ja, ich halte viel davon. • 2. Ja, davon habe ich schon gehört. • Nein, davon habe ich noch nicht gehört. • 3. Ja, darüber bin ich informiert. • Nein, darüber bin ich nicht informiert. • 4. Das Vereinswesen trug dazu bei, dass der Adel bürgerliche Werte übernahm. • 5. Der „BUND" setzt sich dafür ein, die Umwelt zu schützen. • 6. Die „Deutsche Krebshilfe" hilft dabei, diese Krankheit zu bekämpfen.

4a 2. davor • 3. Davor • 4. davon • 5. daran • 6. Dabei • 7. Daran • 8. Dagegen • 9. darauf • 10. dazu • 11. dafür • 12. dabei

4b **vorwärtsverweisend:** 2 • 5 • 9 • 10 • 11 • 12 • **rückverweisend:** 3 • 4 • 6 • 7 • 8

4c 1. dass Deutsch als eigenständige Kultur- und Wissenschaftsspra-

che erhalten bleibt und weiterentwickelt wird • 2. Personen aus unterschiedlichen Ländern, Kulturen, Parteien, Altersgruppen und Berufen • ein Drittel aus Asien und Afrika • 3. vieles auf Englisch auszudrücken, weil es schicker ist, obwohl es dafür Wörter im Deutschen gibt • 4. veröffentlicht Artikel, unterstützt Buchprojekte, bietet Arbeitsgruppen und Kulturveranstaltungen an, gewinnt Autoren für Lesungen und Vorträge, hilft Fördermittel für Projekte zu gewinnen

5a 1. worüber? • 2. über wen?

5b 2. Wogegen kämpft die Bürgerinitiative? • 3. Mit wem diskutiert sie? • 4. Für wen stellt der Kunstverein alte Fotos aus? • 5. Wobei helfen Freiwillige?

5c 2. Dagegen kämpft unsere Bürgerinitiative auch. • 3. Mit ihm diskutiert unsere nicht. • 4. Für sie hat das Heimatmuseum auch schon Fotos gezeigt. • 5. Dabei kann ich nicht helfen.

3C Nebenan und Gegenüber

1a 2. aufdringlich • 3. hilfsbereit • 4. egoistisch • 5. gleichgültig • 6. neugierig • 7. zurückhaltend • 8. zuvorkommend

1b **-schaft:** Hilfsbereitschaft • **-heit:** Zuvorkommenheit • **-keit:** Aufdringlichkeit • Gleichgültigkeit • **-ismus:** Egoismus • **-ung:** Zurückhaltung • **nicht feminin:** -ismus (maskulin) • **übrig:** die Neugierde

2 B2 • C4 • D1 • E4 • F5 • G3 • H2 • I4 • J3

3 *Mögliche Lösungen:* 2. Klingelschild beschriften • 3. Ordnung im Treppenhaus halten • 4. Hausmeister kontaktieren • 5. Lautstärke testen • 6. einen ausgeben • 7. Ruhezeiten einhalten • 8. sich über Parkplatz informieren • 9. Nachbarn über Einweihungsfeier informieren • 10. keine lauten Gespräche im Treppenhaus

3D Eltern und Kinder

1a 1b • 2a

1b *Mögliche Lösung:* Das Ergebnis der Studie war, dass Kinder einerseits gefühlsmäßig stärker an ihre Eltern gebunden sind, als man bislang angenommen hatte. Andererseits ist aber auch der Wunsch, sich voneinander abzugrenzen, viel stärker, als vermutet worden war, und mit zunehmendem Alter wird die Distanz meist größer.

2a *Mögliche Lösungen:* möglichst viele und ins Einzelne gehende Informationen entnehmen • sehr genau und gründlich • ermöglicht es „zwischen den Zeilen zu lesen" • die Meinung des Verfassers ermitteln

2b 2. Sie hat sich verantwortlich gefühlt und die Toleranz ihrer Eltern nie ausgenutzt. • 3. Bis sie ihr Studium beendet hat. • 4. Seine Mutter neigte dazu, sich überall einzumischen. • 5. Seinen Vater beschreibt er als übertrieben streng. • 6. Dass er das traurig findet, dass das Verhältnis zu seinem Vater nie mehr richtig vertrauensvoll sein wird. • 7. Bis sie ihre erste feste Stelle gefunden hat. • 8. Darauf, dass die Mutter dazu tendierte, Jana gute Ratschläge zur Kindererziehung zu geben. • 9. Dazu, dass alles besser ging und die Beziehung gut geblieben ist. • 10. Darauf, dass Jana da ist, wenn ihre Eltern sie brauchen, und alles für sie tun würde, wenn sie einmal alt sind.

3a 2.1 b • 2.2 a • 3.1 a • 3.2 b • 4.1 a • 4.2 b • 5.1 b • 5.2 a

3b 1b • 2a • 3b • 4b • 5a • 6a

3c 2. Wenn mein Vater nach Hause kam, war er schlecht gelaunt. • 3. Ich glaube, dass er sehr unglücklich war, nachdem er die Stelle gewechselt hatte. • 4. Sobald ich das Abitur gemacht hatte, suchte ich mir einen Job und zog aus. • 5. Als ich ein preiswertes Zimmer bei einer Familie gefunden hatte / fand, war ich überglücklich. • 6. Während ich dort lebte, machte ich eine Ausbildung als IT-Fachmann. • 7. Als ich die Ausbildung beendet hatte, suchte ich mir eine eigene Wohnung. • 8. Wenn ich heute meine Eltern besuche, verstehen wir uns ganz gut. • 9. Aber sooft ich an meine Kindheit denke, werde ich traurig.

3d 1. Wenn Eltern heute kleine Kinder haben, lesen sie viele Erziehungsratgeber. • 2. Als die Eltern selbst Kinder waren, waren die Erziehungsmethoden noch sehr autoritär. • 3. Sobald sie einen kleinen Fehler machten, wurden sie bestraft. • 4. Nachdem Christoph lange mit seinem Vater gesprochen hatte, bereute der Vater seine Strenge. • 5. Bis dieses Gespräch stattfand, war ihr Verhältnis schlecht.

4 2. Seitdem er ein neues Projekt hat. • 3. Bis zum Ende des Projekts. • 4. Bis ihre Kollegin wiederkommt. • 5. Nachdem eine neue Köchin eingestellt worden war. • 6. Wenn die Kinder krank sind. • 7. Nachdem sie sich begrüßt haben. • 8. Seitdem Janas Vater dabei war und richtig geschimpft hat. • 9. Bevor sie nach Kanada fährt.

5a 2. Seit meiner Pubertät hatte ich nur ein paar Auseinandersetzungen mit ihnen. • 3. Nach meinem ersten Versuch, abends alleine auszugehen, kam es zu einem Streit mit meinen Eltern. • 4. Vor einer Diskussion überlege ich mir meine Argumente immer gut. • 5. Meine Eltern zeigen bei solchen Gesprächen viel Verständnis, deshalb ist unser Verhältnis sehr gut. • 6. Und so werde ich vielleicht bis zum Studienende zu Hause wohnen bleiben.

5b 2. Sie hat eine Zusage in München bekommen. Davor hat sie ein Praktikum gemacht. • 3. Sie studiert in München. Seitdem muss sie lange Fahrzeiten in Kauf nehmen. • 4. Sie wartet auf ein Zimmer in einer WG. Solange bleibt sie zu Hause wohnen. • 5. Sie verbringt viele Stunden im Zug. Währenddessen kann sie gut lernen.

5c

Nebensatzkonnektor	Verbindungsadverb	Präposition
während, solange, als	dabei, währenddessen, solange	während, bei
sooft, (immer) wenn	dabei	(immer) bei
als, nachdem	danach	nach
sobald	gleich danach	gleich nach
bevor	vorher, davor	vor
bis	bis dahin	bis
seit(dem)	seitdem	seit

6a Deshalb • Das • sodass • sie • Er • deshalb • dadurch • Nun • Auf diese Weise • denn • von nun an • darüber • aber

6b *Mögliche Lösung:* … Seine Nachbarin im Haus rechts von ihm, Maren, ist in ihn verliebt, aber er beachtet sie nicht. Eines Tages zieht eine junge Frau, Sonja, in das Haus links von ihm. Die hat zwar einen Freund, aber dennoch flirtet er mit ihr. Darüber ist Maren sehr enttäuscht. Nach einiger Zeit kauft Christoph für Sonja einen großen Blumenstrauß und läutet an ihrer Tür. Sonja freut sich zwar, aber ihr Freund, der gleichzeitig im Haus ist, ist darüber nicht erfreut und wirft Christoph aus dem Haus. In dem Moment kommt Maren mit dem Fahrrad vorbei und verarztet Christoph. Auf diese Weise lernt Christoph Maren besser kennen und die beiden verlieben sich ineinander. Von Sonja will Christoph nun nichts mehr wissen.

3E Verliebt, verlobt, verheiratet – geschieden

1 Aufgabe 2a

2a 2. eintreten • 3. hält • 4. einlassen • 5. führen • 6. abraten • 7. eingeschlagen • 8. machen

2b Nachfrage: 4. Wie wäre es damit? • 7. Würden Sie dem zustimmen? • **Überleitung:** 5. Hier regt sich Widerspruch, nehme ich an. • 8. Zu diesem Punkt möchte ich noch etwas sagen. • **Zustimmung:** 3. Ich bin hundert Prozent Ihrer Meinung. • 6. Was Sie erwähnen, ist durchaus richtig. • **Widerspruch:** 2. Das würde ich nicht so sagen. • 9. Das sehe ich völlig anders.

3F Außenseiter

1a *Mögliche Lösungen:* 2. Schule • prügelte • 3. Schulhof • allein • ließ ihn in Ruhe • 4. Mutter • Probleme sprechen • 5. guter Schüler • 6. Ausbildung • Kontakte • 7. neuen Job • keine Kontakte • 8. neuer Chef • verantwortungsvollere Aufgaben • 9. Selbstvertrauen • leicht • auf andere zuzugehen • 10. Hilfe • Psychologin • 11. Freunde • glücklich

1b 1r • 2f • 3f • 4f • 5r • 6f • 7r • 8r • 9f • 10r • 11r

1c 1. Psychologin: Freds Beispiel dafür: Außenseitertum überwinden können • Außenseiter können neue, kreative Lösungen finden • sie können durch Diskussionen oder Konflikte, die sie erzeugen, die Leistungen der Gruppe positiv beeinflussen • **2. Reporter:** Freds Beispiel kann anderen Mut machen

2 *Mögliche Lösungen:* 1. Musik war wichtig für ihn, um seine Probleme ein wenig zu vergessen. • 2. Für sein erstes Solo-Album gewinnt er einen Preis. • Sein zweites Album steht in der ersten Woche nach der Veröffentlichung auf Platz 1 der Charts in Deutschland. • 3. Er ist sensibel und thematisiert in seinen sehr persönlichen, emotionalen Texten Familien- und Beziehungsprobleme. • 4. Casper lebt heute in Berlin.

Aussprache

1a Die Akzentsilbe ist lauter und deutlicher.

1b Akzent auf der ersten Silbe: Nachbarn • wirklich • arbeiten • deshalb • außergewöhnlich • angebunden • Kinderwagen • Türklinke • Gummiband • **Akzent auf der zweiten Silbe:** erzählen • Geschichte • beschäftigen • beklagen • nachdem • Idee • Geräusche • zufrieden • **Akzent auf der dritten Silbe:** separat • unterhalten • überschreiten

1c *Mögliche Lösungen:* bei einfachen Wörtern Betonung meist auf der ersten Silbe, z. B. arbeiten • bei trennbaren Verben wird die Vorsilbe betont, z. B. angebunden • bei Verben mit untrennbaren Vorsilben wird das Präfix nicht betont, z. B. erzählen, Geschichte, unterhalten • Komposita haben den Akzent auf dem Bestimmungswort, z. B. Dorffest, Kinderwagen

1d Rapper • Familie • Musikszene • Soloalbum • Probleme • vergessen • Beziehung • zurück • prekär • Album • Wohnwagenpark • Selbstreflexion

Lektion 4 – 4A Dinge

1 *Mögliche Lösung:* … Er malte und zeichnete seit seinem zwölften Lebensjahr. Von 1916 bis 1918 studierte er Kunst an der Brüsseler Akademie der Schönen Künste. 1922 heiratete er Georgette Berger, die auch sein Modell war. Bis 1926 verdiente er sein Geld mit Gelegenheitsjobs. 1927 hatte er seine erste Einzelausstellung. Von 1927 bis 1930 hielt er sich in Paris auf, wo er viele Kontakte mit französischen Surrealisten hatte. Er schloss Freundschaft mir André Breton, Paul Éluard, Joan Miró, Hans Arp und Salvador Dalí. Von 1929 bis 1966 war er als Redakteur tätig. Ab 1936 stellte Magritte international in großen Galerien und Museen aus. Seine Malerei und seine Ideen zur Kunst beeinflussen die Pop-Art und die Konzeptkunst der 60er-Jahre. Noch vor seinem plötzlichen Tod am 15. August 1967 durch Krebs, erstellt Magritte 1967 erstmals Entwürfe und Gussformen für Skulpturen zu seinen Bildern, die 1968 in Paris ausgestellt werden.

2a 2. Im Vordergrund • 3. dahinter • 4. Rechts davon • 5. im Hintergrund • 6. der Betrachter • 7. die Farbgebung • 8. einen Kontrast • 9. realistisch • 10. scheinen • 11. vermuten • 12. aus der Perspektive • 13. der Blick • 14. Absicht

4B Die Welt der Dinge

1a *Mögliche Lösungen:* spannender Film im Fernsehen • Radiointerview zu einem Thema, das einen sehr interessiert • Seminar an der Uni, wo Prüfungsstoff behandelt wird

1b Preis

1c Lamina 20: 1. feuchte Kaltwetterbedingungen • 2. Nylon • 3. Komfortbereich: +1˚C • Extrem Limit: -22˚C • 4. keine Informationen • 5. Mumienschnitt • zusätzlicher Wärmekragen • anpassbare Kapuze • 6. 1,039 kg • 7. sehr klein zusammenrollen • 8. 140 Euro • 150 Euro bei 213 cm Länge • **Mammut Denali 5-Seasons:** 1. raues und extrem kaltes Klima • 2. Polyamid • 3. Komfortbereich: -20˚C • Extrem Limit: -49˚C • 4. wasserdicht und atmungsaktiv • 5. Mumienschnitt • extra stark isolierter Fußteil • perfekt geschnittene Kapuze • 6. 3.800 g • 7. keine Informationen • 8. 380 Euro • **Mögliche Antwort:** Rolf soll den „Lamina 20" kaufen, weil man ihn in allen Jahreszeiten verwenden kann – außer es ist extrem kalt.

2 2. Er ist besonders gut isoliert. • 3. Das Material, das ausgezeichnet die Körperwärme speichert, ist sehr flauschig. • 4. Der „Mammut Denali 5-Seasons" bietet höchsten Schlafkomfort. • 5. Die große Kapuze bietet vollen Schutz vor extremer Kälte und Nässe.

3a 3. empfind(en) + lich • 4. Opt(ik) + isch • 5. Seit(e) + lich • 6. Automat + isch • 7. verkauf(en) + lich + Umlaut • 8. + ge + Raum + ig + Umlaut • 9. Techn(ik) + isch • 10. Ruh(e) + ig • 11. Pflanz(e) + lich • 12. nütz(en) + lich • 13. Aroma + t + isch • 14. Medizin + isch

3b **-isch:** stürmisch • exotisch • kindisch • praktisch • regnerisch • romantisch • klassisch • typisch • harmonisch • idyllisch • elektronisch • **-lich:** kindlich • gemütlich • lieblich • sommerlich • friedlich • freundlich • köstlich • gewöhnlich • **-ig:** bergig • abhängig • salzig • hügelig • sonnig • vorsichtig

3c **ein Gerät:** praktisch • elektronisch • **ein Lebensmittel:** exotisch • typisch • köstlich • gewöhnlich • lieblich (Wein) • salzig • **eine Landschaft:** typisch • romantisch • idyllisch • harmonisch • friedlich • bergig • hügelig • **das Wetter:** typisch • stürmisch • regnerisch • klassisch • sommerlich • freundlich • gewöhnlich • sonnig • **einen Menschen:** romantisch • kindisch • kindlich • friedlich • gemütlich • abhängig • vorsichtig • gewöhnlich

3d *Mögliche Lösung:* ein Geschäft für Bio-Produkte

3e **ohne (+ A):** cholesterinfrei = ohne Cholesterin • phosphatfrei = ohne Phosphat • **mit wenig (+ D):** fettarm = mit wenig Fett • kalorienarm = mit wenig Kalorien • **mit viel (+ D):** vitaminreich = mit vielen Vitaminen • proteinreich = mit vielen Proteinen • ballaststoffreich = mit vielen Ballaststoffen • **enthält (+ A):** proteinhaltig = enthält Protein

3f *Mögliche Lösungen:* … Wir führen ausgezeichneten fettarmen Käse und kalorienarme Desserts. Unser Müsli ist reich an Ballaststoffen und unsere Berglinsen reich an Proteinen. Außerdem bieten wie Ihnen cholesterinfreies Öl und proteinhaltige Sojabohnen. Und darüber hinaus finden Sie bei uns phosphatfreie Waschmittel.

3g 2 H: topschick / 2 I: topmodern / 2 N: topaktuell • 3 E: supergroß / 3 F: superhübsch / 3 H: superschick / 3 I: supermodern / 3 J: superleise / 3 M: superschnell • 4 H: todschick / 4 B: todtraurig • 5 B: tieftraurig / 5 C: tiefblau • 6 G: nagelneu • 7 F: bildhübsch • 8 E: riesengroß • 9 C: himmelblau • 10 D: hochbrisant / 10 I: hochmodern / 10 N: hochaktuell • 11 A: vollautomatisch • 12 M: blitzschnell • 13 K: glasklar • 14 L: steinhart

3h *Mögliche Lösungen:* 1. hochbrisante / hochaktuelle / topaktuelle • 2. brandneu • topmodern / glasklar • 3. riesengroß • superschick / todschick • 4. todschick / superschick • bildhübsch • 5. nagelneuen • blitzschnell • 6. vollautomatisch • superschnell • 7. tiefblau • glasklar

4a taktvoll • stilvoll • humorvoll

4b 2. respektvoll • 3. fehlerhaft • 4. man hat Arbeit • 5. glücklich • 6. man hat ein oder mehrere Kinder (kinderreich) • 7. schuldig / schuldhaft • 8. liebevoll

5 2. unhöflich • 3. missverstanden • 4. unmöglich • 5. unglaublich • 6. missgünstige • 7. unglücklich • 8. unbeliebt • 9. unschöne • 10. misslingt

4 C Die Beschreibung der Dinge

1 2. -e • 3. -en • 4. -er • 5. -es • 6. -e • 7. -er • 8. -en • 9. -en • 10. -en • 11. -en • 12. -en • 13. -e • 14. -en • -en • 15. -en • 16. -en • 17. -e • 18. -er • 19. -er • 20. -es • 21. -e • 22. -en • 23. -em • 24. -en • 25. -e • 26. -en • 27. -en • 28. -e • 29. -e • 30. -en

2 *Mögliche Lösungen:* 1. Biete Spielzeug (Eisenbahn) mit zahlreichem Zubehör, kaum gebraucht. Preis: VB 100 €. Kontakt: s.baum@apl.de • 2. Antiker Kerzenleuchter zu verkaufen, klassisches Design, sehr gut erhalten. Preis: 15 €. Kontakt: lisa_scholz@xmail.de • 3. Biete trendigen Schmuck mit bunten Glassteinen, gebraucht. Preis: VB. Kontakt: m-bauer@kmt.de

3a leicht – leichter – am leichtesten • viel – mehr – am meisten • gut – besser – am besten • beliebt – beliebter – am beliebtesten • gern – lieber – am liebsten • teuer – teurer – am teuersten • nah – näher – am nächsten • hübsch – hübscher – am hübschesten • hoch – höher – am höchsten • dunkel – dunkler – am dunkelsten • heiß – heißer – am heißesten • groß – größer – am größten

3b 2. mehr • 3. schneller • 4. am teuersten • 5. am elegantesten • 6. besser • 7. höher • 8. hübscher • 9. kleiner • 10. niedriger • 11. mehr • 12. am liebsten • 13. am glücklichsten

4 D Die Macht der Dinge

1 1 d • 2 b • 3 c • 4 a • 5 b • 6 d • 7 b

2a *Mögliche Lösungen:* Messies sind Leute, die nichts wegwerfen können und alles sammeln. • Das Messie-Syndrom ist eine Krankheit, die sich vom englischen Wort „mess" (Unordnung, Chaos) ableitet. • Besonders anfällig sind Leute, deren Arbeitsplatz keine Stabilität und Stetigkeit bietet. • Messies stammen aus allen gesellschaftlichen Schichten. • Messies isolieren sich oft selbst, weil sie sich schämen und versuchen, ihre Krankheit geheim zu halten. • Seit 1996 gibt es ein immer größer werdendes Netz an Selbsthilfegruppen.

2b 2. Bezug auf Bitte Ihrer Freundin • 3. Informationen aus 2a • 4. Ratschläge für Ihre Freundin • 5. aktuelle Infos über Sie selbst • 6. Vorschlag, sich zu treffen • 7. Grußformel

3a 1. Die Wohnung, deren Tür man kaum öffnen konnte, war in einem chaotischen Zustand. • Die Wohnung, aus der ein merkwürdiger Geruch kam, war in einem chaotischen Zustand. • 2. Das Schlafzimmer, in dem man kaum das Bett erreichen konnte, war völlig zugestellt. • Das Schlafzimmer, das mehr als 20 m² groß war, war völlig zugestellt. • Das Schlafzimmer, dessen Fenster man nicht öffnen konnte, war völlig zugestellt. • 3. Der Keller, in dem es nach verdorbenen Lebensmitteln roch, war vollkommen zugemüllt. • Der Keller, durch dessen Gitterstäbe man Kartonberge sah, war vollkommen zugemüllt. • Der Keller, über den die Nachbarn sich beklagten, war vollkommen zugemüllt. • 4. Die Nachbarn, deren Geduld am Ende war, riefen die Polizei. • Die Nachbarn, für die die Situation unerträglich war, riefen die Polizei. • Die Nachbarn, mit denen Meike nicht mehr sprach, riefen die Polizei.

3b 1. Regel: 2 • 2. Regeln: 2, 3 • 3. Regel: 4

3c 1. deren • 2. derer • 3. derer • 4. deren

3d 2. Sie versuchte, mit <u>Meike</u>, deren Krankheit sie erkannt hatte, ins Gespräch zu kommen. • 3. <u>Meike</u>, deren Leben gerade sehr kompliziert war, war aber nicht ansprechbar. • 4. <u>Die Nachbarn</u>, denen diese Gesprächsversuche zu lange dauerten, wollten nicht mehr warten. • 5. <u>Die Polizei</u>, bei der sie anriefen, riet ihnen, zuerst selbst mit Meike zu sprechen. • 6. Schließlich gelang es doch, mit <u>Meike</u>, die inzwischen eine Therapie angefangen hatte und langsam begann, ihr Leben zu ordnen, in Kontakt zu kommen. • 7. Es fällt ihr immer noch nicht leicht, mit <u>den Nachbarn</u>, vor denen sie sich schämt, zu sprechen. • 8. Leider hat <u>ihr Vermieter</u>, dem die Angelegenheit zu Ohren gekommen ist, ihr gekündigt. • 9. Die „Anonymen Messies", mit denen sie sich einmal pro Woche trifft, helfen ihr sehr. • 10. Sie hat nun ein ganz neues Leben in einem anderen Stadtteil, in den sie schon immer ziehen wollte, begonnen.

4 E Die Ordnung der Dinge

1a *Mögliche Lösungen:* einen gründlicheren Überblick • liest man aufmerksam • hält sich nicht an Einzelheiten auf • zentrale Inhalte • seinen groben Aufbau • den roten Faden • entscheiden • noch einmal genauer liest

1b 1a • globales Lesen • 2. kursorisches Lesen • 3. detailliertes Lesen

2a Personen: der Käufer, - • das Personal • der Verbraucher, - • der Händler, - • der Kunde, -n • der Vertreter, - • **Geld:** die Rechnung, -en • der Verlust, -e • der Gewinn, -e • der Rabatt, -e • der Profit, -e • die Quittung, -en • der Umsatz, ¨e • das Angebot, -e • **Aktivität:** die Versteigerung, -en • die Bestellung, -en • der Import, -e • die Werbung

2b 1a • 2b • 3a • 4a • 5b

4 F Die Präsentation der Dinge

1a Sonnenuhr • Armbanduhr • Kirchturmuhr • Sanduhr

1c Notizen B sind verständlicher.

3a 1. Einstieg und Schluss sind wichtig, damit die Präsentation beim Publikum ankommt. • 2. Durch Fragen oder eine Geschichte, die man am Anfang und am Ende erwähnt bzw. beantwortet. • 3. Dadurch, dass man die Gliederung transparent macht. • 4. Eine positive Wirkung. • 5. Damit die Zuhörer wach und aufmerksam bleiben. • 6. Durch Pausen, variierendes Sprechtempo und stimmliche Modulation. • 7. Um den Zuhörern Zeit zu lassen, alle Informationen aufzunehmen. • 8. Dass Sie selbst überzeugt sind von dem, was sie mitteilen wollen, und dass Sie sich Ihre persönliche Art bewahren. • 9. Man sollte nur Stichpunkte und nicht mehr als sieben Stichpunkte pro Folie formulieren. • 10. Man sollte den Vortrag laut sprechen und die Zeit messen. Am besten sollte man vor Testzuhörern üben.

Aussprache

1b [eː]: M<u>e</u>hl • <u>se</u>hen • Kr<u>e</u>bs • L<u>e</u>ben • S<u>ee</u>le • W<u>e</u>ge • her • m<u>e</u>hr • weniger • [ə]: Fähr<u>e</u> • seh<u>e</u>n • Glätt<u>e</u> • Städtch<u>e</u>n • Leb<u>e</u>n • Seel<u>e</u> • Weg<u>e</u> • Rest<u>e</u> • letzt<u>e</u> • End<u>e</u> • Rent<u>e</u> • zähl<u>e</u>n • Held<u>e</u>n • mäh<u>e</u>n • sprech<u>e</u>n • denk<u>e</u>n • helf<u>e</u>n • Kält<u>e</u> • Läng<u>e</u> • Mädch<u>e</u>n • Gäst<u>e</u> • bezahl<u>e</u>n • [ɛ]: Gl<u>ä</u>tte • St<u>ä</u>dtchen • <u>Ä</u>rger • R<u>e</u>ste • l<u>e</u>tzte • <u>E</u>nde • R<u>e</u>nte • H<u>e</u>lden • spr<u>e</u>chen • d<u>e</u>nken • W<u>e</u>tter • h<u>e</u>lfen • K<u>ä</u>lte • L<u>ä</u>nge • G<u>ä</u>ste • [ɛː]: F<u>ä</u>hre • sp<u>ä</u>ter • z<u>ä</u>rtlich • j<u>ä</u>hrlich • z<u>ä</u>hlen • K<u>ä</u>fig • m<u>ä</u>hen • n<u>ä</u>mlich • M<u>ä</u>dchen • schr<u>ä</u>g

Lektion 5 – 5 A Arbeit

1a 1. Sie trennen die Silben. • 2. Der unterstrichene Buchstabe, hier das „ä", ist betont. Hier liegt der Wortakzent. • 3. adj. = Adjektiv (adjektivisch) • 4. Man kann das Adjektiv nicht steigern, also keinen Komparativ oder Superlativ bilden. • 5. kennzeichnet das Gegenteil eines Wortes • 6. mit Objekt: etwas (z. B. ein Geschäft) tätigen • 7. Das Wort hat keine Pluralform. • 8. a. als • b. übt • aus • c. tätig • d. tätig • e. in Betrieb sein

2a 2. teamfähig • 3. fleißig • 4. flexibel • 5. gründlicher • 6. interessiert • 7. kreativ • 8. pflichtbewusst • 9. zuverlässig • 10. ausdauernd

2b 2. die Teamfähigkeit • 3. der Fleiß • 4. die Flexibilität • 5. die Gründlichkeit • 6. das Interesse • 7. die Kreativität • 8. das Pflichtbewusstsein • 9. die Zuverlässigkeit • 10. die Ausdauer

3 1. b, c • 2. a, b • 3. a, c • 4. a, c • 5. a, b • 6. a, c • 7. a, b • 8. a, c • 9. b, c

5 B Welt der Arbeit

1 *Mögliche Lösungen:* **2.** Verb, denn es steht auf Position 2 • in Großstädte gehen, fahren, ziehen • „in Großstädte gehen / ziehen" passt nicht wegen „im Tagesrhythmus" • das Wort „Wanderschneider" bedeutet, dass jemand von Stadt zu Stadt fährt • fahren • **3.** Nomen, da es nach Adjektiv folgt • Gäste, Freunde, Kunden empfangen • „Gäste"/„Freunde" passt nicht, weil es um berufliche Beziehungen geht• wer etwas verkaufen möchte, braucht Kunden • Kunden • **4.** Nomen, da es ein Kompositum sein muss • mögliche Komposita: Stoff-Fetzen, Stoff-Farbe, Stoff-Auswahl • ein Schneider präsentiert Stofffarben, Stoffauswahl • man bietet Kunden eine Auswahl an Produkten (von einfacher bis zu Luxus-Qualität) an • Auswahl → Stoffauswahl • **5.** Verb, denn es ist eine Aufzählung von Tätigkeiten • Verbkombinationen mit „Maß": Maß nehmen • Schneider nehmen Maß • der Schneider stellt „Maßanzüge" her • nehmen • **6.** Nomen (Pl. oder f. Sing.), denn davor steht der bestimmte Artikel „die" • Stoffe / Farben / Preise für Maßanzüge • Zahlen, Preise, Honorare etc. können im mehrstelligen Bereich sein • davor heißt es „vereinbaren den Preis", also ein Synonym für „Preis" • Honorare • **7.** Nomen (Pl. oder f. Sing.), denn davor steht der bestimmte Artikel „die" • die Arbeit, Produktion beginnt • „Arbeit" passt nicht, da es zu unspezifisch in diesem Kontext ist • wenn etwas verkauft werden soll, muss es auch produziert werden • Produktion • **8.** Verb, denn es steht auf Position 2 • per Post senden / schicken, kommen • „schicken"/„senden" passt nicht, da kein Agens erwähnt wird • der Anzug reist von Hongkong zum Kunden • kommen → kommt

2a 1 n • 2 n • 3 ? • 4 n • 5 j • 6 ? • 7 j • 8 j • 9 n

2b 2. Sie wollen vor Ort eine eigene Verkaufsorganisation aufbauen. • 3. Sie wollen sich über die Produktion im Ausland Märkte erschließen. • 4. Der Mittelstand stellt in aller Welt Vorprodukte her. • 5. Man muss 40 % des Umsatzes investieren. • 6. Fachleute aus der Heimat sind gefragt. • **übrig:** erhalten • Geschäft

3a 2. nehmen • 3. fassen • 4. erschließen • 5. gelangen • 6. nehmen • 7. vertreten

3b 2. Denn wir sind zur Überzeugung gelangt, dass … • 3. Wir haben deswegen den Entschluss gefasst, … • 4. … eines Beraters in Anspruch nehmen. • 5. Denn wir wollen den neuen Markt erfolgreich erschließen. • 6. Wir vertreten die Ansicht, dass … • 7. Wir sollten uns aber in Acht nehmen, dass …

5 C Arbeiten auf Probe

1 2. sammeln • 3. suchen • 4. in Kauf nehmen • 5. ausnutzen • 6. anwenden • 7. eingliedern • 8. übernommen werden

2 2. Der Chef persönlich begrüßt die neuen Mitarbeiter. (wichtig ist, dass die neuen Mitarbeiter vom Chef begrüßt werden) • 3. Allen Praktikanten werden zunächst die einzelnen Abteilungen vorgestellt. (wichtig ist der Vorgang, also dass den Praktikanten die Abteilungen vorgestellt werden, und nicht die Person, die die Abteilungen vorstellt) • 4. Seit neuestem wird die Eingangstür schon um 19.00 Uhr abgeschlossen. (wichtig ist der Vorgang, also dass die Eingangstür abgeschlossen wird, und nicht die Person, die die Tür abschließt)

3a 2 D • 3 E • 4 A • 5 B

3b 1. Präsens • wird … eingestellt • 3. Präsens • ist … bezahlt worden • 4. Präteritum • war … versprochen worden • 5. Präsens • wird … verbessert werden

3c 2. Durch • wurden • erledigt • 3. wurde • von • begrüßt • 4. wurde • durch • aufgenommen • 5. wurde • von • eingestellt

3d 2. Die Bereitschaft junger Leute wird von vielen Unternehmen systematisch ausgenutzt. • 3. Raffaela Hönings Praktikum bei einem Hygieneproduktehersteller wurde sehr gut bezahlt. • 4. Von Praktikanten

sind schon immer auch qualifizierte Tätigkeiten verrichtet worden. •
5. Häufig waren vorher Zusagen gemacht worden, die später nicht
von den Firmen eingehalten wurden. • 6. In den letzten Jahren ist von
Unternehmen viel Geld in die Betreuung von Praktikanten investiert
worden.

3e 2. Es wird immer mehr gearbeitet. • 3. Über den Einsatz der Praktikanten wird oft gesprochen. • 4. In der Regel wird den Praktikanten
gern geholfen. • 5. Es wurde viel diskutiert. • 6. Im Büro darf nicht
geraucht werden.

4a 1. Von morgens bis abends musste das Telefon bedient werden. •
2. Eine dicke Gebrauchsanleitung hat schnell übersetzt werden müssen. • 3. Und davor hatte noch eine riesige Adressenkartei aktualisiert
werden sollen. • 4. Die Bedingungen von Praktika müssen dringend
verbessert werden.

4b

		Pos. 2		Satzende
Präsens	4. Die Bedin-gungen von Praktika	müssen	dringend	verbessert werden.
Präteritum	1. Von morgens bis abends	musste	das Telefon	bedient werden.
Perfekt	2. Eine dicke Gebrauchs-anleitung	hat	schnell	übersetzt werden müssen.
Plusquamp.	3. Und davor	hatte	noch eine riesige Adres-senkartei	aktualisiert werden sollen.

4c 1a • 2a

4d 2. Immer mussten mehrere Dinge gleichzeitig erledigt werden. •
3. Deshalb konnte nichts gründlich getan werden. • 4. Außerdem konnte wegen fehlender Ersatzteile nicht ordentlich gearbeitet werden. •
5. Die Reparaturen haben bisher noch nicht ausgeführt werden können!

4e Antwort b ist richtig.

5a 2. Die sind schon längst beschriftet! • 3. Die ist schon längst benachrichtigt! • 4. Der ist schon längst bestellt! • 5. Die sind schon
längst eingewiesen! • 6. Die ist schon längst überprüft!

5b 2. Alle Räume waren schon eingerichtet. • 3. Die Zeitung war
schon benachrichtigt. • 4. Der Gärtner war schon beauftragt. • 5. Die
Hilfskräfte waren schon eingewiesen. • 6. Die Musikanlage war schon
installiert. • 7. Alles war optimal geregelt.

5D Arbeit gesucht

1a 2D • 3C • 4A • 5E • 6G • 7B

1b

eigene Adresse	
Adresse des Empfängers	Datum
Betreff	
Anrede	
Textbereich	
Grußformel	
Unterschrift	
Anlagen	

2a A: Erfahrung im Einkauf, Verkauf, Microsoft-Office, … Handel
und Direktvertrieb, Fremdsprache Englisch … • **B:** Public Relations-
Spezialistin, Master of Business Administration, 45 Jahre jung, langjährige

Erfahrung in Finanzunternehmen, in ungekündigter Stellung, …,
Organisation sucht feste freie Mitarbeit. Zuschriften erbeten unter … •
C: Als Fahrer, Sekretär, Verkäufer, Hausmeister … 52 Jahre, gepflegtes
… gute Englisch- und Personal Computer-Kenntnisse, belastbar,
Personenkraftwagen vorhanden, sucht neue Herausforderung …

2b Mögliche Anzeigen: 1. Student/in su. Aushilfstätig. in Verk. od. Gas-
tro. abends, Wochenende. Einsatzfreud., flexibel, E-Mail aushilfe@wlb.
de • 2. Dipl.-Übersetzer/in (24), Span./Franz., Berufserf.: Praktikum bei
Sprachenservice, Auslandserf., sehr gute MS-Office-, TRADOS-Kenntn.,
belastb., zuverl., flex., sucht feste Stelle, Zuschr. erb. unt. Chiffre 9575,
Stadt-Anz. • 3. Neue Aufg. gesucht. Sekretär/in fest. angestellt, 5 J. Berufserf., sehr gute Kenntn. in Bürokomm., Engl.: verhandlungssicher,
Chin.: Grundkenntn., belastbar, profes., teamorientiert. Erreichbar
unt. ANeum@aco.de

4a 2. Angaben zur Person • 3. Schule und Studium • 4. Praxiserfah-
rung • 5. Sprachkenntnisse • 6. EDV-Kenntnisse • 7. Interessen / Hobbys

5E Freude an der Arbeit

1a 2C • 3D • 4A

1b 2. Dass einem die … • 3. … bringt einen mit … • 4. Man sollte sich
fragen, was einem leichtfällt. • **Akkusativ:** einen • **Dativ:** einem

1c 2. einem • 3. einen • 4. einem • 5. man • 6. einem • 7. einem •
8. man • 9. einen

2a 2. Das lässt sich aber nicht bis morgen erledigen. • 3. Denn der
Wagen ist nicht mehr reparierbar. • 4. Das glaube ich nicht. Das lässt
sich sicher noch machen. • 5. Chef, das ist einfach nicht zu schaffen! •
6. Tut mir leid! Diese Sache ist einfach nicht verhandelbar!

2b 2. Es musste so viel repariert werden, das konnte in der kurzen Zeit
nicht geschafft werden. • 3. Die Prüfung durch den TÜV konnte nicht
verschoben werden. • 4. Der TÜV-Prüfer sagte: „Das Auto muss stillge-
legt werden!" • 5. Der Werkstattchef argumentierte: „Die Ersatzteile
können doch bis nächste Woche besorgt werden." • 6. Der TÜV-Prüfer
konnte aber vom Werkstattchef nicht überredet werden, ein Auge zuzudrücken.

5F Erst die Arbeit, dann das Vergnügen

1 Mögliche Lösungen: **etwas vereinbaren:** Wäre es möglich, dass
…? • Es ist wirklich wichtig, dass … • Wenn Sie … machen / du …
machst, übernehme ich … • **nachfragen:** Was verstehen Sie / verstehst
du unter …? • Sie möchten / Du möchtest also, dass …? • Gibt es sonst
noch etwas, was wir klären müssen? • Haben wir nichts vergessen? •
zum Schluss kommen: Dann machen Sie es so. • Fehlt noch etwas? •
So könnte es gehen. • Ich werde es versuchen.

2 1. Erst die Arbeit, … • 2. … aller Laster Anfang. • 3. … gut ruh'n. •
4. Was du heute kannst besorgen, … • 5. … dem Arzt die Türe zu.

3 Sein Werk wird bis heute ununterbrochen aufgeführt.

Aussprache

1a 1a • 2a • 3b • 4a • 5b • **Begründung:** In diesen Varianten kommt
der Knacklaut vor.

Lektion 6 – 6A Streiten oder kooperieren?

1 die Rechthaberei • die Unhöflichkeit • die Kompromissbereit-
schaft • die Streitsucht • kein „direktes" Nomen zu „verständnisvoll":
„verständnisvoll" = „viel Verständnis haben"

2 **verständnisvoll:** entgegenkommend • tolerant • einsichtig • nach-
sichtig • **unhöflich:** taktlos • flegelhaft • frech • **rechthaberisch:** dick-
köpfig • stur • eigensinnig • uneinsichtig • **streitsüchtig:** aggressiv •
herausfordernd • provokant • streitlustig

3 2. Das bringt mich echt auf die Palme! • 3. Da ist mir der Kragen geplatzt. • 4. Da ist er einfach explodiert. • 5. Da hat sie vor Wut gekocht. • 6. Bist du sauer auf mich?

4 *Mögliche Lösungen:* **wenig verständnisvoll:** Das kann man jetzt sowieso nicht mehr ändern. • Das kann / darf doch nicht wahr sein! • Reiß dich zusammen! • Reg dich doch nicht so auf! • Jetzt ist es sowieso zu spät! • Das nervt unglaublich. • **ziemlich verständnisvoll:** Ich mache Ihnen / dir keine Vorwürfe, aber … • Das ist doch nicht so schlimm! • Halb so schlimm. • Ist schon in Ordnung. • **sehr verständnisvoll:** Da findet sich bestimmt eine Lösung. • Das macht wirklich nichts. • So etwas kann jedem passieren. • Ich würde Ihnen / dir wirklich gern helfen. • Kopf hoch! Wir finden einen Weg.

6 B Konfrontation oder Verständigung?

1a 2c, Z. 25–29 • 3b, Z. 42–44 • 4a, Z. 48–51 • 5c, Z. 62/63

1b 2. vor • 3. mit + D • 4. für + A • 5. von + D • 6. vor • 7. zu + D • 8. auf + A • 9. zu + D • 10. auf + A

1c *Mögliche Lösungen:* 1. Aus der Untersuchung sind überraschende Ergebnisse hervorgegangen. • 2. Er hat vor dem Gericht geklagt. • 3. Das eine kann man gut mit dem anderen verbinden. • 4. Deine Regenjacke ist nicht für Kälte geeignet. • 5. Er hat sich mehr von dem Konzert erhofft. • 6. Sie hat sich vor ihren Freunden blamiert. • 7. Sie hat ihn zu der Arbeit gezwungen. • 8. Bitte achte auf die Kinder. • 9. Das hat zur Katastrophe beigetragen. • 10. Sie verzichtet auf den Urlaub.

1d 2. schließen • 3. übernehmen • 4. schaffen • 5. bieten • 6. legen • 7. geben • 8. finden

2a rückverweisend

2b 2. Denn • 3. die • 4. Daher • 5. Ihre • 6. Streit • 7. Da • 8. dies • 9. dazu • 10. Aber • 11. die

2c Denn durch Konflikte, die erfolgreich gelöst werden, entwickeln sich die Beteiligten weiter. Daher sollten Streitigkeiten nicht nur negativ bewertet werden. Ihre positive Seite ist, dass sie, wenn sie konstruktiv bewältigt werden, die Beziehung eher stärken als schwächen. Wie nun streiten? Bei jedem Streit sollte man versuchen, sich in die Situation des anderen hineinzuversetzen. Da man sich unter Umständen angegriffen fühlt, fällt dies manchmal schwer. Denn aufgrund der Emotionslage neigt man eher dazu, sich zu verteidigen. Aber nur das gegenseitige Verständnis kann helfen, eine gemeinsame Lösung zu finden, die für beide Teile akzeptabel ist.

3a *Mögliche Lösungen:* **Einleitung:** Wenn von … die Rede ist, wird dies oft positiv / negativ bewertet. • Was spricht nun dafür / dagegen, … zu … • **Hauptteil: Argumente für / gegen:** Viele bewerten … als positiv / negativ, denn … • Häufig wird … positiv / negativ dargestellt, weil … • Auf der einen / anderen Seite … • Für / Gegen … kann man anführen, dass … • **Schluss / Persönliche Meinung:** Ich stehe auf dem Standpunkt, dass …, weil …

3b *Mögliche Lösungen:* Wenn von Streit die Rede ist, wird dies oft negativ bewertet. • Viele bewerten Streit als negativ, denn die meisten Leute streiten nicht gern. • Was spricht nun dafür, Streit als positiv zu bewerten? • Häufig wird Streit negativ dargestellt, da er sehr weh tun kann. • Auf der einen Seite kann man sich bei einem Streit blamieren, auf der anderen Seite ist ein Streit besser, als klaglos zu leiden. • Ich stehe auf dem Standpunkt, dass es gut ist, manchmal zu streiten, weil dabei Konflikte offen ausgesprochen werden. • Gegen Streit kann man anführen, dass man sich dabei sehr verletzen kann.

6 C Streit um jeden Preis

1c Ihr (SZ) Nachbar, Herr May, baut schon seit einem (D) Jahr seine Wohnung (R) um und er (WS: Wdh.) arbeitet sogar in (SZ) der Nacht. Frau Wald hat schon mehrfach versucht, mit ihm zu (SZ) sprechen, (Z) aber vergeblich. Weil sie inzwischen ein schlechtes (D) Verhältnis haben, will sie (SB) es heute (R) noch einmal versuchen. Frau Wald hofft, dass (R / SZ) sie Glück hat und alles wieder gut (R) wird. Sie (WS: Wdh.) ist optimistisch und sagt: „Es (R) kann nur besser werden (D). (Z)"

2a/b *Mögliche Lösungen:* 2. Meiner Ansicht nach sind die Argumente von Frau X insgesamt besser, weil … (S) • 3. Zusammenfassend lässt sich die Situation folgendermaßen bewerten: (S) • 4. Frau X ist der Meinung, dass … (H) • 5. Herr Y argumentiert aber, dass … (H) • 6. In dem Artikel geht es darum, dass … (E) • 7. Dieses Argument halte ich für besser als das von Herrn Y, weil … (H) • 8. Herr Y führt an, dass … (H) • 9. Deshalb ist Frau X meines Erachtens im Recht. (S) • 10. Das Argument von Herrn Y überzeugt mich mehr, denn … (S) • 11. Frau X bewertet … positiv / negativ, weil … (H) • 12. In dem Bericht nehmen Menschen Stellung zum Thema „Nachbarschaftshilfe". (E) • 13. Der Argumentation von Herrn May kann ich eher folgen, weil … (S) • 14. Also wäre es sicher gut, wenn … (S)

3a *Mögliche Lösungen:* **Worum geht es?** Nachbarschaftshilfe • **dafür / positive Aspekte:** soziale Verpflichtung • Selbstverständlichkeit • **dagegen / negative Aspekte:** Neugier • Schlimmeres • nicht den Nachbarn zur Last fallen • **Fazit / Meinung / Lösung:** Nachbarn sollten sich helfen, aber Grenzen respektieren

3b *Mögliche Lösungen:* **Einleitung:** In dem Artikel geht es darum, dass … • In dem Bericht nehmen Menschen Stellung zum Thema „Nachbarschaftshilfe". • **Hauptteil:** Frau X ist der Meinung, dass … • Herr Y argumentiert aber, dass … • Dieses Argument halte ich für besser als das von Herrn Y, weil … • Herr Y führt an, dass … • Frau X bewertet … positiv / negativ, weil … • **Schluss:** Meiner Ansicht nach sind die Argumente von Frau Wald insgesamt besser, weil … • Zusammenfassend lässt sich die Situation folgendermaßen bewerten: • Deshalb ist Frau X meines Erachtens im Recht. • Das Argument von Herrn Y überzeugt mich mehr, denn … • Der Argumentation von Herrn May kann ich eher folgen, weil … • Also wäre es sicher gut, wenn …

4a 2. er ginge • 3. ich führe • 4. wir würden • 5. sie gäbe • 6. ihr könntet • 7. sie wollten • 8. es sollte • 9. es müsste • 10. Sie brächten

4b würde sagen

4c 2. Frau Wald hat viele Übersetzungen, deshalb ist sie sehr stark unter Druck. • 3. Herr May verdient nicht gut, deshalb muss er zusätzlich arbeiten. • 4. Frau Wald kann keine bezahlbare Wohnung finden, daher zieht sie nicht um.

5a 1. Würde die Firma verkauft, hätte Herr May keine Hoffnung mehr. • 2. Wenn seine Möbel nicht so oft bestellt würden, würde er Werbung machen. • Würden seine Möbel nicht so oft bestellt, würde er Werbung machen. • 3. Wenn seine Arbeit nicht so gelobt würde, bekäme er keine neuen Aufträge. • Würde seine Arbeit nicht so gelobt, bekäme er keine neuen Aufträge. • 4. Wenn die Rechnungen schon früh bezahlt würden, wäre sein Leben einfach. • Würden die Rechnungen schon früh bezahlt, wäre sein Leben einfach.

5b 1. Hätte Frau Wald noch nicht so oft mit Herrn May gesprochen, hätte sie noch Geduld gehabt. • 2. Wenn Herr May nicht so viel Lärm gemacht hätte, wäre es nicht zu Konflikten gekommen. • Hätte Herr May nicht so viel Lärm gemacht, wäre es nicht zu Konflikten gekommen. • 3. Wenn die Nachbarn sich beschwert hätten, wäre das eine große Hilfe für Frau Wald gewesen. • Hätten die Nachbarn sich beschwert, wäre das eine große Hilfe für Frau Wald gewesen. • 4. Wenn Herr May eine Werkstatt gehabt hätte, wäre es nicht zu den Problemen gekommen. • Hätte Herr May eine Werkstatt gehabt, wäre es nicht zu den Problemen gekommen.

5c 1. Wäre die Firma verkauft worden, hätte Herr May keine Hoffnung mehr gehabt. • 2. Wenn seine Möbel nicht so oft bestellt worden wären, hätte er Werbung gemacht. • Wären seine Möbel nicht so oft bestellt worden, hätte er Werbung gemacht. • 3. Wenn seine Arbeit nicht so gelobt worden wäre, hätte er keine neuen Aufträge bekommen. • Wäre seine Arbeit nicht so gelobt worden, hätte er keine neuen Aufträge bekommen. • 4. Wenn die Rechnungen schon früh bezahlt worden wären, wäre sein Leben einfach gewesen. • Wären die Rechnungen schon früh bezahlt worden, wäre sein Leben einfach gewesen.

6a Aktiv: Infinitiv • **Passiv:** Partizip Perfekt • Infinitiv

6b 1. aufheben • arbeiten müssen • 2. Hätte • geführt werden

6c 1. eine • 2. ohne • vor

6d 2. Hätte er das machen wollen, hätte er einen Kredit aufnehmen müssen. • 3. Hätte er den Kredit bekommen können, wäre er ein hohes Risiko eingegangen. • 4. Hätte Herr May seine Situation ändern können, hätte er das sicher getan.

7a 2. Sie sollten umziehen. / An Ihrer Stelle würde ich umziehen. / Wie wäre es, wenn Sie umziehen würden? • 3. Sie sollten eine Werkstatt im Keller einrichten. / An Ihrer Stelle würde ich eine Werkstatt im Keller einrichten. / Wie wäre es, wenn Sie eine Werkstatt im Keller einrichten würden? • 4. Sie sollten abends nicht so lange arbeiten. / An Ihrer Stelle würde ich abends nicht so lange arbeiten. / Wie wäre es, wenn Sie abends nicht so lange arbeiten würden?

7b 2. Sie hätten umziehen sollen. / An Ihrer Stelle wäre ich umgezogen. / Wäre es nicht besser gewesen, wenn Sie umgezogen wären? • 3. Sie hätten eine Werkstatt im Keller einrichten sollen. / An Ihrer Stelle hätte ich eine Werkstatt im Keller eingerichtet. / Wäre es nicht besser gewesen, wenn Sie eine Werkstatt im Keller eingerichtet hätten? • 4. Sie hätten abends nicht so lange arbeiten sollen. / An Ihrer Stelle hätte ich abends nicht so lange gearbeitet. / Wäre es nicht besser gewesen, wenn Sie abends nicht so lange gearbeitet hätten?

8 3. Ich glaubte, sie wären keine Freunde geworden. • 4. Ich war der Meinung, sie würden nicht heiraten. • 5. Ich dachte, ihre Wohnung wäre nicht umgebaut worden. • 6. Ich hatte angenommen, Herr May wäre nicht sehr erfolgreich geworden. • 7. Ich glaubte, sie wären unglücklich.

9 2. Entschuldigung, würden Sie mir bitte das Kino auf der Karte zeigen? / Könnten Sie mir bitte das Kino auf der Karte zeigen? / Wären Sie so nett, mir das Kino auf der Karte zu zeigen? • 3. Entschuldigung, würden Sie das bitte noch einmal wiederholen? / Könnten Sie das bitte noch einmal wiederholen? / Wären Sie so nett, das noch einmal zu wiederholen? • 4. Entschuldigung, würden Sie mir das bitte erklären? / Könnten Sie mir das bitte erklären? / Wären Sie so nett, mir das zu erklären? • 5. Entschuldigung, könnten Sie das Fenster schließen? / Könnten Sie das Fenster schließen? / Wären Sie so nett, das Fenster zu schließen? • 6. Entschuldigung, hätten Sie einen Stift für mich? / Hätten Sie einen Stift für mich? / Wären Sie so nett, mir einen Stift zu geben? • 7. Entschuldigung, würden Sie mich bitte anrufen? / Würden Sie mich bitte anrufen? / Wären Sie so nett, mich anzurufen? • 8. Entschuldigung, dürfte ich Ihre Telefonnummer weitergeben? / Dürfte ich Ihre Telefonnummer weitergeben?

6D Verhandeln statt streiten

1 2E • 3B • 4F • 5A • 6D • 7C

2 2a. ich kann auf keinen Fall • 2b. denn • 3. Das leuchtet ein. • 4. schlage ich vor • 5. Da muss ich widersprechen. / Das geht auf keinen Fall. / Das ist keine Lösung. • 6. was halten Sie von folgender Lösung • 7. Das ist ein guter Vorschlag. / Das könnte ein Ausweg sein. / Das klingt sehr gut. / Damit bin ich einverstanden. • 8. Was halten Sie von fol-

gender Lösung • 9. Das wäre eine gute Lösung. / Das ist ein guter Vorschlag. / Das könnte ein Ausweg sein. / Das klingt sehr gut. / Damit bin ich einverstanden. • 10. Gut, dann machen wir es so.

6E Gemeinsam sind wir stark

1 2. Wenn ich doch nur Flügel hätte! / Hätte ich doch nur Flügel! / Wenn ich Flügel hätte, könnte ich fliegen. / Hätte ich Flügel, könnte ich fliegen. • 3. Wenn ich nur Arme hätte! / Hätte ich nur Arme! / Wenn ich Arme hätte, könnte ich Obst pflücken. / Hätte ich Arme, könnte ich Obst pflücken. • 4. Wenn ich doch eine Stimme hätte! / Hätte ich doch eine Stimme! / Wenn ich eine Stimme hätte, könnte ich singen. / Hätte ich eine Stimme, könnte ich singen. • 5. Wenn ich bloß Beine hätte! / Hätte ich bloß Beine! / Wenn ich Beine hätte, könnte ich laufen. / Hätte ich Beine, könnte ich laufen. • 6. Wenn ich doch nur Flossen hätte! / Hätte ich doch nur Flossen! / Wenn ich Flossen hätte, könnte ich schwimmen. / Hätte ich Flossen, könnte ich schwimmen.

2a 2. …, als wäre sie eine Hexe mit langen Krallen. • 3. …, als hätte er ein scharfes Messer. • 4. …, als wollten sie ein Rennen gewinnen. • 5. …, als hätten sie schon immer in dem Haus gewohnt. • 6. …, als wären sie für ihr arbeitsreiches Leben belohnt worden. • 7. …, als wäre sie wirklich passiert. • 8. …, als hätte ich eine ähnliche Geschichte schon einmal gehört.

2b 2. …, als ob sie eine Hexe mit langen Krallen wäre. • 3. …, als ob er ein scharfes Messer hätte. • 4. …, als ob sie ein Rennen gewinnen wollten. • 5. …, als ob sie schon immer in dem Haus gewohnt hätten. • 6. …, als ob sie für ihr arbeitsreiches Leben belohnt worden wären. • 7. …, als ob sie wirklich passiert wäre. • 8. …, als ob ich eine ähnliche Geschichte schon einmal gehört hätte.

6F Pro und Contra

1 *Mögliche Lösungen:* 2. Eine Stoffsammlung machen und Pro- und Contra-Argumente sammeln • 3. Eine Gliederung erstellen und Argumente nach ihrer Wichtigkeit ordnen • 4. Einleitung: allgemeine Aussagen zum Thema und Problematik im Frageform • 5. Hauptteil: Argumente der Gegenposition aufführen und mit Beispielen illustrieren • 6. Argumente für eigenen Standpunkt darlegen, mit Argumenten begründen und mit Beispielen veranschaulichen • 7. Dabei Argumente der Gegenposition entkräften • 8. Schluss: wichtigste Argumente zusammenfassen und eigenes Urteil • 9. Korrekturlesen

Aussprache

1a 1. Pille • Paar • Bier • Oper • Gebäck • rauben • 2. Kern • Greis • Kuss • Egge • decken • legen • 3. Dank • Tipp • Tier • Weide • Marder • entern

Lektion 7 – 7A Wissen und Können

1 2. den • 3. die • 4. denen • 5. den • 6. da / dessen • 7. das • 8. den • Der

2 2. weiß • 3. konnte • 4. wussten / wissen • 5. kannte 6. kennt • 7. wussten / wissen • 8. weiß • 9. können • 10. weiß • 11. kennt

3 **der:** Verstand (kein Pl.) – verstehen • Begriff, -e – begreifen • **das:** Empfinden (kein Pl.) – empfinden • **die:** Erfahrung, -en – erfahren sein / erfahren (= eine Information erhalten) • Erkenntnis, -se – erkennen • Definition, -en – definieren • Kenntnis, -se – kennen • Gewissheit (kein Pl.) – wissen • Unterscheidung, -en – unterscheiden • Fertigkeit, -en – etw. fertigen • Meinung, -en – meinen • Form, -en – formen

7B Was Tiere wissen

1a 1b • 2c • 3b • 4a • 5c

1b 1b. fertigen • c. klug • 2a. kompetent • b. fähig • c. leisten • 3a. verstehen • b. instinktiv • c. vernünftig • 4a. kennen • b. begabt •

c. talentiert • 5a. versuchen • b. experimentieren • c. beobachten

2 *Mögliche Lösungen:* 2. Man verbessert die Lebensbedingungen von Zootieren dadurch, dass die Tiergehege vergrößert und den Bedürfnissen der Tiere angepasst werden. • 3. Die Zoologischen Gärten reagieren auf die Vorwürfe von Tierschützern, indem sie auf Programme zum Erhalt bedrohter Tierarten hinweisen. • 4. Zoos und Aquarien versuchen ihre Attraktivität dadurch zu erhöhen, dass den Besuchern viel Wissenswertes über Lebensraum und Verhalten der Tiere geboten wird. • 5. Die Pfleger sorgen bei den Tieren für Abwechslung, indem sie zum Beispiel Futter in Astlöchern oder Eisblöcken verstecken.

3a 2. Manchmal brät das Fleisch fünf Minuten, ohne richtig zu bräunen. • 3. Umformung nicht möglich, weil beide Sätze unterschiedliche Subjekte haben. • 4. Im Internet finde ich neue Rezepte, ohne endlos in Kochbüchern blättern zu müssen. • 5. Umformung nicht möglich, weil beide Sätze unterschiedliche Subjekte haben.

3b a. Sätze: 1, 4, 5 • b. Sätze: 2, 3

4a Sätze: 2, 3

4b 2. Indem ein Laborversuch gemacht wurde, konnte man zeigen, dass auch wirbellose Tiere intelligent sind. • 3. Der Webervogel baut sein kunstvolles Nest, ohne dass andere Vögel ihm helfen.

5 1k • 2n • 3a • 4h • 5o • 6f • 7j • 8m • 9b • 10c

7C Wissen teilen

1 1C • 2D • 3B • 4A

2a *Mögliche Lösungen:* 3. Wie die Relevanz von Wissen, das man erworben hat, über die Jahre abnimmt. • 4. Ja, die Bedeutung aller Wissensformen nimmt über die Jahre ab. • 5. Ja, die Relevanz des Schul- und Hochschulwissens nimmt im Vergleich zum Technologiewissen über die Jahre weniger ab. Das EDV-Fachwissen ist bereits nach weniger als 10 Jahren völlig veraltet.

2b 1c • 2a • 3b • 4d • 5d • 6b • 7c

2c *Mögliche Lösung:* Das Schaubild zeigt die Halbwertszeit des Wissens. Alle Formen des Wissens, d. h. Schulwissen, Hochschulwissen, berufliches Fachwissen, Technologiewissen und EDV-Wissen, nehmen innerhalb von 20 Jahren ab. Die Halbwertszeit des Schulwissens ist am höchsten, denn es verliert nach 20 Jahren nur die Hälfte an Relevanz. Danach folgen das Hochschulwissen, das berufliche Fachwissen und das Technologiewissen. Das EDV-Wissen ist bereits nach weniger als 10 Jahren völlig veraltet.

7D Das möchte ich können

1 **wollen:** 3. den Wunsch haben • 6. etw. vorhaben • **können:** 2. die Gelegenheit haben • 4. fähig sein • 5. in der Lage sein • **Sätze:** 2. Hier können Sie ihre kreativen Potentiale entdecken. • 3. Sicher wollten Sie auch schon mal wieder ganz von vorne anfangen. • 4. Wer weiß, was Sie noch alles können? • 5. Durch dieses Seminar können Sie Ihre Stärken entdecken. • 6. Wir wollen Sie auf diesem Weg ein gutes Stück voranbringen.

2 2. Wir haben vor / planen / beabsichtigen, das Projekt nächsten Monat zu starten. • 3. Ist es möglich / Besteht die Möglichkeit, den Termin auf morgen zu verschieben? / …, dass wir den Termin auf morgen verschieben? • 4. Meine Freundin ist fähig / ist in der Lage, 30 Vokabeln am Tag zu lernen. • 5. Mein Kollege beabsichtigt nicht / hat nicht vor, bei unserer ausländischen Tochterfirma zu arbeiten. • 6. Ich bin nicht in der Lage / bin unfähig, mir mehr als acht Wörter auf einmal zu merken. • 7. Ist es erlaubt / Ist es möglich / Besteht die Möglichkeit, im Sommer auf dem Balkon zu grillen? • 8. Ich beabsichtige / habe vor / habe den Vorsatz gefasst, mit dem Rauchen aufzuhören.

3a 2A • 3D • 4E • 5C • 7I • 8F • 9J • 10G • 11H

3b Bez.: Bezeichnung • bes.: besonders • Def.: Definition • Erg.: Ergebnis • etw.: etwas • Ggs.: Gegensatz • od.: oder • s.: siehe • tlw.: teilweise • u.: und • u.a.: unter anderem • urspr.: ursprünglich • vgl.: vergleiche • Zsf.: Zusammenfassung

3c *Mögliche Lösungen:* s.o. = siehe oben • s.u. = siehe unten • o.Ä. = oder Ähnliches • usw. = und so weiter • etc. = et cetera • u.U. = unter Umständen • Lek. = Lektion • Bsp. = Beispiel • Gr. = Grammatik

3d *Mögliche Lösungen:* - Wichtig: v. etw. begeistert → aktiviert Nervenzellen • - bei Kindern leicht, da alles neu ≠ Erwachsener kennt fast alles • - Aber: Menschen bis ins hohe Alter begeisterungsf. → so Neues lernen

3e *Mögliche Lösungen:* Was erzeugt Begeisterg. bis ins hohe Alter? • - eigene Körper, z.B. Gymnastik, Entspannungsübg., Yoga begeistern + machen uns mental bewegl. • - menschl. Beziehungen • - Neues lernen, erfahren, entdecken • Dinge, die das kindl. Gehirn besser lernt? • Durchblutung besser → Nährstoffe kommen leichter + schneller an Zellen • aber: Kinder stark durch Umfeld geprägt, u.U. zu ihrem Nachteil ≠ nicht bei erwachsenem Hirn

4a 2. Einmal in der Woche bekomme ich von unserer Nachbarin Nachhilfe-Unterricht, damit die nächste Mathe-Arbeit besser ausfällt. • 3. Mein Freund und ich verabreden uns jeden Sonntag im Park zum Laufen, damit wir im nächsten Jahr beim Schüler-Marathon mitmachen können. / um im nächsten Jahr beim Schüler-Marathon mitmachen zu können. • 4. Für den Blumenladen habe ich zwei neue Mitarbeiter eingestellt, damit ich im Geschäft entlastet werde. / um im Geschäft entlastet zu werden. • 5. Meinem Sohn habe ich einen Gutschein für ein Koch-Seminar geschenkt, damit er endlich kochen lernt. • 6. Ich jobbe nachmittags im Supermarkt, damit ich im Sommer mit meinen Freundinnen verreisen kann. / um im Sommer mit meinen Freundinnen verreisen zu können.

4b 1. Um nicht dauernd nach dem Weg fragen zu müssen. • 2. Damit das Rad nicht mehr gestohlen werden kann. • 3. Damit ich die Telefonkosten im Griff halten kann. / Um die Telefonkosten im Griff halten zu können. • 4. Damit ich sie nicht selbst bügeln muss. / Um sie nicht selbst bügeln zu müssen.

5a 2H • 3A • 4B • 5E • 6D • 7F • 8C

5b 2. Marie könnte einen Phonetikkurs besuchen, um ihre Aussprache zu verbessern. • 3. Wim könnte eine Fehlertabelle anlegen, um seine Fehlerzahl zu reduzieren. • 4. Yuko könnte seine Notizentechnik verbessern, um Radiobeiträge vollständiger zu erfassen. • 5. Saida könnte kurze Texte zum Thema schreiben, um neuen Wortschatz produktiv einzuüben. • 6. Onur könnte Synonyme auflisten, um Wortwiederholungen zu vermeiden. • 7. Miklos könnte eine Vokabelkartei anlegen, um seinen Wortschatz zu vergrößern. • 8. Eva könnte Lesestile gezielt einsetzen, um den Inhalt von Artikeln schnell zu verstehen.

5c 2. <u>Zum Üben</u> trifft er … • Um zu üben, trifft er … • 3. <u>Zur Erweiterung seiner Sprachkenntnisse</u> schaut er … • Um seine Sprachkenntnisse zu erweitern, schaut er … • 4. <u>Zum Training des neuen Wortschatzes</u> notiert er … • Um den neuen Wortschatz zu trainieren, notiert er … • 5. <u>Zum effektiveren Lernen</u> teilt er … • Um effektiver zu lernen, teilt er …

5d 1. Sätze: 2, 5 • 2. Sätze: 1, 3, 4

5e 2. <u>Zur Verbesserung</u> ihrer Aussprache könnte Marie einen Phonetikkurs besuchen. • 3. <u>Zur Reduktion</u> der Fehlerzahl könnte Wim eine Fehlertabelle anlegen. • 4. <u>Für das vollständigere Erfassen</u> von Radiobeiträgen könnte Yuko seine Notizentechnik verbessern. • 5. <u>Zum produktiven Einüben</u> von neuem Wortschatz könnte Saida kurze Texte zum Thema schreiben. • 6. <u>Zur Vermeidung</u> von Wortwiederholungen könnte Onur Synonyme auflisten. • 7. <u>Zur Vergrößerung</u> seines Wortschatzes könnte Miklos eine Vokabelkartei anlegen. • 8. Für das schnelle Verständnis des Inhalts von Artikeln könnte Eva Lesestile gezielt einsetzen.

7 E Klug, klüger, am klügsten

1 1a • 2b • 3a • 4b • 5b • 6a • 7a • 8b • 9a • 10b • 11b • 12b

2 a *Mögliche Lösungen:* 2. Was hat die Psychologin bei einer Untersuchung mit Schweizer Schülern festgestellt? • Antwort: deutlich verbesserten Sozialverhalten • zusätzliche Musikstunden • 3. Warum können sprachgestörte Patienten sich leichter durch Gesang artikulieren? • Antwort: größeren Zahl von Hirnarealen bedient als Sprache

2 b *Mögliche Lösungen:* 2. Die Kinder, die zusätzliche Musikstunden erhalten hatten, zeigten ein deutlich verbessertes Sozialverhalten. • 3. Weil sich Gesang einer größere Zahl von Hirnarealen bedient als Sprache. • **Funktion Schlüsselwörter:** Man konzentriert sich beim Lesen gleich auf bestimmte Themen, Wörter.

7 F Lernwege

1 2A • 3C • 4B • 5F • 6D • 7B • 8E • 9F • 10C • 11C • 12D • 13C • 14E • 15F

2 a 1. Das Schaubild stellt die Lage auf dem Ausbildungsmarkt dar. • 2. Dort werden abgeschlossene Verträge mit unbesetzten Stellen verglichen. / Dort werden die abgeschlossenen Verträge den unbesetzten Stellen gegenübergestellt. • 3. Das Kreisdiagramm veranschaulicht die prozentuale Verteilung der neu abgeschlossenen Ausbildungsverträge auf Wirtschaftsbereiche. • 4. Aus der Grafik wird ersichtlich, dass die Zahl der neu abgeschlossenen Ausbildungsverträge in den Jahren 2005 bis 2007 gestiegen ist. • 5. In den Folgejahren zeigt sich eine wieder abnehmende Tendenz.

2 b 2. drei Viertel • 3. Auf und Ab • 4. schwanken • 5. Höchststand • 6. gesunken • 7. auf • 8. das Doppelte

2 d **Entwicklung: nach oben:** Die Zahl … hat um … zugenommen. Die Zahl ist von … auf … gestiegen. **nach unten:** Die Zahl ist von … auf … gefallen. / gesunken. • Die Anzahl … hat sich um … verringert. • Seit … gibt es eine abnehmende Tendenz. • **gleich bleibend:** In den Jahren … ist die Zahl … gleich geblieben. • Von … bis … gibt es keine Veränderungen. • **Vergleich:** Im Vergleich zu 1999 … • Verglichen mit 2007 … • Gegenüber 2005 … • Im Unterschied zu …

Aussprache

1 a Norden, Süden, Osten, Westen, besten • grünen, Rasen, saßen, Sachsen, lasen, ausgelesen, gewesen

2 a Bei allen markierten Wörtern hört man weniger „ben" und „pen", sondern eher „bm" bzw. „pm".

3 a 1. packen • 2. Sorgen • 3. Socken • 4. zeigen

4 a 1. sag (sh) • du (sl) • sagen (sl) • 2. du (sl) • 3. du (sl) • 4. du (sl) • dazu (sh)

Lektion 8 – 8 A Gesundheit

1 a **allgemein:** die Erkältung • der Schnupfen • **Kopfschmerzen:** die Migräne • **Bauchschmerzen:** das Magengeschwür • die Magen-Darm-Grippe • **Halsschmerzen:** die Angina • die Mandelentzündung • **Rückenschmerzen:** der Bandscheibenvorfall • der Hexenschuss

1 b **durchgestrichen:** laut • leise • nackt

1 c **Dauer:** akut • permanent • chronisch • vorübergehend • **Intensität:** heftig • stark • schwach • **Körpergefühl:** bohrend • klopfend • ziehend • brennend

1 d **Adjektive mit „schmerz-":** schmerzlich • schmerzstillend • schmerzvoll • schmerzerfüllt • schmerzfrei • schmerzlindernd • schmerzhaft • schmerzgebeugt • schmerzgeplagt • **durchgestrichen:** leer • arm • leise • -ig

1 e 2F • 3E • 4A • 5D • 6B

1 f 2. angeben • 3. nicht dumm sein • 4. jdn. veralbern • 5. ungeschickt sein • 6. schlechter Laune sein

8 B Gesundheitswahn

1 a 1a • 2a • 3b • 4b • 5a • 6b • 7b • 8b • 9a • 10a

1 b 2J • 3E • 4L • 5F • 6D • 7H • 8C • 9K • 10A • 11G • 12B

2 a 1a. Claudia möchte abnehmen. Aber anstatt dass sie eine Diät macht, treibt sie Sport. • 1b. Claudia möchte abnehmen. Aber anstatt eine Diät zu machen, treibt sie Sport. • 2. Statt dass Claudia von sich aus eine Diät macht, achtet ihre Schwester auf ihre Ernährung.

2 b 1. kann • 2. muss

2 c 1. Statt bei dem kalten Wetter zu Hause zu bleiben, geht Eva jeden Tag spazieren. • 2. Anstatt die Patientin gründlich zu untersuchen, verschreibt der Arzt ihr einfach nur ein neues Medikament. • 5. Anstatt zu versuchen, mir den Namen des Medikaments zu merken, notiere ich ihn lieber. • Satz 3 und 4 kann man nicht mit „(an)statt … zu" formulieren, weil Haupt- und Nebensatz unterschiedliche Subjekte haben.

2 d 2. Anstelle von • 3. (An)statt … zu • 4. Stattdessen • 5. entweder … oder • 6. Statt / Anstelle • 7. Statt / Anstelle

3 a **Markierungen:** 1. Tim kann gut kochen, aber / doch / jedoch er backt nicht gut. • 2. Tim kann gut kochen, doch / jedoch / dagegen kann er nicht gut backen. • 3. Tim kann gut kochen, er kann aber / jedoch / dagegen nicht gut backen. • 4. Tim ist stolz auf seine Kochkünste, seine Frau aber / jedoch / dagegen mag seine Gerichte nicht. • **Regeln:** 1. aber • doch • jedoch 2. doch • jedoch • dagegen 3. aber • jedoch • dagegen 4. aber • jedoch • dagegen

3 b 2. jedoch • Einschränkung • 3. jedoch / dagegen • Gegensatz • 4. jedoch • Einschränkung • 5. jedoch / dagegen • Gegensatz

3 c 2. Entgegen • 3. sondern • 4. dagegen / jedoch / aber • 5. Dagegen / Jedoch / Doch • 6. Während • 7. Aber / Doch

3 d 2F • 3B • 4C • 5A • 6D

3 e 2a • 3t • 4a • 5t

8 C Arzt und Patient

1 1a • 2b • 3a • 4a • 5b • 6a • 7b

2 2B • 3D • 4C • 5A • 6B • 7E • 8B • 9D • 10A • 11E • 12D • 13B • 14B • 15B • 16C • 17D • 18D

3 a *Mögliche Lösung:* unfreundlich • desinteressiert

3 b *Mögliche Lösung: Patientin:* Guten Morgen, Herr Doktor.
Arzt: Guten Morgen, Frau Schmitt. Ich bin Herr Dr. Peters.
Patientin: Herr Dr. Peters? Äh, mein Hausarzt hat mir aber gesagt, dass ich zu Herrn Dr. Beyer gehen soll?
Arzt: Nun, mein Kollege ist heute nicht im Haus. Aber wir betreiben die Praxis seit einem Monat gemeinsam. Wahrscheinlich weiß das Ihr Hausarzt nicht. Sie brauchen sich also keine Sorgen zu machen.
Patientin: Ach so, dann bin ich ja beruhigt.
Arzt: Nun Frau Schmitt, was führt Sie denn zu mir?
Patientin: Nun, seit Wochen schon habe ich Husten, der nicht weggeht. Ja, und deshalb hat mich mein Hausarzt an Sie überwiesen.
Arzt: Wie lange haben Sie den Husten denn schon?
Patientin: Seit drei Wochen. Und es tut sehr weh. Und es ist sehr lästig, na ja, und meinen Mann stört es auch schon sehr. Es muss etwas geschehen. Unbedingt!
Arzt: Ja, das verstehe ich. Haben Sie denn schon Medikamente gegen den Husten genommen?
Patientin: Naja, die normalen Sachen halt: Hustensaft, Lutschtabletten, aber die wirken nicht.
Arzt: Hm, dann haben Sie wahrscheinlich eine Bronchitis.

Patientin: Oh je!

Arzt: Aber das müssen wir zuerst einmal genauer untersuchen. Wann ist Ihre Lunge denn zum letzten Mal geröngt worden?

Patient: Keine Ahnung. Vor ein paar Jahren.

Arzt: Hm, dann schicke ich Sie vorsichtshalber erst einmal zur Röntgenaufnahme.

Patientin: Gut.

Arzt: Ja, und außerdem verschreibe ich Ihnen ein neues Mittel, das die Schleimhaut in den Atemwegen schützt, und wir lassen ein paar Laboruntersuchungen machen, um zu klären, ob Sie ein Antibiotikum brauchen.

Patientin: Was, ein Antibiotikum! Muss das denn sein? Das vertrage ich immer so schlecht.

Arzt: Hm, das verstehe ich. Warten wir die Ergebnisse der Laboruntersuchung ab, dann sehen wir weiter. Wir rufen Sie an, sobald die Resultate da sind.

Patientin: Das klingt sehr gut. Soll ich dann wieder zu Ihnen gehen oder zu Herrn Dr. Beyer?

Arzt: Besser wäre, Sie kommen wieder zu mir. Aber falls Sie keinen passenden Termin mit mir bekommen können, ist das kein Problem. Ich werde mit meinem Kollegen alles ausführlich besprechen.

Patientin: Gut, vielen Dank und auf Wiedersehen.

Arzt: Auf Wiedersehen und gute Besserung.

4a Cocktailparty: glo. • Nachrichten: sel. • Film: det. • Verkehrsfunk: sel. • Werbebotschaft: glo. • Wetterbericht: sel. • Arzt-Patienten-Gespräch: det.

4b 2a. selektives Hören • 2b. detailliertes Hören

4c globales Hören

5 **Arzthelfer / Arzthelferin:** Praxisgebühr verlangen • Patienten empfangen und betreuen • Rezepte ausstellen • Instrumente, Arzneimittel und Formulare vorbereiten • Patienten zu einem Facharzt überweisen • Instrumente desinfizieren • Arzttermine machen • Blut entnehmen • Arztbriefe schreiben • **Arzt / Ärztin:** Diagnose mit den Patienten besprechen und Behandlungsmöglichkeiten erklären • Maßnahmen zur Behandlung festlegen • Patienten untersuchen • Rezepte ausstellen • Krankheiten diagnostizieren • Patienten zu einem Facharzt überweisen • Vorsorgeuntersuchungen durchführen • Arztbriefe schreiben

6 1h • 2i • 3a • 4e • 5j • 6f • 7l • 8c • 9n • 10d

8D Alternative Heilmethoden

1a 2. Infolgedessen • Sie nehmen sie infolgedessen bedenkenlos ein. • 3. Demzufolge • Sie sehen demzufolge in ganzheitlichen Therapieverfahren eine Alternative. / In ganzheitlichen Therapieverfahren sehen sie demzufolge eine Alternative. • 4. Somit • Der Arzt kann sich somit ein besseres Bild von den Beschwerden des Patienten machen. / Von den Beschwerden des Patienten kann sich der Arzt somit ein besseres Bild machen. • 5. Also • Ich werde also in Zukunft nur noch zu ihm gehen. / In Zukunft werde ich also nur noch zu ihm gehen. • **Regeln:** 1. Position 1 • 2. Position 0 • 3. Pronomen

1b 1. Folglich • 2. also • 3. Also • 4. Folglich

1c 2. Das Berufsbild des Heilpraktikers ist nicht geschützt, sodass es viele Scharlatane gibt. • 3. Demzufolge ist ein Vergleich der Angebote unbedingt empfehlenswert. • 4. Manche Heilpraktiker haben solch große Erfolge, dass viele Ärzte neidisch werden. • 5. Infolge von Falschbehandlungen wird die Berufssparte aber immer wieder kritisiert. • 6. Es gibt kein gesetzlich festgelegtes Preissystem. Das hat zur Folge, dass Besuche bei Heilpraktikern unterschiedlich teuer sind. • 7. Infolgedessen raten die Krankenkassen, sich vorher nach den Kosten zu erkundigen.

8E Ausgebrannt: Was die Seele krank macht

1 **Mythos:** der Aberglaube • die Göttersage • die falsche Vorstellung • **Konzept:** die Beschreibung • der Entwurf • der Plan • die Skizze • die Vorstellung • **Diagnose:** die Beschreibung • die Bestimmung • die Feststellung

2a A: Fallbeispiel • B: Verallgemeinerung • C: Rückblick in die Vergangenheit • D: Versuch einer Definition • E: Umgang mit Burnout in der Gesellschaft • F: Burnout-Symptome • G: Mitverantwortung des Einzelnen • H: Empfehlung des Autors

2b 1a • 2b • 3a • 4b • 5b • 6a • 7a • 8a • 9b • 10b • 11a • 12b • 13a • 14b • 15a

8F Lachen ist gesund

1 *Mögliche Lösungen:* 2. sich etw. vermiesen • 3. noch einmal drauf hauen • 4. verschlafene Minuten • 5. geplagt werden • 6. Licht aufnehmen • 7. anfangen • 8. die Laune des Hundebesitzers verbessert sich • 9. beim Spaziergehen mit dem Hund • 10. jdn. aufrecht halten • 11. auf jdn. ständig einreden

2 2. Antiidiotika → Antibiotika • 3. Implosion → Infusion • 4. Tumult → Tumor • 5. Mikrobe → Migräne

3 2. Zahnschmerzen • 3. Fieberthermometer • 4. Krankenschein • 5. Hustensaft • 6. Kamillentee • 7. Gipsbein • 8. Krankenkasse • 9. Desinfektionsmittel • 10. Sozialversicherung

Aussprache

1a schrei_b_en • Die_b_e • rau_b_en • Lau_b_e

1b Kin_d_er • ba_d_en • Grün_d_e • Hem_d_en • Her_d_e

1c schwei_g_en • flie_g_en • Är_g_er • Ge_b_irge • Ta_g_e

Lektion 9 – 9A Gefühle

1a 2. Freude auf / über • 3. Sehnsucht nach • 4. Trauer um • 5. Ekel vor • 6. Mitleid mit • 7. Ärger über • 8. Furcht vor

1b 1. um • 2. auf / über (identisch) • 3. nach (identisch) • 4. um (identisch) • 5. vor (identisch) • keine Präposition 7. über (identisch) • 8. vor (identisch)

2 1. der • 2. im • 3. und • 4. Autoren / Schriftsteller • 5. den • 6. geboren • 7. als • 8. einem • 9. Sein • 10. wurde

4 1b • 2a • 3a • 4b • 5b • 6a • 7b

9B Emotionen

1a *Mögliche Lösungen:* **positiv:** begeistert von • dankbar für • erstaunt über • froh über • gerührt von • glücklich über • stolz auf • zufrieden mit • **negativ:** besorgt über / um • eifersüchtig auf • entsetzt über • enttäuscht über / von • traurig über • verärgert über • wütend auf / über

1b 1. bei • 2. in • 3. von • 4. auf • 5. mit • 6. auf • 7. auf • 8. über • 9. über • 10. mit • 11. von • 12. über • 13. von / für

2b *Mögliche Lösungen:* **Funktion von Gefühlen:** Signalsystem zur Anpassung an Situationen • aktivieren das Denken • lenken das Handeln • **negative Gefühle:** Konzentration auf Problemlösung • mobilisieren Energie • **positive Gefühle:** Aufbau und Pflege von sozialen Beziehungen • Förderung von Kreativität • Schutz vor Stress oder Krankheiten • Stärkung psychischer Fähigkeiten und Festigung der Persönlichkeit • **Fazit:** positive und negative Gefühle wichtig

9C Stark durch Gefühle

1a eher negativ

1b b

2a 1r • 2r • 3f • 4r • 5r • 6f • 7r • 8f • 9r • 10r

2b Filmbesprechung in 1a (Arbeitsbuch): Film eher negativ bewertet: simple Komik • Geschichte wirkt etwas künstlich • Nebenfiguren erscheinen klischeehaft • gelobt werden nur die Schauspieler Til Schweiger und Johanna Wokalek • **Filmbesprechung im Lehrbuch:** Film wird gelobt: gelungene Mischung aus romantischer Komödie und Road Movie • mit abwechslungsreichen Gastauftritten von bekannten Gesichtern • mit wohldosierter Situationskomik • Faszination des Films vor allem der Newcomerin Johanna Wokalek zu verdanken

3 3. Was mag er als nächstes vorhaben? • 4. Er mag schon den nächsten Film planen. • 5. Du magst das gehört haben. Aber ich glaube es nicht.

4a 1o • 2s • 3o • 4s

4b 2. Er könnte ein Erfolg werden. • 3. Ich müsste nächste Woche mit dem Schnitt fertig sein. • 4. Das kann stimmen, aber… • 5. Sie muss krank sein. • 6. Sie kann nicht krank sein. • 7. Sie dürften wieder meine Vorgaben ändern.

5a 2Z • 3V • 4P • 5S • 6A

5b 2. Die Kritiker werden die Leistung der Hauptdarsteller zerreißen. • 3. Die ganze Crew wird deshalb sicher unglücklich sein. • 4. Es wird schon nicht so schlimm kommen. • 5. Die Leser werden den Inhalt der Filmkritik wohl schnell vergessen. • 6. Den Film werde ich mir trotzdem ansehen.

5c 2. werden → Prognose • 3. sicher → Vermutung (sehr überzeugt) • 4. schon → Zuversicht • 5. wohl → Vermutung • 6. werde → Ankündigung

9 D Gefühle verstehen

1 1b, Z. 13/14, 33 • 2a, Z. 2/3 • 3b, Z. 13/14, 23 • 4a, Z. 4/5

2b 2. Den einen geht es <u>hauptsächlich</u> darum, … • 3. Für sie zählen <u>vor allem</u> die eigenen Gefühle – … • 4. Es sind <u>vorwiegend</u> sehr … • 5. Die anderen aber möchten <u>gerade</u> die Gefühle … • 6. Bei altruistischeren Menschen geht es <u>besonders</u> um …

2c *Mögliche Lösungen:* 2. zusätzlich/außerdem • 3. Außerdem/Darüber hinaus • 4. nicht nur • 5. Weiterhin/Ferner • 6. Aber • 7a. einerseits • 7b. andererseits

2d 2. Manchmal sollte man schweigen, anstatt zu reden. • 3. Man möchte zwar, dass der Partner zuhört. Man hat jedoch Angst, dass er gekränkt ist. • 4. Es ist schwer über Gefühle zu sprechen. Trotzdem sollte man es versuchen.

2e 1a • 2c • 3a • 4b • 5a

2f 1b • 2a • 3a • 4b

9 E Fingerspitzengefühl

1 Der Kunde: E • **Die Frau:** B • D • F • **Der Friseur:** C • G • H

2a 2. Er kann vom Klingeln überrascht worden sein. • 3. Er müsste die Klingel gehört haben. • 4. Er dürfte keine Lust gehabt haben, mit uns zu sprechen. • 5. Er könnte sich auch wegen der chaotischen Wohnung geschämt haben. • 6. Er könnte wieder zu viel getrunken haben. • 7. Er mag von unserem Besuch gestört worden sein. • 8. Seine Geliebte dürfte bei ihm gewesen sein. • 9. Es mag ihm peinlich gewesen sein, aber ich kann es mir nicht richtig vorstellen. • 10. Er kann uns nicht erwartet haben.

2b 1o • 2o • 3s • 4s

2c Markierungen: 1. Der Friseur <u>musste</u> noch einem anderen Kunden die Haare <u>schneiden</u>. • 2. Er <u>konnte</u> den Hineinkommenden von seinem Platz aus nicht <u>sehen</u>. • 3. „Sie <u>muss</u> ihn schon vorher <u>gesehen haben</u>." • 4. Er dachte: „Der Typ <u>dürfte gekommen sein</u>, um …"

objektiv Prät.: musste sehen/kommen • **subjektiv:** muss gesehen haben • dürfte gekommen sein

2d 2. Susanna musste den Kunden ständig anlächeln (o), daher war Richard sicher: „Sie muss den Mann schon früher kennen gelernt haben." (s) • 3. Gestern war der Kunde wieder da. Susanna hatte andere Kunden. Deshalb musste Richard ihm die Haare schneiden. (o) • 4. Richard dachte: „Der Mann könnte/kann gehofft haben (s), dass Susanna allein im Laden ist."

3 1a • 2c • 3c • 4b • 5a • 6a • 7b • 8c • 9a • 10c

4a 2. Du könntest mir eigentlich helfen. • 3. Eigentlich habe ich keine Zeit. • 4. Das habe ich dir ja schon gesagt. • 5. Du wirst ja ganz rot! • 6. Er wollte ja nicht auf mich hören! • 7. Räum doch endlich dein Zimmer auf! • 8. Du kannst doch mit dem Zug fahren. • 9. Kannst du mir das erklären? Du hast doch Medizin studiert. • 10. Immer reagierst du so sauer! Kannst du mich denn nicht verstehen? • 11. Wo wohnst du denn? • 12. Arbeitest du denn immer so lange? • 13. Wenn er bloß schon heute kommen würde! • 14. Was mach' ich bloß? • 15. Sag ihm bloß nichts von unserem Gespräch!

4c von links nach rechts: eigentlich: Satz 2 • Satz 1 • Satz 3 • **ja:** Satz 6 • Satz 4 • Satz 5 • **doch:** Satz 8 • Satz 9 • Satz 7 • **denn:** Satz 12 • Satz 11 • Satz 10 • **bloß:** Satz 15 • Satz 14 • Satz 13

4d 1V • 2B • 3A • 4Z

F Gemischte Gefühle

1 A. j • B. j • C. j • D. n • E. n • F. n

2 1. f, i • 2. i • 3. i • 4. f, i • 5. i • 6. i • 7. i • 8. f, i • 9. f, i • 10. i • 11. i, f • 12. f

Aussprache

1a 3. Liest du eigentlich gern Romane? – Hör <u>bloß</u> auf, dazu habe ich doch keine Zeit. • 4. Stell dich <u>bloß</u> nicht so an, ich möchte dir doch nur was schenken. – Das weiß ich ja. • 7. Wie soll das <u>bloß</u> weitergehen? Du tust ja gar nichts! – Entschuldige, ich bin einfach zu k.o.

1d 1. Ich will dir ja/doch/mal etwas sagen. / Eigentlich will ich dir etwas sagen. • 2. Wo bist du eigentlich/denn/bloß die ganze Woche gewesen? • 3. Ich habe mein Handy verloren. Was soll ich bloß machen?! • 4. Du kennst die Geschichte ja/doch/eigentlich schon.

Lektion 10 – 10 A Raus in die Welt

1 2. Oskar Wiesner • 3. Karin Schneider • 4. Jutta Schultinger • 5. Karin Schneider • 6. Oskar Wiesner

2a *Mögliche Lösungen:* unhöflich • zu direkt • überkritisch • klar

2b Liebe Klara,

vielen Dank für den Entwurf deines Artikels für die Zeitschrift „Rückkehrer". Du hattest mich gebeten, mich dazu zu äußern. Ich habe ihn also sehr gründlich gelesen. Vom Ansatz her gefällt er mir sehr gut, aber ich würde einige Änderungen vorschlagen:

1. Grundsätzlich würde ich die Stilebene ein wenig verändern. Es klingt alles sehr förmlich, also ein bisschen steif. Vielleicht könntest du einige umgangssprachliche Elemente oder Zitate einbauen. Dadurch würde das Ganze ein wenig lebhafter werden. Es geht ja um persönliche Erfahrungsberichte von Leuten, die nach dem Auslandseinsatz nach Deutschland zurückkommen und über ihre anfänglichen Schwierigkeiten berichten. Das könnte ruhig ein wenig farbiger dargestellt werden.

2. Am Aufbau würde ich auch etwas ändern. Du beginnst mit theoretischen Erklärungen zur Situation der Rückkehrer. Dann kommen praktische Beispiele. Ich schlage vor, dass du genau umgekehrt vorgehst: Zuerst die persönlichen Aussagen der Rückkehrer, dann die Erläuterung, warum das ganz typisch in dieser Situation ist, und später noch mal praktische Beispiele.

3. Vielleicht wäre es gut, spezifische Abkürzungen, wie BMZ, GIZ, zu vermeiden, denn die kennen nur Leute aus der Szene.

Ich hoffe, du findest mich nicht zu kritisch! Falls etwas unklar ist, kannst du mailen oder anrufen. Ich kann auch konkretere Änderungsvorschläge machen, wenn du möchtest.

Sei herzlich gegrüßt und frohes Schaffen – Iris

3 2 I • 3 K • 4 A • 5 N • 6 B • 7 E • 8 D • 9 M • 10 Q • 11 P • 12 C • 13 G • 14 H • 15 J • 16 R • 17 L • 18 O

4 1. keiner / niemand • 2. Manchen • 3. irgendeinen • 4. sämtliche • 5. mehreren • diejenigen

10 B Studieren im Ausland

1b 1. mit • 2. zu • 3. von • 4. wie bei / in • 5. als bei / in • 6. mit

2a 1. Satz (HS mit „zwar") • 3. 1. Satz (HS) • 4. HS: in der Konzessivangabe („Trotz vieler Stipendienprogramme")

2b 1. ja, weil der NS mit „obwohl" auch vor dem HS stehen kann • „Obwohl dies in beruflicher Hinsicht große Vorteile mit sich bringt, entschließt sich nur ein Drittel aller Studierenden in Deutschland zu einem Auslandssemester." • 2. nein, weil der HS mit „zwar" immer vor dem HS mit „aber" steht • 3. Nein, weil der HS mit „trotzdem" immer nach dem HS steht, auf den er sich bezieht.

2c 1. Nur ein Drittel aller Studierenden in Deutschland entschließt sich zu einem Auslandssemester, obgleich / obschon / wenngleich / auch wenn dies in beruflicher Hinsicht große Vorteile mit sich bringt. • 3. Vielen Arbeitgebern ist es wichtig, dass die Bewerber Auslandserfahrung haben. Gleichwohl / Nichtsdestoweniger sollte man nicht nur wegen seines Lebenslaufs ins Ausland gehen. • 4. Ungeachtet vieler Stipendienprogramme müssen Studenten oft von ihren Eltern unterstützt werden.

2d 1. Jeder Auslandsaufenthalt ist mit einem großen Aufwand verbunden. Trotzdem entschließen sich viele junge Leute dazu. / Zwar ist jeder Auslandsaufenthalt mit einem großen Aufwand verbunden, aber es entschließen sich viele junge Leute dazu. • 2. Obwohl es zahlreiche Austauschprogramme gibt, verzichten viele Studenten auf ein Auslandssemester. / Es gibt zahlreiche Austauschprogramme, trotzdem verzichten viele Studenten auf ein Auslandssemester. / Zwar gibt es zahlreiche Austauschprogramme, aber viele Studenten verzichten auf ein Auslandssemester. • 3. Obwohl ein Auslandsaufenthalt nur vorübergehend ist, können sich viele Leute nur schweren Herzens von Familie, Partnern und Freunden trennen. / Ein Auslandsaufenthalt ist nur vorübergehend. Trotzdem können sich viele Leute nur schweren Herzens von Familie, Partnern und Freunden trennen. / Zwar ist ein Auslandsaufenthalt nur vorübergehend, aber viele Leute können sich nur schweren Herzens von Familie, Partnern und Freunden trennen. • 3. Obwohl man in sein Heimatland zurückkehrt, ist es nicht immer leicht, sich wieder einzuleben. / Man kehrt in sein Heimatland zurück. Trotzdem ist es nicht immer leicht, sich wieder einzuleben. / Zwar kehrt man in sein Heimatland zurück, aber es ist nicht immer leicht, sich wieder einzuleben.

2e 2. Trotz der hohen Kosten freut sich Max auf den Wohnortwechsel. / Trotz der Tatsache, dass der Umzug viel kostet, freut sich … • 3. Trotz der besseren Zukunftschancen entschieden sich viele gegen ein Auslandssemester. / Trotz der Tatsache, dass ein Auslandssemester bessere Zukunftschancen verspricht, entscheiden sich … • Trotz der besseren Zukunftschancen, die ein Auslandssemester verspricht, entscheiden sich … • 4. Trotz der vielen guten Erfahrungen ihrer Freundin konnte sich Ulrike nicht entschließen, ins Ausland … / Trotz der Tatsache, dass ihre Freundin im Ausland viele gute Erfahrungen gesammelt hatte, konnte sich Ulrike … / Trotz der vielen guten Erfahrungen, die

ihre Freundin im Ausland gesammelt hatte, konnte sich Ulrike …

2f 2. Nichtsdestotrotz / Dennoch • 3. obwohl • 4a. zwar • 4b. aber • 5. Trotz • 6. obwohl • 7. trotz • 8. Dennoch / Nichtsdestotrotz • 9. obwohl

2g 2. nichtsdestoweniger / gleichwohl • 3. obgleich / obschon / auch wenn / wenngleich • 4a. zwar • 4b. aber • 5. Ungeachtet • 6. obgleich / obschon / auch wenn / wenngleich • 7. ungeachtet • 8. Gleichwohl / Nichtsdestoweniger • 9. obgleich / obschon / auch wenn / wenngleich

3a 2. Klaus verbesserte in Mexiko nicht nur sein Spanisch, sondern er lernte auch viele Menschen kennen. • 3. Wir besuchen entweder Fernando in Italien oder er kommt zu uns nach Deutschland. • 4. Dieses Studienfach ist weder besonders interessant noch hast du damit gute Berufsaussichten. • 5. Helga hat zwar kein Geld, aber großes Interesse an einem Studium in den USA. • 6. Je mehr eine Universität bietet, desto mehr Personen wollen dort studieren. • 7. Je kleiner eine Universität (ist), desto besser (ist) die Betreuung. • **Subjekte + Verben im LB, 3a:** 1. man • kann … lernen … sammeln • 2. Viele Studenten • möchten … gehen • 3. man • braucht • 4. Viele Studenten • halten … ab • 5 . Ein Ziel • war • dieses Ziel • ist • 6. man • aufhält • man • kann … sammeln **Regeln:** 2. nicht nur …, sondern auch • entweder … oder • weder … noch • zwar …, aber • 3. je … desto

3b 2. Nicht nur sein Spanisch verbesserte Klaus in Mexiko, sondern er lernte auch viele Menschen kennen. • 3. Entweder besuchen wir Fernando in Italien oder er kommt zu uns nach Deutschland. • 4. Weder ist dieses Studienfach besonders interessant noch hast du damit gute Berufsaussichten. • 5. Zwar hat Helga kein Geld, aber großes Interesse an einem Studium in den USA.

3c 2. entweder … oder … oder: Am Abend hat er entweder Englisch gelernt oder ist mit Kollegen in ein Pub gegangen oder er hat einen Kinofilm angesehen. • 3. nicht nur …, sondern auch: In seiner Freizeit hat er nicht nur viele Touren in Südengland gemacht, sondern auch Cricket spielen gelernt. • 4. weder … noch: Er konnte weder nach Irland reisen noch das Theaterfestival in Edinburgh besuchen. • 5. zwar …, aber: Zwar wollte er zwei Jahre in London bleiben, aber er hat nur für ein Jahr eine Stelle gefunden. • 6. je …, desto: Je länger er blieb, desto besser gefiel ihm die englische Mentalität.

3d 2. Hamburger • Bremer • Berliner • Frankfurter • 3. Nordsee • Ostsee • 4. Elbe • Weser • 5. Gymnasium • Real- / Haupt- / Gesamtschule

10 C Wege ins Ausland

1a *Mögliche Lösungen:* 2. Arbeitserlaubnis / Arbeitskraft • 3. Aufenthaltserlaubnis • 4. Ausbildungsweg • 5. Dienstleistungsbranche • 6. Einwanderungsland / Einwanderungserlaubnis • 7. Fachkraft / Fachkenntnisse • 8. Gesundheitswesen / Gesundheitsbranche • 9. Geschäftsidee / Geschäftszweig • 10. Lebensqualität / Lebensweg • 11. Sprachkenntnisse • 12. Wirtschaftszweig

1b *Mögliche Lösungen:* 2. Arbeitserlaubnis: Erlaubnis für eine Arbeit • Arbeitskraft: Person, die arbeitet • 3. Aufenthaltserlaubnis: Erlaubnis für einen Aufenthalt • 4. Ausbildungsweg: Weg der Ausbildung • 5. Dienstleistungsbranche: Branche der Dienstleistung • 6. Einwanderungsland: Land der Einwanderung • Einwanderungserlaubnis: Erlaubnis zur Einwanderung • 7. Fachkraft: Mitarbeiter, der sich in einem Fach auskennt • Fachkenntnisse: Kenntnisse in einem Fach • 8. Gesundheitswesen: Wesen (= Branche) der Gesundheit • 9. Geschäftsidee: Idee zu einem Geschäft • Geschäftszweig: Zweig eines Geschäfts • 10. Lebensqualität: Qualität des Lebens • Lebensweg: Weg des Lebens • 11. Sprachkenntnisse: Kenntnisse in einer Sprache • 12. Wirtschaftszweig: Zweig der Wirtschaft

2 1a • 2b • 3b • 4a • 5b • 6b • 7a • 8a • 9b • 10a

10 D Vorbereitungen

1a B. sich melden + den Gesprächspartner begrüßen • C. sich verbinden lassen • D. den gewünschten Teilnehmer entschuldigen + Hilfe anbieten • E. ein Anliegen nennen • F. antworten • G. bei Verständnisproblemen nachfragen • H. eine Nachricht hinterlassen • I. um Rückruf bitten • J. das Gespräch beenden, sich bedanken + verabschieden

1b 1a. Könnte • 1b. sprechen • 2. ausrichten / sagen / mitteilen • 3. im Büro • 4. Rückruf • 5. freundlich • 6. zurückrufen • 7. Bescheid • 8. melden • 9. sagen / mitteilen • 10. Wiederhören • 11. geschehen

2a *Mögliche Lösungen:* kein Einzelzimmer • wenige Plätze in unseren frisch renovierten Doppelzimmern • Informationsbroschüre • Größe und Ausstattung • Höhe der Miete • möglichst bald den ausgefüllten und unterschriebenen Mietvertrag zurückzusenden • Voraussetzung für die Reservierung

2b *Mögliche Lösungen:*
Sehr geehrter Herr Gruber,
vielen Dank für Ihr Schreiben vom 29. Januar und die Informationsbroschüre. Da mir die darin enthaltenen Informationen nicht ganz klar sind, habe ich einige Fragen:
• Besitzt jedes Doppelzimmer eine eigene Dusche und ein WC?
• Gibt es im Zimmer W-LAN, einen Fernsehanschluss und ein Telefon?
• Ab wann könnte ein freies Einzelzimmer zur Verfügung stehen?
Da ich häufig Schlafstörungen habe, wäre ich Ihnen sehr dankbar, wenn ich so bald wie möglich, ein Einzelzimmer bekommen könnte.
Über eine baldige Antwort würde ich mich sehr freuen.
Mit freundlichen Grüßen
Elisa Vieira de Melo

10 E Ankommen

1a Partizip I + Nomen: 4. das landende Flugzeug → das Flugzeug, das (gerade) landet • 5. der wegrennende Mann → der Mann, der (gerade) wegrennt • 6. der steigende Aufwand → der Aufwand, der steigt • 8. die nervenden Fahrgäste → die Fahrgäste, die (gerade) nerven • Partizip II + Nomen: 2. die vermietete Wohnung → die Wohnung, die vermietet ist • 3. der verlängerte Aufenthalt → der Aufenthalt, der verlängert wurde • 4. das gelandete Flugzeug → das Flugzeug, das gelandet ist • 5. der weggerannte Mann → der Mann, der weggerannt ist • 6. der gestiegene Aufwand → der Aufwand, der gestiegen ist • 7. die bestandene Prüfung → die Prüfung, die bestanden wurde • 8. die genervten Fahrgäste → die Fahrgäste, die genervt sind

1b 1b • 2a • 3b • 4b • 5b

1c 2. verdorben • 3. erfrischend • 4. gelangweilt • 5. kochend • 6. begeistert • 7. schweigend • interessiert

2a 2. ein Mann / jemand, der bei der Stadt angestellt ist • 3. Leute, die fleißig lernen • 4. die Frau, die bei dem Unfall verletzt wurde • 5. eine Frau, die beim Filmfestival ausgezeichnet wurde • 6. ein Mann / jemand, der geduldig wartet

2b 2. der gestern unterschriebene Mietvertrag • 3. ein ab nächster Woche zur Verfügung stehendes Zimmer • 4. der letzten Montag zustande gekommene Vertrag • 5. den Mietvertrag gründlich lesende Mieter • Die markierten Satzteile stehen nach der Umformulierung zwischen dem Artikel und dem Nomen.

2c 2. Die im Moment noch fehlenden Unterlagen werde ich Ihnen so schnell wie möglich zuschicken. • 3. Ich lege einen bereits adressierten und frankierten Rückumschlag bei. • 4. Sie schreiben, dass die Anzahl der im Moment zur Verfügung stehenden Einzelzimmer sehr gering ist. • 5. Besteht in den kommenden Monaten überhaupt eine Chance auf ein solches Zimmer? • 6. Mit den in Ihrem heutigen An-

gebot beschriebenen Konditionen bin ich einverstanden. • 7. In der Anlage finden Sie eine Aufstellung der mir auf der Reise entstandenen Kosten.

10 F Kultur hier und da

1 2. Stunden • 3. virtuellen • 4. Wunsch • 5. Basiskurs • 6. buchbar

2 **Euphorie:** Hochgefühl • Rausch • **Schock:** Bestürzung • Schreck • Erschrecken • **Akkulturation:** Anpassung • Angleichung • Annäherung • **Stabilisierung:** individuelle Sicherheit • Festigung

Aussprache

1a 1. Gedan̲ken • 2. Voraussetzun̲gen • 3. Bedin̲gungen • 4. Vorbereitun̲gen • 5. gelin̲gen • 6. den̲ken • 7. Gastgeschenke • 8. An̲fang • Kleidung • lan̲gen • 9. An̲ke • Erfahrun̲gen

2a **fangen:** fing – gefangen • **singen:** sang – gesungen • **sinken:** sank – gesunken • **springen:** sprang – gesprungen • **trinken:** trank – getrunken • **klingen:** klang – geklungen • **gelingen:** gelang – gelungen

Lektion 11 – 11 A Natur

1a **Wetter:** die Hitze • der Frost • der Tau • das Eis • die Sonne • die Wolke, -n • der Wind, -e • der Regen • der Sturm, ̈e • der Schnee • **Pflanzen:** der Ast, ̈e • die Hecke, -n • das Kraut, ̈er • der Pilz, -e • das Blatt, ̈er • die Blume, -n • die Nuss, ̈e • die Blüte, -n • das Gras, ̈er • das Laub • **Tiere:** die Spinne, -n • der Schmetterling, -e • der Igel, - • der Frosch, ̈e • der Vogel, ̈ • die Mücke, -n • der Käfer, - • die Biene, -n • das Eichhörnchen, - • **Vorgänge:** erfrieren • schmelzen • färben • blühen • vertrocknen • wachsen • welken • tauen • **Eigenschaften:** mild • kahl • grün • trocken • verblüht • heiter • feucht • frisch • saftig • schattig

1b *Mögliche Lösungen:* **Wetter:** das Gewitter • der Hagel • die Kälte • **Pflanzen:** der Baum • die Wurzel • das Unkraut • **Tiere:** die Hummel • das Reh • die Wespe • **Vorgänge:** erblühen • sprießen • verblühen • **Eigenschaften:** bunt • heiß • kalt

1c *Mögliche Lösungen:* **Frühling:** mild • grün • schmelzen • Kraut • blühen • Tau • feucht • frisch • Blüte • wachsen • tauen • **Sommer:** Hitze • Schmetterling • trocken • Blume • heiter • Sonne • Wolke • saftig • Mücke • schattig • Biene • **Herbst:** Spinne • kahl • Ast • färben • Pilz • verblüht • Blatt • vertrocknen • Igel • Nuss • Wind • Regen • Sturm • welken • Laub • Eichhörnchen • **Winter:** gefrieren • erfrieren • Frost • Eis • Schnee

1d 1. Novalis: „… sah ich's blühn, Tagtäglich sah ich neue Kräuter, …" • 2. Heine: „Die Winde pfeifen, … Es seufzt der Wald, …" • Krolow: „Die weiße Wüste kam zugleich … breitete sich aus, fraß sich durch unsere Gegend, … Lähmte alles." • Keller: „Nicht ein Flügelschlag ging durch die Welt, … keine Welle schlug im starren See." • Trakl: „Ein Schweigen … wohnt. Ein Feuerschein huscht …" • Borchers: „da hat die Sonne alle Arbeit getan" 3. Heine: „hin und her bewegend das rote Laub, das von den Bäumen fällt, …" • Krolow: „Die weiße Wüste kam zugleich … breitete sich aus, fraß sich durch unsere Gegend, … Lähmte alles." • von Droste-Hülshoff: „Das Bächlein rauscht zu Tal, …" • Rilke: „Die Blätter fallen, …" 4. Holz: „Drin liege ich." • Keller: „Nicht ein Flügelschlag ging durch die Welt, still und blendend lag …, keine Welle schlug im starren See." • Trakl: „Ein Schweigen in den schwarzen Wipfeln wohnt." • 5. Uhland: „Die Welt wird schöner …" • von Droste-Hülshoff: „Da grünt und blüht es weit und breit … Am Berghang schmilzt der letzte Schnee, …" • Novalis: „Es färbte sich die Wiese grün, … Tagtäglich sah ich neue Kräuter, …" • 6. Heine: „Das rote Laub" • Krolow: „Die weiße Wüste" • Holz: „grünes, weiches Gras … goldgelber Butterblumen" • Keller: „der weiße Schnee" • Trakl: „in schwarzen Wipfeln" • Novalis: „die Wiese grün" • Borchers: „Die Äpfel sind rot. Die Birnen sind gelb" • 7. Heine: „die Winde pfeifen, …" • von Droste-Hülshoff: „Das Bächlein rauscht zu Tal, …" • Borchers: „… und die Marktfrauen rufen …" • 8. Krolow: „Die weiße Wüste kam zugleich …" • Keller: „Nicht ein Flügelschlag ging durch die Welt, …" • Novalis: „Es färbte …" • 9. Uhland: „Die Welt wird schöner …" • Heine: „Die Winde pfeifen, …" • Holz: „Drin liege ich." • von Droste-Hülshoff: „Da grünt und blüht es weit und breit …" • Rilke: „Die Blätter fallen …" • Trakl: „Ein Schweigen … wohnt …" • Borchers: „Es kommt eine Zeit …"

2a *Mögliche Lösungen:* A: traurig • melancholisch • B: nett • fröhlich • tiefsinnig

11 B Von der Natur lernen

1a 1. Dornen • 2. Samen • Löwenzahns • 3. Ente • 4. Spinnen • Schlangen • 5. weben • 6. Klette • Häkchen • 7. tarnt

1b Dornen – Stacheldraht • Klette – Klettverschluss • Löwenzahn – Fallschirm • Schwimmhaut – Schwimmflosse • Spinnennetz – Zeltdach

2a *Mögliche Lösungen:* 2. und 3.

2b *Mögliche Lösungen:* 2. Natur: unerschöpfl. Reservoir an genialen, einfachen Lsg. • 3. Konstruktionen d. Natur = effektiv b. max. Energie + Materialausnutzung

2c 2. als sich diese zum Vorbild … • 3. diese Prinzipien in die Technik … • 4. denn die Konstruktionen der Natur … • 5. die das Vorbild Natur … • 6. doch die Perfektion des Vogelflugs …

2d 1r • 2r • 3f • 4f • 5f • 6r

3a **Komposita:** 2C • 3A • 4I • 5H • 6D • 7E • 8B • 9F • **Artikel:** 2. das • 3. der • 4. die • 5. das • 6. das • 7. das • 8. die • 9. der

3b 1. Eine revolutionäre Entdeckung • 2. Das Lotusblatt unterm Elektronenmikroskop • 3. Der Lotuseffekt im Alltag

4 *Mögliche Lösung:* … Die Unterkunft ist geregelt; es wurden für alle Gäste 2- und 3-Bettzimmer in der Jugendherberge reserviert. Auch für das Mittagessen wurde gesorgt: Wir haben es in der Uni-Mensa bestellt. Außerdem stehen Getränke und Pausensnacks bereit. Die Seminarräume sind mit Computern, Beamer, Tafeln und Stiften ausgestattet. Und bei der Touristeninformation haben wir eine Stadtführung gebucht. Aber es gibt auch noch einiges zu erledigen: Wir müssen noch die Presse informieren. Außerdem müssen wir noch das Geld für die Stadtführung überweisen und den Bus für den Ausflug bestellten. Wir haben auch noch nicht besprochen, wer die Gäste am Bahnhof empfängt und wie wir den Transfer zur Jugendherberge regeln. Wer hat dazu Zeit? Schickt mir eure Vorschläge etc. bitte bis morgen zu. Vielen Dank und liebe Grüße …

11 C Naturkatastrophen

1 1. der Waldbrand • 2. der Hurrikan • 3. die Sonnenfinsternis • 4. der Tsunami • 5. die Lawine • 6. der Geysir • 7. der Sonnenuntergang

2a **positiv:** Es war unglaublich. • Das Gefühl war überwältigend. • Ich war hin und weg. • Ich habe es genossen, … • **negativ:** Einer meiner schlimmsten Momente war, als … • Ich hoffe, dass ich das nie wieder erlebe. • Meine Welt ist völlig aus den Fugen geraten. • Es war das Schrecklichste, was ich je erlebt habe. • **neutral:** Bemerkenswert war … • Das Besondere dabei war, dass … • Hervorheben möchte ich außerdem, dass …

3 2C • 3A • 4E • 5D • 6B

4 1f • 2r • 3r • 4f • 5f

11 D Klimawandel

1a 2. Tabea Blum • 3. Joachim Scheirich • 4. Ein Naturwissenschaftler • 5. Helmut Gräter • 6. Barbara Meierhold

	Konjunktiv I	Konjunktiv II
Präsens	seien, gebe, sei	hätten, ändern würden, dächten
Perfekt / Präteritum / Plusquamperfekt	habe … gebracht, sei … gewesen	hätten verursacht
Futur	werde … stattfinden	würden sich … zeigen

2a 1. seien • 2. hätten • 3. könnten • 4. wünsche • 5. würden

2b 1. sei • 2. 3. Person Singular • sein

2c Der Umweltminister sagte: „Sie alle sind für den Klimawandel verantwortlich. Sie haben viel zu wenig für den Umweltschutz getan und daher können Sie einen Klimawandel nicht mehr verhindern. Ich wünsche es ihnen zwar nicht, aber Sie werden zukünftig noch mehr unter den Folgen des Klimawandels leiden."

2d Verbformen • Pronomen • Anführungszeichen

2e gebe • nehme • komme • fahre • wisse • sei

3a 1a • 2b

3b 1a • 2b • 3b • 4b

3c 1. drei Vergangenheitsformen • eine Vergangenheitsform • 2. Pronomen

4 *Mögliche Lösungen:* 2. …, ob die starken Stürme etwas mit der Klimaveränderung zu tun hätten. • 3. Ein Mann fragt, was geschehe, wenn die Temperatur steige. • 4. Eine Frau möchte wissen, was passieren würde, wenn die Eisberge schmelzen würden. • 5. Jemand möchte eine Antwort auf die Frage, ob der Meeresspiegel schon angestiegen sei. • 6. Jemand will wissen, ob sich das Klima wirklich schon immer verändert habe. • 7. Es wird gefragt, wie lange es auf der Erde noch menschliches Leben geben werde. • 8. Jemand fragt, warum die Politiker keine strengeren Maßnahmen ergreifen würden. • 9. Alle möchten wissen, wieso sich nicht alle Industrienationen auf eine gemeinsame Klimapolitik geeinigt hätten.

5 *Mögliche Lösungen:* 2. Die Zeitungen schreiben, dass nach den ungewöhnlich heftigen Monsun-Regenfällen im Norden Thailands das Wasser auf machen Straßen bis zu zwei Meter hoch stehe. • 3. Man liest, Neuseeland stöhne unter einem der trockensten Sommer der vergangenen 100 Jahre. Deshalb sei die Produktion der neuseeländischen Landwirte ernsthaft in Gefahr. • 4. Die Nachrichten melden, dass das Flammen-Inferno in den Wäldern Portugals immer dramatischer werde. Mehrere Menschen seien bereits verletzt, zahlreiche hätten ihre Dörfer verlassen müssen. • 5. Man hört, dass es an diesem Wochenende in Polen mindestens 27 Kältetote gegeben habe. Im Osten des Landes sei das Quecksilber nachts zum Teil auf minus 32 Grad gefallen. • 6. In den Nachrichten wurde gebracht, der indonesische Vulkan Merapi habe am Wochenende unvermindert heiße Gaswolken und Lava ausgespuckt. Die Behörden hätten daher die Menschen aufgerufen, in ihren Notquartieren zu bleiben.

11 E Energie aus der Natur

1 **Beginnen:** Herr / Frau X., ich begrüße Sie zu unserem heutigen Interview. • In unserem heutigen Interview geht es um das Thema … • **Überleiten:** Dürfte ich den Gedanken … noch einmal aufgreifen? • Ich würde jetzt gern zum nächsten Punkt kommen. • Darf ich noch einmal auf diesen Punkt eingehen? • Kommen wir noch einmal auf das Thema XY zurück. • **Nachfragen:** Ich bin nicht sicher, ob ich Sie richtig verstanden habe. • Könnten Sie das bitte näher erläutern? • **Unterbrechen:** Entschuldigen Sie bitte die Unterbrechung, aber … • Da würde ich gern kurz einhaken. • **Beenden:** Ich danke Ihnen für Ihre Gesprächsbereitschaft. • Vielen Dank für dieses informative Gespräch. • Das war sehr interessant, vielen Dank.

2a 1a • 2b • 3a • 4b

2b 2. Sie erklärt, dass sie dafür schon den Beweis geliefert habe. • 3. Angeblich steht sie in engem Kontakt zu Ärzten der Uni-Klinik Heidelberg. • 4. Man sagt, Frau Lehners sei von Anfang an gegen den Bau der Windkraftanlage gewesen. • 5. Gerüchten zufolge hat sie sich zusammen mit anderen Bewohnern beim Bürgermeister beschwert. • 6. Der Bürgermeister behauptet, er wisse nichts von einer Beschwerde.

3 1. wollen • 2. sollen • 3. soll • 4. soll • 5. wollen • 6. will • 7. soll

11 F Ernährung – natürlich?

1a 2. rechne – E • 3. zurückführen – U • 4. anzunehmen – E • 5. tun – U • 6. führt – E • 7. ausgehen – E • 8. Verantwortlich – U

1b *Mögliche Lösungen:* 1. Ich denke, es ist zu dieser Situation gekommen, weil die großen Handelsunternehmen Bio-Produkte in ihr Sortiment aufgenommen haben. • Das hat meines Erachtens damit zu tun, / Verantwortlich dafür ist meiner Ansicht nach, dass die großen Handelsunternehmen Bio-Produkte in ihr Sortiment aufgenommen haben. • 2. Ich denke, es ist zu dieser Situation gekommen, weil die Verunsicherung der Verbraucher durch Medienberichte über Lebensmittelskandale immer mehr zugenommen hat. • Die aktuelle Entwicklung lässt sich darauf zurückführen, / Das hat meines Erachtens damit zu tun, / Verantwortlich dafür ist meiner Ansicht nach, dass die Verunsicherung der Verbraucher durch Medienberichte über Lebensmittelskandale immer mehr zugenommen hat. • 3. Ich rechne damit, / Es ist durchaus anzunehmen, / Das führt mit großer Wahrscheinlichkeit dazu, dass die Kunden auch in Zukunft wissen wollen, woher ihre Lebensmittel stammen. • 4. Ich rechne damit, / Es ist durchaus anzunehmen, dass der höhere Preis weite Teile der Bevölkerung davon abhalten wird, sich hauptsächlich von Bio-Lebensmitteln zu ernähren.

2a 1n • 2j • 3n • 4n • 5j • 6? • 7n • 8n • 9? • 10j • 11j

Aussprache

1f 2. Grüß <u>Gott</u>! (○ ●) • 3. Mach <u>weiter</u>! (○ ● ○) • 4. <u>Hörst</u> du? (● ○) • 5. Schöne <u>Grüße</u>! (○ ○ ● ○) • 6. <u>Gib</u> mir das! (● ○ ○) • 7. Komm <u>her</u>! (○ ●) • 8. Alles <u>klar</u>! (○ ○ ●) • 9. Vergiss es! (○ ● ○)

Lektion 12 – 12 A Sprachlos

1a 2. die • 3. die • 4. der • 5. die • 6. der • 7. die • 8. die • 9. die • 10. die • 11. die • 12. die

1b 2. ängstlich • 3. froh über + A / freudig • 4. zornig über + A • 5. neugierig auf + A • 6. neidisch auf + A • 7. überrascht über + A • 8. dankbar für + A • 9. verzweifelt über + A • 10. erleichtert über + A • 11. enttäuscht über + A • 12. verärgert über + A •

2a Erstaunen: 7 • 12 • Neugier: 5 • 9 • Unterstützung / Bestätigung: 2 • 6 • 8 • 11 • 13 • Verärgerung: 2 • 3 • 11 • Bedauern: 4 • 10 • 14

2c *Mögliche Lösungen:* A: 7, 12 • B: 13 • C: 1, 7, 12 • D: 6, 8, 12 • E: 2, 7, 11 • F: 5 • G: 14 • H: 6, 8, 12 • I: 10 • J: 4 • K: 9, 12

3a/b 2. b • f • 3. a • i • 4. a • f • 5. b • f • 6. a • i • 7. a • f • 8. b • i

4 2G • 3H • 4B • 5I • 6C • 7D • 8F • 9A

12 B Nichts sagen(d)

1a 1. Textauszug: B. nett plaudern (Z. 5) • C. in Kontakt treten (Z. 16) • D. gesunde Menschenverstand (Z. 19) • E. Fettnäpfchen treten (Z. 20) • F. Hüten Sie sich vor (Z. 31 / 32) • G: ein Tabuthema (Z. 36) • 2. Textauszug: A. eine Vernissage (Z. 11) • B. falsche Anforderungen an sich selbst. (Z. 12 / 13) • C. bewandert sein (Z. 16 / 17) • D. meiden. (Z. 17) •

E. Vorlieben (Z. 21) • F. im Überfluss (Z. 40) • G. auffassen (Z. 49) • H. kommt ins Stocken. (Z. 52 / 53)

1b *Mögliche Lösungen:* 2. Politik sollte man beim Small Talk nicht thematisieren. • 3. Beim Small Talk ist Taktgefühl besonders wichtig. • 4. Der Gesprächspartner selbst ist ein guter Anknüpfungspunkt, um das Gespräch fortzuführen. • 5. Beim Small Talk sollte man nicht gleich in Panik geraten. • 6. Man sollte Themen, die polarisieren, meiden. • 7. Mithilfe von Small Talk kann man mit anderen sprechen, ohne den Kontakt vertiefen zu müssen. • 8. Mithilfe von Small Talk kann man eine Beziehung aufbauen.

12 C Die Kunst der leichten Konversation

1 2. ergreifen • 3. stellen • 4. kommen • 5. aufbauen • 6. nachgehen • 7. aufnehmen • 8. machen

2a 2. machen • treiben • betreiben • 3. führen • 4. führen • 5. abhalten • 6. halten • 7. führen • 8. führen • machen • 9. halten • 10. halten

2b 2. neutr. • 3. neg. • 4. neutr. • 5. neg. • 6. neg. • 7. neg. • 8. neutr. • 9. neutr. • 10. neg.

2c negative

2d 2. die Lauferei • das Gelaufe • 3. die Diskutiererei • – – 4. die Singerei • das Gesinge • 5. die Probiererei • – – 6. die Reiserei • das Gereise

3a 1. regnet • 2. Städte- • Meer • 3. Küche • Gerichte • 4. -stau • -funk • 5. -zeit • -bericht • 6. Urlaub • Alpen • 7. geschneit • 8. Kochen • Koch • 9. Oper • Kino • 10. Party / Feier • Büffet • 11. Bahn- -fahrer • **Wetter:** 5 • 7 • **Essen:** 3 • 8 • **Verkehr:** 4 • 11 • **Freizeit / Urlaub:** 2 • 6 • 9 • 10

4 2. Seine Vorbereitung war sehr gut, und zwar von Anfang an. • 3. Seine Karriere verlief genauso, wie er es sich erhofft hatte. • 4. Nach dem Wettbewerb kündigte er seinen Rücktritt an, d.h. seinen Abschied vom Leistungssport. • 5. Die Entscheidung kam für alle Zuschauer überraschend: Ein echter Schock! • 6. Er gab einer Reporterin ein Interview, die er schon lange kannte.

12 D Mit Händen und Füßen

1a 1. Bild: 4 • 2. Bild: 2 • 3. Bild: 1 • 4. Bild: 2 • 5. Bild: 3

1b 1C • 2A • 3D • 4B

2a 1a • 2b • 3a • 4c

2b 2. wenn Menschen zusammenkommen, suchen sie etwas, … • 3. Die Beine übereinanderzuschlagen • 4. den Daumen emporzurecken • 5. den Daumen emporzurecken

3a 2. Alles, was er damals gesehen hat, war schrecklich. • 3. Vieles, worüber die Presse berichtet hat, war in Realität anders abgelaufen. • 4. Das Schlimmste, woran Jan sich erinnert, war das Warten auf Hilfe. • 5. Viele Menschen waren sehr hilfsbereit, wofür er noch immer dankbar ist. • 6. Er wird jetzt mit einem Psychologen sprechen, wozu ihm seine Familie dringend geraten hat.

3b 2. wer • 3. worum • 4. was • 5. Wen • 6. wem

3c Satz 2

3d 2. Wer ins Ausland geht, sollte an einem interkulturellen Training teilnehmen. • 3. Wer sich früh genug bewirbt, hat gute Chancen, eine Praktikumsstelle zu finden. • 4. Wer ein technisches Studium absolviert, hat besonders gute Chancen. • 5. Wer niemals im Ausland war, hat viel verpasst.

3e 1. wo • woher • 2. woher • wohin

3f 1. wohin • 2. woher • 3. wo • 4. wo • 5. wo • 6. wohin

3g 4. Die Schule, an der Sonja arbeiten wird, wird … • 6. Die Schule, an die Sonja geschickt wird, wird …

12 E Der Ton macht die Musik

1a *Mögliche Lösungen:* 1. Ich finde es unangemessen, dass … • 2. Es kann doch nicht wahr sein, dass … • 3. Es kann doch nicht im Sinne des Geschäfts / von dem Geschäft sein, wenn … • 4. Ich finde es ungeheuerlich, dass … / Ich halte es für eine Frechheit, dass … • 5. Ich möchte unterstreichen, dass … • 6. Ich würde mir wünschen, dass … • 7. Entscheidend ist für mich, dass … / Der Punkt ist für mich, dass … • 8. Meine Forderung lautet daher: Tauschen Sie das Gerät umgehend gegen ein neues um! / Ich erwarte, dass …

1c *Mögliche Lösung:* Sehr geehrter Herr Maier,

Sie haben mir geschrieben, dass Sie mir die Kaution nicht zurückerstatten wollen, weil ich den Teppichboden ruiniert hätte. Ich habe den Teppichboden aber schon in diesem Zustand übernommen. Denn wie auf der Mängelliste vermerkt, war dieser schon bei der Wohnungsübergabe beschädigt. Daher möchte ich Sie bitten, mir die Kaution ohne Abzüge zurückzuzahlen. Bitte überweisen Sie sie umgehend auf mein Konto 1234 bei der AZ-Bank, BLZ: 4321. Sollte der Betrag von 2.000,- € nicht bis zum 31. Oktober auf meinem Konto eingegangen sein, werde ich die Sache einem Anwalt übergeben.

Mit freundlichen Grüßen

Miguel Gómez

12 F Wer wagt, gewinnt

1e nachfragen: Wie nennt man es, wenn …? • Bedeutet das so etwas wie …? • Bedeutet das so etwas Ähnliches wie …? • **um Wiederholung / Erklärung bitten:** Könnten Sie das bitte noch einmal wiederholen? • Ich habe das nicht ganz verstanden. Was haben Sie gerade gesagt? • Könnten Sie bitte ganz kurz erklären, wie Sie das meinen? • **Begriffe umschreiben:** Mir fällt im Moment das Wort nicht ein. Wie nennt man es, wenn …? • Ich meine so ein Ding, mit dem man … • Wie sagt man noch mal, wenn man …?

Aussprache

1a Bayern: 3 • Berlin: 1 • Norddeutschland: 4 • Pfalz: 2 • Rheinland: 6 • Schwaben: 5

1b Da war ich sprachlos. Das hätte ich nicht gedacht. Das ist ganz ungewöhnlich. Aber es ist vollkommen richtig. Zwei können mehr als einer!

Abschlusstest: Lesen, Hören, Schreiben, Sprechen

Lesen 1 1G • 2E • 3F • 4. negativ • 5A

Lesen 2 6a • 7c • 8c • 9a • 10b

Lesen 3 11b • 12a • 13b • 14a • 15b

Lesen 4 16. Denn • 17. ist • 18. ihm / sich • 19. abends / am Abend • 20. So / Dann • 21. von / der • 22. Ihnen / einem • 23. kann / wird • 24. Fenster • 25. ihn

Hören 1 1. Hin- und Rückfahrt • 2. weitere • 3. Einladung • 4. Zum Kaiser • 5. 10.00 – 18.00

Hören 2 6b • 7b • 8c • 9c • 10c • 11a • 12b • 13a • 14b • 15c

Schreiben 2 16. davon • 17. schließen • 18. Hauses • 19. es ist • 20. telefonisch • 21. mir • 22. nächsten • 23. gezwungen • 24. behoben ist • 25. freundlichen

听力原文 Transkriptionen

Im Folgenden finden Sie die Transkriptionen der Hörtexte im Arbeitsbuch, die dort nicht abgedruckt sind.

Lektion 3

🔘 5 *Sprecher:* Gartenarbeit • Reparaturen • sozial • Menschen

Lektion 4

🔘 7 *Radiosprecherin:* Für unsere Hörerinnen und Hörer, die erst jetzt eingeschaltet haben, fassen wir noch einmal zusammen. Wir haben heute zwei Schlafsäcke vorgestellt.

Radiosprecher: Den Lamina 20 von Mountain Hardwear. Er ist ein Dreijahreszeiten-Schlafsack und eignet sich hervorragend für feuchte Kaltwetterbedingungen. Der Komfortbereich liegt bei +1°C, das Extrem Limit liegt bei -22°C. Er bringt also auch bei kalten Bedingungen genug Wärmeleistung. Der Schlafsack im Mumienschnitt ist ausgezeichnet isoliert. Das Isoliermaterial aus widerstandsfähigem Nylon ist unglaublich flauschig und speichert sehr gut die Körperwärme. Ein zusätzlicher Wärmekragen und eine anpassbare Kapuze sorgen dafür, dass die gespeicherte Wärme nicht entweicht. Der Schlafsack hat ein Gewicht von einem Kilo, 39 Gramm bei einem Innenmaß von 198 cm, und man kann ihn sehr klein zusammenrollen. Er kostet 140 Euro. Es gibt ihn zu einem Aufpreis von 10 Euro auch in 213 cm Länge. Ein wirklich preiswerter und guter Schlafsack!

🔘 8 *Radiosprecher:* Unser zweiter Schlafsack: Der Mammut Denali 5-Seasons im Mumienschnitt ist ein Schlafsack aus der Expeditionslinie und besonders geeignet für raues und extrem kaltes Klima. Er bietet höchsten Schlafkomfort unter härtesten Bedingungen. Er besteht aus langlebigem und robustem Polyamid, das wasserdicht und atmungsaktiv ist. Die Konstruktion ist sehr gut durchdacht, mit einem extra stark isolierten Fußteil und einer perfekt geschnittenen Kapuze bietet er maximalen Schutz vor Kälte und Nässe. Der Komfortbereich liegt bei -20°C, das Extrem Limit bei -49°C. Er hat ein Gewicht von 3.800 g und ist für eine Körpergröße bis 210 cm geeignet. Bei seiner Leistungsfähigkeit ist der Preis von 380 Euro durchaus akzeptabel.

Radiosprecherin: Liebe Hörerinnen und Hörer, das war's für heute. Morgen hören Sie „Tunnelzelte im Vergleich". Wir danken Ihnen fürs Zuhören und wünschen Ihnen einen schönen Tag.

🔘 9 *Radiosprecher:* Geschichte der Uhr

Seit vorhistorischer Zeit versucht der Mensch durch Beobachtung der Himmelsgestirne, Sonne und Mond die Jahreszeiten und damit den Wetterverlauf besser einzuschätzen. Bereits 5.000 v. Chr. wurde im Altägyptischen Reich ein Kalender entwickelt. Mit zunehmendem Handel war eine genauere Form der Zeiterfassung notwendig. Mithilfe der Sonnenuhr wurde vermutlich ab dem 3. Jahrtausend v. Chr. der Tag in mehrere Zeiteinheiten aufgeteilt und ermöglichte so Verabredungen zu einem vorbestimmten Zeitpunkt.

Seit dem 14 Jh. v. Chr. wurden in Ägypten neben Sonnen- auch die etwas ungenaueren Wasseruhren verwendet. Diese hatten den Vorteil, dass sie tageslichtunabhängig waren. Durch immer weitere Verbesserungen gelang es schließlich im 2. Jh. v. Chr. eine relativ genaue Wasseruhr mit Zifferblatt und Zeiger herzustellen.

Neben der Sonnen- und Wasseruhr etablierte sich ab 900 n. Chr. in Europa auch die Kerzenuhr. Kerzen mit definierten Formen und Größen brannten in einer bestimmten und bekannten Zeitdauer ab. Diese Uhren konnten nicht nur unabhängig vom Tageslicht genutzt werden, sondern waren auch einfach im Umgang und verfügbar.

Im Mittelalter taucht die mechanische Uhr auf, aber ab wann sie genau verwendet wurde, ist nicht bekannt. Bei den ersten mechanischen Uhren handelte es sich um große Instrumente, welche zunächst in einigen Klöstern und großen Kirchen angebracht wurden. Ihrem Zweck nach sollten sie vor allem dem Klerus die Zeit für die sieben Tagesgebete, die sogenannten Horen, läuten.

Erst im 14. Jh. tauchten Sanduhren in Europa auf. Die waren ganz unabhängig von den Temperaturen: bei diesen Uhren rieselt Sand durch einen schmalen Hals von der oberen Gefäßhälfte in die untere Gefäßhälfte. Die gute alte Sanduhr sieht man übrigens heute in unseren Computern als Symbol für den gerade stattfindenden Rechenvorgang. Mit der Industrialisierung ab Mitte des 19. Jahrhunderts wurde auch die Massenproduktion von Uhren möglich. Fortschritte in der Feinmechanik ermöglichten auch die sehr anspruchsvolle Fertigung von Taschenuhren. Eine weitere Miniaturisierung des Uhrwerkes ließ zur Wende des 20. Jahrhunderts die Uhr auf Armbandgröße schrumpfen. 1923 entwickelte John Harwood die Automatikuhr. Der nächste große Entwicklungsschritt war die Atomuhr, welche 1949 zum ersten Mal eingesetzt wurde. Seit 1967 sendet die Atomuhr in Braunschweig in regelmäßigen Abständen Funksignale mit kodierten Zeitinformationen, welche alle erreichbaren Funkuhren Mitteleuropas synchronisieren.

Lektion 8

🔘 26 *Patientin:* Guten Morgen, Herr Doktor.
Arzt: Morgen, hmm, ach ja, Frau Schmitt.
Patientin: Hmm.
Arzt: Nun, was führt Sie zu mir?
Patientin: Ja, seit Wochen habe ich Husten, der nicht weggeht. Ja, und deshalb hat mich mein Hausarzt an Sie überwiesen. Sie sind doch Herr Dr. Beyer?
Arzt: Nein, ich bin sein Kollege, Herr Dr. Peters.
Patientin: Aber mein Hausarzt hat gesagt, ich soll unbedingt zu Herrn Dr. Beyer gehen.
Arzt: Nun, mein Kollege ist heute nicht im Haus. – Also, Sie haben Medikamente gegen Ihren Husten bekommen?
Patientin: Ja, aber die wirken nicht.
Arzt: Hm, wahrscheinlich haben Sie einen Bronchialkatarrh.
Patientin: Äh, wie bitte?
Arzt: Eine Bronchitis. Wann ist Ihre Lunge zum letzten Mal geröngt worden?
Patient: Keine Ahnung. Vor ein paar Jahren.
Arzt: Dann sollten wir das bald machen. Wie lange haben Sie den Husten schon?
Patientin: Seit drei Wochen. Und es tut sehr weh. Und es ist sehr lästig, na ja, und meinen Mann stört es auch schon sehr. Es muss etwas geschehen. Unbedingt!
Arzt: Haben Sie Medikamente genommen?
Patientin: Naja, die normalen Sachen halt: Hustensaft, Lutschtabletten.
Arzt: Gut. Dann schicke ich Sie erst mal zur Röntgenaufnahme, verschreibe Ihnen ein Antibiotikum und …
Patientin: Was, ein Antibiotikum! Muss das denn sein? Das vertrage ich immer so schlecht.
Arzt: Wollen Sie nun gesund werden, oder nicht? Und dann verschreibe ich Ihnen noch ein neues Mittel, das die Schleimhaut in den Atemwegen schützt, und in drei Tagen kommen Sie zur Nachuntersuchung wieder.
Patientin: Ist dann Herr Dr. Beyer wieder da?
Arzt: Ja, ja. Ich werde die weiteren Schritte mit ihm besprechen.
Patientin: Vielen Dank und auf Wiedersehen.
Arzt: Wiedersehen und gute Besserung.

Lektion 9

🔘 34 *Sprecher:* 1. Hast du eigentlich Geschwister?
Sprecherin: 2. Du könntest mir eigentlich helfen.
Sprecher: 3. Eigentlich habe ich keine Zeit.
🔘 35 *Sprecher:* 4. Das habe ich dir ja schon gesagt.
Sprecherin: 5. Du wirst ja ganz rot!
Sprecher: 6. Er wollte ja nicht auf mich hören!
🔘 36 *Sprecher:* 7. Räum doch endlich dein Zimmer auf!
Sprecherin: 8. Du kannst doch mit dem Zug fahren.
Sprecher: 9. Kannst du mir das erklären? Du hast doch Medizin studiert.
🔘 37 *Sprecher:* 10. Immer reagierst du so sauer! Kannst du mich denn nicht verstehen?
Sprecherin: 11. Wo wohnst du denn?
Sprecher: 12. Arbeitest du denn immer so lange?
🔘 38 *Sprecher:* 13. Wenn er bloß schon heute kommen würde!
Sprecherin: 14. Was mach' ich bloß?
Sprecher: 15. Sag ihm bloß nichts von unserem Gespräch!

Lektion 10

🔘 40 *Frau Vogt:* Hallo, Frau Krüger. Hier spricht Vogt. Ich habe Sie vor Dienstschluss nicht mehr erreicht. Nächste Woche bin ich doch auf Dienstreise und will Ihnen deshalb noch die Korrekturen und Änderungen durchgeben. Sie betreffen unsere Seminarplanung für die erste Jahreshälfte. Also, ich fange mal an: Im Januar muss bei Zielgruppe noch „internationale" vor Teams ergänzt werden. Bitte schreiben Sie bei Dauer des Seminars im Februar neben die Zahl „4" noch „Stunden" dazu. Und nun zum März: Da steht „Mehr Erfolg in internationalen Teams", es muss aber heißen: virtuellen Teams, schließlich geht es ja um Teams, deren Mitglieder an unterschiedlichen Standorten arbeiten. Korrigieren Sie das bitte. Das kulturübergreifende Training im April sollte ursprünglich zwei Tage dauern. Wir haben es aber dann aus organisatorischen Gründen auf einen Tag begrenzt. Ah, ich sehe, diese Änderung haben Sie schon übernommen. Gut. Der nächste Fehler ist im Monat Mai in der Spalte „Dauer". Da fehlt das Wort „Wunsch". Auch beim „kulturspezifischen Training Brasilien" hat sich ein Fehler eingeschlichen: In der Klammer muss stehen „Basiskurs" anstatt Aufbaukurs. So, ich glaube, das war's. Nein, warten Sie. Die letzte Änderung betrifft bei Dauer das Juni-Angebot. Hier müssen Sie bei „2 Tage" unbedingt „buchbar" einfügen, sonst ergibt das keinen Sinn. Vielen Dank im Voraus für die Korrekturen. Ihnen, Frau Krüger, eine schönes Wochenende und für nächste Woche frohes Schaffen! Bis übernächsten Montag. Auf Wiederhören.

🔘 42 *Sprecher:* hängen – hing – gehangen • fangen – fing – gefangen • singen – sang – gesungen • sinken – sank – gesunken • springen – sprang – gesprungen • trinken – trank – getrunken • klingen – klang – geklungen • gelingen – gelang – gelungen

Lektion 11

🔘 45 *Radiosprecherin:* 1. Berlin. Am 18. Januar öffnet die diesjährige Internationale Grüne Woche in Berlin ihre Pforten. Die weltgrößte Messe der Agrar- und Ernährungswirtschaft hat nicht nur kulinarische Genüsse aus fünf Kontinenten zu bieten. Sie ist auch Treffpunkt der internationalen Agrarpolitik, eine erste Adresse für den Gartenbau und Wissensbörse für die Nutzung nachwachsender Rohstoffe. Zehn Tage lang zeigen 1.600 Aussteller aus 56 Ländern ihr Angebot. Die Veranstalter rechnen mit mehr als 400.000 Gästen, darunter mehr als 50 Minister und Staatssekretäre aus dem Ausland sowie 60 deutsche Spitzenpolitiker.

🔘 46 *Radiosprecher:* 2. Mit dem Orkantief „Kilian" ist am gestrigen

Donnerstag der schwerste Wintersturm seit Jahren über Europa gezogen. Wegen zahlreicher unbefahrbarer Strecken hat die Deutsche Bahn den Fern- und Regionalverkehr komplett eingestellt. Zehntausende Reisende saßen die Nacht über fest. Der Zugverkehr wird auch heute noch stark beeinträchtigt sein. Zahlreiche Bahnstrecken sind wegen umgestürzter Bäume und abgerissener Oberleitungen nicht befahrbar. Reisende sollten sich vor Fahrtantritt frühzeitig über die aktuellen Reisemöglichkeiten informieren und von nicht notwendigen Fahrten absehen, riet die Deutsche Bahn.

🔊 47 *Radiosprecherin:* 3. Pollenvorhersage für heute Donnerstag, den 1. Februar: Aufgrund des ungewöhnlich milden Winters hat die Haselblüte stark verfrüht eingesetzt. Entsprechend fliegen in längeren Niederschlagspausen Haselpollen meist mit leichter, teils auch mit mäßiger Intensität. Außerdem sind erste Erlenpollen in der Luft. Betroffen ist vor allem der Westen und Süden Deutschlands. Im Osten des Landes lässt das Wetter kaum Pollenflug zu. Weder Erlen- noch Haselpollen sind in der Luft nennenswert vorhanden. Allergiker haben hier also nichts zu befürchten.

🔊 48 *Radiosprecher:* 4. Alpenpark Karwendel – Österreichs größtes Naturschutzgebiet: Mit rund 920 km² Gesamtfläche ist der Alpenpark Karwendel eines der größten Naturschutzgebiete Österreichs und besticht durch zahlreiche landschaftliche Höhepunkte. Hier finden Sie ein ideales Revier zum Wandern, Klettern oder Mountainbiken. Zahlreiche Hütten säumen dabei den Weg und laden Sportbegeisterte zu einer kleinen Pause ein. Die Infozentren in Hinterriß und Scharnitz informieren nicht nur auf die Besonderheiten der Tier- und Pflanzenwelt, sondern bieten auch umfassende Informationen zu Wetterlage, Wandermöglichkeiten und Reservierungen von Hütten. Sollten Sie Fragen haben, wenden Sie sich bitte an unsere Servicehotline.

🔊 49 *Radiosprecherin:* 5. Zum neunten Mal finden am ersten Septemberwochenende im Schloss Langenburg wieder die Gartentage statt – ein Muss für alle Gartenfreunde. Rund 160 Aussteller präsentieren ihre kreativen, stilvollen Ideen zum Thema „Garten und Wohnen". Passend zum Motto der diesjährigen Gartentage, das „Traumgärten" lautet, stehen interessante Vorträge und Workshops auf dem Programm. Biergärten und Caféterrassen erwarten Besucher, die sich eine Pause gönnen möchten. Kleine Konzerte im Innenhof des Schlosses und im Barockgarten sorgen für die musikalische Umrahmung des bunten Gartenfestes. Nähere Informationen finden Sie im Internet unter www.garten-schloss-langenburg.de.

Lektion 12

🔊 57–62 **Text in Hochdeutsch:** Da war ich sprachlos. Das hätte ich nicht gedacht. Das ist ganz ungewöhnlich. Aber es ist vollkommen richtig. Zwei können mehr als einer!

Abschlusstest: Lesen, Hören, Schreiben, Sprechen

🔊 63 *Sprecherin:* Hörverstehen 1: Sie arbeiten bei der Deutschen Zentrale für Tourismus und erstellen gerade einen Handzettel mit aktuellen Sonderangeboten. Ihr Kollege hat Ihnen auf dem Anrufbeantworter einige Korrekturen und Ergänzungen mitgeteilt. Notieren Sie die Korrekturen und Ergänzungen. Sie hören den Text nur einmal. Schauen Sie sich zuerst das Informationsblatt sowie die Beispiele an.
Alex: Hallo, Beate, hier ist Alex. Ich kann dich leider nicht erreichen, hoffe aber, dass du die Nachricht noch abhören kannst, bevor die Infos wegen der drei Top-Angebote rausgehen. Da sind noch ein paar Kleinigkeiten zu korrigieren und zu ergänzen.
Bei der Fahrt nach Berlin steht in der letzten Zeile des ersten Absatzes „Unterhandlung". Richtig muss es natürlich heißen „Unterhaltung". Bei

der Ausstellung in Magdeburg fehlt „der Große". Es gab nämlich mehrere Kaiser Otto, hier handelt es sich um Otto den Großen. Bei den Leistungen für die Ausstellung in Magdeburg haben wir „Hin und Rück" geschrieben, ich finde, wir sollten das ausschreiben, also „Hin- und Rückfahrt", damit auch alle wissen, was gemeint ist. Ebenso hatten wir etwas kurz „zstl." für „zusätzliche" Nacht geschrieben, da wissen vor allem Ausländer nicht, was damit gemeint ist. Ich schlage vor, wir ersetzen das durch „weitere" Nacht. Dann wird es klarer.
In dem Ankündigungstext über das Städel Museum fehlt ein Wort. Es muss irgendwie weggesprungen sein. Richtig muss es heißen: „Die architektonische Meisterleitung ist gleichzeitig eine Einladung, sich auch mit moderner Kunst zwanglos auseinanderzusetzen." Und die Unterbringung der Reisenden erfolgt nicht im Hotel Deutscher König – das gibt es auch, ist aber nicht standesgemäß für unsere Klientel –, sondern im Hotel Zum Kaiser.
Und als letztes noch die Öffnungszeiten des Städel Museums: Wir haben uns mit der Museumsleitung in Verbindung gesetzt, und die hat uns gesagt, dass das Museum am Dienstag sowie von Freitag bis Sonntag von 10.00 bis 18.00 Uhr geöffnet ist. Das musst du dann noch ergänzen. Die Zeiten am Mittwoch und Donnerstag von 10 bis 21 Uhr, die bleiben.
Das wär's dann auch schon. Vergiss nicht, dem Layouter zu sagen, dass wir übermorgen die Vorlagen brauchen für die Druckerei. Das wär's. Danke und schönen Tag noch und bis morgen, tschau.

🔊 64–68 *Sprecher:* Hörverstehen 2: Sie hören ein Interview mit Götz Werner, dem Gründer und Chef der dm-Drogeriemarktkette. 1973 eröffnete er sein erstes Geschäft. Heute arbeiten bei ihm europaweit 39.000 Mitarbeiter in mehr als 2.500 Filialen. Zu diesem Interview sollen Sie zehn Fragen beantworten. Lesen Sie jetzt die Fragen 6 bis 15. Sie hören das Interview zuerst ganz, dann in Abschnitten.

Beispiel

Interviewerin: Herr Werner, Sie lieben Tabubrüche, Sie sagen: „Es ist eine gute Sache, wenn die Menschen nicht arbeiten müssen!"
Herr Werner: Ja, es ist doch eine großartige Sache, von diesem Zwang zur Arbeit befreit zu sein. Die Zeiten sind vorbei, dass wir – wie nach dem Sündenfall – im Schweiße unseres Angesichts das Brot verdienen müssen. Der Mensch hat die fünfte Schöpfung geschaffen – nämlich die Maschinen. Diese Maschinen sind unsere modernen Sklaven. Und es ist wunderbar, diesen Sklaven bei der Arbeit zuzuschauen. Es ist ein Genuss zu sehen, wie die Roboter in den Autofabriken die Karosserien zusammenschweißen, da meinen Sie, Titanen wären am Werk. Es ist also unsinnig, wenn etwa Bergarbeiter um ihre Knochenjobs kämpfen, dafür, dass sie in 2.000 Meter Tiefe bei Hitze krankmachenden Feinstaub einatmen.

Abschnitt 1

Interviewerin: Es ist einfach so: Man ist in der Gesellschaft nur etwas wert, wenn man arbeitet, wenn man Werte schafft. Das schafft auch Selbstwert.
Herr Werner: Ja, denn wir leben immer noch nach dem alten, nicht mehr zeitgemäßen Gebot: „Wer nicht arbeitet, soll auch nicht essen!" Da waren die alten Griechen schon viel weiter. Bei ihnen war die Muße das Ziel, nicht die Arbeit. Ich kann also das Gerede um die Schaffung neuer Arbeitsplätze kaum mehr hören.
Interviewerin: Jetzt sagen Sie bloß noch: Arbeitslosigkeit ist eine Chance.
Herr Werner: Ja, so ist es.
Interviewerin: „Sozial ist, was Arbeit schafft", rufen die Politiker!
Herr Werner: Die Politiker sind vernagelt. Von ihnen sind kaum Ideen zu erwarten, die uns weiterbringen. Sie sind narkotisiert vom Vollbeschäftigungswahn. Wir müssen diese neue Wirklichkeit akzeptieren:

Die Zeiten der Vollbeschäftigung sind endgültig vorbei. Vollbeschäftigung ist ein Mythos. Eine Lüge.

Interviewerin: Aufgabe der Wirtschaft ist es doch, Arbeitsplätze zu schaffen.

Herr Werner: Nein. Das ist Unsinn. Die Wirtschaft ist keine sozialtherapeutische Beschäftigungsveranstaltung. Kein Unternehmer geht in seinen Laden und fragt sich: Wie schaffe ich neue Arbeitsplätze? Er fragt sich stattdessen: Wie kann ich möglichst effizient produzieren und wie rationalisieren, wie kann ich das Optimale für meine Kunden schaffen? Aufgabe der Wirtschaft, abgesehen von der Güterproduktion, ist es, die Menschen von Arbeit zu befreien.

Interviewerin: So betrachtet, steht die deutsche Wirtschaft großartig da!

Herr Werner: Ja. Wir leben in paradiesischen Zuständen. Die Frage ist, wie wir es fertig bringen, allen Menschen den Zugang zu dem zu ermöglichen, was die Gesellschaft hervorbringt. Nach 5.000 Jahren Mangel, Mangel, der genetisch in uns zu sein scheint: Zum ersten Mal in der Menschheitsgeschichte leben wir im Überfluss. Aber die Menschen schaffen es nicht, mit dieser neuen Wirklichkeit klarzukommen. Sie sind in einem Erfahrungsgefängnis.

Interviewerin: Sie haben ganz einfach Angst, ein Hartz-IV-Fall zu werden.

Herr Werner: Ja. Und das ist ein großes Problem. Sie haben Angst, stigmatisiert zu werden. Nutzlos zu sein. Dieses manische Schauen auf Arbeit macht uns alle krank. Und was ist denn Hartz IV? Hartz IV ist offener Strafvollzug. Es ist die Beraubung von Freiheitsrechten. Hartz IV quält die Menschen, zerstört ihre Kreativität.

Abschnitt 2

Interviewerin: Das war notwendig, heißt es allenthalben, um aus der Krise herauszukommen!

Herr Werner: Aha! Was für eine Krise? Wir haben keine Wirtschaftskrise.

Interviewerin: Wie bitte?

Herr Werner: Wir haben eine Denkkrise.

Interviewerin: Sie sind ja ein Zyniker.

Herr Werner: Nein, ganz im Gegenteil. Ich bemühe mich, den Menschen zu helfen. Niemand muss ins soziale Abseits rutschen, wir können alle Erwerbslosen versorgen. Dazu müssen wir lernen, radikal, revolutionär zu denken.

Interviewerin: Dann verraten Sie, was getan werden muss!

Herr Werner: Einkommen und Arbeit sind in unserem Wirtschaftssystem aneinander gekoppelt. Das ist nicht mehr zeitgemäß. Wir brauchen kein Recht auf Arbeit. Wir brauchen ein Recht auf Einkommen. Auf ein bedingungsloses Grundeinkommen. Den Menschen muss man Geld in die Hand geben – von der Wiege bis zur Bahre –, unbürokratisch, ohne Auflagen, ohne Formulare.

Interviewerin: Wie schön!

Herr Werner: Ja, sehr schön. Spotten Sie nicht, denken Sie stattdessen! Wir brauchen das Bürgergeld – für jeden.

Interviewerin: Sie wollen jedem ein paar hundert Euro monatlich in die Hand geben, einfach so?

Herr Werner: Ja, aber nicht nur ein paar hundert Euro, sondern so viel, dass jeder, bescheiden zwar, aber in Würde leben kann. Dass jeder am gesellschaftlichen und kulturellen Leben teilnehmen kann. Und damit erreichen Sie auch, dass es Arbeitslosigkeit als Problem nicht mehr gibt, dass niemand mehr stigmatisiert werden kann.

Interviewerin: Wie hoch soll dieses Bürgergeld sein?

Herr Werner: Ich denke, es sollten 1.500 Euro sein. Stellen Sie sich mal vor, was für eine Gesellschaft sich entwickeln würde – eine Gesellschaft ohne Existenzangst!

Interviewerin: Das ist ein schöner Traum, aber wer soll ihn bezahlen? Das hieße doch: Noch mehr Steuern, noch mehr Abgaben!

Herr Werner: Überhaupt nicht. Ich bin dafür, alle Steuern abzuschaffen. Bis auf eine: die Mehrwertsteuer. Die müsste allerdings kräftig ansteigen, vielleicht sogar auf 50 Prozent.

Interviewerin: Sie sind verrückt.

Herr Werner: Nein. Die Mehrwertsteuer ist die einzig gerechte und wirklich sinnvolle Steuer. Wer viel konsumiert, der trägt viel zur Finanzierung des Staatswesens bei.

Abschnitt 3

Interviewerin: Also, Sie wollen jedem Bürger tatsächlich 1.500 Euro in die Hand geben, einfach so?

Herr Werner: Ja.

Interviewerin: Das sprengt doch die Staatshaushalte. Das wären etwa 1,4 Billionen Euro im Jahr, also gut zwei Drittel der Wirtschaftsleistung Deutschlands!

Herr Werner: Ich sage ja nicht, dass wir sofort voll in das neue System einsteigen. Das ist ein langer Prozess, der 15, 20 Jahre dauern kann. Es geht um einen Einstieg in das neue Denken. Mit meiner Idee des Bürgergeldes kann man schon morgen – auf kleiner Flamme – anfangen. Wir könnten schon morgen sagen: Jeder hat Anspruch auf 700, 800 Euro. Außerdem wird nicht jeder 1.500 Euro bekommen, das Grundeinkommen wäre nach dem Alter gestaffelt, Kinder bekommen 300 Euro, Rentner etwas weniger als Leute im Arbeitsalter. Über 720 Milliarden geben der Staat, die Länder, die Kommunen an Transferleistungen schon heute aus – an Arbeitslosengeld, Kindergeld, Sozialhilfe, Bafög, Wohnungsgeld und …

Interviewerin: Das fällt dann alles weg?

Herr Werner: Ja, die Dinge sind alle im Grundeinkommen enthalten, also nun überflüssig. Und somit passiert noch etwas: Der aufgeblähte Verwaltungsapparat, diese gigantische Sozialbürokratie, die die Bürger kujoniert, würde dramatisch zusammenschnurren, zig Milliarden würden freigesetzt. Ein Grundeinkommen von 800 Euro können wir uns also sofort leisten, das ist überhaupt nicht utopisch.

Interviewerin: Was hat Sie dazu gebracht, so über die Gesellschaft nachzudenken.

Herr Werner: Die Klassiker.

Interviewerin: Sie meinen Goethe, Schiller?

Herr Werner: Und noch einige andere mehr, ja. Ich habe die Klassiker gelesen als eine Art Grundlagenforschung. Ich war ja auch mal verzehrt von diesem üblichen Drang nach mehr, mehr. Das hat mich fast umgebracht. Aber irgendwann kommen die Fragen nach dem Sinn des Strebens. Goethes „Faust", Schillers „Ästhetische Briefe" halfen mir, die Welt neu zu sehen. Das macht einen wahrnehmungsfähig.

Interviewerin: „Werft die Angst des Irdischen von euch", ruft Schiller, „Fliehet aus dem engen dumpfen Leben in des Idealen Reich!"

Herr Werner: Ja, darum geht es! Als junger Mensch habe ich auch eher nach dem Motto gelebt: Drauf und los! Aber wenn man älter wird, merkt man, dass Erfolg nicht heißt, wie erfolgreich bin ich, sondern wie gelingt es mir, andere erfolgreich zu machen. Es geht immer um den Menschen. Die Frage ist: Womit kann ich den Menschen dienen, nicht verdienen.

Interviewerin: Edel, edel.

Herr Werner: So sehe ich mich nicht, eher als einen – wie im „Faust" beschrieben – der immer strebend sich bemüht.

Interviewerin: Und Sie glauben, Ihr Tun, Ihre Gedanken, das hilft, schafft eine bessere Welt?

Herr Werner: Ich weiß nicht. Aber ich weiß, dass meine Ideen den Menschen Hoffnung geben. Ich glaube auch, dass meine Ideen sich ausbreiten. Ich bin da voller Vertrauen. Sehen Sie mal, wie wenig Hefe nötig ist, um einen Teig zum Treiben zu bringen!

Quellen

Bildquellen

Textquellen

Hörtexte